KB138752

니체

현대성의
위기와
미래철학의
과제

이 책은 2019년도 건국대학교 KU학술연구비 지원을 받아 출판되었습니다.

니체

현대성의
위기와
미래철학의
과제

양대종 지음

FRIEDRICH NIETZSCHE

이론비

시포 마타도르^{Sipo Matador}

1989년 여름학기 아름다운 바이에른의 작은 도시 레겐스부르크에서 시작된 이야기가 이렇게 오래갈 줄은 당시 꿈에도 몰랐다. 어학 시험에 덜컥 합격해 밀려들어간 철학 강의실에서 들리지도 않는 독일어와 싸우느라 퍽도 답답했던 내 유학의 첫 해에 페르디난트 울리히(Ferdinand Ulrich) 교수는 가끔 나를 지목해 아주 간단한 질문을 던지곤 했다. 느닷없이 칠판 앞으로 불러내 한문으로 인간을 써 보라는 식의 주문을 하기도 했다. 용기를 내라는 격려였을 것이다.

작년에 88세의 나이로 작고하셨으니 그때 이미 환갑을 바라보고 계셨다. 강의의 내용을 거의 따라가지도 못하면서도 선생의 철학하는 진지함과 경쾌함을 훈습하는 일은 퍽 즐거운 일이었다. 하루 종일 도서관에 앉아 있어도 12페이지 이상을 읽어내지 못했던 20대 초반의 젊은이는 그렇게 천천히 존재와 인간에 대한 질문을 감행하기 시작했다. 이제는 제목도 기억나지 않는 그 강의에서 니체를 만났다.

스스로를 기독교 철학자로 이해하는 노인을 찾아가 니체에 대해석사논문을 쓰겠다고 했을 때, 울리히 선생은 막 출간된 프리드리히 카울바흐(Friedrich Kaulbach)의 관점주의에 관한 책을 추천했고, 그 독서가 후일, 카울바흐의 제자인 내 박사논문 지도교수 폴커 게르하르트(Volker Gerhardt)와의 만남으로까지 이어졌다.

베를린 홈볼트 대학에서 지낸 긴 시절은 니체라는 심연을 탐험하던 시기이다. 당시 니체는 도덕이라는 대양을 항해하자고, 미지의 신대륙을 함께 발견하자고 나를 추동질했다. 그러나 나에겐 니체라는 철학자가 이미 끝 모를 바다였고 조난하고 난파당하지 않기 위해서라도 홍수처럼 쏟아지는 서적들을 섭렵해야 했다. 마치 풀어야 할 수많은 수수께끼가 있는 것처럼, 그리고 그것을 푸는 일이 엄청나게 중요한 일인 것처럼, 니체는 그 단어에 영예를 담아 나를 그대! 수수께끼를 푸는 자여!라고 부르곤 했다.

생계를 위해 별의별 잡스런 일들을 다 하면서도 그의 부름은 항상 나를 중요한 사람이라고 생각하게 만들곤 했다. 내가 하는 모든 일들이 다 수수께끼를 푸는 방편일 뿐이었다. 나는 국가가 고상한 문화를 가능하게 만드는 도구여야 한다고 믿었고 철학이 정신의 귀족을 양성하는 학교라는 것을 알게 되었다. 그렇게 특권인 교육을 향유하는 일이 내 생에서 영원히 계속되리라 믿어 의심하지 않았다. 더 높은 과제와 더 높은 인간에 이르기 위해 도서관과 국가를, 니체와 그의 아류들을 토대와 발판으로 삼는 일이 당연하다고 생각했다.

니체는 『선악의 저편』의 한 절에서 자바섬의 넝쿨식물에 대해서 말하고 있다. 참나무를 의지해 그것을 칭칭 감고 올라가 자유로운 빛 속에서 화관을 펼치고 자신의 행복을 자랑하는 넝쿨식물처럼 나도 나를 통해 온 인간의 현존재가 의미를 찾을 것이라고 믿었다. 니체를 전공하는 선생들이 다 젊은이 같은 인상을 주는 일은 아마도 이러한 현상과 관계있을 것이다.

우여곡절 끝에 이제 강단에서 철학함을 가르치는 일이 주업이 되었다. 학생들을 대하는 일은 두려운 일이다. 그들에게 난간 역할을 하면서 내가 과연 위기 시 버틸 수 있는 난간인지에 대해 생각해보곤 한다. 그래서 내 행복했던 젊은 시절의 니체와 울리히 선생처럼 나도 이제 젊은 제자들의 눈을 쳐다보며 고개를 끄덕인다. 정신적 귀족을 양성하는 이 학교에 들어올 용기를 내라고 그들을 종용한다. 광활한 하늘에서 지천으로 피어날 시포 마타도르(Sipo Matador)들에게 이 책을 바친다. 승선하라, 그대 수수께끼를 푸는 자여!

2021년 11월
양대종

차례

일러두기

1. 니체 원전의 인용은 가능한 한 책세상 출판사에서 출간된 니체전집을 사용
   하려고 노력했다. 그러나 한국어 니체전집의 번역자들이 동일한 니체의 단
   어들을 다양하게 번역한 경우가 많아서 부득이하게 약간의 수정을 가한 경
   우도 있다. 특별한 경우를 제외하고는 그러한 수정의 이유를 밝히지 않았다.
   너무 많은 단상들이 한 페이지에 있는 경우에만 니체 원전의 편집 일련번호
   를 페이지 앞에 명기했다. 조사와 단어의 미묘한 뉘앙스를 넘어서 독일어 원
   전의 의미를 살려내지 못하고 있다고 판단된 문장들은 필자가 직접 번역하
   고 관행적인 니체 저서의 약어와 문서번호 및 절을 명기하고 독일어 니체전
   집의 연구본(KSA)을 전거로 표기했다.
2. 니체 독일어 원전은 조르조 콜리(Giorgio Colli)와 마치노 몬티나리(Mazzino
   Montinari)가 편집한 *Kritische Sudienausgabe in 15 Bände*, Berlin/New York
   1988 (＝KSA)을 사용했다.
3. 1854년부터 1896년 사이의 글들과 바젤 대학 교수시절의 강의록에서 인용
   하는 경우에는 카를 코흐(Carl Koch)와 카를 슐레흐타(Karl Schlechta)가 편
   집한 *Frühe Schriften in 5 Bände*, München 1994 (＝BAW)를 사용했고 직접
   번역했다. 인용 시 BAW의 권 번호와 쪽수를 기입했다.
4. 니체의 편지는 조르조 콜리와 마치노 몬티나리가 편집한 *Sämtliche Briefe.
   Kritische Studienausgabe in 8 Bänden*, Berlin/New York 1986 (＝KSB)에서
   인용했고 직접 번역했다. 인용 시 KSB의 권 번호와 쪽수를 기입했다.
5. 이 책에 인용된 책세상 출판사 니체전집의 번역자와 발행 연도는 다음과 같다.
   『비극의 탄생』, 이진우 옮김, 2007.
   『반시대적 고찰』, 이진우 옮김, 2007.
   『인간적인 너무나 인간적인 I』, 김미기 옮김, 2001.

『인간적인 너무나 인간적인 II』, 김미기 옮김, 2008.

『차라투스트라는 이렇게 말했다』, 정동호 옮김, 2010.

『아침놀』, 박찬국 옮김, 2008.

『즐거운 학문』, 안성찬·홍사현 옮김, 2005.

『선악의 저편』, 김정현 옮김, 2009.

『도덕의 계보』, 김정현 옮김, 2009.

『바그너의 경우』, 백승영 옮김, 2009.

『우상의 황혼』, 백승영 옮김, 2009.

『이 사람을 보라』, 백승영 옮김, 2009.

『유고(1869년 가을~1872년 가을)』, 최상욱 옮김, 2005.

『유고(1870~73년)』, 이진우 옮김, 2005.

『유고(1872년 여름~1874년 말)』, 이상엽 옮김, 2002.

『유고(1875년 초~1876년 봄)』, 최문규 옮김, 2005.

『유고(1876~77/78년 겨울)』, 강용수 옮김, 2006.

『유고(1878년 봄~1879년 11월)』, 강용수 옮김, 2006.

『유고(1880년 초~1881년 봄)』, 최성환 옮김, 2004.

『유고(1881년 봄~1882년 여름)』, 안성찬·홍사현 옮김, 2005.

『유고(1882년 7월~1883/84년 겨울)』, 박찬국 옮김, 2005.

『유고(1884년 초~가을)』, 정동호 옮김, 2006.

『유고(1884년 가을~1885년 가을)』, 김정현 옮김, 2004.

『유고(1885년 가을~1887년 가을)』, 이진우 옮김, 2005.

『유고(1887년 가을~1888년 3월)』, 백승영 옮김, 2005.

『유고(1888년 초~1889년 1월 초)』, 백승영 옮김, 2006.

서문

 니체를 오래 따라가며 대화를 나누다 보면 나중에는 그가 전하는 사상의 세세한 부분보다는 오히려 그의 인생 전체가 하나의 감동적인 작품처럼 마음에 남는다. 그에게는 인생과 사상이 독특하게 착종돼 있다. 자신의 작품을 자신이 살아낸 고통과 삶의 표현으로 봐달라는 그의 말은 단순한 수사가 아니다. 그래서인지 니체를 다루는 책은 대부분 생애를 길게 소개하는 것에서 시작하는 경향이 있다.

 나는 이 부분을 생략했다. 이미 국내에 그의 삶에 대해서 충분히 소개되었다고 여겨서가 아니다. 얀츠(Curt Paul Janz)가 쓴 방대한 전기 같은 책도 있으니 말이다. 이 책은 니체가 평생에 걸쳐 지인들과 주고받은 서신과 철학적 작품들을 날실과 씨실 삼아 거의 날짜별로 니체의 여정을 소개하고 있다. 언젠가는 누군가가 번역에 도전할지도 모른다.

 사실, 어떤 의미에서 니체의 생애는 우리에게 열려 있는 책이다. 그러나 글로 드러난 그의 사상에서는 병고와 가난으로 점철된 그 생애의 흔적이 의외로 쉽게 발견되지 않는다. 거기에는 오히려 강장한 정신이 호령하고 있다. 나는 우선 그의 정신이 인생을 다 바쳐 가리킨 지점을 바라보고 싶었다. 그의 고독과 고통에 대한 이야기는 나중에 들을수록 더 깊고 오랜 울림을 가질 것이다.

책들도 저마다 운명이 있다는 사실을 아는 사람들은 책에다 대단한 기대를 하지 않아도 된다. 운이 좋으면 적당한 곳에서 훌륭한 독자를 만나 제 소임을 다할 것이다. 그래도 책의 형태로 글을 묶어 보니 이 한 권의 연구서가 가지고 있는 아름다움과 한계가 눈에 보인다. 다시 쓸 수는 없으니 서문의 형식으로 정리해 본다.

제1장과 제2장은 내가 니체를 읽는 전반적인 기조를 정리한 글이다. 나는 여기서 니체 연구자들이 자주 하는 하나의 질문에 답변하고 싶었다. 니체의 글에 산재해 있는 모순들을 니체 사상의 체계적인 문제로 드러내기보다는 그가 그렇게 모순된 글을 쓸 수밖에 없었던 이유가 무엇인지를 짚어본 것이다. 오랫동안 감춰져 있었음에도 정의라는 주제는 슐포르타 시절에 쓴 초기 작품들에서부터 "위대한 정치"에 대한 마지막 메모들에 이르기까지 니체를 따라다닌다. 그것은 실제로 그의 사고에서 음악의 역할에 비교할 수 있는 의미를 지닌다.

나는 이것을 니체 작품의 내적 음악으로 이해한다. 정의라고 하는 보편적 주제는 마치 음악의 주제처럼 다양하게 변주되며 니체의 사고를 관통하고 있다. 물론 그것은 분석적이고 체계적으로 고찰하는 형태는 아니다. 오히려 여러 방식으로 수용되지만 어떠한 맥락에서도 명확한 결론에 이르지 않는 디오니소스적이고 아폴론적인 착탄 거리를 갖는 니체 필생의 근본 주제이다.

니체 철학의 모순은 철학사의 숙원이자 양심의 문제인 정의를 추구하는 도정에서 필연적으로 발생한다. 정의를 추구하는 것은 니체의 인식론을 추동하는 힘이며, 동시에 유럽 정신사의 거대담론에서 중요한 역할을 해왔던 핵심 개념들을 비판하는 근거가 된다. 그는 정당한 인식방법으로 의도적이고 실험적인 관점의 변환을 선택했고, 기존 가치들이 생겨난 경로와 조건들을 탐색해 그것들을 거듭 전복시켰다.

이로써 지금까지 인간의 삶에서 진리만을 가장 중요하게 여기고 과대평가하던 일을 중단하고, 생성과 변화, 비정체성, 흐름 속에 있는 총체적 삶이 가져다주는 무궁한 전망과 풍부한 의미를 드러내려 했다. 그것이 니체가 평생 진행한 프로젝트이다. 학문의 이름으로 형이상학이 삶을 폄하해온 것을 교정하려는 니체의 시도는 큰 맥락에서 볼 때 세계해석을 둘러싼 투쟁의 길에서 정의를 추구한 행위이다.

일반적인 결론에 이르는 것을 그만두고 내가 선택한 방식은, 니체의 언명들을 추수행하고 그것들의 착탄거리와 각각의 맥락을 명확하게 한 것이다. 나는 변화무쌍한 니체 사고의 모든 국면에 흐르는 정의라는 주제를 원전 분석을 통해 재구성하려 노력했다. 그리하여 흔히 니체의 성격을 통해서만 결속력을 유지하는 텍스트들의 내적인 연관을 드러내고자 했다. 정의의 기원과 경로를 추적하는 니체의 노력은 정의와 힘의 관계를 성찰한 사회철학적 단상들에서 나타난다. 나는 거기서 니체의 정의가 사회 역학적이고 정신적인 측면들을 강조하고 있다는 사실과 그 결과 법을 단순히 물리적 힘으로부터 연역하는 고대 자연법 사상과 차이가 있다는 것을 밝혔다.

니체에게서는 사회적 관계 속에서 드러나는 힘들의 평가에 근거한 균형의 원리가 정의의 토대이고, 이 균형의 역동성을 유지하는 것 역시 정의의 역할이다. 역동적인 사회적 관계는 항구적인 균형을 보장하지 않으며, 법적 상태 역시 최종적일 수 없다. 따라서 정의는 진리와 질서를 추구하는 자가 견지해야 할 정신의 태도로 밝혀진다. 나는 이러한 분석으로 현대 정치이론이 공정성 논쟁에서 잘 다루지도 않을뿐더러 밝혀내지도 못하고 있는 정의 사상의 한 측면을 생생하게 드러낼 수 있었다고 생각한다. 그러나 그것은 전체적인 니체 읽기의 작은 부산물일 뿐이다. 더 중요한 것은 니체가 사회철학적 단상들에서 드러낸 정의의 특성들을 철학사 전반에 적용하고 이를 근거로 새로운 가치를 정립하려는 것이다.

하나의 견해에 집착하는 정신은 위험하다고 말하면서도 나는 니체의 표현에 가까이 머문다. 물론 이러한 독서가 니체를 완곡하고 내재적으로 이해하는 일이라는 것을 알고 있다. 그러나 내가 여기서 택한 방식은 각각의 주제에서 니체 스스로가 최대한 드러나게 하는 것이다. 이것이 내가 학문적인 관점에서 니체에게 정의롭고자 선택한 길이다.

제3장에서는 니체가 자신의 철학에서 중요하게 다룬 총체적 생명의 다양한 면들을 의도적으로 떼어내 고정하여 그 특징들이 두드러질 수 있게 정리했다. 물론 각각의 특징들은 고립되어 있지 않으며 상호 유기적으로 연관되어 생명을 이루는 것이지만 서술의 필요상 나누어 정리한 것이다. 니체를 생철학의 선구자로 볼 것인가, 아니면 고전적인 생철학자로 볼 것인가? 이 질문은 그가 고전적 형이상학이 추구하던 경직된 진리의 자리에 끊임없이 변화하는 생명을 세우는 순간 무의미해진다. 니체는 자기 철학을 시작할 때부터 총체적인 존재와의 관계 속에서 생명의 다양한 측면을 살피려고 노력했다.

제4장에서는 진리와 정의의 관계를 다루었다. 나는 니체 철학에서 진리 개념이 동요와 주저라는 양가성을 띠는 이유와 진리를 추구

하는 것이 갖는 함의를 밝히고자 했다. 니체 철학에는 두 차원의 진리, 즉 '필연적 가상으로서의 진리'와 '형이상학적 진리의 가상성을 통찰하는 진리'가 있다. 그렇다면 불확실할 수밖에 없는 진리를 추구하나마 그것이 화석화된 어떤 진리의 허위성을 밝히는 니체의 작업은 서로 이율배반적이지 않다. 그것은 오히려 인간 이성의 한계를 인식하는 일이며, 그간 형이상학적 진리관이 부당하게 억누른 생명의 다른 표현들에 자리를 내주려는 노력이다.

제5장과 제6장의 주제는 니체의 심층 교육론이다. 나는 이것을 쇼펜하우어 철학의 영향과 차이를 통해 고찰하고, 니체의 민주주의 비판과 그의 교육론 사이의 연관을 살펴보았다. 그리하여 무엇보다도 사회가 당장 필요로 하는 인재만을 대량 양성하려는 현대교육의 근시안적인 인간 이해의 문제점을 니체 철학이 지닌 교육적 함의를 중심으로 밝혀 보려 했다.

프로이트와 라캉으로 대변되는 현대심리학이 인간의 무의식에 관심을 보이기 전부터 이미 니체는 정동(情動)의 중요성에 주목하고 의식되지 않는 실제적 사건의 비밀을 추적했다. 인간의 유기적인 몸과 살에서 의식되는 부분과 그렇지 않은 부분의 관계에 대한 니체의 언명들은 심층심리학을 비롯한 현대 정신분석이론과 진화생리학의 성과를 선취하는 선구적인 혜안들로 번뜩이고 있다. 쇼펜하우어와 달리 다윈의 진화론에 영향을 받은 니체에게 정동의 역학과 구조를 파악하는 일은 교육적으로도 중요하다.

모든 사상의 아래에 숨어 있는 정동의 존재 형식과 질서, 파행과 승화의 형태, 그리고 육성 가능성을 탐색하며 상승하는 문화를 조성하려는 니체의 고찰들은 "힘에의 의지"를 둘러싼 일련의 유고들에 집중되어 있다. 나는 니체가 이 생명의 근본 현상을 추적한 주요 지점들을 살펴서 건강한 문화의 담지자인 주권적 개인을 기르려면 교육이 긴 호흡을 가지고 어디에 중점을 두어야 할지 짚어보았다. 니체는 힘의 상승과 고양에는 오히려 의식이 유용하고 그것을 확대하는 방향으로 나아가야 한다고 진단했는데, 현대심리학은 어쩌면 이 점을 놓치고 있는지도 모른다.

제7장은 허무주의를 다룬다. 이유와 목적이 있다면 인간은 기꺼이 고통을 감수한다는 니체의 언명은 형이상학의 해가 진 현대에 더욱 비장하게 들린다. 이제 아무도 피라미드를 세우려 하지 않는 오늘날 전대미문의 과제는 의미와 관련된 것이다. 니체는 허무주의가 태동한 이유와 역사를 살피며 이것이 인류 정신사가 노정한 필연적인 결과이자 인류가 해결해야 할 미증유의 문제라고 진단한다. 그는 이 문제가 갖는 파급력을 이해하고 스스로 무거운 십자가를 짊어졌다. 인류의 운명이 정향할 확실한 가치가 하나도 존재하지 않는 심연 위에 착종된 길과 무지한 자의 두려운 자유가 시작된다.

이 길에서 행해지는 방황과 좌절이 아무리 길고 크더라도 한 가지 확실한 사실은 인간이 기댈 곳은 인간 외에는 없다는 것이다. 옛 가치와 이상을 모두 파괴한 니체가 스스로를 "유럽 최초의 완전한 허무주의자"로서 허무주의를 넘어섰다고 외치는 지점에서 우리는 무엇을 느끼는가? 신의 죽음에서 시작해 심연을 건너 주권적 개인에 이르는 길이 정말 열린 것인가? 실존의 무의미를 채워보려는 공허한 시도들이 사람을 더 불안하게 만드는 현대에 인간의 완성과 고양된 문화로의 비약을 꿈꾸는 것이 여전히 가능한 일인가?

제8장에서는 니체의 인식론적 방법론이라 할 수 있는 '관점주의'를 채택할 때 인간에게 어떤 변화들이 가능할지 고민해 보았다. 철

학은 언제나 선입견과 여론, 관습과 전통에서 벗어나 더 자유로운 사고를 모색해왔다. 그것은 철학의 시초부터 권장되던 바다. 그러나 실로 이를 행하여 자유로움을 경험한 자는 많지 않아 보인다. 같은 사태를 다른 맥락에서 바라보기란 쉽지 않은 일이고, 시대와 본성을 거스르는 가치를 시험하는 데는 많은 위험이 따른다. 따라서 새로운 관점을 채택하여 의도적으로 가치를 전환하려는 니체의 철학적 실험은 수많은 난관에 봉착하게 되고, 실존적 진지함과 결단력의 상실로 끝날 위험이 있다.

지금 우리 사회에 철학적 치유를 비롯한 수많은 인문 치유가 난립하고 있다. 이 현상은 시대의 문제가 그만큼 깊다는 증거일 수도 있겠으나, 자기치유의 증거를 보여주는 것 이상의 인문 치유는 거짓일 가능성이 크다. 그래서 나는 니체의 실험철학을 니체 스스로 자신의 삶을 풍성하게 만들어간 고통과 치유의 변증법으로 이해하고, 그가 행한 최고의 사고실험이라 할 수 있는 영원회귀 사상을 철학적 자기치유와 연관하여 살펴보았다.

제9장은 니체의 글에 나타나는 여성적 모티프들을 다룬다. 니체와 여성과의 관계는 꺼림과 끌림 사이에서 표류한다. 자신을 "영원히 여성적인 것에 대한 최초의 심리학자"라고 일컬었던 니체는 스스로가 비판해 마지않는 여성에게서 남성보다 더 높고 드문 인간 유형을 보기도 한다. 그러나 니체가 여성과의 관계에서 보인 것은, 명확한 판결에 이르지 못하고 주저하는 자의 모습이다. 나는 그가 다양한 주제들에서 피력한 여성관을 살펴 그의 철학에서 여성적인 것이 갖는 의미를 숙고해보았다.

제10장에서는 현대성의 위기와 그 극복 가능성이라는 주제를 '사

랑'이라는 화두로 재구성해보았다. 이성에 대한 육체적 욕망의 발로인 성애(性愛)에서부터 동정심이나 이웃사랑 같은 종교적으로 왜곡된 사랑의 형태를 넘어 가장 먼 것에 대한 사랑과 생명의 적극적인 긍정 양식인 운명애에 이르기까지 니체 철학 전반에 보이는 사랑에 대한 진술들을 분석해 본 것이다. 니체에게 사랑은 기본적으로 힘의 확장을 목표로 하는 소유욕에서 자라난 충동이다.

그리고 이 충동의 근원적인 힘은 정신적인 것으로까지 연결된다. 그것이 인간을 구성하는 '힘에의 의지'이므로 사랑의 충동은 생명에 속한다. 그러나 성 충동을 죄와 결부시킨 기독교로 인해 에로스는 부도덕해졌다. 니체는 인간의 자연과 실재를 부인하고 거기에 다른 이상을 덧씌우려는 기독교적 사랑을 극복하고 자신을 뛰어넘는 사랑을 배워야 한다고 말한다. 니체 철학에서 그것은 가장 먼 것에 대한 사랑이자 운명애(amor fati)로 불린다.

마지막 장에서 다루는 주제는 책임이다. 니체는 인류 최대의 병을 '인간의 왜소화'라 진단하고, 그것이 유럽 전역을 뒤흔든 현상을 숙고하며 자기 철학의 토대로 삼았다. 그의 철학은 유럽에 도래한 허무주의를 직시하고 그것을 극복하는 데 모아졌고, 그것은 유럽의 미래를 염려하는 마음에서 비롯된다. 또한 그는 전통 형이상학과 선악에 기초한 기독교의 도덕이 현대성이 가져오는 크고 깊은 문제를 제대로 포착하지도, 따라서 해결하지도 못하리라는 것을 예감하고 대안을 준비했다.

그는 이 옛 도덕을 타파하는 것에 인류의 미래가 걸려 있음을 일생에 걸쳐 알리려 노력했다. 죄와 책임이라는 기존의 도덕에서 벗어나기 위해 니체는 생기의 필연성과 현존재의 순진무구함을 밝히려했다. 그러나 옛 도덕을 무력화하는, 행위의 필연성에 대한 통찰이 곧 사고하기를 멈춘다는 뜻은 아니었다. 오히려 그는 책임을 느끼는 새로운 방식을 모색하고 자신의 책임 영역을 자발적으로 넓혀 나간다. 더불어 자신의 자유의지를 지배할 수 있는 고상하고 주권적인 개인을 이야기한다. 간난한 인간화 과정의 정점에서 옛 가치들의 반생명성을 자각하고, 새로운 가치를 약속하고 책임지는 주권적 개인을 육성하는 것이야말로 미래철학의 과제가 되리라.

제1장

황금의 중간길 찾기

"필요한 것은 새로운 정의이다! 새로운 해결책이다! 새로운 철학자이다!
도덕의 지구도 둥글다! 도덕의 지구도 양 극점을 가지고 있다! 양 극점
도 실존의 권리를 가지고 있다! 발견해야 할 하나의 세계가 있다! 하나
이상의 세계가 있다! 승선하라, 철학자들이여!"

1. 정의 개념을 중심으로 니체 읽기

니체는 그의 글 여기저기서 자신의 무능력, 강박관념, 완고한 불안을 감추기 위해 빈번히 강한 언사들을 쓰고 있다. 체계적인 작품을 쓰려는 노력이 번번이 수포로 돌아갔다는 점도 언급해야겠다. 고루한 여성관, 강한 효과를 의도한 글쓰기, 출처를 밝히지 않은 인용 등도 그의 한계로 짚어야 할 부분이다. 다시 말해 니체는 정의롭지 못한 모습을 꽤나 보였다. 그럼에도 불구하고 나는 이 책의 처음 두 장에서 '정의'라는 개념을 중심에 놓고 니체 철학을 살펴보려 한다.

이런 측면의 고찰은 그의 필생의 업적을 최소한 내재적으로 일관되고 성공한 것으로 보려는 접근이다. 많은 학자들이 니체를 읽는데 그와의 거리두기를 권고하고 있지만, 사실 우리는 이미 원거리에서 주관적으로 행해진 너무나 많은 니체 해석들을 접했다. 말하자면 그것은 현란한 아류의 빛들이었다. 나는 정의라는 개념으로 니체를 조명할 때, 우리가 통상 모순이라고 보는 그의 철학들이 비로소 이해될 만한 사태로 드러나리라 본다.

이렇게 니체를 정합적으로 독해하려는 까닭은, 그가 자신의 작품과 삶의 고난을 통해 이성과 실존 사이에 계속되는 분열을 뛰어넘어 철학적으로 확보하고자 했던 것들을 그의 사상에 붙어 다니는 특이한 모순성에서 해방시켜 자유롭게 이용하고자 하기 때문이다.

실제로 니체는 존재의 의미심장한 배후관계, 모호함, 그리고 그 긴 장관계에 대해 탁월한 감각을 지닌 사상가이다. 그런 만큼이나 그는 수많은 모순과 또 쉽게 조화될 수 없는 다양한 면들을 가지고 있다. 그래서 어떤 학자들은 얼마나 니체와 행보를 같이하겠느냐는 질문 보다는 어떤 니체와 길을 떠나고 싶은지를 먼저 물어야 한다고 지적 하기도 한다. 이 첫 번째 장의 목적은 니체가 왜 이러한 모순을 내포 할 수밖에 없었는지를 그 철학의 시발점에서 살펴보는 것이다.

정의는 서양철학의 주역들이 일찍이 천착해온 개념이거니와 그 다양한 사상편력에도 불구하고 오늘날에 이르기까지 여전히 명쾌 하게 풀리지 않은 문제이기도 하다. 이런 의미에서 니체를 따라 우리 도 이 정의와 관계된 주제를 철학사의 숙원으로 묘사해도 무방하리 라. 정의라는 주제는 인간 영혼이 어떤 토대 위에서 조화를 이루고 최적의 상태가 될 수 있는지, 또 사회와 정치가 어떻게 더 좋고 완 전한 질서를 마련할 수 있는지를 논의하는 것이다. 즉 인간사회의 질 서와 인간의 상호관계의 규정에 대한 이야기이다. 이 주제는 분명 새 로운 각도에서 니체를 조명하는 일이며, 우리는 이런 시도로 인해 어쩌면 일관된 흐름에 자리한 또 다른 니체를 발견하게 될지도 모른다.

니체는 스물네 살에 학위논문도 없이 바젤 대학 문헌학 교수가 된 다. 문헌학 교수라는 직함이 말해주듯이 그의 학문적인 출발은 철학이 아니었다. 그의 학문적 포부를 엿볼 수 있는 교수 취임연설에서 니 체는 철학이 고유하게 지닌 총체적 사고의 힘을 강조하려고 세네카 의 문장 하나를 고쳐 인용한다. "지금까지 문헌학이었던 것이 이제 철학이 되었다"(Itaque quae philologia fuit, facta philosophia est). 물론 세네카의 원문은 여기 '필로로지아'(philologia)와 '필로소피아' (philosophia) 두 단어의 위치가 바뀌어야 한다.[1] 이 취임연설은 나중에 '호메로스와 고전 문헌학, 강의'라는 제목으로 자비 출판했는데, 니체는 의도적으로 어순을 전도한 이유를 이렇게 밝히고 있다.

> (이것은) 모든 그리고 낱낱의 문헌학적 활동이 철학적 세계관에 껴안기고 둘러싸여야 한다는 사실을 말한다. 철학적 세계관 안에서는 모든 개개의 것이나 따로 떨어진 것들이 뭔가 비난받아 마땅한 것으로 증발해버리고 오직 전체적이고 총체적인 것만 남는다.[2]

선입견 없이 텍스트를 텍스트로만 다루는 문헌학적 활동은 확실한 재료를 철학에 넘겨주는 역할만 하고, 철학은 이렇게 모이고 정선된 부분 텍스트들을 그 전체성에서 관찰하고 해석해야 한다. 니체는 철학자가 참답게 추구해야 할 가치로 총체적인 사고방식을 다른 곳에서도 강조하고 있다. 이를테면 다음과 같은 구절이다. "철학자는 세계의 전체 음(音)을 자신의 내면에서 다시 울리게 하며, 이 음을 자신에게서 꺼내 개념으로 표현한다."[3] 이렇게 총체적인 사고를 목표로 삼는 철학적 세계관은 니체에게서 '창조적 예술가', '문화', '정신', '철학자', '초인', '힘에의 의지', '영겁회귀' 등의 주제들로 평생 모색되고 있다.

'정의' 역시 이 철학적 총체성과 관련해 니체 철학에서 다뤄져야 할, 아폴론적이며 디오니소스적 사정거리를 갖는 근본 테마 가운데 하나이다. 니체의 정의 감각은 이미 기숙학교를 다니던 슐포르타 시절부터 발견되고, 유고에 나오는 '위대한 정치'에 이르기까지 평생 여러 형태로 변주되며 그의 철학 전체를 일관하는 주제로 남는다. 마치 음악이 비록 주제화되거나 분석적이고 체계적으로 고찰되지는 않지만 니체 사상에서 중요한 역할을 담당하듯이 정의 역시 일관된 니체 철학을 설명하는 화두가 된다.

2. 니체의 정의 감각

니체는 철학사에서 그 유례를 찾지 못할 정도로 삶과 사고, 그리고 성격이 하나로 착종된 사상가이다. 따라서 그의 삶은 바로 그의 사상을 이해하는 길잡이이다. 우리는 니체의 삶에서 일찍이 부각된 그의 근본적인 정의 감각과 이와 연관된 총체적인 사고방식을 엿볼 수 있는 간접 증거들을 발견한다. 「내 인생으로부터」라는 제하의 글이 그 좋은 예이다.[4] 이 글에서 열네 살의 니체는 그때까지 해온 자신의 시 쓰기 작업을 세 시기로 나누고 각각 자전적 평가를 내린다. 그에 따르면, 첫 번째 시기는 시적인 영감 없이 자기 생각을 단순히 운문 형식으로만 바꿔놓았을 뿐이다. 사상적 내용이 주를 이루는 이 시기의 언어적 단순함을 극복하기 위해 두 번째 시기는 가능한 한 모든 언어적 기교를 동원해 현란함과 기품을 더하려 했다. 하지만 그런 기품과 현란함은 결국 점잔빼는 태도와 상투적인 미사여구로만 남게 되었다. 다음은 두 번째 시기를 회상하는 열네 살 때 니체의 글이다.

이것들에는 게다가 가장 중요한 것, 즉 생각이 결여돼 있었다. 어쨌든 이 때문에 첫 번째 시기가 두 번째 시기보다 훨씬 높은 단계이다. 그러나 여기서 알 수 있는 것은 우리가 아직 확고한 기반을 잡기 전에는 극단에서 극단으로 동요하며, 황금의 중간길에서야 안정을 찾는다는 것이다.[5]

니체는 세 번째 시기에서, 앞선 두 시기의 결함을 극복하기 위한 해결책으로 각각의 장점인 사고의 내용과 언어적 우아함을 결합하려 했다. 이런 모색이 그것의 성공 여부를 떠나 우리에게 중요한 것은, 니체가 양극단의 모순과 긴장을 한쪽을 죽이고 다른 한쪽만을 살리는 방식으로 해결하지 않고 '황금의 중간길'을 택함으로써 해결할 수 있다고 믿었다는 사실이다.

1862년 부활절 휴가 때, 당시 18세의 니체가 쓴 「운명과 역사」(Fatum und Geschichte)[6]라는 글에서도 '황금의 중간길'을 찾으려는 노력, 즉 그의 정의 감각을 읽을 수 있다. 이 글은 역사와 자연과학을 철학적이고 종교적인 사변의 확실한 두 근거로 인정해야 한다는 메시지를 담은 듯하나 실제로는 역사의 두 동인인 의지의 자유와 운명의 상관관계를 밝히는 데 그 목적이 있다. 우선 각각 묘사되는 운명의 필연성과 정신의 자유는 일견 화해 불가능한 대등한 적대자로서 양립할 수 없는 것처럼 보인다.

그러나 니체는 결국 양자를 상호 보완적인 것으로 서로 뒤섞고, 균형을 맞추어 자신의 세계상 속에 유기적으로 연관된 어떤 것으로 포섭해 내려고 한다. 이런 니체의 노력, 다시 말해 의지의 자유와 운명을 결코 대립적인 것으로 파악하지 않고 극단의 성질을 띠지만 바로 그런 이유로 밀접하게 관련 있는 무엇으로 파악하려는 점이 특히 눈에 띈다. 의지의 자유는 니체에게 "운명의 가장 높은 가능성"이며, 운명 역시 의지의 자유로서만 실현되고 절대적인 힘으로 경험된다.

비슷한 시기에 쓴 「의지의 자유와 운명」(Willensfreiheit und Fatum)이라는 글도 같은 주제를 다루고 있는데, 마치 「운명과 역사」의 해설인 듯 읽힌다. 여기서는 운명과 의지의 자유가 개인성의 이념으로 통합된다. 인간의 행동은 이 두 원칙이 상호작용함으로써 비로소 의미 있고 총체적인 것으로 이해된다.

만일 우리가 무의식적인 행동이라는 개념을 단순히 앞선 인상들에 의한 이끌림으로 파악하지 않는다면, 운명과 자유로운 의지 사이의 엄격한 구별은 사라지고 두 개념은 개성의 관념으로 수렴되어간다. (…) 의지의 자유에는 개인을 위해 구별, 전체로부터의 나눔, 절대적인 무제한의 원칙이 놓여 있다; 그러나 운명은 인간을 다시 전체 발달과의 유기적인 연관으로 집어넣고, 그를 지배하려 함으로써 자유로운 저항력을 발달시키도록 그를 강요한다. 운명 없는 절대적인 의지의 자유는 인간을 신으로 만들 것이며, 숙명론적 원칙은 그를 자동기계로 만들 것이다.[7]

여기서 인간은 개성의 형성을 통해 완벽하게 자유로운 신과 물화(物化)된 자동기계 사이에서 균형을 잡으며, 잘못된 정신성이나 잘못된 자연성에 대한 일방적 예속에서 벗어나게 된다. 낱낱으로 관찰할 때는 정반대인 두 행동 원칙이 전체 역사에서 기능적 긴장관계를 유지하며 상호 보완한다.

니체에게 정의의 추구는 사상사의 큰 차원에서 잘못 진행됐던 것을 바로잡는 시도이기도 하다. 이를 위한 니체의 전형적인 노력을 보여주는 또 다른 예가 『비극의 탄생』이다. 이 첫 번째 철학 저술은 두 가지 의미에서 정의를 성공적으로 드러냈다고 볼 수 있다.

한편으로 이 책은 비극이 탄생한 이유를 디오니소스적 정신과 아폴론적 정신의 상호관계로 설명한다. 이때 각 신들은 팽팽한 긴장관계 속에서 일방적으로 높아진 다른 신의 영향력을 조정하는 힘으로, 즉 다른 신의 제어자로서 기능한다. 그러나 각각 형상과 조화를 상징하는 아폴론과, 해체와 분열을 상징하는 디오니소스는 서로에게 대립자로 머물지 않는다. 그리스 비극에서 이들은 상보적인 긴장관계로 얽혀 연결되고 변증법적 합일을 이루어, 결국 디오니소스적 도취의 형상화라는 형식으로 승화된다.

다른 한편으로는 이 책에서 "이론적 낙천주의자의 원형"[8]으로서 소크라테스가 가지는 주도 동기적 의미가 명확해진다. 소크라테스에 의해 창시된 현대적 믿음, 즉 "사유가 인과성의 실마리를 따라 존재의 가장 깊은 심연에까지 이를 수 있으며, 사유가 존재를 인식할 수 있을 뿐만 아니라 심지어 수정할 능력이 있다는 흔들림 없는 확고한 믿음"[9]에 선전포고를 한다. 모든 것을 개념으로 환원시키는 소크라테스는 니체에 의해 전형적인 이론의 인간으로 여겨지고, 편협하고 인간중심적인 진보 프로그램이라는 학문적 망상의 현신으로 드러난다.

소크라테스를 향한 선전포고에는 일방적인 논리화, 생성과 변화의 고정화에 맞서 이를 교정하려는 니체의 조정하는 정의 감각이 나타나고 있다. 학문에 내재한 전체주의적 권력의 요구가 지니는 절대성이 의심되고 우리의 시선은 "학문 영역의 주변부"로, 즉 해명되지 않는 최종 근거로 유도된다. 니체는 비극적 인식을 견딜 수 있게 해주는 예술을 통해 논리가 필연적으로 보완되어야 함을 강조한다. 사상사에서 일방적으로 자행된 불의가 소환되고 있는 것이다. 니체가 예술과 역사, 도덕, 진리와 삶의 의미에 관해 1870년대에 도전적으로 던진 질문들에 대해 1880년대에 실험 철학적으로 답을 구하려는 시도 역시 이 조정하는 정의와 밀접한 관계를 가진다.

3. 양심의 문제: 어떻게 정의가 가능한가

이미 1918년에 베르트람(Ernst Bertram)은 니체가 평생 정의의 가능성이라는 양심의 문제를 고민했다는 것과, 이것이 이미 두 번째 반시대적 고찰인 '삶에 있어서의 역사의 공과'에서 이론적으로 명백한 형식으로 제기되고 있는 문제라는 것을 지적하고 있다.[10] 실제로 니체는 이 글에서 과거의 사실들을 객관적으로 다루려는 역사가의 정의 의지와 생명의 불공정성으로 열려 있는 예술가의 의지 사이에 나타나는 긴장관계를 명확히 주제화하고 있다. 삶과 정의의 어쩔 수 없는 대립이라는 딜레마와 삶의 불공정성에 기인하는 존재와 당위의 편차에도 불구하고 니체는 "어떻게 정의가 가능한가?"라는 양심의 질문을 던지며 정의를 철학사의 풀리지 않은 숙원으로 파악한다.

1885년에 쓴 『인간적인 너무나 인간적인』 제1권에 부칠 새로운 서문의 한 초안에서도 니체는 당시 자신이 불가능한 덕인 정의 때문에 절망하고 있었음을 서술하고 있다.

"그것은 늦게야 벌어졌다 ─ 나는 이미 스물 살을 넘기고 있었다 ─, 내가 내게 실제로 여전히 전적으로 결여되어 있는 점이 바로 정의임을 알게 된 것은. '정의란 무엇인가? 이는 가능한 것인가? 가능하지 않은 일이라면, 이때 어떻게 삶을 견뎌낼 수 있을까?' ─ 이렇게 나는 끊임없이 물었다. 이것은 내가 단지 정열만을, 협소한 시각(Winkel-Perspektive)만을, 이미 정의의 전제가 결여된 자의 안도만을 느끼는 것을 스스로 곰곰이 생각하는 그 모든 곳에서 나를 불안하게 만들었다.[11]

니체는 이미 약관의 나이에 불가능해 보이는 정의를 달성해야 한다는 양심의 문제가 해결되기 전에는 삶의 여타 활동이 무의미하다고 느낀 것이다. 그러나 니체는 이 숙원을 다루면서 정의에 대한 완결된 이론을 제시하지는 않고 있다. 어쩌면 정의라는 주제는 그에게 그간 유럽 정신사에서 중요한 역할을 해왔던 힘센 개념들을 비판할 때마다 흘러나오는 내적 음악과 같은 것일지도 모른다. 실제로 니체는 자신의 첫 번째 철학적 저술 전에 당시 자신의 전공인 문헌학에서 음악적 테마를 다룰 기회를 엿보고 있었다. 즉 언어를 가지고 음악을 하려 했던 것이다.[12] 따라서 말하지 않고 노래 불렀어야 할 "이 새로운 영혼"[13]에게는 그의 철학을 음악과 비교하는 것이 그렇게 기이한 일은 아니었으리라.

불가능해 보이는 정의라는 덕에 대해 이렇게 제기된 양심의 문제를 통해 얻은 이제까지의 판단의 편협함에 대한 통찰은 니체를 그의 정신적 편력으로 몰아가는데, 이것은 이제 우리의 논점에서 볼 때 아직 찾지 못한 정의에 대한 추구나 다름없다.

호기심이 깨어났다. 간단히 말해 나는 혹독하고 오랫동안 지속되는 새로운 학교로 갈 것을, 그래서 가능하면 내 구석진 곳으로부터(von meinem Winkel) 멀리 떨어질 것을 결심했다. 아마도 그 과정에서 다시금 정의 자체와 만나게 되리라! 이렇게 내게 **편력**의 시간이 시작되었다.[14]

니체 스스로가 자신의 정신적 편력을 정의를 추구하는 것과 긴밀히 연관지어 파악하고 있음은 의심의 여지가 없다. 물론 불가능한 덕인 정의에 대한 초기의 절망이 바로 해결되지는 않는다. 그 대신 절망에서 부득이하게 철학적 방법론이 형성되는데, 후일 니체는 이것을 "실험–철학"[15]이라고 명명한다. 이제까지의 근시안적이고 편협한 시각을 교정하고 총체적으로 인식하려는 열망은 니체를 용감하게 정신적 편력으로 이끌고, 그에게 대담하고 도발적인 관점들을 채택할 것을 고무한다.

나는 그때까지 대체로 내 마음이 매달려 있었던 모든 것을 시험했으며, 가장 사랑스러운 것들을 뒤집었고, 그 이면을 바라보았다. 나는 지금까지 인간의 비방이나 중상의 기술이 가장 예민하게 수행되었던 모든 것과 더불어 그 정반대의 것을 행했다.[16]

니체 철학에서 우리를 당황스럽게 하는 동시에 끌어당기는 이 일상적인 시선의 전도, 사물을 바라보던 기존 방식의 의도적인 변경은 이제 그의 사고를 지배하는 정의의 주제와 따로 떼어 관찰될 수 없다. 왜냐하면 "배고프고, 갈망하고 고독한 젊음의 위험"[17]을 견뎌낸 것에 대한 그의 보고는 동시에 그의 근본적인 성격적 특징에 대한 이야기이기 때문이다. 어떤 한 세계관이 편파적으로 과도하게 강해졌다고 생각되는 모든 곳에서 니체는 상반되는 세계관을 강하게, 때로는 극단적으로 강조하거나 관철시켜 이를 조정하려고 노력한다.[18]

4. 정의로운 인간: 이상적인 인간

정의로운 자는 그래서 『반시대적 고찰』의 두 번째 글에서 거의 이상적인 인간으로 묘사되고 있다.

진실로 정의에 대한 충동과 힘을 소유한 사람보다 우리의 존경을 더 요구할 수 있는 사람은 없다. 정의 안에서는 모든 방향에서 흘러오는 조류를 받아들여 삼켜버리는 심해처럼 가장 희귀한 지고의 미덕들이 서로 합쳐지고 감추어지기 때문이다. 저울을 들어도 재판의 권한을 가진 정의로운 자의 손은 떨리지 않는다. 그는 가차없이 자기 자신에게 추를 쌓아 올리며, 저울의 접시가 올라가고 내려와도 눈은 흐려지지 않고, 선고할 때에도 그의 목소리는 딱딱하게 들리지도 않고 낙담한 듯이 들리지도 않는다.[19]

이 정의로운 인간은 올바르게 판단하기 위해 진리가 필요하다. 이때의 진리는 자신만만한 19세기의 역사주의가 주관적이고 개인적인 이해관계를 소멸시키고 객관성이란 이름으로 제시하는 경직된 체계나 통계 또는 창백한 자료들이 아니라, 모든 과거를 고정해버리는 역사주의의 병통을 넘어 "삶의 조형력"[20]을 이용하는 "정리하고 처벌하는 재판관으로서의 진리"[21]이다.

정의로운 자는 모든 방향에서 흘러들어오는 조류를 단지 자기 안에 받아들여 삼킬 뿐만 아니라, 삶의 유용성을 기준으로 엄격히 측량한 뒤에 이들을 판단한다. 이때 정의로운 자가 단지 "광신자"가 되거나 그의 의지가 "심판자가 되려는 맹목적인 욕망"으로 변질되지 않기 위해서는 정의에 대한 진실한 의지와 함께 실제적인 판단능력이 중요한 조건이 된다.

5. 정의는 신념의 적

정의가 가지는 판단하는 특성에 근거해서 정의에 대한 잠정적인 정의(定義)가 가능해진다. 니체는 "어떤 철학적, 정치적 또는 예술적 천재성보다" 결코 더 낮게 평가될 수 없는 정의의 천재성을 이야기한다.

이 천재성의 방식은 사물에 대한 판단을 현혹시키고 혼란시키는 모든 것을 진실한 불쾌감을 가지고 기피하는 것이다. 따라서 정의는 **신념의 적**이다. 왜냐하면 정의는 살아 있는 것이거나 죽은 것이거나, 실재적인 것이거나 생각된 것이거나 간에 각자에게 각자의 것을 주려 하기 때문이다—그리고 그 일을 위해서 정의는 그것을 순수하게 인식해야 한다. 그러므로 그는 각 사물을 가장 밝은 빛 속에 세워두고 주도면밀한 눈으로 그 주위를 돈다.[22]

정의는 모든 신념, 즉 유일한 관점에 근거한 경직의 반대자이다. 정의가 한 사물의 주위를 주도면밀한 눈으로 도는 것은 해당 사태에 대해 가질 수 있는 가능한 모든 관점을 남김없이 재려는 노력과 다름없다. 니체는 현존재에 필연적인 관점주의적 특성과 그 현현인 삶의 조형적 힘을 인식론적으로도 정당하게 다루고자 한다. 이를 위해 그가 선택한 방식은 계속적이고 의도적인 관점의 변환이다. 이 방식은 『도덕의 계보』에서 읽을 수 있듯이 점진적이고 총체적인 인식을 지향하는 특성을 갖는다.

> **오직** 관점주의적인 바라봄만이, **오직** 관점주의적인 '인식함'만이 존재한다. 우리가 한 사태에 대해 더 **많은** 정서로 하여금 말하게 하면 할수록, 우리가 같은 사태에 대해 더 **많은** 눈들을, 다양한 눈들을 투입하면 할수록, 그 사태에 대한 우리의 '개념'이나 '객관성'은 더욱 완벽해질 것이다.[23]

지적인 활동은 그 관점성의 전적인 인정을 통해 더 따뜻하고 생기 있게 된다. 방향과 맥락 없이 보려는 모든 시도, 의지와 정서 없이 인식하려는 모든 시도는 지성의 거세로 여겨져 거절된다. 니체가 추구하는 '객관성'에 다가가는 일은 유일한 관점을 고수함으로써가 아니라 한 사태에 대한 다양한 해석 가능성을 인정할 때에만 비로소 가능해진다. 정의의 개념은 해석의 다양성에 대한 인정과 편협한 관점의 극복을 옳은 판단의 전제 조건으로 요구한다. 이러한 맥락에서 미래에 와야 할 새로운 철학자들에 대해 할 수 있는 말은 그들이 결코 독단론자는 아닐 것이라는 것이다.[24]

6. 독단적 신념이 생기는 이유: 정신의 태만

그럼에도 불구하고 우리가 계속해 독단적인 신념에 패하고 정의를 찾으려는 계속된 정신적 편력이 불가능하다고 여기는 이유는 무엇일까? 니체는 독단적 신념이 생기는 이유를 정신의 태만에서 찾고 있다.

> 의견은 **정열**에서 생겨난다. **정신의 태만**은 이 의견들을 **신념**으로 굳어지게 한다 — 그러나 **자유롭고** 쉬지 않고 살아 움직이는 정신을 <u>스스로</u> 느끼는 사람은 끊임없는 변화를 통해 의견이 굳어지는 것을 막을 수 있다.[25]

자유롭지 않고 활기가 없는, 다시 말해 피곤하고 삶에 지친 정신에서 신념이 생긴다. 칸트는 『순수이성비판』의 방법론에서 인간이 가질 수 있는 견해를 의견, 믿음, 지식으로 나누고 있다.[26] 이에 따르면 '의견'은 객관적인 타당성에 이르기에도 충분치 않고, 주관적으로도 불충분한 견해에 불과하다. 이 불충분함 때문에 '의견'은 아직 누구에게나 타당한 신념이 아닌 것이다. 니체에 따르면 어떤 한 사태로부터 자극받은 정열에 근거하는 의견은 스스로의 편협함을 잊는 순간 절대적 타당성을 사칭하게 된다.

이것은 정신의 태만, 즉 깨어 있지 못함에서 비롯된다. 그리고 이 상태는 정의로운 자가 자유롭고 활동적인 정신으로 남기 위해 한번 채택했던 시각의 계속적인 변화를 통해 피하려 하는 바로 그 상태이다. 그렇다면 니체가 선택한 인식의 방법인 의도적인 관점 변화는 한번 생겨난 의견이 굳어지는 것을 막는 유용한 도구이다.

정신은 어원학적으로 프뉴마(Pneuma), 즉 호흡이나 바람을 뜻하며, 언제나 자신이 가고 싶은 곳으로 불어간다. 이 새처럼 비상하는 정신이 진리를 찾는 오래고 힘든 비행에서 지치면 대양 가운데 절반쯤 침몰해가는 배의 초라한 마스트에 가상 궁궐을 짓고 안주한다. 자만에 빠져 자신의 절대적 타당성을 확신하며 부패한 정신은 정신이기를 그치고, 다른 정신들을 이 위험하고 안락한 가상 궁궐로 유인한다. 『아침놀』과 『선악의 저편』 마지막에 나오는 이러한 새의 은유에서 니체는 정신이 신념의 전도사로 변화하는 순간들을 표시한다.[27]

정신이 정신답기 위해서는 필연적으로 의견을 바꿔야 한다는 사실을 설명하려고 니체가 드는 또 다른 비유는 성장하기 위해 허물을 벗어야 하는 뱀이다.

허물을 벗는다 ─ 허물을 벗을 수 없는 뱀은 파멸한다. 의견을 바꾸는 것을 방해받는 정신들도 이와 마찬가지이다. 그들은 정신이기를 그친다.[28]

어떤 사태에 대한 일방적 확신이나 해석, 한 관점에의 집착이 가지는 위험성은 그것이 정신을 부자유스럽게 만들고 비활동적으로 경화시킨다는 데 있다. 니체는 견해를 바꾸는 능력과 가능성을 정신의 본질적인 특성으로 여기는 듯하다. 이런 맥락에서 볼 때, 니체 사상의 초기에 일상적인 시각과 사물에 대한 기존의 평가방식을 의도적으로 바꾸는 형태로 나타나는 자유정신의 편력과 정의 추구는 극복해야 할 수많은 위험과 유혹에도 불구하고 정신의 본성에 부합하는 일이다.

7. 정의: 정신의 엄격함과 유연성을 결합하는 기술

성장의 시기에 허물을 벗지 못하고 자신을 절대적인 것으로 여겨 경직되어 정신이 살아 있기를 포기하는 위험과 이에 따른 정의 추구의 실패 가능성은 이미 정신적 편력이 시작되는 초기 상황에 내재되어 있기도 하다. 일상적 시선의 전도와 사물을 바라보던 기존방식을 의도적으로 변경함으로써 기존의 가치기준과 세계관에 반하는 관점을 취하게 된 정신은 이렇게 방법론적으로 취해진 관점을 경쟁력 있게 만들고 관철하려고, 선택된 관점과 자기를 동일시하며, 극단적 강조의 형식을 취한다. 엄격한 판단과 생존을 위해 채택된 관점의 모든 가능성을 절대적으로 관철하려는 노력이 필연적인 삶의 불공정성으로 나타나는 것이다.

그러나 정신의 이러한 일시적인 경직과 그 결과로 나타나는 삶의 필연적인 불공정성은 인간의 운명이다. 모든 인식의 출발점이자 인식을 가능하게 하는 근거가 언제나 개인성이기 때문이다. 개인성은 정의롭거나 불공정한 모든 관계의 중심이고, 이 중심과 관계를 맺음으로써만이 여타의 것들이 우리에게 의미를 갖는다. 확고한 출발점인 개인성의 포기는 인식의 가능성에 대한 포기를 의미한다.[29]

존재의 끊임없는 변화와 불확실성, 무근거성 앞에서 자연적인 불공정성의 인식이 설령 우리를 절망에 이르게 할지라도 우리가 인정할 수밖에 없는 불변의 사실은 인간이 어떤 **"특정한 가치평가 밖에 서 있을 수는 있지만, 모든 가치평가의 밖에 서 있을 수는 없다"**[30]는 것이다.

그러나 시체가 역겨워도 버티는 해부학자의 집요함을 니체는 예컨대 "우리 모두가 거기 달라붙어 맹목적으로 일하고 시를 짓고 사랑하고 창조하는, 이 자라나는 인간 두뇌들의 환영"[31]인 세계의 역겨움에 저항한다. 이 저항에서 그가 외치는 구호는 다음과 같다.

될 대로 될 것이다. 우리는 공정하길 원하며 가능한 한 끝까지 가볼 것
이다.[32]

그리고 모든 것에 공정히 하려는 결심은 심지어 정의와 완전히 반
대되는 것마저도 존재에 필수적인 요소로 인정하고 시인하기까지에
이른다.

마침내 정의는 자신의 적, 즉 맹목적이거나 혹은 근시안적인 '신념'(남
성들이 그렇게 부르는 것처럼—여성들에게 그것이 '믿음'이라고 불
린다)에게도 신념에게 속한 것을 줄 것이다—진리를 위해서.[33]

그러나 이러한 관용과 전체를 위한 적의 인정은 자신과 타인의 관
점들을 오랫동안 극복해낸 다음에야 취할 수 있는 정신의 태도이다.
극복된 관점과 현재의 관점 및 앞으로 취해야 할 관점들 사이에서
행해지는 합병과 균형의 기술로서의 정의를 체득한 후에야 정신은
자신 속에 항상 잠복해 있는 위험, 즉 경직되어 삶에 필연적으로 불
공정하게 될 위험을 극복하고 자유롭게 운행하는 정신의 역동성을
지킬 수 있다. 이 위험에서 자유로워진 정의는 각각 채택되는 관점
들의 명확한 한계를 긋는 것과 아울러 광범위한 관점들의 지평을 형
성하는 일을 동시에 행한다. 정의는 이렇게 수축과 팽창의 역동성을
지키며 삶에 필연적인 불공정성을 자신의 완성 과정 중 중요한 한
요소로 함께 포섭한다.
    하지만 이렇게 견뎌냄과 초월 사이에서 균형을 유지하는 행위는
모든 임의의 관점에 대한 무차별한 관용을 의미하지는 않는다. 정의

로운 자가 정의에 필요로 하는 진리는 정리하는 진리일 뿐만 아니라 처벌하는 진리이기도 하다. 관찰되는 각각의 세계관과 시각은 필요한 그것을 자신의 것으로 습득하는 생명을 취하려고 그 필연성과 한계 양면에서 조명되어야 한다. 각각의 한계는 매 단계에서 도달한 이해력 및 판단력의 정도와 일치한다.

8. 진리의 문제

정의로운 자가 정의로운 판단에 필요한 진리는 시간에 구애받지 않고 부동으로 존재하며, 그래서 단지 열심히 찾기만 하면 발견되는 형이상학의 진리가 아니다.[34] 오히려 각각의 중심성 안에 분명히 드러나는바 낱낱이 들여다볼 때 필연적으로 불공정한 삶의 모든 다양한 면들을 포섭할 수 있는 비형이상학적 진리가 요구된다.

이론적 이성으로 파악된 존재론적이고 형이상학적인 진리는 니체에게 끝없이 변화하는 실재를 역동적으로 담아내지 못하는 것으로 여겨진다. 그에 따르면, 인간의 사고는 생존과 번성을 위한 전쟁에서 변하지 않는 존재라는 허구적이지만 유용한 생각에 의존할 수밖에 없었다.[35] 정신은 이를 통해 섬세한 뉘앙스를 가진 다양한 사태들을 어쩔 수 없이 단순화하고, 반대되는 것들을 일치시키며, 논리적으로 해부함으로써 사물들을 그것들이 속해 있는 큰 연관관계에서 떼어내 고립시켰다.[36] 절대적으로 돼버린 정신의 이런 미혹으로 말미암아 인간은 살아 있는, 즉 모든 방향으로 열려 있는 총체적인 사고 능력을 잃어버렸고, 그 결과 스스로 왜소한 학문적 존재로 위축되고 말았다.

니체는 형이상학적인 진리를 비판하면서 모든 인식이 가지는 불가피한 관점성을 인정하고, 오직 전체적인 삶의 맥락 속에서만 고려될 수 있는 진리 개념에 도달한다. 그는 우리의 주의를, 거기서 인간이 꾸미지 않고 부패하지 않은 상태로 자신을 드러내는, "자연적 인간(homo natura)이라는 무서운 근본 텍스트"[37]로 돌린다. 이를 통해 니체는 이제껏 의식을 과대평가하고 이와 결부해 삶의 과정에서 진리만 가장 중요한 것으로 가정하면서 등한시되었던 삶의 다른 면들을 함께 고려하고자 한다.

　모든 인식에 불가피한 관점성을 방법론적으로 수용하고, 가능한한 광범위한 판단관점을 채택하려는 노력은 생성과 변화와 비정체성과 흐름 속에서 나타나는 삶에 대해 행해진 이제까지의 형이상학적 폄하에 대한 니체의 보상의지를 반영하고 있다. 바로 이 총체적인 삶이야말로 누구나가 다 자신의 것으로 요구할 수 있는 권리인 동시에 니체가 이제껏 사상사의 진행 과정을 통해 빚진 것을 정당하게 그의 것으로 돌려주고자 하는 채권자이다. 그 빚은 이상적으로 정향된 형이상학의 전통이 삶에서 몰래 박탈했던 삶의 무궁한 전망성과 찬란한 의미 가능성이다.

9. 어디로 얼마나 가야 할까

　삶의 숙원인 정의의 문제를 해결하려고 니체가 자신의 실험철학을 통해 이르고자 하는 철학적 성찰의 외연은 따라서 의외로 크고 요원하다. 니체가 추구하는 정의는 "살아 있는 것이거나 죽은 것이거나, 실재적인 것이거나 생각된 것이거나 간에 각자에게 각자의 것을 주려고" 한다면,[38] 인간에게 가능했고 향후 가능한 모든 사상과 이념들을 통과하는 기나긴 여행과 이들에 대한 가치평가가 요구되기 때문이다. 정의로운 자가 요구하는 진리는 이런 맥락에서 사상사의 최후의 심판에 버금가는 행위이다.

그는 진리를 원하지만, 결과 없는 차가운 인식으로서의 진리가 아니라 정리하고 처벌하는 재판관으로서의 진리를 원하기 때문이다. 또 그는 개인의 이기적 소유물로서의 진리가 아니라 이기적 소유물의 모든 경계석을 밀쳐버리는 성스러운 권능으로서의 진리를 원하며, 한마디로 말해서 개별적 사냥꾼이 재빨리 잡은 노획물과 쾌감으로서가 아니라 최후의 심판으로서의 진리를 원하기 때문이다.[39]

이러한 진리, 즉 인식 주체의 삶에 직접적인 영향을 끼칠 수밖에 없는 진리는 더 이상 대응이론이나 연관성이론, 합의이론에서 다뤄지는 것이 아니다. 실제적인 인간의 행위에 중요하지 않은 진부하고 학술적인 진리가 아니다. 사고하는 자 자체를 전적으로 사로잡아 위치를 변경하는 힘을 가지고 방향을 제시하며, 따라서 일종의 극복과 희생을 요구하는 진리, 즉 사고하는 인간에게 의미심장한 진리가 관심의 초점이다. 이 진리는 언제나 인식하는 자의 의미 영역에서 그가 살아내는 한 부분이고, 당사자에게 자기극복과 자기 확장의 힘을 부여한다.

지나간 세계관들이나 이념들의 단순한 누적으로 인해 도달할 수 있는 진리가 아닌 것이다. 정의로운 자가 과거의 사고유산을 자신의 것으로 동화하기 위해서는 "창조적인 비약, 실증적 자료들로의 즐거운 몰입, 창작을 통해 주어진 유형을 발전시키는 일"[40]이 필요하다. 각각의 의미 있는 유산들은 가능한 모든 관점들을 남김없이 재려는 주도면밀한 노력이 경주된 후에야 새롭게 방향을 제시하는 목적의 재료로 쓰일 수 있다.

니체가 자신의 첫 번째 작품 때부터 다뤄온 문제를 다시 제기하고 있는 한 유고에서는 그의 철학적 방법론이 가지는 이러한 실험적 특성과 진리, 그리고 삶의 실제적인 의미 연관성에 대한 그의 지속적인 관심이 분명하게 드러난다.

> 정신이 얼마나 많은 진리를 **견뎌내고**, 얼마나 많은 진리를 **감행하는** 가? ─ 이것이 내게는 실제적인 가치척도가 되었다.[41]

"인간 종의 **가장 존경할 만한 표본**"[42]인 정의로운 자가 "소위 진리충동의 가장 고귀한 핵심"[43]인 정의의 힘에 떠밀려 "존재의 가장 저주받고 가장 파렴치한 면들까지도 자발적으로 찾아간"[44] 끝에 얻는 통찰은 "여러 요소의 다양성과 여러 대립의 긴장"이 필연적으로 "인간의 위대함의 선제조건"이라는 것이다.[45] 존재의 모순적 특성을 무시하고, 오직 한 부분만을 특화시켜 절대화해 지각하는 일반적인 인간 이해와는 달리, 정의로운 자는 "인간의 온갖 성장과 더불어 그 이면도 성장해야만 한다는 것"[46]을 당연하게 생각한다. 니체 철학의 매력과 위험을 대략 예감할 수 있는 대목이다. 진리와 연관된 니체의 정의 추구는 세계해석을 둘러싼 힘의 투쟁이 벌어지는 해석학적인 정신의 길을 가는 것이다.

10. 정신의 세 가지 변화에 대해

정의 추구의 도상에서 니체의 관심사는 인류사의 일방적인 발전, 즉 논리적, 이상주의적, 기독교적, 종말론적, 인간중심적으로 국한된 인간의 왜소화를 바로잡는 것이다. 인간에게 더 적합한 관점의 지평을 창출하고 이를 통해 이제껏 망각돼온 인간의 가능성과 위대함을 떠올려 삶에 공정하게 보상하려는 것이다. 그는 이 목적을 이루기 위해 우선 우리의 시선을 이제까지의 형이상학적 가치판단 방식에서 해방시키려 한다. 새로운 관점들을 신뢰할 수 있게 해서 파괴적인 지금까지의 이상과 정당한 균형을 이룰 수 있도록 때로 모순과 과장도 서슴지 않으며 길을 준비하는 자라는 겸손한 위치도 기꺼이 감수한다.

이렇게 이제까지의 편협하고 왜소한 인간을 극복하고 정의롭게 판단해 위계질서를 세우고 모든 것을 긍정하며 시인하는 자유롭고 포괄적인 시각을 소유한 "위버멘쉬"를 탄생시킬 씨는 뿌려졌다. 이 위버멘쉬의 특성이 가장 강력한 자일지, 가장 현명한 자일지를 논하는 것은 사실 불필요한 논쟁이다.[47] 니체에 따르면 힘과 권리, 정의, 그리고 획득한 관점들의 광범위함은 함께 자라기 때문이다.[48] 따라서 정의로운 위버멘쉬는 각각 필요한 관점을 능수능란하게 적재적소에 적용하고, 각각의 세계관을 상응하는 역사적 관계맺음이나 전체 위계질서에서 그것이 차지하는 권리를 인정하며, 정의롭게 판단할 능력을 갖춘 자이다.

이 길에서 니체가 선택한 방법과 점점 더 광범위하고 정의로운 통찰에 이르려는 노력이 대략 어떤 과정을 거칠지는 알려져 있다. 추구되는 것은 인간인식이 가지는 관점주의적 특성을 인정한 상태에서 가능한 한 가장 광범위한 관점과 가장 성숙한 판단력에 도달하는 것이다. 니체가 "하나에의 사랑"을 다른 여타의 것들을 희생 삼아 행해지는 "야만"이자 "인식의 피해"라고 칭하거나, "여럿에 대한 사랑"을 인식에 이르는 길이라 칭할 때,[49] 우리는 거기서 새로운 정의를 찾고자 둥근 미지의 도덕적 신세계를 탐험하는 데 철학자를 호출하는 니체의 승선명령을 들을 수 있다.

승선하라! — 살아가고 사유하는 나름의 방식에 대한 전체적인 철학적 정당화가 각 개인에게 어떤 영향을 미치는가, — 다시 말해 온기와 축복과 결실의 빛을 내려주는 태양처럼 칭찬과 비난에 초연한 채 자족적이고, 풍요롭고 관대하게 행복과 호의를 만들어내려면 철학이 어떠해야 하는가, 부단히 악을 선으로 개조시키고, 모든 힘을 꽃피우고 성숙하게 하며, 상심과 분노의 크고 작은 잡초들이 전혀 피어나지 않게 하려면 철학이 어떤 일을 해야 하는가에 대해 숙고하게 되면, — 결국 우리는 다음과 같은 갈망을 외치게 된다. 아, 이러한 새로운 태양들이 생겨난다면 얼마나 기쁠 것인가! 악한 자, 불행한 자, 예외적인 인간도 자신의 철학, 자신의 권리, 자신의 태양을 가져야 한다! 필요한 것은 그들에 대한 동정이 아니다! — 인류가 지금까지 배우고 실행해온 그러한 교만한 생각을 우리는 잊어야 한다. — 그들을 위해 고해를 받아주는 자, 마귀를 내쫓는 자, 죄를 사해주는 자를 세워서는 안 된다! **필요한 것은 새로운 정의이다! 새로운 해결책이다! 새로운 철학자이다!** 도덕의 지구도 둥글다! 도덕의 지구도 양 극점을 가지고 있다! 양 극점도 실존의 권리를 가지고 있다! 발견해야 할 하나의 세계가 있다! 하나 이상의 세계가 있다! 승선하라, 철학자들이여!⁵⁰

이 항해에서 무엇을 찾을 수 있는지는 니체의 철학적 시라 할 수 있는 『차라투스트라는 이렇게 말했다』의 "세 변화에 대하여"에서 알 수 있는데, 마치 정의 탐험 여행의 항해일지처럼 읽힌다. 이제까지 철학자들이 "인식 과정과 언어 과정의 역사를 다루고 있는"⁵¹ 이 일곱 번 봉인된 책을 니체의 다른 책들에 대한 주석서로 사용하면서 학술적 산문과 시의 통상적 관계를 뒤집어 왔던 것과 달리, 차라투스트라의 이 최초의 연설은 니체 자신의 해설을 담고 있다. 1886년 봄에 쓴 『인간적인 너무나 인간적인』의 새판 서문에는 "세 변화에 대하여"에 대한 실존적이며 순차적인 해석이 실려 있어, 이 변화가 실상은 자유정신의 변화라는 것을 알게 해준다.

니체는 새로운 인간의 가능성을 꿈꾸며 이들의 도래를 촉진시키는 것을 자신의 철학적 과업이라 여긴다. 그리고 이를 위해 기존의 가치평가들로부터 "위대한 해방"[52]을 경험한 자유정신의 탄생조건과 인생경로를 미리 묘사하고 있다. 이 기존의 가치평가들과 세계관들은 이제까지 자유정신의 성장과 지적 재산목록의 형성을 위한 토대와 기초였다. 정신은 이 해방을 통해 자신이 이제까지 사랑했던 온갖 의무에서 벗어난다. 차라투스트라의 첫 번째 연설에 나오는 낙타에서 사자로의 변환이 일어나는 순간이다. "스스로 정의하고 스스로 가치를 정립시키려는 힘과 의지의 첫 분출, **자유로운 의지를 향한 의지**"[53]가 나타나는 순간이다.

그러나 이 "**최초의 승리**"는 "아픔과 고통"을 동반하는 동시에 좌절과 파멸의 위험을 의미하기도 한다. 그동안 친숙했고 따라서 기꺼이 짊어졌던 관습이 보장하던 안전이 사라진 것이다. 그래서 의무 없는 사자가 오래 머무는 장소는 자기 자신의 사막이다.[54] 정신이 이 해방으로 얻는 자유는 아직 "자기 통제와 심정의 수양이며, 수없이 많은 대립적인 사유방식에 이르는 여러 길을 허용하는 그 **성숙한** 정신의 자유"[55]가 아니기 때문이다.

정신이 자신의 길에서 자신을 잃고 방탕하며 어느 한구석에 취한 듯 주저앉아 버리게 될 위험을 몰아낼 수 있는 저 넘치는 풍요함의 내면적인 광대함과 자유분방함에 이르게 될 때까지의 길은 멀다. 그리고 **위대한 건강**의 표시인 저 유연하고 병을 완치하며 모조해내고 재건하는 힘이 넘쳐흐르기까지의 길도 아직 멀다. 그렇게 넘쳐흐르는 힘은 자유정신으로 하여금 **시험**에 삶을 걸고 모험에 몸을 내맡겨도 된다는 위험스런 특권을 부여한다. 그것은 자유정신의 거장다운 특권이다![56]

이것은 차라투스트라의 첫 연설에 나오는 어린아이의 상태이다. 어린아이는 죄 없는 천진난만함으로 모든 것을 대하고 각각의 세계관을 정당하게 인정하며, 확보된 집짓기 장난감들인, 오래되고 새로운 세계관들과 유연하게 놀 수 있는 절대적인 자유를 나타낸다.

정신은 위대한 해방을 통해 잠시 자신의 세계를 잃어버린다. 상이하고 적대적인 세계관들을 가지고 대담한 시험들을 하는 긴 편력의 시절이 지나고 정신은 거룩한 긍정으로 자신의 세계를 되찾는다. 자신이 경험하고 살아낸 세계관들과 가치평가들이 가지는 응분의 유용성을 공정하게 인정하는 데에 정신이 보이는 확실함과 여유만만함은 정신의 위대한 건강과 그 건강에 대한 확신의 결과이다. 자신의 생명력에 대한 이 신뢰가 새로운 삶의 형태를 조성하는 데 필요한 생산적인 힘을 낳는다. 이 긍정은 삶의 과정이 지니는 쾌적하고 불편한 모든 면들에 대한 긍정이며, 자유정신이 도달한 정의의 극점에서 이루어진다.

이 거대한 정신적 편력 과정의 종점에 다다른 자유정신은 나중에 다른 곳에서 "주권적 개인" 또는 "자율적이고 초윤리적인 개체"[57]라고도 불리며, 스스로의 덕에 대해서까지도 처분권한을 가지고 있다. "자유의지를 지배하는 자"[58]라고도 불리는 이러한 인간 속에는 "마침내 성취되어서 자기 안에서 육화된 것에 대해 모든 근육을 경련시킬 정도로 자부하는 의식이, 본래의 힘과 자유에 대한 의식이, 인간 일반에 대한 완성된 감정이 보인다."[59]

결국 정의로운 자가 필요로 하는 "정리하고 처벌하는 재판관으로서의 진리"[60]는 거의 인류의 역사와 같은 넓이의 방대한 지평을 연다. 자유정신은 "수없이 많은 대립적인 사유방식에 이르는 여러 길"[61]을 체험으로 알고 있어야 한다. 정의로운 자는 가능한 한 큰 시각을 확보하고 경험을 쌓아서, 오랜 편력 기간을 거쳐 저 성숙한 자유에 이르러야 한다. 이 자유는 그가 살아낸 시각들과 경험들의 풍부함으로 말미암아 정의가 자신을 배반하여 신념으로 변하는 위험을 제거하고 위대한 건강을 입증한다.

니체의 전체 철학과 그의 대담한 실존은 바로 이 철학적 정의 추구와 이 도정에서 얻어진 노획물들에 대한 기록보관소이자 스스로를 부당하게 절대시한 세계관들과의 싸움의 기록인 동시에 와야 할 자유로운 철학자들이 걸어야 할 길에 대한 지침서나 다름없다.

제2장

힘의 균형 원리로서 사회철학적 정의론

"무엇보다도 너는 불공평이 가장 심한 곳을 바라보아야 했다. 그곳에서 삶은 가장 보잘것없고 빠듯하며 가장 미천하고 원시적으로 전개되지만, 자신을 사물의 목적이자 규범으로 명명하고, 스스로 생존하기 위하여 더 높고 크고 풍부한 것을 남몰래 조금씩 그리고 끊임없이 부수어가면서 문제 삼을 수밖에 없다. 너는 위계의 문제를 눈으로 보아야 했고, 힘과 권리 그리고 관점의 범위가 어떻게 서로 상승해 가는지를 보아야 했다."

1. 고전적인 정의 개념

정의란 인류의 사회화 과정만큼이나 오래된 철학적 개념이다. 정의에 대한 인류의 사색은 물물교환의 시작과 함께 등가물 계산이 이루어지면서 발달되기 시작하며 인간과 인간 사이의 사회적 관계에 주목한다. 유럽 도시들의 중심인 시장광장에 서 있는 정의의 여신 유스티티아(iustitia)의 이름은 이우스(ius)라는 단어를 그 어원으로 갖는다. 이우스(ius)는 몫이라는 뜻이다. 정의는 몫과 관련 있는 덕인 것이다.

그녀의 그리스식 이름은 디케(Dikē)인데, 이 단어 역시 "둘로 나뉜 것" 또는 "확정된 것"이라는 어원을 가지고 있어[1] 정의가 몫의 정확한 분배와 관련 있다는 사실을 상기시킨다. 누가 이 여신에게 저울과 칼을 쥐어주었는가는 또 다른 맥락에서 논의되어야 할 문제이지만 정의의 여신이 들고 있는 소품들은 균형과 공권력을 상징하고, 그녀의 눈을 가린 안대는 설령 아버지가 저울에 올라타더라도 그 저울이 한쪽으로 기울면 인정을 따르지 않고 칼을 내려치겠다는 불편부당성을 웅변적으로 나타낸다.

이 정의의 덕이 고전적 철학 전통에서 의미하던 바가 무엇인지를 알아보는 일은 니체의 정의론이 가지는 독특함을 숙고하는 준비작업이 된다. 정의의 고전적 의미를 밝히기 위해 필자가 선택한 사상가는 토마스 아퀴나스이다. 그는 아리스토텔레스 윤리학의 합리적인 권고들을 신학적 법칙들에 상응하는 존재의 자연적인 법칙으로 발전시켰다는 평가를 받는다.[2] 또한 고대 그리스 전통과 기독교 사상의 특이한 복합물인 아퀴나스의 덕론에는 현대 윤리학의 전개를 예견케 하는 많은 요소들이 포함되어 있어 여전히 인류의 정신사에 지대한 영향을 미치고 있다.[3]

1.1. 누구에게나 그 자신의 것이 주어져야 한다

사랑은 "나에게 속한 것은 다 네 것이다"[4]라고 말하지만 정의는 "누구에게나 그 자신의 것이 주어져야 한다"[5]는 생각에 기초해 있다. 이는 정의의 고전적 개념이다. 그리고 이 간단한 생각은 인간의 본성에 바탕을 두고 있다. 인간은 정신적이며, 스스로의 완전성 때문에 실존하는 존재이자 그 자체로 본래 자유로운 인격체(Person)이다. 이 인격에 근거해 모든 인간은 양도할 수 없는 권리를 갖는다. 아퀴나스는 이 권리를 인간의 피조성에 돌린다.[6]

모든 인간적 토론의 밖에 위치하는 창조를 통한 인격체로의 설정을 통해 그러한 권리를 갖는다는 것이다. 인간이 피조물(creatura), 즉 신에 의해 인격체로 만들어진 존재라는 이유로 모든 인간에게는 절대적인 어떤 것이 그 자신의 것으로 주어진다. 바로 이것, 즉 양도할 수 없이 자신의 것으로 주어진 절대적인 '권리'가 정의의 전제이자 대상이 된다. 정의의 의무는 상대편에게 어떤 '권리'가 있을 때만 성립한다.[7]

"누구에게나 그 자신의 것이 주어져야 한다"라는 정의(Definition) 자체가 다른 덕들과 구별되는 정의의 특성이다. 그것은 정의가 타인과의 관계 속에서만 가능한 덕이라는 사실이다. 정의가 문제되는 상황에서 사람들은 서로 독립된 타인으로 마주 선다. 정의는 상대와 내가 다름을 전제로 시작되는 덕이다. 정의로운 자는 나와 다른 타인을 인정하고 그에게 속한 것을 줌으로써 정의로워진다.

이 타인과의 관계에서만 성립하는 덕이라는 점에서 정의의 또 다른 특성이 나오는데, 그것은 정의가 외적인 행위를 통해서만 실현된다는 것이다. 왜냐하면 외적인 행위로서만이 내 밖에 있는 타인에게 그의 것이 주어지게 되기 때문이다. 바로 이런 이유로 정의와 부정의가 언급될 때는 행위자의 내면 상태나 동기와 상관없이 행위에 대한 객관적인 판단이 가능해진다.

1.2. 공동체의 세 가지 기본구조 안에서 살펴본 "자신의 것"

공동체 안에서, 또는 인간 상호간 올바른 관계로서 정의의 실현을 위해서는 공동체의 세 가지 기본구조가 올바르게 정립되어 있어야 한다. 우선은 공동체를 구성하는 개인과 개인 사이의 관계, 둘째로 사회 전체의 개인에 대한 관계, 그리고 마지막으로 개인의 사회 전체에 대한 관계이다. 이 각각의 질서에 상응하는 정의의 세 가지 형태가 바로 보상정의 또는 교환 정의(iustitia commutativa)와 분배 정의(iustitia distributiva), 그리고 법적 정의(iustitia legalis)이다. 그리고 각각의 질서형태마다 정의의 실현 대상에게 돌려지는 자신의 것, 즉 자신의 몫(ius)이 달라진다.[8]

1) 교환 정의

교환 정의야말로 고전적 의미의 정의 형태라 할 수 있다. 이것은 개인 사이의 관계를 규정하는 정의로, 이때 각 개인은 타인으로 마주 서게 되고 이 경우에만 동일성과 등가성이 완벽히 실현된다. 준 만큼 받아야 한다는 원칙을 함축하고 있다. 그게 정신적인 노동이건 육체적인 노동이건 그에 상응하는 노동의 대가가 정당하게 주어져야 한다는 말이다. 힘과 권리의 균형을 강조하고 있는 것이 보상 정의이다. 교환 정의의 본질은 복구(restitutio)이다.[9]

최초의 성문법이라는 함무라비 법전은 "눈에는 눈, 이에는 이"라고 요약되는 탈리온(Talion)의 법칙, 즉 동해보복론(同害報復論)을 따르는데, 이것이 복구가 행해지는 교환 정의의 대표적인 예이다. 현대의 기준으로 언뜻 보기에 잔인한 듯이 보이지만, 법이 없던 시절 사적인 보복으로 자행되던 야만적인 행위들에 비춰보면 이는 대단한 발전이라 할 수 있다. 구약성경 「창세기」 34장 1~17절에 나오는 야곱의 딸 디나의 일화는 사적 보복이 얼마나 무서울 수 있는지를 보여준다. 또한 두 눈으로 볼 수 있는 자와 외눈으로 보는 자는 유목과 경작의 성과물 양에서도 차이를 낼 수밖에 없다.

의도이건 사고이건 간에 한 사람이 눈을 상실하면, 힘의 동등한 관계는 지속될 수 없다. 교환 정의의 본질인 복구는 이렇게 깨져버린 본래의 상태, 즉 균형 상태를 다시 만들려는 노력이다. 그리고 동해보복론은 부정을 범한 자에게만 죄를 묻는다. 그것도 정확히 범죄의 정도만큼만 벌을 가한다. 누구에게나 그 자신의 것을 마땅히 귀속시키는 정의의 이념이 법제를 통해 드러나고 있는 것이다.

복구(restitutio)란 끊임없이 개인을 그의 소유와 재산으로 정당하게 귀속시키는 행위이다. 공동체 내의 인간질서는 끝없는 변화에 있다. 모든 인간의 행위는 행위자를 채권자나 채무자로 만들고 돌려줘야 할 빚을 갚아 다시 본래의 상태인 균형이 도달되더라도 사람이 살아 행동하는 한 도달된 균형 상태는 계속해서 변하게 된다. 교환 정의가 기준으로 삼고 있는 균형 상태는 영속적인 것이 아니라 일시적인 것일 수밖에 없다.

이 균형 상태가 교환 정의를 통해 끝없이 복구되어야 하는 것이다. 따라서 교환 정의의 달성이란 공동체가 존속하고 인간이 타인과 관계를 맺는 한 영원히 계속되는 과제이다. 정의의 기준이 되는 힘의 동일성, 권리의 동일성이 영원히 복구되어야 한다는 것이 교환 정의의 이상이 뜻하는 바이다.

2) 분배 정의

분배 정의는 공동체가 그 구성원인 개인과 갖는 관계를 질서짓는다. 여기서는 권력을 위탁받은 자들과, 권력을 위임한 자들 사이의 관계가 문제시된다. 공익(공공선, bonum commune)의 관리자로서 인간이 분배 정의의 상황에서 책임을 맡는 당사자이다. 그는 공동체의 성원들 각자에게 그에게 속한 것을 돌려주어야만 한다. 이때 각 개인에게 속한 것은 오로지 한 명의 개인에게만 속한 것이 아니다.

공공선은 말 그대로 공공에게, 즉 전체로서의 공동체에게 속한 선이고 모든 사회 구성원이 함께 만들어낸 사회적 산물이자 공동체 전체의 수익이다. 물론 이 공익은 공동체에서 생산되는 물질 재화를 넘어 관조적이고 예술적인 삶을 살아가는 이들의 작품과 활동까지를 아우르는 광의의 개념이다. 그중 각 개인에게 속한 것은 공공선에서 개인에게 부여되는 할당량에 해당한다. 이것이 모두에게 공정하게 귀속되도록 하는 것이 분배 정의가 할 일이다.

하지만 공동체가 가진 모든 가능성을 다 실현하려면 한 공동체가 이뤄야 할 실제적인 재화와 상품들이 어떤 것인지를 확실하게 말하기는 어렵다. 인간이 이루는 공동사회가 어떤 가능성들을 포함하고 있는지, 즉 인간의 공동체가 그 근본에서 무엇인지를 정의하기가 불가능하기 때문이다. 따라서 분배 정의의 실현이란 구체적으로 확정할 수 없는 공공선의 실현에 각 개인이 참여할 수 있도록 하는 데서 가능해진다.

교육과 근로, 자기 계발과 인격 실현, 정치 참여의 기회가 공동체 성원에게 공평하게 나눠지게 사회 인프라를 구축하는 것도 분배 정의 실현과 관계있다. 분배 정의를 실현하려면 그 주체인 공공선의 관리자가 공공선을 숙고하는 동시에 각 개인의 인격과 존엄성(dignitas)에 눈 돌리고 각 개인에게 속한 것을 돌려주는 것이 중요하다. 이때 각 개인에게 눈 돌리는 것은 학연, 지연 등의 신분과 인품에 대한 고려와는 관계없다.[10] 오히려 개인에 대한 공평무사한 시선과 정의로운 분배가 실현되는 것이 그 목적이 되어야 한다.

3) 법적 정의

법적 정의(iustitia legalis)는 공동체의 구성원인 개인이나 단체가 공동체 전체에 대해 갖는 관계를 질서짓는다. 이들은 공동체의 법이 공공선의 창출을 위해 요구하는 것, 즉 공동체에 속한 것을 돌려줄 준비가 되어 있어야 하고 이것을 행위로서 증명해 내야 한다. 구성된 공동체가 주는 안보와 교육, 개인적 성장의 기회 등을 개인에게 할당된 등가물이라 할 수 있는 의무들이 법적 정의에서 문제시되는 몫이 된다. 여기서 채권자에 해당하는 공동체는 필요한 경우 개인과 단체에게 법에 명시된 사항을 이행할 것을 강요하고 이것이 이행되지 않으면 제재를 가할 수 있다.

1.3. 정의로 충분한가

그러나 정의의 실현, 즉 끝없이 깨지는 균형의 복구, 보상, 채무의 청산과 공공선의 균형분배, 국가에 대한 의무의 수행만으로는 이 세상을 질서 있게 만들 수 없다는 것이 아퀴나스의 견해이다. 왜냐하면 세상에는 그 특성상 완전히 변제가 될 수 없는 채무들이 발견되기 때문이다. 중세가 강조한 조물주와 피조물의 관계나 생명을 매개로 한 부모와 자식의 관계 등이 그 대표적인 예이다. 정의의 실현을 위해 노력하고 고민하는 자일수록 빚진 것을 돌려주는 것만으로 충분하지 않고, 엄격한 의미에서 빚지지 않은 것도 줄 준비가 되어 있는 것이 필요하다는 사실을 절실히 느끼게 된다. 아퀴나스는 이것을, 즉 정의의 한계를 다음과 같이 표현하고 있다.

정의가 없는 자비는 해체의 어머=니이지만, 자비가 없는 정의는 전율이다.[11]

2. 권리는 어디서 나오는가

제1장에서 살펴본 것처럼 정의는 니체의 인생과 철학 전체를 관통하는 근본 테마 가운데 하나이다. 비록 완결된 형태로 정리되지 않은 주제이지만 정의는 니체의 초기 저작에서 마지막 유고에 이르기까지 그의 삶과 철학을 일관성 있는 유기체로 볼 수 있게 하는 중요한 화두이다.

이미 그 철학적 사고의 출발에서부터 니체는 정의를 철학사의 숙원으로 파악하고 있으며, 그의 글 도처에서 정의를 실현하려 노력하고 때로는 이 불가능한 덕의 기원과 경로를 추적하려 노력하고 있다. 니체 삶의 프로젝트라고 불러도 과언이 아닐 이 정의의 주제는 플라톤이나 홉스를 연상시키는 그의 사회철학적 고찰들에서도 주목할 만한 단상들로 반영되어 나타난다.

이 사회철학적 단상들에서는 정의와 힘에 대한 고대의 대화들이 그 고찰의 기초를 이룬다. 여기서 나타나는 니체만의 독특한 정의 개념은 현대의 정치이론이 공정함(fairness)을 둘러싼 논의에서도 잘 다루지 않을뿐더러 그 핵심까지 다다르지 못하고 있는 역동적인 사회철학적 인식의 지평을 열어준다. 그러나 정의를 둘러싼 니체의 독특한 사회철학적 단상들은 결국 철학사 전반에 대한 정의로운 판단과 이에 근거한 새로운 가치정립을 세우려고 노력하는 니체 필생의 프로젝트 일환으로 보아야 할 것이다.

1872년에 쓴 「씌어지지 않은 다섯 권의 책에 대한 다섯 개의 머리말」 중 세 번째 머리말인 「그리스 국가」에서 니체는 현대세계와 그 휴머니티의 절정에 달해 있던 그리스 국가 사이의 큰 차이에 주목한다. 이에 따르면, 노동을 보는 관점에서 현대세계는 "개념에 의한 환각"[12]을 통해 본질을 은폐하는 기만적 사회인 반면, 그리스 국가는 자유시민의 인간다운 활동을 위해 치욕스럽지만 필수불가결한 전제로써 노예제를 인정하는 개방적인 사회이다. 이 노예제의 기원을 묻는 니체의 목소리는 놀라움과 감탄에 차 있다.

> 그리스인들은 우리에게 그들의 국제법적인 본능으로 이것을 설명했다. 그들의 관습과 인간성이 가장 성숙하게 충만했을 때도 이 본능은 청동의 입으로 다음의 말을 내뱉는다. "패자는 부인, 자식, 재산과 피를 포함해 승자에게 속한다. 폭력은 최초의 권리를 제공한다. 그 토대에 있어 월권, 찬탈, 폭력이 아닌 권리는 존재하지 않는다."[13]

강자의 폭력에 의한 정복과 월권적 찬탈로 권리가 생성됨을 설명하고 있는 이 구절은 동시에 국가 역시 동일한 기원을 가지고 있다는 설명으로 연결된다. 노예제가 자유시민의 인간다운 활동을 위한 불가결한 전제로 이해되듯이 국가의 기원인 야만성과 폭력 역시 큰 맥락에서 문화와 사회 형성을 위해 없어서는 안 될 요소로 간주된다. 호메로스의 서사시에 표현된 전율할 만한 전쟁들이 영원한 정의의 법정에서 그리스 사회의 구성을 담보로 용서되고 있는 것이다.

니체는 이렇게 자칫 제국주의적 야망에 악용될 위험이 있는 힘(Macht)을 문화와 사회 형성의 근본 동력으로 파악한다. 그리고 이렇게 형성된 사회적 틀 속에서 비로소 규정된 인간행동의 상호조건들과 규칙들이 형성되고 인간의 사회적 본성들이 발현되기 시작한다. 야생의 자연에서 문명화된 공동체로, 야만에서 문화로 유도하는 법이 기능하기 시작하는 곳은 바로 이렇게 만들어진 사회이다.

힘으로부터 권리를, 법을 도출하는 이러한 니체의 논점은 철학사에서 새로운 일이 아니다. 플라톤은 대화편 『국가』와 『고르기아스』에서 트라시마코스와 칼리클레스의 입을 빌려 강자의 자연권 사상을 소개하고 있다. 강자가 약자보다 많이 갖는 것이 자연의 이치이며, 법은 이 자연의 이치로부터 스스로를 지키기 위한 약자의 자기 보호 수단에 불과하다는 것이 이 사상의 내용이다.

칼리클레스는 긴 연설을 통해 법과 권리가 힘의 일방적인 물리적 우위에만 근거할 뿐이라는 것을 역설한다.[14] 플라톤이 니체 사상의 형성 과정에서 가졌던 영향을 생각하면[15] 여기서 "니체와 소피스트들이 표명하는 과두정치적-반동적 입장 사이의 아연할 만한 유사성"[16]에 대해 의문을 던지는 것은 당연한 일일 수도 있다.

그러나 실제로 니체가 힘의 우위에 근거한 강자의 자연법을 자신의 사회철학적 사상의 일부로 받아들였는지를 판단하려면, 그가 법의 형성에서 중요한 역할을 하고 있는 힘을 권력의 근거로 규정하기에 앞서 그 힘의 사회 역학적이고 정신적인 성격에 주목한다는 것을 살필 필요가 있다.

3. 정의의 사회 역학적·정신적 차원

니체에게서 사회철학적인 정의는 다양한 힘들이 대충의 균형을 이루고 있는 상태에서 출발한다. 『인간적인 너무나 인간적인』에 나오는 「정의의 기원」이라는 제목의 한 잠언은 정의의 사회적 발생 조건을 다루고 있다.

투키디데스가 (아테네와 멜리아의 사절들 간의 살벌한 대화에서) 올바르게 파악한 것처럼 정의(정당성)는 **거의 동등한 권력자들** 사이에서 유래한다: 뚜렷하게 확인할 수 있는 우세한 힘이 존재하지 않고, 싸움이 아무런 성과도 없이 서로에게 손해만을 초래할 경우에는 합의를 통해 서로의 요구를 협상하려는 생각이 들게 된다: 정의의 최초의 성격은 **교환**의 성격이다.[17]

사전에 규정되고 주어진 권리에 근거하는 고대나 근대의 정의 개념과 달리 니체에게는 법이 나와 대충 엇비슷한 힘을 가지고 있다고 여겨지는 타인에 대한 평가와 인정을 통해 성립한다. 여기서 미리 주어져 있는 권리의 부재를 지적하는 것은 중요한 일이다. 이렇게 될 경우, 토마스 아퀴나스가 의미하는 피조물의 절대권리에 대한 주장이나, 아리스토텔레스가 의미하는바 누구에게나 자신의 것을 나눠주는 공정한 재화 배분에 대해 얘기하는 것이 불가능해지기 때문이다.

정의는 이제 현명하게 자신을 보존하기 위해서라도 상당 부분 타인의 이해를 계산적으로 고려함으로써 성립한다. 복수의 계약 당사자들이 자신과 상대방의 힘을 비슷하게 균형 맞춘 것으로 평가한 후에야 조정 고리로서의 법이 나타나고, 이로써 당사자들의 계속적인 관계가 조정되는 것이다. 니체의 법 개념은 이렇게 정의의 사회역학적이고 정신적인 계기들을 전면에 내세운다.

구체적으로 살펴보면 니체의 정의담론에는 참가하는 힘들의 복수성, 그들의 상호작용, 힘 행사 가능성의 넓은 스펙트럼, 자신과 타인의 힘에 대한 계산이 가지는 해석의 특성 같은 것들에 대한 논의가 포함된다. 즉, 사회현상을 규정짓는 모든 중요한 요소들이 니체의 정의 개념에 함축돼 있다.

인용문에서 니체는 폭력이나 절대적인 힘의 우위가 아니라 "거의 동등한 권력자들"을 정의의 출발점으로 보고 있다. 이 세 단어의 결합에 니체 정의론의 본질적인 요소들이 숨어 있다. 니체는 정의관계의 성립에 비슷한 힘의 정도가 전제된다는 것을 설명하려고 서민에게서 부인을 빼앗은 영주를 예로 들어 동일한 소유물을 바라보는 피해자와 가해자의 시선 차이에 주목한다.[18] 피해자와 가해자의 착각에 대한 니체의 생각을 더 쉽게 이해하려면 양 아흔아홉 마리 가진 자가 양 한 마리 가진 자의 것을 빼앗는 경우를 생각해보면 된다.

수학적 비례를 따져보면 빼앗긴 자는 100퍼센트의 재산을 잃은 것이지만, 빼앗은 자는 단지 1퍼센트의 재산이 늘어났을 뿐이다. 어쩌면 이 부자는 자신을 위해 일하는 자들의 폭력을 통해 양 한 마리가 늘어난 것을 모르고 지나칠 수도 있는 것이다. 힘의 큰 차이는 습관과 시선의 차이로 연결되어 한 대상의 가치평가에도 다른 결과를 초래한다. 오류는 이 둘이 동일한 사고와 느낌을 공유한다는 가정에 있다.

만약 우리와 다른 존재의 차이가 너무 크면, 우리는 모두 부정에 대해 전혀 아무것도 느끼지 못하게 되어, 예를 들어 모기 한 마리는 아무런 양심의 가책 없이 죽게 된다.[19]

한쪽의 힘이 월등히 우월한 경우, 대화나 협상 및 계약에 대한 필요가 사라지는 것이다. 거의 동등한 힘을 보유한 자들 사이에서는 분쟁과 전쟁으로 번지는 행위가 한쪽이 일방적인 힘의 우위를 보이는 경우에는 성공적으로 끝나고 마는 것이다. 이러한 일은 한편의 힘이 상대편의 협상 욕구를 불러일으킬 만큼도 못 되는 경우에 일어난다.

3.1. 멜리아 대화의 예

니체가 정의의 기원에 대한 논의의 첫 부분에서 다루고 있는, 흔히 '멜리아 대화'로 알려진 협상은 27년간 계속되는 펠로폰네소스 전쟁의 16년째 되는 해, 아테네가 멜로스섬을 공격하기 직전에 벌어진다. 군사력에서 절대적인 우위를 자랑하는 아테네인들이 멜로스에 사절단을 보내 실제적인 힘을 행사하기 전에 항복과 도시의 보전을 걸고 협상을 요구하는 것이 그 주된 내용이다.[20]

멜로스섬 입장에서는 막강한 아테네 선단이 자신들의 도시국가를 포위하고 항해를 계속하는 데 필요한 군수물자의 보급과 전함의 수선에 필요한 전초기지로 섬을 장악하려고 하는 일촉즉발의 상황이 발생한 것이다. 이때 아테네인들은 상대방이 도시를 보존한다는 것을 전제로 해야만 협상을 하겠다고 주장한다. 즉 멜리아의 도시가 보존되는 것은 아테네인들도 원하는 바이다.

정의가 '비슷한 힘'을 가진 자들 사이에서 성립하는 관계라면, 군사력의 차이가 엄청난 아테네와 멜리아 사이의 협상을 고찰할 때 니체가 거의 비슷한 힘을 언급하고 있는 것이 쉽게 이해되지 않을 수 있다. 물리적 힘의 차이에도 불구하고, 강자인 아테네인들이 대화를 통한 협상 테이블에 자발적으로 나선 것이다. 이에 대한 설명은 '더 약한 자들의 권리에 대해서'라는 제하의 잠언에서 찾을 수 있다.

포위된 도시의 경우처럼, 누군가가 어떤 조건들 하에서 더 강한 자에게 굴복할 때, 그 대항조건은 자기를 파멸하고 도시를 불사르며 그것으로 강한 자에게 큰 손해를 끼칠 수 있다는 점이다. 그 때문에 여기서는 일종의 **대등함**이 성립하며, 그것을 근거로 어떤 권리들이 확립될 수 있다. 적대자는 보존을 통해 자신의 이익을 가지게 된다.[21]

자해를 통해 승자의 향후 전리품에 불이익을 초래할 가능성이 협상의 적법한 근거로 작용할 수 있는 것이다. 멜리아 협상에서 아테네인들의 목적은 결국 양측에 아무런 이득이 되지 않을 불필요한 전쟁 없이 멜로스를 지배하는 것이다. 멜리아 도시의 보존과 전쟁 없는 예속을 아테네인들이 제안한 것이다. 단지 힘의 우위를 드러내 보이는 것만으로 아테네는 전쟁을 치러 힘의 우열을 겨뤄본 후에 얻을 수 있는 것보다 더 많은 것을 얻고자 한다. 아테네인들의 합리적이고 실제적인 계산을 니체는 다음과 같이 설명하고 있다.

정의는 물론 통찰력 있는 자기보존의 견지에서, 즉 '무엇 때문에 내가 아무 이익도 없이 나를 해치고, 잘못하면 내 목표도 달성하지 못할 일을 해야 한단 말인가?'라는 이기주의에서 출발한다.[22]

물론 실제적인 힘의 차이는 거래 조건에 반영된다. 이때 거래되는 것이 정확히 등가일 필요는 없다. 지금 예에서는 멜로스시의 보존과 비록 노예의 신분이지만 안전한 생명이 아테네와의 전쟁 없는 세력 확장과 거래되고 있다. 멜리아인들이 제안한 제3의 길, 즉 전쟁에서 중립을 지키고 아테네에 해를 끼치지 않겠다는 희망은 아테네인들에게는 고려 대상이 아니다. 왜냐하면 약자의 권리라는 것은 강자의 이해관계에서 보아 의미 있는 한에서만 인정되기 때문이다. 니체는 같은 곳에서 이 엄격한 이해관계에 대해 다음과 같이 쓰고 있다.

권리란 원래 한편이 다른 편에게 가치 있고, 중요하며, 버릴 수 없고, 정
복할 수 없는 것 등으로 **여겨지는** 만큼만 통용된다.[23]

인용문에서 니체는 "여겨지는"이라는 단어를 강조하고 있다. 거
래 당사자들이 상대가 가지고 있다고 여기는 힘이 자신의 힘과 균
형을 이루고 있다고 생각하고, 계속적인 충돌이 쌍방에 해가 된다고
본다면, 정의의 첫 특성인 거래가 성립한다. 승리의 희망이 요원하
고 당사자들이 불필요한 힘의 낭비를 두려워할 때, 대화와 협상, 합
의에 대한 요구가 생긴다.

주목해야 할 것은 순전한 폭력이나 단순한 힘의 우위가 법을 근거
짓는 것이 아니라는 사실이다. 오히려 힘의 균형에 대한 사려 깊은
인식, 다시 말해 해석된 힘의 대등한 상관관계가 정의의 실제적인
기원인 것이다. 이때 받아들여진 힘의 크기가 실제 사실에 꼭 부합
할 필요는 없다. 포커 판에서 가끔 통하는 블러핑의 경우처럼 가정
된 힘에 대한 확신만으로도 상응하는 반응은 야기된다.

정의의 시작인 사려 깊은 거래행위는 거래 당사자들 모두에게 최
소한의 이해를 충족시킨다. 처음에 인용한 "정의의 기원"이라는 구
절은 아래와 같이 계속된다.

정의의 최초의 성격은 **교환**의 성격이다. 모든 사람은 각각 자신이 상대
방보다 더 높게 평가하는 것을 얻음으로써 서로를 만족시킨다. 그들은
각자 상대방이 자기 것으로 소유하고 싶어 하는 것을 주고, 대신 원했
던 것을 얻는다. 따라서 정의는 거의 대등한 힘의 상태를 전제한 보상
이며 교환이다.[24]

니체가 정의의 기원을 설명하면서 처음 고찰한 멜리아 대화의 상황으로 돌아가보자. 아테네가 원했던 협정, 즉 전초기지로 쓸 항구와 생명의 보존을 바꾸려는 시도는 성사되지 않는다. 멜리아인들이 노예 상태로 생명을 보존받는다는 항복 조건을 받아들이지 않은 것이다. 그 결과로 발생한 전쟁 후에 남자들은 다 처형당하고, 여자와 아이들은 노예가 되고 만다.

아테네인들이 멜리아의 주권을 용인하지 않은 것이다. 반대로 이들도 자신들이 원하던바, 즉 힘을 낭비하지 않고 흠 없는 전쟁기지를 얻으려던 소망을 이루지 못한다. 하지만 오히려 이 성사되지 못한 거래는 더 강하게 정의가 가지는 사회역학적이고 정신적인 요소들을 부각시키고 있다. 복수의 거래 당사자, 이들의 상호작용, 힘의 다양한 통지 가능성, 자기보존을 위한 숙고, 자기와 타인의 힘에 대한 해석 및 이해의 동등함에 근거한 계약적 특성 등이 그것이다.

소피스트적 자연법 사상에서 발견되는 권력이라는 힘으로의 직접적 환원은 이 정의의 사회역학적·정신적 요소들을 강조함으로써 교정된다. 특히 정신적이고 이성적인 요소는 니체가 정의의 기원으로 제시하는 "거의 동등한 권력자들"의 "거의"라는 단어에 이미 함축되어 있다. 이 단어는 단순한 물리적 힘에서 법을 연역하는 것이 불가능하게 만들고, 정확하게 같은 힘을 가지고 있지 않은 당사자들 사이에서도 거래의 여지가 있음을 내포한다.

니체에게서 법을 근거짓는 힘은 단순한 물리력이나 폭력이 아니라 통찰력 있는 힘이다. 이 정의의 사회역학적·정신적 차원은 거기 내포되어 있는 인간의 노력과 불확실성, 모험의 계기, 그리고 염려를 거쳐 자연법적 논증보다 정치적 법의 이념을 훨씬 풍부하게 만든다. 니체에게는 법이 가능한 행위를 염두에 두고 행해진, 힘의 상호의존적 측정이 산출해낸 결과이다.

3.2. 균형의 원리: 정의의 토대

니체의 정의에 대한 논의는 후에 「방랑자와 그의 그림자」의 한 잠언에서 다른 예를 통해 심화된다. 여기서는 "균형의 원리"라는 표제 아래 "위험한 세력들과 균형을 이루기 위한 약자들의 조직"이라 정의된 초기 공동사회에 대한 사고실험이 진행된다.[25] 한 권력자가 원시공동체에게 강도로부터 안전하게 지켜주겠다는 제안을 하고 있는 난처한 상황이 출발점이다. 이 상황이 난처한 이유는 외부의 강도와 내부의 권력자가 그 본질에서 힘의 일방적 우위라는 동일한 특성을 가지고 있기 때문이다. 공동체의 입장에서는 안팎으로 폭력을 무기로 사용하는 자와 마주한 상황이다. 그러나 이 상황에서 니체가 주목하는 것은 정의의 토대가 되는 균형의 원리이다.

> 중요한 점은: 저 권력자는 강도에 대해 **균형**을 유지할 것을 약속한다는 것이다; 약자들은 거기서 살아갈 가능성을 본다. 왜냐하면 약자들은 스스로 뭉쳐 균형을 이루는 세력을 형성하거나, 아니면 균형을 유지하는 자에게 종속돼야만 한다(그가 하는 일에 대해 그에게 봉사한다). 후자의 방법이 즐겨 선택되는데, 그 이유는 그것이 사실은 두 위험한 존재를 못 움직이게 통제하기 때문이다. 즉 강도는 권력자에 의해서, 권력자는 이익의 관점에 의해서.[26]

이 긴장감 넘치는 힘의 관계를 통해 니체는 정의가 가진 중요한 기능 하나에 주목하고 있다. 공동체가 현재의 형편 아래 힘의 정세에서 행할 수밖에 없는 개개 활동자들의 힘 크기에 대한 면밀한 계산에서의 중요점은 문제가 되는 힘들의 정확한 크기를 찾아 그에 상응하는 힘이나 보상으로 균형을 잡는 것이다.

인용문은 권력자에게 보호와 안전을 제공하는 것에 대한 대가로 치러지는 보상 크기를 언급하지 않고 있지만, 여기서도 자명한 사실은 공동체가 가능한 한 정확한 힘의 균형을 잡기 위해 노력할 것이라는 점이다. 왜냐하면 상대가 가진 힘의 크기에 대한 평가에 공동체가 들여야 할 시간과 노력의 양이 걸려 있기 때문이다.

니체는 이 균형을 정의의 초석으로 간주하고 탈리온(Talion)의 법칙(同害報復論)을 예로 들어 그 중요성을 강조한다.

균형이라는 것은 가장 오래된 법이론과 도덕론에서 매우 중요한 개념이다. 균형은 정의의 토대이다. 비교적 야만적인 시대에 정의가 '눈에는 눈, 이에는 이'라고 말할 경우, 정의는 이미 달성되어 있는 균형을 전제로 하고 있으며 이 균형을 보복을 통해 유지하려고 하는 것이다.[27]

3.3. 정의의 역할: 균형의 유지

니체는 한번 계약을 통해 달성된 균형을 관리하고 유지하려는 노력을 정의의 본질적인 행위로 본다. 정의가 고대사회에서 '눈에는 눈, 이에는 이'라는 형식으로 실현되었을 때, 근저에 깔린 생각은 균형의 파괴로 얻어진 이익을 상응하는 손실로 복구하겠다는 것이다. 현대인의 눈에 조야하게 느껴질지 모르나 이것은 정의와 균형의 개념이 서기 전인 야만 상태에서 벌어지는 "맹목적인 분노를 지닌 복수"[28]와 비교할 때 훨씬 관대하고 규정적인 해법이다.

한 사회에서 균형이 확립되면 정의는 탈리온의 법칙에 따라 계속 깨진 힘의 균형을 원상복구하면서 자신의 확고함을 보증한다. 정의를 뜻하는 그리스어 디카이오시네(dikaiosýnē)의 호메로스적 사용인 디케(Díkē)와 디카이오스(díkaios)가 각각 삼라만상의 질서와 이 질서를 존중하는 자를 의미할 때,[29] 니체가 정의의 기초로써 달성된 균형 상태의 유지와 복구를 정의의 본질적인 역할로 파악하는 것은 이 오랜 전통을 따라 행해진 것이다. 거래행위로 시작된 정의는 달성된 힘의 균형을 유지하면서 사회에서 중요한 역할을 수행하는데, 이때 이 균형에 함축된 힘의 긴장은 그 모든 등가물 계산과 더불어 사회의 전체 상황을 반영한다. 균형을 유지하는 것은 힘든 일이지만, 이 힘의 균형이 가능해지면 이전과는 다른 삶의 질이 보장된다.

니체가 『인간적인 너무나 인간적인』을 집필하던 당시에 쓴 유고의 한 구절은 정의의 본질적 행위인 균형의 유지로 얻어진 새로운 삶의 질을 다음과 같이 간결하게 표현하고 있다.

생존을 위한 투쟁을 끝내기 위해 공동체가 형성된다. 균형, 공동체의 관점.[30]

3.4. 균형 상태: 자기발전의 잠정적 수단

정의의 토대인 균형 상태가 한번 달성된다고 해서 힘을 조정하는 문제가 완전히 해결되지는 않는다. 정의의 사회역동적·정신적인 요소들을 규제하는 인간의 본래 성향들은 법이 상당한 수준으로 발전한 사회에서도 없어지지 않는다. 사회적 안정을 목적으로 억압되는 이기심과 파괴력, 가학성, 자신의 삶 조건을 타인에게 강요하려는 경향 같은 것들이 그것이다. 단지 법이 지배하는 성숙한 사회에서 이것들은 놀이나 경쟁 규칙으로 그 파괴적인 효과가 완화된 채 문화나 학문 등의 영역에서 계속 영향력을 행사한다.

힘의 연관과 관련된 사회적 상황은 자연스레 끊임없이 변하기 마련이다. 따라서 삶에 새로운 행동의 가능성과 질을 보장해주는 각각의 균형 상태는 항구적이지 않다. 단순히 서로 다른 두 힘이 만나기만 해도 자기보존의 경향 때문에 질서지어진 공존상황을 창출해 내는 정의가 가지는 정신적인 요소들, 즉 계약 상황 전에 보이던 간계,

이기적인 현명함, 상호간의 계산적인 인식과 등가물 계산이 포괄하는 복잡한 과정들은 모두 힘을 사랑해 항상 더 많이 가질 것과 타인을 능가할 것, 자기를 넘어설 것을 열망하기 때문이다.

사회구성의 초기 목적이 달성되면, 즉 어느 정도 안전이 보장되면 사회의 구성을 위해 강제되었던 개개인의 충동들이 다시 살아나 우위를 차지하려 한다.[31] 니체는 각각 도달된 법적 상태가 결코 목표가 아니며, 인간에게 자기발전의 일시적인 수단에 불과할 뿐이라는 사실을 분명히 하고 있다.

수단으로서의 법적 상태-동등한 사람들 사이의 계약을 토대로 하고 있는 법은, 계약을 체결한 사람들의 힘이 똑같거나 또는 비슷한 상황에서 성립하는 것이다. 비슷한 세력 간의 불화와 쓸모없는 소모를 더 이상 하지 않기 위하여 인간의 영리함이 만들어낸 것이 법이다. 그러나 한쪽의 힘이 다른 쪽보다 결정적으로 **약해지게 되었다면** 마찬가지로 이것 역시 **궁극적으로** 끝이 난다. 그러면 종속이라는 것이 나타나고 법은 **중지된다**. 그러나 지금까지의 법에 의해 달성되었던 것과 같은 성과는 여전히 존재한다. 왜냐하면 이제는 종속된 자의 힘을 아끼고 쓸모없이 소모되지 않도록 권유하는 우월한 자의 **영리함**이 존재하기 때문이다. 그런데 때로는 종속된 자의 입장은 동등한 자의 입장에 있었을 때보다도 훨씬 더 유리해진다. ─따라서 법적 상태라고 하는 것은 영리함이 권유하는 일시적인 수단일 뿐 목적은 아니다.[32]

각각의 법적 상태가 결코 최종적이지 않고, 인간의 자기보존과 발전을 위한 잠정적인 수단에 불과할 뿐이라면, 이제 정의는 진리와 질서를 추구하는 자가 계속 견지해야 할 정신의 역동적인 태도이다. 정의의 이념은 삶에 필연적인 동요와 가변성에 연결되어 있다. 지적

인 통찰과 도덕적인 행동의 일치를 보장하는 영원한 정의란 존재하지 않는다.[33]

4. 정의: 정신의 역동적 태도

그 사회역사적 연원과 역동적인 과정에도 불구하고 한번 달성된 정의로운 균형 상태를 누군가 계속 고집한다면, 정의는 그것의 적대자인 신념으로 변질되고 화석화될 위험이 있다.[34] 니체는 이러한 상태의 원인으로 변화한 사회적 힘의 연관관계를 계속적인 조직을 위한 새로운 근거로 평가하지 못하는 정신의 무능력이나, 아니면 이미 성립된 계약관계에서만 생존의 유일한 기회를 볼 수밖에 없는 약한 힘을 지적한다.

니체 철학에서 정의는 다른 여타의 덕들이나 인간의 성격과 마찬가지로 오랜 역사를 통해 형성된 어떤 것이다. 이에 따르면, 사회구성을 통해 도덕성을 위한 기초가 놓인 후에도 덕이 형성될 때까지는 다음과 같이 여러 단계를 거쳐야만 한다.

도덕성에는 **강제**가 선행한다. 또한 도덕성 그 자체는 잠시 동안은 여전히 불쾌감을 피하기 위해서 사람들이 순응하는 강제이다. 나중에 그것은 인륜이 되고 훨씬 후에는 자발적인 복종이 되며, 마침내는 거의 본능이 된다. 그러고 나면 그것은 오랫동안 익숙해지고 자연적인 모든 것과 마찬가지로 쾌감과 결부된다. ─그리고 이제 덕이라고 불린다.[35]

인용문의 "도덕성"이라는 단어를 "정의"라고 바꿔 써보면, 니체에게서 쾌감의 증대 및 불쾌감의 회피와 같은 의미로 쓰이는 자기보존을 위해 거래에 참가한 힘들이 항상 더 많은 힘을 추구하는 자신들의 본성에 반해 달성된 계약에 왜 스스로 굴복하고 정의로운 법적 상태를 애써 유지하는지, 또한 이 상태가 얼마나 빨리 동요할 수 있고 또한 계속적으로 변화할 수 있는지 명확해진다.

정의는 그 시작에서 사회적 힘의 역학관계에 대한 인간의 특별한 평가능력이 표출된 것이지만 역사를 통해 흘러가고 있는 어떤 것이기에 정의 아닌 다른 것으로 변화할 수도 있다. 니체는 예를 들어 어떤 이에게는 그의 품위에 못 미치게, 어떤 이에게는 분에 넘치게 일들이 잘되어가는 것을 보고 고결한 성품을 지닌 사람들이 보이는 분노, 즉 공정성(Billigkeit)의 표출에서 정의의 감각이 인간의 의지와 상관없는 우연적이고 자연적인 영역에까지 전이된 양상을 읽어낸다.[36] 정의의 감각이 섬세해지면 인간은 법이 규정하지 않는 우연의 영역까지도 균형의 원칙이 관철될 것을 요구한다.

5. 정의 추구의 철학적 차원

이제 잠시 차원을 바꿔서 정의에 대해 이제까지 고찰한 것을 제1장에서 살펴본 니체 필생의 프로젝트, 즉 생명 전체와 지성사 전체의 방향에 대해 정의로워지려는 니체의 웅대한 프로젝트가 갖는 연관성이라는 측면에서 살펴보자. 마흔 넘어서 쓴 『인간적인 너무나 인간적인』 제1권에 부칠 새로운 서문의 한 초안에서 니체는 자신의 정신적 편력이 불가능한 덕인 정의를 추구한 데서 시작되었음을 고백하고 있다.[37]

거기서 니체는 정의를 철학사의 숙원으로 이해하고 있으며, 자유정신이 보이는 의도적인 가치전도 프로그램 전체가 실은 이 정의 추구의 일환으로 행해진 철학적 실험이었음을 밝히고 있다.

니체는 당시 정신에게 익숙한 모든 관점에서 의도적으로 떠나 미지의 세계로 정의 추구의 여행을 떠났던 것이다. 그리고 계속적으로 자유로워지는 정신에게는 한 협소한 시각에 머무르지 않고, 그 속에 가능한 한 모든 관점과 정신적 경험, 세계관, 그리고 가치평가의 방식들이 포섭되는 광대하고 넓은 지평을 여는 것이 중요하다. 자유정신은 이렇게 자신이 경험하고 살아낸 모든 관점을 넘어서 이들을 능숙하게 사용할 수 있어야 하고, 이를 위해 이들을 어떤 위계질서 속에 조직할 수 있어야 한다.

이러한 것을 고려해 지금까지 상술한 정의의 사회역사적인 기원과 법적인 특성들을 돌아보면, 공동체 모델을 통해 고도로 복잡한 인간의 사실성을 파악하려는 니체의 의도를 가늠할 수 있다. 그에게 정의는 이제 더 이상 외적 행위를 통해서만 달성되는 덕이 아니다. 니체 사상에서 정의 테마가 갖는 핵심과 매력은 어쩌면 바로 이 정치적 담론을 철학적 인식 상황으로 확장하는 데 있을 수 있다. 초기 공동체 모델을 가지고 정의의 기원을 설명할 때 고찰했던 정의의 모든 사회역사적·정신적 요소들과 그 역학관계는 자유정신이 편력 기간 동안 경험하는 이념과 관념, 세계관, 그리고 가치평가 방식들을 고찰하는 데에도 유효한 것이다.

이들은 전체적으로 볼 때 상호 힘의 역학관계로 얽혀 있어 국가와 비슷한 정세를 형성한다. 여기에는 법적 상태의 전제 조건인 끊임없는 힘의 긴장관계, 본질적으로 초월 성향을 보이는 참가한 힘들의 의사소통적 관계, 개별 투쟁에서 출발해 공동체 안에서의 공존을 거쳐 항상 새로운 조직을 모색하는 존재형태의 변화, 그리고 고려될 수 있는 표현 수단의 다양성 등 정의의 성립 조건과 특성들이 고스란히 그 효력을 가지고 적용된다.

니체에게 정의는 공정한 판단을 위해 "정리하고 처벌하는 재판관으로서의 진리"[38]를 원하는 정의로운 자가 넓은 스펙트럼을 갖추고 익혀야 할 정신의 태도이다. 철학적 인식은 여기서 힘과 권리를 놓고 다투는 세계관 사이의 투쟁을 조정하는 정의로운 판결로 이해된다. 이 스펙트럼의 외연이 어느 정도일지는 『인간적인 너무나 인간적인』 제1권 새로운 서문의 한 구절에서 추측할 수 있다. 여기서 자유정신은 자신의 편력에 대한 중간보고를 하고 있다. 이에 따르면, 삶에 필연적인 관점성의 인식은 자신의 덕에 대해 주인이 되는 데 필수불가결한 전제 조건으로 여겨진다.

무엇보다도 너는 불공평이 가장 심한 곳을 바라보아야 했다. 그곳에서 삶은 가장 보잘것없고 빠듯하며 가장 미천하고 원시적으로 전개되지만, **자신**을 사물의 목적이자 규범으로 명명하고, 스스로 생존하기 위하여 더 높고 크고 풍부한 것을 남몰래 조금씩 그리고 끊임없이 부수어가면서 **문제** 삼을 수밖에 없다. 너는 **위계**의 문제를 눈으로 보아야 했고, 힘과 권리 그리고 관점의 범위가 어떻게 서로 상승해 가는지를 보아야 했다.[39]

정의로움의 정도는 도달한 삶의 폭과 관점의 범위에 비례한다. 정의를 추구하는 자는 따라서 "이기적 소유물의 모든 경계를 밀쳐버리고,"[40] "살아 있는 것이거나 죽은 것이거나, 실재적인 것이거나 생각된 것이거나 간에 각자에게 각자의 것을 주기"[41] 위해 가능한 한 넓은 관점의 지평을 지니고 있어야 한다.

6. 정의의 해체: 관대함

법적 상태의 수단적 특성에서 살펴보았듯이 현명한 힘은 약한 힘을 말살시키지 않고 관대히 다루어 약자가 스스로 예속 상태에서 오히려 자신의 이익을 더 많이 얻을 수 있도록 조직할 수 있다. 예속된 자를 관대하게 다루어 그 힘을 합목적적으로 투입할 수 있다는 것 자체가 이미 달성된 힘에 대한 증거이다. 한 개인의 정의 감각이 발달하고 성숙하면 할수록 자신과 타인의 행동 필연성에 대한 통찰 범위가 커지게 되고, 극복한 힘들을 다루는 데서도 그만큼 관대해진다.

정의로운 자는 어디서나 이점들을 보고, 인간 행위의 "무책임성과 무죄함"을 보게 되는데, 이것 역시 그가 도달한 지성의 높은 정도와 힘에 대한 증거이다. 그는 모든 행위와 판단의 편협함이 필연적으로 각각의 지성 정도에 근거한다는 것과, 또한 이것이 보다 폭넓은 행위와 판단의 반대가 아니라 그전 단계를 의미한다는 것을 깨닫는다. 이 상태의 정의는 이미 기존의 가치평가를 넘어 이것들을 조망하는 위치에 와 있다.

> 넓게 둘러보는 힘의 한 기능으로서, 선악의 작은 관점을 넘어 바라보며 그래서 넓은 **이점**의 지평을 가지고 있는 정의 ─ 이런저런 개인보다 많은 어떤 것을 얻으려는 의도.[42]

물론 니체에게도 정의를 그 교환과 배상의 성격 때문에 그 근본에서 복수의 한 감정으로 보았던 시기가 있다. 1875년에 니체는 오이겐 뒤링(Eugen Düring)의 책 『삶의 가치』(*Der Werth des Lebens*)를 읽고 초록을 만들어 정리한 적이 있다. 그 책에 대한 마지막 고찰에서 니체는 뒤링의 테제를 비판적으로 수용해 정의와 연결시키고 있다.[43] 그러나 이미 차라투스트라는 복수에 불타는 차가운 판사의 시선에서 구역질을 느끼며, 바라보는 시선을 가진 사랑이자 모두에게 무죄판결을 내리는 정의를 추구하고 있다.[44] 『도덕의 계보』에서도 니체는 정의를 복수와 동일시하고, 단지 피해 감정이 발달한 데불과한 것으로 보려는 시도를 비판하고 있다. 니체는 심지어 복수와 정반대되는 적극적인 관용에서 정의의 완성을 발견할 수 있다고 믿는다.

> 정의로운 인간이 심지어 자신의 가해자에게조차 정의롭게 남는다면 (단순히 냉정하거나 신중하거나 낯설어하거나 무관심하거나 하지 않고: 정의롭다는 것은 언제나 **적극적인** 태도이다), 개인적인 훼손, 모욕, 비방을 당할지라도 정의롭고, **심판하는** 눈이 가진 높고도 맑으며 깊고도 부드럽게 응시하는 객관성이 흐려지지 않는다면, 이것이야말로 지상에서 이루어진 하나의 완성이자 최고의 원숙함이다.[45]

니체는 또한 복수가 가지는 반동성에 대립하는 정의의 적극적인 측면을 강조하고 있다. 정의로운 자의 적극성은 그의 강장한 건강에서 그 원인을 찾을 수 있는데, 이것은 동시에 힘과 권리, 정의, 그리고 관점의 광범위함이 밀접하게 함께 자란다는 사실에 대한 또 하나의 증거이기도 하다.

> 능동적인 인간, 공격하고 개입하는 인간은 반동적인 인간보다 백 걸음 정도나 더 정의에 가깝다. 그러한 능동적인 인간에게는 반동적 인간이 하거나 할 수밖에 없는 방식으로, 대상을 그릇되게 편파적으로 평가할 필요가 전혀 없는 것이다. 그러므로 사실상 어느 시대나 도전적인 인간은 더 강하고, 더 용기 있고, 더 고귀한 인간으로서 또한 **더 자유로운 눈**

과 더 나은 양심을 자신의 편에 지녀왔던 것이다.[46]

적극적이고 공격적이며 개입하는 인간의 비교적 더 큰 힘은 사태의 파악이나 인간에 대한 평가에서도 긍정적으로 작용하여 공정한 시선의 실제적인 보장으로 작용한다. 대략 동등한 권력자들 사이에 형성되는 힘의 긴장 상태에서 강자와 약자가 가지는 입장의 차이는 최소한 강자에게는 정의가 복수와 동일시될 수 없으며, 실현될 수 있는 정의의 범위가 힘과 획득된 관점들을 가지고 있는 삶의 범위에 달려 있다는 것을 실증한다. 정의는 관용으로 나아가 힘을 조직하는 경향을 보인다.

정의가 행해지고 올바로 유지되는 곳에서는 어디서나 더 강한 힘이 그에 예속된 더 약한 자들(집단이든 개인이든)에게서 불합리한 원한의 분노에 종지부를 찍는 수단을 찾는 것을 보게 된다.[47]

이러한 정의에 대한 니체의 서술들은 물리적인 세계뿐 아니라 자유정신의 편력 상황에도 해당된다. 경쟁하는 세계관들 사이에서 정리하고 처벌하는 정당한 판결이 구해지는 철학적 인식 상황으로 논의를 확장시키면, 적극적이고 공격적으로 개입하는 행위는 의도적인 관점의 변화에 따라 건강해지려는 의도를 천명하며, 이제껏 높이 평가되던 기존의 세계관들을 공격하고 문제 삼는 자유정신의 행보나 다름없다. 이 적극성의 엄격한 학교를 활동적으로 통과한 자만이 정의로운 판단에 필요한 관점의 풍부함을 얻을 수 있다. 니체는 당시의 성과에 대해 이렇게 쓰고 있다.

그렇게 나는 처음으로 눈을 떴고, ─ 겁먹고 구석에 서 있는 사람이나 언제나 집에만 머물러 자신을 걱정하는 정신들이 결코 볼 수 없었던 많은 것들과 그것들의 다양한 색깔을 보았다.[48]

정치적인 정의만 가지고서는 공동생활을 제대로 규제할 수 없다는 것은 이미 철학적 여론이 되어 있다.[49] 토마스 아퀴나스가 자비로 정의를 보완하려 하듯이 니체도 정의의 역사 마지막에 포괄적인 승낙과 관용을 끌어들인다. 니체의 정의는 예속된 힘의 멸절에 그 목적을 두고 있지 않다. 1880년대 후반에 쓴 한 유고는 정의를 추구하는 자가 밟게 되는 전형적인 과정을 다루고 있다.

한 사람이 인간과 사물에 대해 전체적으로 솔직하게 정의에 몰입하게 되면, 어떤 전형적인 과정을 밟을 수밖에 없다. 그는 두 개의 힘 혹은 그 이상의 힘이 싸우고 있음을 느낀다. 그는 또한 누군가 몰락하는 것도 원하지 않을뿐더러 싸움이 계속되는 것도 원하지 않을 것임에 틀림없다. 그래서 그는 자신 안에서 **계약**의 필요성을 경험한다, 상이한 힘들 상호간의 권리를 인정하며. (⋯) 관용은 정의의 실천이다.[50]

자기보존을 위해 거의 강제적으로 맺어진 계약에서 발생한 정의는 적극적이고 도전적인 개입 행위들로 연단되어 기존의 시각을 통해서는 볼 수 없던 지역들과 상상할 수 없었던 적들을 방문해서 이들을 평가하고 극복하고 조직하다가, 결국에는 호의적인 파악과 인정, 그리고 관용에 이르게 된다. 정의는 그 내적 진행의 논리로 힘을 확장함으로써 이렇게 점차 관용적으로 된다. 1884년의 한 유고는 이 사정을 다음과 같이 요약하고 있다.

정의의 문제. 제일 최초의 것이자 가장 강한 것은 의지이며 우세해지려는 힘이다. 통치자가 비로소 나중에 '정의'를 확립한다, 즉 자신의 척도에 따라 사물을 잰다; 그가 아주 강력하면, 그는 시도하는 개인들을 용납하고 인정하는 데 있어 아주 멀리까지 갈 수 있다.[51]

빚을 갚을 것을 요청할 자리에 강자에 의해 달성되고 조직된 힘의 정도에 따라 예속된 힘에게 오히려 일정한 권리가 인정되는 것이다. 이러한 맥락에서 니체가 자비를 가장 강한 자의 특권이자 정의의 해체로 보고 있는 것은 놀랄 만한 일이 아니다.

"모든 것은 변상될 수 있다. 모든 것은 변상되어야만 한다"라는 명제로 시작된 정의는 잘못을 너그럽게 관용하며 지불할 능력이 없는 자들을 그저 방임함으로써 끝난다. ─정의는 지상의 모든 선한 것과 마찬가지로 자기 자신을 지양하는 것으로 끝난다. 이러한 정의의 자기 지양: 이것이 어떤 아름다운 이름으로 불리는지 사람들은 알고 있다 ─. 그것은 자비이다. 당연한 일이지만, 이것은 가장 강한 자의 특권으로 남는다.[52]

한 사회가 그 힘이 누적됨에 비례해 조직원의 범행을 가볍게 다루며 범죄자에게 사회의 질서체계 안에서 잘못을 배상할 기회를 허락하듯이, 그리고 채권자가 자신이 부자일수록 인간적으로 되듯이 정의를 추구하는 자도 힘과 권리, 그리고 자신이 획득한 관점들이 광범위해지는 만큼 서로 싸우는 협소한 세계관들을 관용하며, 그들 각각의 권리들을 인정하게 된다. 그리고 정의는 종국에 최강자의 장엄한 특권인 자비에 이르러 자신과 가장 적대적인 것마저도 허락하고 긍정하며 해체되기에 이른다.

7. 다른 테마들과의 연관성

니체에게는 정의의 끝이 자비에 닿아 있더라도 이것이 이른바 휴머니티에 근거해 모든 것을 동일시하는 보편화를 의미하는 것은 아니다. 그것은 오히려 니체가 『선악의 저편』 중 도덕의 자연사에서 서술하듯이 "살아서 성장하고 산출하며 몰락해가는 민감한 가치감정들과 가치차이들의 엄청난 영역을 개념적으로 파악하고 정리"한[53] 후에 이루어지는 위계질서의 확립이다. 각각의 권리를 인정받는 협소한 세계관들은 결국 자유정신이 자신의 일정한 편력 기간 동안 자신의 것으로 동화해 받아들여 살다가 극복한 세계관들이다. 따라서 이들과의 화해는 자기긍정의 다른 이름에 지나지 않는다. 극복된 이상들의 권리는 이 이상들을 필요로 했던 삶의 형태에 대해 이들이 가지는 필연성과 한계가 밝혀진 후에 인정된다. 이로써 이들은 언제든 다시 소환될 수 있는 재료로써 현재의 힘 영역에 통합된다.

금욕적 이상이나 기독교를 바라보는 니체의 비판적인 평가와 그후에 보이는 관용적 태도도 크게는 정의 테마의 한 변주로 이해될 수 있다. 이들은 지금의 우리를 있게 한 뿌리이자 장래 와야 할 더 건강하고 관용적인 이상의 시금석으로 작용한다.[54] 법적 사고에서 중요한 역할을 하는 평가와 해석 과정의 사회역학적 특징들 역시 후일 실제를 설명하려는 시도인 힘에의 의지를 둘러싼 숙고들로 발전한다.

니체는 자신의 정의 추구로 과거의 큰 세계관들을 삶의 보증이라는 기준에 맞춰 판단하고 교정하려 한다. 논리적이고 이상주의적이며 합리적이고 기독교적이며 인간학적으로 국한되어 편협하고 일방적으로 인간의 가능성을 축소시키며, 전개되어온 인류사를 보다 넓고 자유로운 지평을 확보함으로써 보상하려 한다. 이 목적을 위해

니체는 우선 우리의 시선을 기존의 형이상학적 원칙들에서 해방시
킨다. 의미의 문제로 요약되는 현대성의 문제는 물론 이 해방 이후
에 발생한다. 다양한 형태로 나타났던 금욕적 이상은 오랫동안 인류
에게 유일한 도덕이었고, 이것이 의심스러워진 후 인간의 의지는 절
대적인 방향상실로 괴로워한다. 인간의 실제적인 위대함이 시험에
드는 허무주의의 테마와 이를 극복하기 위한 사고실험인 영겁회귀,
그리고 운명애의 비전까지도 이렇게 정의 테마와 연결된다.

제3장

인식 너머 전체 현상으로서의 생명 이해

"생명이란 다양한 투쟁자가 서로 동등하지 않게 성장하는 힘의 확립 과
정의 지속적 형식이라고 규정할 수 있을 것 같다. 이 점에서 복종 속에도
저항이 있으며, 자주적 힘은 결코 포기되지 않는다. 마찬가지로 명령 속
에도 적대자의 고유한 힘이 제압되지 않았고, 동화되어 해체되지 않았다
는 인정이 들어 있다. '복종'과 '명령'은 투쟁 놀이의 형식들이다."

1. 인식을 발명한 동물에 대한 우화

니체는 바그너 가족과 여전히 절친한 관계를 유지하던 1872년 성탄절에 코지마 바그너(Cosima Wagner)에게 이상한 선물을 한다. 그것은 「씌어지지 않은 다섯 권의 책에 대한 다섯 개의 머리말」이다. 헌사에 따르면 이 글들은 코지마가 대화와 서신으로 던진 질문들에 니체가 답변하려는 목적으로 쓴 것이다. 그러니까 니체는 바그너 가족이 살던 트립센(Tripschen)에서 코지마와 나눈 대화들이 촉발시킨 생각의 일부를 다섯 권의 저서로 만들 계획이 있었던 것으로 보인다.

이 계획은 실현되지 않았지만 남아 있는 상태만으로도 교육, 철학, 문화에 대한 젊은 니체의 인식과 견해를 충분히 대변하고, 동시에 바그너 가족이 니체의 인생에 끼친 깊은 영향을 엿보게 해주는 기록물들이다. 그 머리말 중의 하나인 「진리의 파토스에 대하여」의 마지막에는 우화가 하나 나온다. 그리고 이 우화는 니체의 또 다른 유고인 「도덕 외적 의미에 있어 진실과 거짓에 관하여」라는 글의 첫 부분에도 절반까지 동일하게 기술되어 있다.

우주 어딘가의 외딴 별에서 인식을 고안해낸 영리한 짐승들이 그 기고만장함도 잠시, 자신들의 별과 함께 멸망하면서 그간의 모든 인식이 거짓이었음을 깨닫고 죽음의 순간에 진리를 저주한다는 내용이다. 니체는 이 우화로 존재의 근원에 대한 질문에 어떤 답도 제시할 수 없는 형이상학적 진리를 비판하고, 전체 생명현상에서 진리가 차지하는 부분은 미약할 뿐이라고 강조한다.

> 인간이 단지 인식하기만 하는 짐승이라면, 이것이 바로 인간의 운명일 것이다; 영원히 비진리로 저주받은 진리는 인간을 절망과 파멸로 몰아갈 것이다.[1]

인간처럼 복잡한 현상을 고찰하는 데서 그 현상을 구성하는 가능한 모든 국면이 고려되지 않고 전체 맥락과 동떨어진 어느 하나의 특성만이 전부인 양 부각될 때, 그 현상을 판단하는 데는 실패할 수밖에 없다. 그러나 인간은 니체의 우화에서처럼 하나의 관점만을 고집하는 진리의 허구성을 깨달을 수 있다. 이때 그 허구성이 드러난 기존 진리가 이제껏 인간의 실존을 근거지은 중요한 현상에 관한 것이라면, 그간의 확실성은 무너지고 더불어 인간은 체념해 절망에 이르게 된다.

니체는 우화로 형이상학적 인식의 비극적 종말을 서술하는 동시에 인간을 고찰할 때 고려되어야 할 전망들이 얼마나 깊고 광대하며, 마르지 않는 샘처럼 비밀스레 자신에게도 은폐되어 있는 존재인가를 암시하고 있다.

> 인간에게는 도달할 수 있는 진리에 대한 믿음, 친밀하게 다가오는 환상에 대한 믿음만이 어울린다. 실상 인간은 끝없이 속으며 살고 있는 것 아닌가? 자연은 그에게 대부분을, 예를 들어 인간이 거기에 대해 기만적 의식만을 가지고 있는 자신의 몸처럼 가장 가까운 것을 숨긴다. 이

의식 속에 인간은 갇혔고, 자연은 그 열쇠를 버렸다. 아! 이 의식의 방의 틈새를 통해 한번 바깥과 아래를 보기를 갈망하는 철학자의 숙명적인 호기심이여: 그러면 철학자는 혹시 예감할지도 모른다. 무지에서 오는 무관심 속에서 마치 꿈꾸며 호랑이 등에 매달려 있는 것처럼, 인간이 얼마나 탐욕적이고, 물릴 줄 모르며, 구역질나고 무자비하며 살인적인 것 위에 쉬고 있는지를.[2]

기만적 이성에 대한 니체의 조롱은 동시에 인간 행위의 유일한 실제적 근거인 생명이 가지는 무궁한 전망의 지평을 암시하기도 한다. 의식에 대한 무절제한 과대평가와 이에 따라 진리를 생명 과정에서 가장 중요한 것으로 여겨온 것은 생명이라는 전체 현상에 대한 부당한 폄하와 인간의 자기축소를 야기했다.

이른바 형이상학적 진리라 불리는 것의 허구성을 깨달은 인간은 이 "탐욕적이고, 물릴 줄 모르며, 구역질나고 무자비하며 살인적인" 생명과 자신이, 심지어 이 철학적 성찰의 순간에마저 다시 "더 깊은 마법의 잠"에 빠질 정도로[3] 뗄 수 없이 깊이 얽혀 있음을 예감한다.

인간 이성의 한계 뒤에 그 이성의 궁극적 기초로 존재하는 이 비밀스럽고 어두운 생명이야말로 모든 인간이 자신의 최후권리로 주장할 수 있는 것이다. 니체는 기존의 형이상학적 전통을 "전망적 사기, 부당한 허상이자 허구"[4]로 드러내며, 이제껏 폄하되고 축소되어 왔던 전체 현상으로서의 생명을 그 무궁한 전망성과 의미의 다양성으로 재탈환하고 새로운 인간상을 창출하려 노력한다.

편협한 형이상학적 시각을 교정해 니체가 반환을 요청하는 총체적 생명은 니체 철학의 근간이 되는 중요 개념들 가운데 하나이다. 니체는 초기작에서부터 유고에 이르기까지 '온전한 생명'(das intakte Leben)을 여러 각도에서 다양하게 고찰하고 있다. 이번 장에서는 그

중 니체가 특히 주의를 기울이는 생명의 대표적인 측면들을 살피고 정리해 그가 강조하는 총체적 생명을 포괄적으로 이해해보고자 한다.

2. 전체적 생명에 통합되는 인식충동

니체의 우화가 서술하는 것처럼 생명은 인식으로만 구성되어 있지 않다. 인간은 한 가지 특성과 전망만으로는 충분히 구명할 수 없는 원한 존재이다. 실제로 우리 삶의 대부분은 의식적인 이론적 사고의 개입 없이 이루어진다. 생명을 총체적인 현상으로 고찰하려는 것은 니체의 중요한 철학적 시도 중 하나인데, 전체 생명현상에서 분리되어 논리적으로 인식할 수 있는 부분으로만 구성된 현대과학의 불충분함을 비판하고 이로써 야기된 인간의 왜소화가 그의 사고의 전제가 된다.

니체가 자신의 첫 번째 철학서 『비극의 탄생』에서 소크라테스를 격렬히 비판한 것은, 부당히 폄하된 생명에 대한 시각교정 시도의 대표적인 예이다. 전적으로 이론적 인간이자 그리스 비극의 파괴자로 묘사되는 소크라테스에 대한 비판은 건강한 문화의 본보기로서 그리스 비극이 재탄생하기를 바라던 젊은 니체의 희망의 표현이자, 일방적인 합리성이 인간의 실제적 위대함에 끼칠 수 있는 위험을 강하게 경고한 것이다. 『비극의 탄생』 탈고 후 16년이나 지난 1886년에 재판(再版)의 서문으로 쓴 「자기비판의 시도」에서 니체는 자신의 철학적 처녀작의 과제를 다음과 같이 정리하고 있다.

학문을 예술가의 시선으로 볼 것, 그리고 예술은 생명의 시선으로……[5]

이로써 니체는 그때까지 학문적 고찰에서 쓰이던 일반적인 관점과의 결별을 명확히 선언하고 있다. "학문의 문제는 학문의 토대 위에서는 인식될 수 없기 때문에"[6] 니체는 순수이성의 자기인식이 더 이상 통상적인 학문의 기초 위에서 행해지지 않기를 바란다. 이러한 새로운 관점의 도입으로 학문과 예술 및 생명 사이에 새롭게 정립되는 위계질서는 향후 니체 사상에서 결정적인 역할을 하게 된다. 니체는 생명에 해가 되는 방식으로 진행된 삶과 학문의 분열을 강조해 다른 곳에서 진리에 대한 의지를 "퇴화의 증후"[7]로 간주한다.

그러나 인식의 성과를 위해 심지어 자신의 실존까지도 실험에 부치는 자유정신의 진리 추구는 그 근본에서 초기 니체의 미학적 형이상학에 반하는 철저한 소크라테스적 프로그램과 다름없다. 아마도 니체 역시 자신의 딜레마를 알고 있었던 듯하다. 그래서인지 『인간적인 너무나 인간적인』에서부터 소크라테스에 대한 니체의 견해는 훨씬 깊은 이해심을 보이고 있다. 그리고 16년 후에 『비극의 탄생』을 재출간하며 새로 쓴 자기 비판적 서문에서는 소크라테스 비판에 바쳐진 자신의 첫 저작을 심지어 "불가능한 책"[8]이라 부르고 있다. 그러나 벌써 여기서도 소크라테스는 "세계사의 한 전환점이자 소용돌이"[9]로 소개되어 응분의 경외심을 갖고 다루어지고 있다. 니체는 이미 1875년 여름에 자신과 소크라테스의 가까운 사상적 친연관계를 이렇게 고백하고 있다.

소크라테스는, 고백하건대, 내가 거의 언제나 그와 싸우고 있을 정도로 나와 가깝다.[10]

이러한 맥락에서 오트만(H. Ottmann)이 니체의 소크라테스 비판을 역사적인 소크라테스가 아니라, 인간학적으로 국한된 진보 프로그램이라는 과학적 망상에 젖어 있는 시대와 연관짓는 것은 시사하는 바가 크다.[11] 이에 따르면 니체는 학문의 전체주의적 절대성이라는 신화에 항거하고, 이로써 인간 위대성의 잠재 기반인 온전한 생명을 밝히려 하고 있는 것이다.

루 안드레아스 살로메는 프로이트의 70회 생일을 기념하는 1926년 5월 6일자 글에서 니체가 프로이트와 마찬가지로 걸어갔더라면 좋았을 길을 안타까워하고 있는데, 그 길은 바로 니체로 인해 가능해진 생명의 내적 다양성을 지속적으로 이해하고 심화하는 것이다. 프로이트의 사상에 적지 않은 영향을 끼친 니체의 번뜩이는 심리학적 발견들이 그 자신에 의해 심화되고 체계화되지 않았음을 한탄하며 살로메는 이렇게 쓰고 있다.

그것을 함께 체험했던 사람들은 아마 느낄 수 있었을 것이다. 여기, 바로 여기, 이 자리에서는 정신적으로 정주하는 것이 중요하다. 대담하고 동시에 끈기 있게. 또 다른 이론으로 서둘러 넘어가지 말고, 지금껏 성취한 학자적 엄격함을 가지고 오래 머물기를 연습하는 것이 중요하다. 물론 당장 문제가 하나 생긴다. 어떻게 이 생생한 재료들을 그 생명력을 상하지 않고 학문적으로 확실한 조치들을 통해 다룰 것인가? 이 어려운 문제의 해법은 바로 프로이트에게 있다.[12]

프로이트적 해법의 성과에 대한 논의는 논외로 치더라도 살로메역시 생명의 다양한 정신적 충동들을 학문적 조치로 확보하는 일이지난함을 인정하고 있다. 살로메가 선택한 글의 표제는 「사고충동역시 생명의 충동…」이다. 심리해석 분야에서 니체의 또 다른 발견들을 아쉬워하기보다, 살로메는 어쩌면 이 표제로 니체의 통찰을 요약했어야 했을지도 모른다. 위대한 인간 삶의 성과물들에 대한 위계질서가 논의될 때마다 니체는 "힘 안에 들어 있는 이성의 정도"(den Grad der Vernunft in der Kraft)를[13] 결정적인 기준으로 보았다. 니체는 이미 인식충동을 생명에 내재하는 한 부분으로 파악하고 있었고,[14] 이것을 근거로 자신이 선택한 길을 간 것이다. 니체의 심리학적 성과들은 생명이라는 전체 현상의 한 부분을 구명한 것으로, 실제적 인간이 도달할 수 있는 위대성을 예감하게 한다.

3. 총체적 생명

니체가 소크라테스 테마를 가지고 보여준 인식과 생명 사이의 관계는 인식만으로는 전체 생명을 궁구할 수 없으며, 거꾸로 그 전체 외연과 총체성 속에서 사고된 생명이야말로 인식을 포함한 모든 인간 행위의 기초가 됨을 분명하게 보이고 있다.

그러나 니체가 모든 인간 행위의 기초 원천으로 제시하고 있는 생명이라는 개념이 실제 의미하는 바를 이해하는 것은 그 개념의 광의성과 모호성 때문에 일차적으로 어려움에 봉착한다. 인간을 그 몸과 영혼이 조화를 이룬 단일한 존재로 파악하고 인간 생명의 근본을 밝히려는 시도에서 실상 인간 생명의 여러 현상들로부터 '추론'을 통해 마지막에야 얻을 수 있는 일반적인 생명의 개념을 잠정적으로 가정해 쓰는 일은 결론 선취의 오류(petitio principii)처럼 보인다. 아니면 이러한 의문 자체가 우리가 거기서 빠져나오기 힘든 논리주의의 속박이 가진 견고함을 반증하고 있는지도 모른다.

그럼에도 불구하고 한 가지 확실한 것은 니체 철학의 발전 과정 초기부터 몸과 영혼의 총체성으로 이해되는 온전한 인간과 그의 체험 근거인 생명에 대한 언급과 강조가 현저하다는 것이다.[15]『비극의 탄생』에서 생명은 디오니소스적 힘과 아폴론적 힘의 상호 역동성을 통해 벌써 어느 정도 특성지어져 설명된다. 아래서는 니체가 특히 주의를 기울였던 생명의 특징들을 차례로 살펴 니체 철학의 재구성에서 유용한, 비교적 안정된 토대를 도모해본다.

1) 팽창

생명의 특성 중 첫째로 열거할 수 있는 것은 내재적 향상성이다. 고대 그리스에서 아폴론적, 디오니소스적 두 힘이 상호 긴장관계 속에서 삶과 문화를 일궈냈듯이 생명의 형태들마다 경계설정을 통해서뿐만 아니라 이미 도달한 상태를 극복하고 넘어서는 일을 통해서도 번성한다. 이러한 극복과 넘어섬은 양분을 섭취하는 세포의 증식에서 사회·정치적 영향력을 늘리려는 힘의 투쟁은 물론, 현기증 나는 정신의 관념유희에 이르기까지 제반 삶에 걸쳐 넓은 스펙트럼을 가진 생명의 특성이다.

『비극의 탄생』에서 이 생명의 팽창성은 "실존의 일상적 제한과 한계를 파괴하는 디오니소스적 황홀"로[16] 설명된다. 디오니소스적 황홀경에 이른 인간은 과거에 경험한 것들을 다 잊고 신들의 세계까지 이르는 비약적 넘어섬을 경험한다.

> 이제 노예는 자유인이다. 이제 곤궁, 자의 혹은 '파렴치한 유행'이 인간들 사이에 심어놓은 완고하고 적대적인 모든 구분들이 부서진다. (…) 인간은 노래하고 춤추면서 보다 높은 공동체의 일원으로 자신을 드러낸다.[17]

도취가 지나간 뒤에 찾아오는 구역질은 무아지경에서 경험했던 황홀한 넘어섬의 가능성에 대한 그리움과 다름없다. 이러한 디오니소스적 현상과 이와 결부된 고무는 본질적으로 "생명은 현상들의 온갖 변화에도 불구하고, 파괴할 수 없을 만큼 강하며 환락적이다"는[18] 것을 의미한다. 그리스 비극에서 쾌활한 가시성 속에 사티로스 합창단으로 나타나는 이 위로야말로 생명이 가진 모든 팽창성의 실제적 뿌리라 할 수 있다. 생명이 존재하는 한 어떤 생명체에게도 극복하고 넘어서려는 이 충동은 근절할 수 없다.

이 생명의 팽창하는 특성은 힘에의 의지에 관한 니체의 일련 사고에서도 빈번하게 나타나고 있는데, 예를 들어 다음과 같은 구절을 들 수 있겠다.

> 내 생각은 이렇다. 각각의 물체(Körper)는 전체 공간의 주인이 되고 자신의 힘을 팽창시키기를 (ㅡ그의 힘에의 의지:) 그리고 자신의 팽창에 적대적인 모든 것들을 밀쳐내고자 갈망한다. 그러나 그것은 끝없이 다른 물체들의 동일한 경향에 마주치고, 자신과 충분히 유사한 것들과 화해한다(하나가 된다): 이제 이들은 이렇게 함께 힘을 추구하여 공모한다. 과정은 계속된다…….[19]

생명현상 중 가장 복잡한 형태인 인간은 물리적이고 정신적인 의미에서 오로지 끝없이 자신을 넘어설 때만 인간일 수 있는 존재이다. 이러한 팽창과 부단한 초월이 자연적 방식으로 되지 못하고 방해받을 때, 허무주의의 태동이나 니체가 말한바 금욕(Askese) 같은 생명에 불길한 퇴화가 발생하게 된다. 하이데거는 자신의 니체 해설서에서 이 생명의 내재적인 향상성을 "힘은 도달한 모든 단계의 주인이 됨으로써만 힘을 행사한다"라고 표현했다.[20]

2) 선합리성(先合理性)

의지는 자신의 피조물을 삶 속에 붙잡고 계속 살게 하려고 그것들을 환상으로 감싼다. 니체에 따르면 이때 의지는 세 가지 수단을 생명의 고무제로 사용하는데, 그것은 "인식의 소크라테스적 쾌감과 이로써 현존재의 영원한 상처를 치료할 수 있다는 망상", "예술이 가지는 유혹적인 아름다움의 베일", 그리고 "현상의 소용돌이 아래 영원한 생명이 부서지지 않고 계속된다는 형이상학적 위안"이다.[21]

니체의 진단에 의하면 소크라테스처럼 학문에 종사하는 이론적 인간을 그 이상으로 삼는 알렉산드리아의 문화가 현대세계를 지배하는데, 이 세계에는 논리적 네트워크가 둘러쳐져 있어 예술과 종교 같은 삶의 다른 형태들마저도 학문의 옷을 입어야만 그 존재를 허락받는다. 그러나 인과성을 방편 삼아 사물의 본질을 파악할 수 있다고 믿는 과학적 망상의 절대적 낙천주의는 니체에 따르면 "우리 사회를 파괴하는 맹아"[22]나 다름없다.

니체는 또한 알렉산드리아의 문화가 장기적으로는 노예제도의 기반 위에서만 존립할 수 있었다는 사실을 상기시켜 현대 문화에 경종을 울린다. "환영의 작품, 단순한 가상세계를 유일한 최고의 실재로 들어올리고, 이것을 사물의 가장 깊고 진정한 본질의 자리에 대치시켜 이 본질에 대한 사실적 이해를 불가능하게 만드는 것,"[23] 이것이 바로 니체가 생각하는 알렉산드리아의 문화 간계이다. 그래서 니체에게는 제한적인 인식능력의 자발적 경계설정인 칸트식 이성비판이 논리의 본질에 숨겨져 있는 낙천주의에 대한 큰 승리로 여겨진다. 이 승리와 함께 니체가 비극적 문화라고 부르는 문화가 태동한다. 이 문화의 가장 높은 목표는 "유혹적인 학문의 견제에 속지 않고, 세계의 전체상에 부동의 눈을 돌려 그 속에서 영원한 고통을, 공감하는 사랑의 느낌을 가지고, 자신의 고통으로 이해하려는 지혜"[24]이다.

이 지혜가 눈 돌리는 세계의 전체상에는 비논리적인 것이 포함되어 있다. 우리는 논리가 단지 의지의 작위에 불과하다는 것을 깨달으며,[25] 온전한 생명의 이해에 한 걸음 더 접근한다. 니체는 『인간적인 너무나 인간적인』에서 이제껏 잃어버렸던 비논리의 영역을 생명의 필수불가결한 요소로 되잡고 있다.

비논리적인 것은 필수불가결. —사상가를 절망에 빠뜨릴 수 있는 것들 중 하나는 비논리적인 것이 인간에게 필요하고, 비논리적인 것으로부터 좋은 것들이 많이 생긴다는 인식이다. 그것은 정열, 언어, 예술, 종교 그리고 결국 삶을 가치 있게 만드는 모든 것 속에 꼭 박혀 있어서, 이 아름다운 것들을 치명적으로 다치게 하지 않고는 그것을 빼낼 수 없을 정도이다.[26]

광대하게 착종된 생명은 자신에게 없어서는 안 될 요소로 비논리적인 것을 포함한다. 인간의 본성을 순수하게 논리적으로 환원하려는 우직한 시도는 애초부터 실패할 수밖에 없는 것이다. 모든 사물에 대한 비논리적 근본입장은 따라서 가장 합리적인 인간에게마저도 때때로 필요한 인간의 자연으로 간주된다.[27]

생명을 전체로써 공정하게 파악하려는 니체의 시도가 쉽지 않으리라는 것을 알 수 있는 대목이다. 생명의 선합리성, 비논리성이야말로 후술할 생명의 다른 특성인 관점주의적 특성과 함께 니체 철학이 그 자체 내에 생명의 광대함과 심원함의 반증으로 어쩔 수 없이 상반되는 모순들을 포함할 수밖에 없는 이유 중 하나이기도 하다. 모든 것을 포괄하는 생명은 논리에 기반을 두는 기존의 형이상학으로는 파악할 수 없다. 생명은 부단히 바뀌고 움직이는 가면을 쓰고 매번 확실한 척하는 선명한 인식의 틀을 벗어난다.

3) 관점주의적 특성과 불공정성

인간은 그 스스로에게 가장 복잡한 대상이다. 이러한 사실은 인간이 언제나 특정 역사와 상황 속에 다양한 상태로 속해 있다는 것뿐만 아니라, 자신과 타인에 대해 항상 입장과 태도를 취한다는 데에 기인한다. 따라서 인간을 단숨에 정의하는 일은 쉽지 않다. 관찰자가 취한 입장에 따라 인간을 둘러싼 많은 근본적인 사실들이 불가피하게 억제되거나 완전히 도외시되기도 한다. 이런 부분적 희생과 억제, 그리고 추상화로 인간을 구성하는 다른 근본적인 면들이 분명하게 드러날 수 있는 것이다.

니체는 이렇게 인간에게 제한적일 수밖에 없는 관찰 방식을 충분히 고려해 각각의 고찰에서 이 필연적인 추상화를 의도적으로 행한다. 그러나 전체 상황의 복합성과 지금 부각되어 조명되지 않지만 힘에의 의지에 대한 역동적인 싸움 형태로 항상 현재형으로 참가하는 생명의 모든 구성 부분들과의 연관관계는, 니체가 따로 부연하지 않더라도 그의 철학이 갖는 궁극적 배경으로 고려되어야 할 것이다.

니체가 기독교적·플라톤적 도덕론에서 생명에 적대적인 것을 발견함은 일차적으로 신의 진실성에 근거해 모든 예술을 거짓이라 부인하고, 저주하며 심판하는 이 도덕론의 예술에 대한 적대성에 기인한다. 『비극의 탄생』은 반복해 이 생명에 적대적인 도덕론과 반대되는 복음을 전하고 있는데, "세계의 존재는 오직 미적 현상으로서만 정당화될 수 있다"[28]는 것이 그것이다.

> 왜냐하면 모든 생명이 가상, 예술, 기만, 광학, 관점적인 것과 오류의 필연성에 그 근거를 두기 때문이다.[29]

니체는 이 존재에 필수불가결한 관점주의적 특성을 인식론의 기반으로 삼아 의도적으로 관점을 변경함으로써 사물을 점차 더 객관적으로 볼 수 있기를 희망한다. 니체는 논쟁서 『도덕의 계보』에서 관점의 부단한 변경이 탁월한 인식의 방법임을 강조하며, 동일한 사태에 더 많은 정서와 눈을 투입하는 것이야말로 그 사태에 대한 개념과 객관성을 완성하는 길이라고 선언하고 있다.[30]

언젠가 완벽해질 이 개념과 객관성을 획득하려면 전위와 치환의 복잡하고 혼란스런 유희, 자신의 척도를 타인에게 목표와 목적으로 강요하거나 현혹시키는 일, 의식과 해석의 지평을 형성하는 일 같은 가치의 관점주의에 속하는 모든 여건들이 생명을 규제하는 필수불가결한 것으로 고려되어야 한다. 니체가 유고의 한 구절에서 간략하게 표현하고 있는 것처럼 관점주의적·기만적 특성은 존재의 구성요소이다.[31]

이 생명의 관점주의적 특성과 전술한 비논리적 특성에 따라 생명은 당연히 불공정해지기 마련이다. "생명에 대한 가치판단은 비논리적으로 형성돼왔고, 그래서 불공정하다."[32] 모든 생명 과정 속에서 언제나 필연적으로 발생하는 상황에 대한 평가가 각각의 생명체가 갖는 독특한 호오(好惡)의 성벽과 결합해 관점의 상이와 불공정을 생명현상의 필수불가결한 요소로 만든다.

4) 비도덕성

생명의 속성에 선합리성과 관점주의적 특성, 그리고 불공정성이 내재해 있는 한, 도덕은 모든 삶의 충동에 대해 억압기제로 기능한다. 생명이 기만과 가상에 기반을 둘 수밖에 없다면, 거짓의 적대원칙인 도덕은 거짓과 함께 결국 생명을 판결하고 부인할 수밖에 없다.

도덕(특히 기독교적 즉, 무조건적 도덕) 앞에서 생명은 항상 불가피하게 부당할 수밖에 없다. 생명은 본질적으로 비도덕적인 어떤 것이므로, 생명은 결국, 경멸과 영원한 부인의 무게에 짓눌려, 열망할 가치 없는, 그 자체 무가치한 것으로 느껴지기 마련이다.[33]

도덕을 바라보는 니체의 시선은 다양하고 집요하다. 한편으로 도덕은 나중에 덧붙여 추측되는 계급 개념인데, 일차적으로 힘 있는 자가 자신을 추켜세우는 동시에 힘없는 자를 경멸하는 수단이다.

모든 도덕은 자기찬양의 습관이다: 이를 통해 한 부류의 인간이 자신의 부류와 그 부류의 삶을 기뻐하는 것이다. 한 부류의 도덕은 다른 부류 인간의 영향력을 거부하여, 이들을 자신들보다 '하등하게' 느끼게 만든다.[34]

그 자체로 지배이익을 반영하는 제도화된 가치체계이자 사회적으로 매개되는 미풍양속에 대한 규제체계의 증후적 표현인 도덕 뒤에는 이렇게 폭력과 단념으로 점철된 생명의 상관관계가 자리할 수 있다. 다른 한편으로 도덕은 인성에 깃들인 야수를 길들이고, 점차 엄격해지는 법률을 부과해 사람을 반대로 고상한 어떤 것으로 생각하도록 도와주는 궁색한 거짓말이다.[35]
또한 도덕은 기존의 관례와 익숙한 습관에 대한 순종의 다른 이름이다. 이것들은 처음에는 생존을 돕는 유용성 때문에 높게 평가되다가 점차 그 존중의 원인이 잊히고 무조건적으로 경배하게 된다.[36] 어쨌건 니체 철학에서 도덕은 인류의 역사에서 상이하게 인정을 받으며 참다운 생명과의 화합을 제외한 여타의 목적들을 추구해온 임시변통의 차꼬이다. 그러나 "생명은 도덕에 의해 고안된 것이 아니다. 그것은 기만을 원한다, 그것은 기만에 의해 산다."[37]

도덕에 대한 니체의 성찰들에 공통점이 있다면 도덕의 외적인 유래와 생기의 속성에 대한 강조라 할 수 있다. 다시 말해 도덕은 항상 어떤 필요로 역사에서 만들어져 온 것이라는 것이다. 니체는 이를 통해 도덕이 갖는 보편적이고 절대적인 타당성을 부정한다. 도덕의 허구성을 드러내므로 생명에 적대적인 도덕적 의무의 무조건성이 상대화된다.

5) 투쟁

전술한 생명의 특징들이 끝없이 발현되며 발생하는 분규는 심한 경우 타자의 완벽한 멸절까지 이르는 생명의 투쟁현상으로 나타난다. 확고한 질서에서 상호 먹이사슬로 얽혀 있는 생태계는 생명의 무정하고 예외 없는 엄격한 측면을 적나라하게 보여준다. 니체는 『선악의 저편』에서 생명의 이러한 투쟁적 성격을 다음과 같이 극명하게 표현하고 있다.

생명 자체는 본질적으로 획득, 훼손, 타자와 약자의 정복, 억압, 학대, 자기형식의 강제, 동화합병이며, 최소한, 가장 온화할 때조차, 착취이다.[38]

우리의 일상 역시 그 성적, 사회·정치적, 경제적, 정신적 맥락의 모든 부분에서 자신과 타인의 영향력을 끝없이 추정, 산정하는 것으로 채워져 있어, 엄격한 생존투쟁의 장이나 다름없다. 게르하르트(Volker Gerhardt)가 자의식의 사회적 맥락을 설명할 때 주목하는 것도 바로 이 인간의 자신과 타인의 처지에 대한 체질적인 산정 행위와 이로 인해 발생하는 부단한 상호관계이다.

자신의 움직임에 대한 의식적 자각은 이미 타자의 관점에서(sub specie aliorum), 다시 말해 (원칙적으로 나와 동일한) 타자가 점유할 수 있는 위치를 염두에 둘 때 발생한다.[39]

전쟁과 싸움, 그리고 경쟁은 모든 생명체의 존재조건이자 성장 조건이다. 끝없이 자신을 잉태하는 이 생명 과정에서 가끔씩 허락되는 휴식과 고요는 과정에 참가한 요소들이 이뤄낸 일시적 힘의 균형일 뿐이다.

니체는 삶의 전반에 걸쳐 나타나는 이 투쟁적 특성을 「씌어지지 않은 다섯 권의 책에 대한 다섯 개의 머리말」 중의 하나인 「호메로스의 경쟁」에서 자세히 묘사하고 있다. 그는 여기서 인간이 자신의 가장 탁월하고 숭고한 힘에서조차 철저히 자연일 뿐이며, 자연의 위험스런 야누스적 성향을 지녔다고 지적한다. 또한 고대 그리스적 경합을 예로 들어 유약해진 현대의 눈에는 쉽게 이해되지 않는 투쟁 현상을 그 관능적 잔인함 속에서 구명하려 한다.

고대 그리스는 자기보다 잘난 사람을 참지 못하고, 최소한 자기 영향권 내에서는 최고이기를 바랐던 시기, 질투하는 사람들로 가득 찬 사회였다. 시기와 질투, 원망은 이들에게 성격의 결함이 아니라, 인간을 경쟁 행위로 자극하는 좋은 투쟁의 여신 에리스(Eris)의 영향으로 여겨졌다.

한 그리스인이 위대하고 숭고하면 할수록, 그와 같은 길을 달리는 모든 이를 태워 삼키는 공명심의 불길은 그로부터 더 환하게 뿜어 오른다. (…) 모든 위대한 헬레네인이 이 경쟁의 횃불을 전달한다. 각각의 위대한 덕성마다 새로운 대가가 탄생한다.[40]

그리스 국가들에서 삶의 영원한 근거인 이 경쟁이 고갈되지 않게 하기 위해 그들은 도편추방제라는 특이한 제도를 고안했다. 삶을 잉태하는 경쟁이 계속될 수 있도록 이 제도를 통해 최고실력자가 추방되었다. 탁월한 개인들의 제거로 남아 있는 사회성원들은 계속적인 힘의 경주로 고무된다. 모든 능력과 덕성은 오직 상호 경쟁과 경합을 통해서만 장려되고 육성되었다. 음악적 드라마나 소피스트들의 대화 등 다양하게 세분되어 있는 그리스의 웅대한 교육 전체가 전적으로 이 경쟁 원칙에 입각해 운영되었다.

이렇게 경쟁으로 점철된 고대 그리스 사회에서 전투는 그 승리의 잔인함과 함께 "생명의 환호의 절정"[41]으로 여겨졌고, 이를 위한 실존적 충동 역시 당당하게 그 권리를 인정받았다. 니체는 이 두렵고 비인간적인 듯이 보이는 인간의 재능들을 "바로 거기로부터만, 감동과 활동과 작품 속에서, 모든 휴머니티가 자랄 수 있는 풍요로운 토양"[42]으로 긍정한다.

6) 조형력

니체가 『반시대적 고찰』의 두 번째 권인 「삶에 대한 역사의 공과」에서 다루는 상궤를 벗어난 역사 감각에 대한 논의도 생명현상과 관련된 중요한 테마이다. 생명에 반해 비대해진 역사에 대한 비판의 핵심은 다음 글에서 드러난다.

역사의 과잉은 생명의 조형력을 약화시켰다. 생명은 더 이상 과거를 자양이 풍부한 양식으로 사용할 줄 모르고 있다.[43]

생명의 조형력이란 생명이 가진 꼴을 만드는 능력으로, 그것을 통해 모든 생명체가 주관적이고 개별적인 이해관계의 필요에 따라 자신의 주변을 변형시킨다. 생존에 필요한 재료들, 즉 식량과 피복의 변형, 도구, 그리고 주거지의 조성에서 자연이 가진 자정능력을 거쳐 의사소통에 쓰이는 상징세계에 이르기까지 생명이 가진 조형력은 도처에서 목도된다.

특히 상징세계는 각 개인의 지적·예술적 맥락과 상관없이 이미 완벽해져 있어 삶의 전반을 견딜 만한 것으로 만드는 아폴론적 꿈의 일상적 형상세계뿐만 아니라, 무아경의 환상적인 디오니소스적 사실성을 함께 아우른다. 디오니소스적 세계에서 허락되는 엄청난 방일 역시 개개인의 경계를 허물며 생명이 지닌 강력한 조형적 특성을 표명한다.

디오니소스적 주신송가 속에서 인간은 자신의 상징능력을 가장 극단에까지 자극 받는다: 환상의 베일을 파괴하는 것, 종족의 정령, 그래 자연으로 하나 되는 것, 이제껏 느끼지 못했던 것들이 표현되려 몰려든다. 이제 자연의 본질은 상징적으로 표현돼야 한다: 상징의 새로운 세계가 필요하다. 단지 입과, 얼굴과 단어의 상징체계가 아니라, 모든 사지를 다 율동적으로 움직이는 춤의 몸짓이, 총체적인 몸의 상징적 체계가. 그러면 또 다른 상징적 힘들이, 리듬과 역동성과 조화를 통한 음악의 상징적 힘들이 갑자기 격렬히 증대한다.[44]

인용문에서 묘사되고 있는 것은 스스로를 알리고 표현하기 위해 용솟음치는 생명의 힘이다. 여기 디오니소스적 최상의 상징체계에서 보이듯이 생명에는 과거에 전혀 없었고, 생각조차 할 수 없었던 새로운 맥락을 만들어내는 능력이 존재한다. 인류의 지난 역사 전체가 실제로 지치지 않고 새롭게 생산하는 이 생명의 조형력에 대한 큰 증거이다. 니체가 비판하는 형이상학적·존재론적 진리와, 또한 이에 종속적인 논리적 진리는 생존에 필수불가결한 단순화와 동일화, 그리고 사물의 고립에 근거하고 있고, 생명의 번성을 위해 실재와는 다른 허구의 외부 세계를 구성해왔다.[45]

그러나 이 자체가 생명의 조형력이 발현한 결과이다. 고대 그리스인들이 비극으로 체득한 삶에 대한 혐오에도 불구하고, 계속 살아야하는 뜻깊은 필요에서 만들어낸, 찬란한 올림포스 세계와 인간을 닮은 그들의 신들도 결국 생명이 가진 조형력의 산물이다.[46]

한 가지 부연해야 할 점은 생명이 가진 이 조형력이 항상 생명에 이바지하지만은 않는다는 점이다. 인간의 의지가 때로 그 담지자의 번성에 역행해 발현되는 것처럼 생명의 조형력 역시 자신의 발전을 방해하는 장애물을 생성해낸다. 따라서 니체가 여기서 주목하는 것은 사용된 힘의 양이 아니라, 그 힘의 방향이다. 니체는 『아침놀』에 나오는 "힘에 대한 승리"라는 표제가 붙은 아포리즘에서 모든 새로운 조성마다 이를 위해 사용된 힘에 들어 있는 '이성의 정도'를 측정하라고 권한다.

바로 이 힘이 더 높은 어떤 것에 의해 얼마나 극복되었고, 이제 얼마나 그것의 도구와 수단으로 이바지하고 있는지를 측정해야만 한다! 그러나 이런 측정을 할 수 있는 눈들은 아직 너무도 적다. 아니 대부분 천재의 측정은 여전히 방자함으로 여겨진다. 아마도 그래서 가장 아름다운 일은 여전히 항상 어둠 속에서 일어나고, 태어나자마자, 영원한 밤 속으로 가라앉는다. 천재가 **작품들**이 아니라 **작품으로서의 자기**에게 즉, 자기 자신의 제어, 자신의 상상력의 정화, 과제들과 착상들의 쇄도 속에서 질서와 선택에 사용하는 저 힘의 드라마가 바로 그것이다.[47]

여기서 니체가 찾고 있는 것은 건강한 의지이다. 다시 말해 자각적 이성의 결단으로 얻은 눈앞의 행동에 대한 확실한 의도이다. 자신이 쓸 수 있는 관점들에 대한 신중한 숙고 끝에 내리게 되는 이 행위의 확실한 결정을 통해 인간은 자신을 한 사건의 근원이자 시작으로 드러내며 자신을 넘어서게 되고, 그래서 자아의 상승을 경험하게 된다. 이렇게 의지란 벌써 그 결정 단계에서 자아에 긍정적인 영향을 끼치는 행위이기 때문에, 니체는 인간을 가리켜 인간 자신의 작품이라고 얘기하는 것이다. 인간은 생명이 지니는 모든 조형력의 증대와 정향에서는 항상 중심인물이다.

4. 생성과 변화로서의 생명

상술한 특성들을 포함하는 수많은 역동적인 면들을 가지고 모든 것에 침윤하는 생명의 활동은 생성과 변화로 요약할 수 있다. 생명의 투쟁은 끝없는 생성과 이에 따른 변화의 모습으로 나타나고, 거기 참여한 모두가 끝까지, 심지어 겉보기에 패배한 모습을 보일 때에조차 자기 자신의 안녕과 번성을 달성하려는 노력을 멈추지 않는다. 생성적 실재에 대한 철학적 긍정을 체계화하려는 니체의 노력이 드러나기 시작하는 1885년의 한 유고에는 이 모든 것에 침윤해 있고 변화하며 계속되는 삶의 투쟁이 복종과 명령의 상관관계 속에서 관찰되고 있다.

생명이란 다양한 투쟁자가 서로 동등하지 않게 성장하는 **힘의 확립 과정**의 지속적 형식이라고 규정할 수 있을 것 같다. 이 점에서 복종 속에도 저항이 있으며, 자주적 힘은 결코 포기되지 않는다. 마찬가지로 명령 속에도 적대자의 고유한 힘이 제압되지 않았고, 동화되어 해체되지

않았다는 인정이 들어 있다. '복종'과 '명령'은 투쟁 놀이의 형식들이
다.[48]

심지어 이미 어느 정도는 확정된 힘의 배분 속에서 나타나는 명령
과 복종이라는 위계관계에서도 생명의 투쟁은 참가한 힘들에 대한
끊임없는 상호산정이라는 형태로 계속된다. 생명이 지니는 모든 특
성들 역시 이 투쟁의 단계에서 상이한 변화를 보이며 계속해서 발현
된다.

이제까지 살펴본 것처럼 니체는 이미 사상적 편력의 초기 단계에
서부터 생명의 여러 특성들을 철학적으로 규명하고자 한다. 처음에
는 예술의 힘을 빌려 고대 그리스 문화와 유사한 새롭고 건강한 독
일 문화를 구가하려던 시도의 일환으로 시작되었지만, 예술가 형이
상학의 포기 이후에도 니체가 그간 형이상학의 전통 속에서 경시되
어왔던 생명의 여러 특성들을 의도적으로 조명해 온전한 생명을 철
학적으로 되찾으려는 시도는 80년대 후반까지도 지치지 않고 계속
된 필생의 사업이라 할 수 있다. 생명에 고유한 내재적 가치를 획득
하고, 존재(Dasein)의 창조력에 걸맞은 내재적 의미를 가능케 만들
려는 노력이야말로 니체 철학이 가진 중요한 의미 중 하나라 할 수
있다.

상술한 생명의 특성들에 연관시켜볼 때, 우리 존재의 현 단계 역
시 개인적, 종적, 시대적으로 계속되고 있는 삶에 대한 투쟁의 과도
기적 결과물이나 다름없다. 바로 그런 이유로 정의롭고자 하는 자유
정신의 편력은 오직 다양한 이해가 얽혀 있는 삶의 연관관계에서만
'진리'와 '인식'을 인정한다. 니체가 적극적으로 조성하는 생명에 이
바지하는 한에서만 인류의 지난 정신적 업적들에 긍정적 의미를 부
여하고, 인간에게 부여된 유일한 실제적 기반인 생명에 대한 형이

상학적 폄하를 비판적으로 교정하고자 한다면, 인류사 전체를 생명의 시각으로 검열하는 일이 필연적인 모습일 것이다. 피히트(Georg Picht)는 이러한 사정을 니체에 대한 자신의 에세이에서 다음과 같이 정리하고 있다.

> 정의가 역사의 옳고 그름을 재는 척도는 역사 과정 그 자체이다: 그것의 이름은 니체 철학에서는 '생명'이다. 생명에의 의지를 해방시키고, 역사적 존재의 새로운 지평을 열어 생명을 장려하는 것은 정의로운 일이다. 가치전도는 그래서 정의롭다. 자신의 밖으로 넘어가려는 생명을 부인하는 일, 즉 지금까지의 가치에 매달리는 일은 정의롭지 않은 일이다.[49]

제4장

진리 개념의 양가성

"삶은 논증이 아니다. —우리는 우리가 살 수 있는 세계를 머릿속에 만들어왔다. 물체, 선, 면, 원인과 결과, 운동과 정지, 형상과 내용 등과 같은 믿음의 조항들이 없다면 이제 아무도 살아갈 수 없게 되었다! 하지만 이것들로 증명된 것은 아무것도 없다. 삶은 논증이 아니다. 삶의 조건들 중에는 오류도 있다."

1. 들어가는 글

포스트모더니즘과 해체주의의 다양한 흐름을 경험한 이제 니체 철학에서 진리 개념을 부각시켜 다루는 것은 진부한 일일 뿐 아니라, 텍스트가 해체되고 해석의 지평만 남은 현대성의 문제를 염두에 둘 때 어쩌면 시대의 흐름에 역행하는 것처럼 보일 수도 있다. 하지만 니체가 이상적 인간으로 삼고 있고 자신의 전 생애와 철학함을 통해 되고자 하는 정의로운 자(der Gerechte)가 갖춰야 할 덕성으로 정의롭게 행동하려는 진실한 의지와 더불어 엄격한 판단능력이 요구되는 한,[1] 진리 개념은 니체 철학을 내재적으로 이해하는 데 간과할 수 없는 핵심 개념이라 할 수 있겠다.

니체는 자신의 철학적 사유의 여러 단계로 진리와 가상 및 예술의 관계, 진리와 판단의 관계, 진리와 힘의 관계, 진리와 건강의 관계에 주목하고 있으며, 각각의 사유에서 진리 개념은 그에 대한 가치평가의 결과와 관계없이 니체 사유를 이해하는 데 중요한 역할을 담당한다. 정의를 달성하고자 자신의 실존마저도 실험 대상으로 삼는 자유정신의 진리 추구 역시 니체가 고백하건대 자신이 거의 언제나 그와 싸우고 있을 정도로 가까웠던 소크라테스적 프로그램의 일환으로 해석할 수 있다. 니체가 자신의 철학을 체계화할 목적으로 기획한

『힘에의 의지』(*Wille zur Macht*)라는 책은 결국 미완으로 남았고 철학사의 불운한 해프닝으로 기록되었다.

하지만 이 책의 편찬을 위한 사전작업으로 작성된 80년대 후반의 유고들에서도 진리는 여러 계획에서 한 장(章)의 분량이 할애될 정도로 중시된 개념이다. 따라서 진리 개념에 대한 이해는 니체 철학의 연구에서 필수불가결한 요소이다. 그러나 니체에게서 진리 개념은 언제나 동일한 사태를 의미하지 않고 사용되고 있으며, 그에 대한 니체의 가치평가도 양가적으로 나타난다. 이번 장에서는 니체 철학의 여러 맥락에서 양가적으로 나타나는 진리 개념의 연관과 외연을 살피고 이러한 양가성이 나타나는 이유와 니체 철학 내에서 진리 추구가 갖는 함의를 밝혀보고자 한다.

2. 니체 철학에서 나타나는 진리 개념의 양가성

니체 철학은 인식이 가져오는 기쁨과 쾌락, 그리고 도취뿐 아니라 인식이 주는 불행의 지복 역시 맛보고 긍정하는, 위험을 동반하는 인식을 적극적으로 추구하는 철학이다.[2] 니체는 인간에게 발견과 추측, 즉 지식을 둘러싼 동요가 마치 불행한 사랑도 사랑하는 자에게는 불가항력적이고 매력적이듯 매력적으로 되어 인식충동은 이제 그 어떤 희생을 치르고라도 그 활동이 지속되어야 하는 "새로운 열정"(Die neue Leidenschaft)이 되었음에 주목한다.[3] 효과를 염두에 둔 니체식의 과장을 감안하고 이해하면, 이 부분은 플라톤의 『향연』에서 디오티마가 소크라테스에게 사랑의 의식으로 입문할 것을 권유하는 대목이 연상된다.

니체가 플라톤이 묘사하는 인식충동을 마지막까지 승화된 사랑의 충동으로 이해하고 지적 쾌락과 감각적 쾌락의 근본적인 동일성에 주목하는 것과 맥을 같이해[4] 니체에게도 "추상적 사유는, (…) 좋은 날에는, 축제이자 도취"이기도 했다.[5] 같은 맥락에서 니체는 잔인함까지 이르는 지적 정직함(Redlichkeit)에 대해 긍정적으로 언급하고 있으며,[6] 시체가 역겨움에도 불구하고 인식하려는 의지 때문에 그 역겨움을 견뎌내는 해부학자의 남성다운 덕을 찬양하기도 한다.[7]

니체 철학의 또 다른 중요한 테마인 도덕 비판과 현대성 비판이라는 맥락에서 보더라도 진리를 둘러싼 문제는 그 양가적 속성을 드러낸다. 인간을 유약하게 만들어온 기독교적 도덕이 갖는 허위를 파헤쳐 그 구속성을 거부하고 이것과 맞설 수 있는 강하고 고귀한 도덕을 추구하는 니체는 진리가 갖는 고전적 구속성을 거부하는 순간, 신의 죽음을 선포한 광인의 독백이 암시하듯 자신에 찬 모습으로 서 있지 않고 기준의 상실로 주저하고 두려워 떨며 정향점을 잃은 현대인의 모습을 선취한다.

니체는 인간의 삶을 구속하고 근거짓던 진리와 전통, 형이상학, 종교, 도덕의 부재를 확인한 뒤에 무한한 힘의 연관과 목적 없는 변화, 그리고 불확실성만 지배하는 세계 앞에 멈춰서 어떻게 이런 상황에서도 "용기와 정의와 견고하고 인내하는 이성이 통용되어야 할 것인지"를[8] 묻고 있는 것이다. 하지만 그가 과학적 인간의 새로운 충동이라고 진단하는 인식에 대한 열정은 다음과 같은 고백을 가능하게 한다.

적어도 이것만은 우리에게 남아 있어야 한다: 우리는 남자로서, 이것이 바로 진리라면, 그리고 우리에게 스스로를 감추지 않는다면, 바로 이 진리를 말하고자 한다![9]

정향점과 기준점의 부재를 인정해야 할 진리로 받아들이고 선포하는 이러한 니체의 태도는 결국 그가 말하는 이성중심주의에서 허무주의로의 필연적인 발전을 암시하고 있지만, 이 태도를 드러내는 그의 글들은 일단 니체 철학에서 진리 개념이 갖는 상이한 의미들의 기록이기도 하다. 이 진리의 인식이 인간을 어디로 몰고 가건 우선 이것을 확보된 진리로 인정하는 것은 니체가 큰 의미를 부여하고 있는 지적 정직함의 요구이기도 하다. 바로 이렇게 어떤 대가를 치르고라도 추구되는 지적인 열망과 학적 양심으로까지 승화된 결백함이 신에 대한 믿음을 거짓으로 드러냈다는 것이 니체의 시대진단이다.[10]

그 대가가 설령 기존가치의 전복이나 심지어 인류의 멸망일지라도 학문적 인간은 진리를 인식하려는 열정을 포기하지 않는다는 것이다.[11] 그리고 그가 "(예를 들어 신처럼) 우리가 좋아하는 것들을 위해 진리를 위조하는 것"을[12] 비판하는 대목이나 진리라는 여인에게 접근하는 투박한 독단론자들의 집요하지만 미숙한 기술을 조롱하는 대목에서도[13] 우리는 진리의 존재를 인정하고 염려하는 니체를 만날 수 있다.

하지만 니체에게 진리와 인식이 언제나 이렇게 추구되어 마땅한 것으로 다뤄지는 것은 아니다. 자유정신의 편력에서 보이는 긍정적이고 적극적인 진리관과 함께 니체에게는 진리와 인식의 부정적인 면에 대한 강조와 경고 역시 발견된다. 삶과의 관계에서 진리와 인식이 차지해온 역할을 바라보는 니체의 시선은 이성주의의 오랜 역사에게 돌려져야 마땅한 삶의 유지와 보관이라는 공(功)과 더불어 그 배후에 숨어 있는 인간의 다른 충동들의 폄하로 왜소화 과정을 바라보는 것을 잊지 않는다.

니체가 정의 추구의 방법으로 삼은 부단하고 의도적인 관점 변화에 수반되는 각 전망 간의 상충과 모순 가능성은 진리를 바라보는 니체의 시선과 견해에서도 드러난다. 그 자신 스스로 각 맥락에 따라 서로 다른 의미로 양가적 진리 개념의 다른 측면을 강조하며 사용하고 있는 것이다. 그의 글에 수없이 나오는 따옴표 딸린 "진리 개념"(Wahrheit)은 동요와 주저의 반증이다. 이러한 사실은 지금까지의 니체 연구에도 반영되어 니체 철학에서 진리 개념이 갖는 양가성은 학계에서 거의 합의된 사항으로 보인다.

생명에 기반을 두는 인식과, 유용성을 목적으로 허위와 위조에 기반을 둘 수밖에 없는 생명의 상관관계를 근거로 모든 진리인식이 가지는 어쩔 수 없는 한계와 시각의 협소화를 강조하는 니체의 입장은 그 자신의 인식론이라 할 수 있는 관점주의와 관련된 유명한 진술들에서 드러난다. 각각의 삶 유형들은 자신의 생존과 번영에 필요한 관점을 가지고 주변 세계를 재단한다. "인식의 기원"이라는 부제가 붙은 『즐거운 학문』의 한 절에서 니체는 필요에 따른 이러한 유용한 세계해석을 지성이 행해온 본연의 임무로 이해한다.

> 엄청나게 오랜 시간에 걸쳐 지성은 오류 외에는 만들어낸 것이 없다. 그중에서 몇몇 오류는 유용하고, 종족보존에 도움이 되는 것이었다. 우연히 이런 오류를 습득하거나 물려받은 사람은 자신과 후손을 위한 싸움에서 보다 큰 행운을 얻었다.[14]

그리고 이렇게 인간이라는 종의 유지에 유용하게 쓰인, 하지만 그 근본에서는 지성에 의해 위조된 오류들은 끝없는 계승을 거쳐 거의 인간의 본성이 되었고 세계해석의 원칙이 되었다. 니체가 "잘못된 믿음의 명제들"이라 부르는 대표적인 오류들은 다음과 같다.

지속적인 사물이 존재한다는 것, 동일한 사물이 존재한다는 것, 사물·물질·물체가 존재한다는 것, 사물이 현상으로 나타나는 그대로 존재한다는 것, 우리의 의욕이 자유롭다는 것, 내게 선한 것은 그 자체적으로 선하다는 것 등이다.[15]

인용문에 열거된 인간의 지성이 산출한 근본적 오류들의 특성은 전통적이며 존재론적인 진리 개념의 그것과 동일하다. 이에 따르면 존재하며, 확실히 존재하고, 하나로 머물며, 스스로와 일치하고, 생성과 소멸 없이 영원히 변화하지 않는 것만이 진실한 것이다. 이러한 특성들을 가진 것들은 그것이 신, 존재, 물자체, 진리 등 어떤 이름으로 불리건 전통 형이상학에서 절대적이고 완전한 가치를 갖는 참된 실체이자 인간이 그것에 자신의 행동을 정향시켜야 할 실제적인 가치의 척도로 간주되었다.[16]

니체는 그러나 변하지 않는 존재를 상정하는 전통적이고 형이상학적인 진리 개념에 대해 의심스런 입장을 취한다. 그에 따르면 "존재"란 증명할 수 없고 거기 어떤 실체도 상응하지 않는 것으로 단지 무에 대한 대립항으로 상정된 개념일 뿐이다.[17] 철저히 현상세계에 묶여 있는 인간이 행하는 사물에 대한 그 어떤 언명도 인간의 인식을 이 현상의 경계 밖으로 확장시킬 수는 없다. 이 현상계의 내부에서는 개별 과학들의 경우에서처럼 논리와 협약을 통한 판단 및 참과 거짓의 구분이 가능하지만, 이러한 진리들은 철저하게 현상계 내부에서만 통용될 뿐이며, 단지 현상계 내부의 사태를 판단하는 인간과 관련해서만 의미를 가질 뿐이다.

그러나 이들은 물자체와 그것의 실제적인 성, 그리고 근원에 대해서는 어떠한 의미도 가질 수 없다. 바로 그런 이유로 일상적이고 학술적인 진리들은 인간의 의지가 실제로 자신을 넘어 어떤 것을 달성하려는 심각한 순간에는 하찮은 것으로 변해 삶에 아무런 도움이 되지 않는다. 니체는 이러한 사정을 이렇게 표현한다.

하찮은 진리들은 아주 많다. 그것에 대해 정확한 판단을 내리기 위해 희생은 고사하고 극복조차 필요하지 않은 문제들이 있다.[18]

검증할 수 없음에도 불구하고, 아니 그 언명 자체가 무의미함에도 불구하고 물자체와 지속적인 존재에 대한 믿음이 인간에게서 시작된 이유를 니체는 인간의 자기보존과 번영의 욕구에서 찾는다. 삶의 유용성을 기준으로 두고 인간의 생존과 번영에 최적인 조건들을 존재의 특성으로 투사한 것이라는 것이다.[19] 이렇게 믿음을 주는 "존재"가 실제에 상응하는지는 중요하지 않다. "존재하는" 불변의 동일한 사물들은 사고와 추론의 전제가 되고, 존재에 대한 가정은 생존하는 데 필수적이지만, 그렇다고 이것이 존재를 증명하는 것은 아니고 단지 우리 안에 활동하는 "조정하고, 단순화하고, 위조하고, 인위적으로 분리하는 힘"이[20] 발현된 결과일 뿐이다. 『즐거운 학문』의 한 절은 이상의 생각을 웅변적으로 정리하고 있다.

삶은 논증이 아니다. ─ 우리는 우리가 살 수 있는 세계를 머릿속에 만들어왔다. 물체, 선, 면, 원인과 결과, 운동과 정지, 형상과 내용 등과 같은 믿음의 조항들이 없다면 이제 아무도 살아갈 수 없게 되었다! 하지만 이것들로 증명된 것은 아무것도 없다. 삶은 논증이 아니다. 삶의 조건들 중에는 오류도 있다.[21]

3. 생성과 생명의 세계

니체가 존재의 불확실성과 증명 불가능함을 강조하는 이유는 무엇일까? 아니 니체는 거기서 머물지 않고 한 걸음 더 나아간다. 1884년의 한 유고에는 심지어 "우리는 **존재**를 부정해야 한다"라는 문구가 발견된다.[22] 존재에 대한 믿음이 삶에 필수불가결한 것이라는 사실을 시인하면서도 니체는 존재의 전폭적인 부정에까지 나아간다. 형이상학적 진리관의 근거가 되는 존재에 대해 니체가 비판하는 것은 지성으로 위조되기 전 생성의 세계를 바라보려는 그의 시선과 관련 있다. 그러나 그것은 거의 본능이 되어버려 인간의 감각적 지각과 감성을 지배하는 진리관에서 볼 때는 모순으로 가득한 세계이고 공식화될 수 없어 인식과는 배치되는 생성의 세계이다.[23]

이것은 『아침놀』에 소개되는 힘의 느낌을 성찰하는 데서 예고되고, 『차라투스트라는 이렇게 말했다』에서 처음 모습을 드러내는 생성과 변화의 약동하는 세계, 힘에의 의지(Wille zur Macht)를 이끈 세계이다.[24] 이 생성하는 세계의 운동은 어떤 목표 상태도 모르며, 어떤 존재로 흘러들어가지 않음에도 불구하고 가상 상태가 아니다.[25] 니체가 존재를 비판하는 이유를 극명하게 나타내는 문구는 다음과 같다.

> **존재자 전반이 허용되어서는 안 된다.** ― 왜냐하면 존재자가 허용되면 생성은 자신의 가치를 상실해버리며, 거의 의미 없고 불필요하게 여겨지기 때문이다.[26]

니체가 다른 곳에서 "부단하고 동일하며 나누어져 있지도 않고 나눌 수도 없는 흐름"[27]이라고 표현하는 이 생성의 세계에서 전래의 존재론적인 진리 개념은 더 이상 지탱할 수 없으며, 단지 "우리의 습관적이고 불확실한 관찰"[28]과 삶에 필수적인 사물에 대한 단순화, 동일화, 고립화에 기인하는 오류로 밝혀진다.[29]

생명의 보존과 번영을 둘러싼 투쟁에서 인간의 정신은 불변의 존재라는 허상을 붙들고 그 뉘앙스에서 다양한 사태들을 어쩔 수 없이 단순화하거나 동일시하고 논리적인 해부로 사물을 그들이 속하는 큰 맥락에서 분리하고 고립시켜왔다. 유럽 사상사에서 인간의 정신은 이렇게 독재적인 것으로 된 결과, 자신을 상실하게 되었다. 여러 가능성 중 단 하나의 잠정적인 해법에 불과한 존재론적 관점에 대해 정신이 유연하게 대처하지 못하거나 독자성을 확보하지 못한 것이다. 인간은 절대적으로 되어버린 형이상학적 진리 개념에 호도되었고, 인식과 사고를 포괄해 자신의 생명이 지니는 능력과 역량을 과소평가하므로 결과적으로 현대의 왜소한 학문적 인간으로 수축하고야 말았다. 인간이 더 이상 모든 것을 포괄하는 생성에 부응하지 못한 것이다.

존재론적 진리 개념에 대한 비판은 그 자체로 주어진 사태와의 일치에서 찾게 되는 논리적 진리 개념에 대한 비판을 포함한다. 이론적 언명은 그것이 표상하는 사태에 종속하며 그것에 일치할 때에만 참인 것이다(adaequatio rei et intellectus).[30] 즉 인식 대상인 존재자 자체가 존재론적으로 참일 경우에만 논리적으로 문장의 참이 보장되는 것이다.[31] 그러나 인식 대상인 존재자 자체가 자신의 존재론적 참과 거짓을 판단해 어떠한 진술도 거부할 때, 즉 존재자 전체가 "부단하고 동일하며 나누어져 있지도 않고 나눌 수도 없는 흐름"[32] 속에서 파악되고, 따라서 그것의 참과 거짓에 대한 판단 자체가 불가능해지는 한, 논리적 진리 개념이 설 자리도 없어지고 만다. 이와 함께 생명의 실제와 독립된 이론적 인식의 절대적인 순수성은 물론 이론적 인식이 지닌 삶에 대한 규범적 요구도 함께 부인된다. 생명이 지니는 전체적인 이해의 맥락을 떠나서는 이제 존재론적이거나 논리적인 어떠한 진리도 성립할 수 없다.

하지만 이번 장(章)의 서두에서 밝혔듯이 니체에게서 진리 추구의 격렬한 열정과 고백이 발견되는데, 이러한 사실은 일견 형이상학적 진리의 비판과 양립할 수 없는 듯 보인다. 예를 들어 전술한 것처럼 니체가 『선악의 저편』의 서문에서 여성인 진리와의 세련되지 못한 교제방식을 이유로 독단적인 철학자들을 질타하고, 철학에서의 모든 독단화를 "고상한 어린애의 장난이거나 신출내기의 미숙함"[33]이라고 단언할 때, 우리는 당장 진리를 다루는 더 세련된 자신의 방식을 주장하는 니체의 성년 인정 요구와 함께 진리에 대한 간접적 인정과 염려를 듣는다.

'진리는 없다'라는 그의 진술에서 우리가 주저하게 되고, '모든 인식은 위조에 불과하다'는 니체의 명제에 반하는 해석을 내놓고 싶어지는 이유이다. 형이상학적 진리의 근거가 결정적으로 소멸되었음을 확언하는, 즉 신의 죽음을 선포하는 순간에도 인간의 계속적인 실존 향방에 대한 니체의 염려는 적지 않다. 이제껏 규범적 가치의 근거였던 것의 상실로 인해 발생한 의미의 진공상태를 그는 새롭게 해결해야 할 문제로 인식하고 있는 것이다. 『즐거운 학문』의 광인은 시장에서 그 끔찍한 사건을 향후의 목표설정 문제와 연관지어 포고하고 있다.

신이 어디로 갔느냐고? 너희에게 그것을 말해 주겠노라! 우리가 신을 죽였다 ─ 너희들과 내가! 우리 모두가 신을 죽인 살인자다! 하지만 어떻게 우리가 이런 일을 저질렀을까? 어떻게 우리가 대양을 마셔 말라버리게 할 수 있었을까? 누가 우리에게 지평선 전체를 지워버릴 수 있는 지우개를 주었을까? 지구를 태양으로부터 풀어놓았을 때 우리는 무슨 짓을 한 것일까? 이제 지구는 어디를 향해 가고 있는 것일까? 우리는 지금 어디를 향해 가고 있는 것일까? 모든 태양으로부터 떨어져 나온 지금? 우리는 끊임없이 추락하고 있는 것은 아닐까? 뒤로 옆으로 앞으로 모든 방향으로 추락하고 있는 것이 아닐까? 아직도 위와 아래가 있는 것일까? 무한한 허무를 통과하고 있는 것처럼 헤매고 있는 것이 아닐까? 허공이 우리에게 한숨을 내쉬고 있는 것이 아닐까? 한파가 몰아닥치고 있는 것이 아닐까?[34]

무너져버린 최상의 가치를 대체하는 혼돈에 대한 니체의 염려는 20세기 초반 지성인들이 새로 열린 자유로운 공간에서 보여준 환희와 화해 무드와는 대조적으로 엄격하고 집요하다.[35] 그리고 인간의 미래와 향후의 세계 내적인 방향설정을 둘러싼 그의 이러한 염려는 또한 완전히 폐지할 수 없는 진리를 지속적으로 인식하는 데 대한 간접증거이기도 하다. 형이상학적 진리의 파기가 진리 전체의 파괴를 의미하지는 않는다.

니체의 진리비판이 불변의 존재와 그 존재의 완벽한 실현으로서 미리 결정된 목표 상태에 겨눠진다면 우리는 이것이 플라톤의 이데아론과 함께 시작된 기독교적·형이상학적 전통에 대한 비판임을 알아챌 수 있다. 실제로 『선악의 저편』 서문에서 니체는 "온갖 오류들 중 가장 나쁘고, 오래되었고, 위험한 것이 (…) 플라톤이 발명한 순수한 정신과 선 자체"[36]임을 지적하고 있다. 그리고 이러한 지적은 그 자체로 니체의 진리와 인식에 대한 비판이 진리 전반과 인식 전반에 정향되어 있지 않다는 것을 시사한다. 서문은 다음과 같이 계속된다.

플라톤이 그랬던 것처럼, 정신과 선에 대해 말한다는 것은 확실히 진리를 전복하고 모든 생명의 근본 조건인 관점주의적인 것을 스스로 부인함을 의미했다.[37]

인용문은 거꾸로 왜곡되고 전복되기 전 진리의 존재를 암시한다. 니체는 모든 진리가 아니라, 절대성을 참칭하는 형이상학적 진리를 부정하는 것이다. 그리고 이제 플라톤 이래의 서양 형이상학의 전통에서 전복되었던 진리를 다시 삶의 근본 조건에 맞게끔 되돌리는 것이 요구된다.

이렇게 볼 때 일부 학자들이 니체의 진리비판을 논리적으로 취약한 거짓말 패러독스의 현대식 버전이라 비난하는 것은 정곡을 찌르지 못한 것으로 보인다.[38] 크레타섬의 주민들에서 모든 인간으로 확대된 니체식의 진단, 즉 인간의 모든 인식이 오류라는 진단은 진리의 해체를 주장하는 니체 자신의 특수한 언명에도 적용되어 자가당착에 이른다는 것이 통상 쓰이는 논리적 비판의 핵심이다. 그 결과 인식과 진리의 허위성을 둘러싼 니체의 모든 논의가 효력을 상실하게 되고 일고의 가치도 없는 것이 되고 만다는 것이다. 그러나 플라톤의 진리론을 교정하려는 상술한 니체의 시도에서 볼 수 있듯이 니체가 진리를 다룰 때 우리는 그 논의의 맥락을 신중히 따져야 할 것이다.

야스퍼스(Karl Jaspers)가 지적하는 것처럼 니체 철학에는 진리의 두 차원이 존재한다. 그것은 필연적인 가상으로서의 진리와 부정되어야 할 형이상학적 진리의 가상적 성격을 통찰하는 진리의 두 차원이다.[39] 니체의 비판이 형이상학적이고, 절대적인 진리를 향한 것이라면, 그리고 항상 현상과 관계하는 인간의 인식 한계를 염두에 두고 인간에게 허락되지 않은 절대적인 의미의 진리가 부인될 뿐이라면 그의 테제는 더 이상 모순적이지 않다.

　니체의 진리비판은 인간적 인식 한계에 대한 인식이며, 자신은 아무것도 모른다는 것만 안다던 소크라테스적 명제의 긍정적 변형이다. 우리는 절대적 인식이 불가능하다는 것을 인식할 수 있는 것이다. 위에서 살펴본 니체의 진리비판은 형이상학적·존재론적 진리는 삶에 필연적인 사물에 대한 단순화, 동일화, 고립화에 기인하는 오류이며, 따라서 인간의 욕구 표현이라는 것으로 정리할 수 있다. 생명의 유지와 번영을 염두에 두고 자신의 체험 조건에서 외부의 기능하는 사실세계를 구성한 오류추리의 결과일 뿐이라는 것이다. 이로써 절대적인 지식의 형이상학적 오만에 재갈이 물렸고, 세계의 본질과 현존재의 근거에 대한 독단적인 인식의 부당성이 지적되었다.

　니체의 진리비판이 행한 인간 인식의 자발적인 경계설정은 인간이 스스로에게 공정할 수 있도록 행한 실제적인 철학적 성과라 할 것이다. 인류가 행해온 거대담론들의 진리성 자체가 아니라 그 절대적인 권리요구의 부당성에 대한 비판으로 이들이 결국은 인간의 자기주장의 한 형태와 시도일 뿐이라는 통찰이 얻어진 것이다. 진리와 인식은 인간 행위의 이해관계에서 용납되지만, 이들이 절대성과 총체성을 참칭하는 순간 인식은 허락되지 않은 한계를 넘어 독단으로 떨어지고 만다.

　『반시대적 고찰』의 두 번째 권인 「삶에 대한 역사의 공과」에서 이상적 인간으로 제시되는 정의로운 자가 정의로운 판단을 위해 추구하는 진리의 성격도 이런 맥락에서 더 명백해진다. 그것은 결코 차갑고, 행위와 유리되어 아무런 성과도 낼 수 없는 형이상학적이고 존재론적인 진리는 아닐 것이다. 오히려 전체적인 삶의 복잡한 연관과 모순을 다 포섭할 수 있는, 모든 방향으로 열려 있는 비형이상학적인 진리가 요구된다.

4. 형이상학적 진리에 대한 비판

니체의 진리비판으로 모든 진리가 삶의 이해관계로 얽혀 있고 각각의 진리를 논하는 데 그 진리가 논의되는 삶의 맥락을 고려해야한다는 것이 밝혀졌다면, 이러한 논의를 진행하는 니체 자신의 이해를 묻는 것 역시 당연한 일일 것이다. 니체는 무슨 의도로 형이상학적 진리 개념을 비판하는가?

니체가 염두에 두고 있는 것은 인식 행위를 포함하는 인간의 모든 활동 중 유일한 실제적 기반인 생명이다. 오로지 적극적으로 형상화하는 생명의 이해관계에서만 인식은 긍정적인 의미를 갖는다. 만일 진리가 생명 과정에서 유일하게 중요한 것이라면, 그래서 인간 현존의 의미가 오로지 인식의 성과에 따라서만 측정되는 것이라면, 다른 여타의 생명 표현들은 상대적으로 폄하되고 생명 자체가 그 가치를 잃는다. 지금까지 형이상학에서 행해진 인식에 대해 아첨하는 존중과 최상의 가치평가는 이제 전체적인 삶의 연관에서 공정한 시선 아래 교정되어야 한다. 제3장의 도입부에서 잠시 언급했던, 인식을 발명한 동물 우화에는 진리가 영웅적인 환상으로 소개되고 있다. 인간이성이 전체 자연에서 갖는 임의성과 덧없음, 그리고 빈약함을 간결하게 지적하는 이 우화는 이제까지의 형이상학에서 가장 중요한 것으로 간주된 인식에 대한 니체의 교정 요청이기도 하다. 이제 니체의 우화 전체를 살펴보자.

수많은 태양계에서 쏟아부은 별들로 반짝거리는 우주의 외딴 어느 곳에 언젠가 영리한 동물들이 인식이라는 것을 발명해낸 별이 하나 있었다. 그것은 세계사에서 가장 의기충천하고 또 가장 기만적인 순간이었다. 그러나 그것도 한순간일 뿐이었다. 자연이 몇 번 숨 쉬고 난 뒤 그

별은 꺼져갔고, 영리한 동물들도 죽을 수밖에 없었다. 왜냐하면 그들이 이미 많은 것을 인식했다고 아무리 뽐냈더라도, 그들은 결국 모든 것을 잘못 인식했다는 사실을 언짢은 감정으로 알게 되었기 때문이다. 그들은 죽어갔으며, 죽는 순간 진리를 저주했다. 이것이 인식이라는 것을 발명했던 이 절망적인 동물들의 방식이었다.[40]

인식을 발명한 영리한 동물들은 진리를 저주하며 죽어간다. 이것이 어떤 진리를 의미하는지, 그리고 니체가 무슨 의도로 이 글을 쓰고 있는지는 이제까지의 서술로 미루어 이해할 수 있다. 현존재의 최종 근거에 대해 어떠한 정보도 줄 수 없고, 또 줄 자격도 없는 형이상학적 진리와 전체 생명현상에서 이 진리가 가지는 미소한 몫이 오해의 여지 없이 묘사되고 있다. 니체는 이 우화에서 "인간이 단지 인식하는 동물에 지나지 않는다면, 이것은 인간의 운명일지도 모른다"[41]라고 지적하고 있다.

인간에게 속해 있는 여러 차원과 인간이 행할 수 있는 다양한 생명의 표현이 정당하게 고려되지 않고, 인간을 구성하는 여러 국면 중의 한 가지만 절대적으로 부각되어 부풀려진 평가를 받게 될 때, 즉 인간의 한 특성만 고립되어 조명되고 전체적인 삶의 맥락과 여타의 국면들이 고찰되지 않을 때 이 판단은 공정하고 진실한 판단일 수 없다. 인식행위만을 중시하는 이상주의적 진리관은 결국 인간의 생명행위를 공정하게 다루지 못한다는 것이다.

그리고 위에서 인용된 우화에서처럼 인간은 이렇게 한 측면에만 편중된 절대적 인식의 허구성을 인식할 수 있다. 이때 역사를 통해 부당하게 부풀려져 거의 본성으로까지 내화된 믿음의 내용들이 그렇게 될 때까지의 장구한 세월 동안 인간을 구속한 유일한 해석이었다면, 인간은 그 허구성의 인식에서 발생하는 가치진공상태를 견디지 못하고 체념해 허무와 절망의 늪으로 빠지게 된다. 이 절망적 회의에 이르는 필연적인 발전을 다루는 것이 제7장에서 살펴볼 니체의 허무주의와 관련된 성찰들이다.

형이상학적이고 존재론적인 진리와 인식이라는, 생명의 다양한 활동 중 한 국면만을 강조해 현존재의 가치가 폄하되고, 그러한 진리 추구의 종국이 죽음에 이르게 될 것이라는 진단은 『아침놀』 45절에서도 발견된다. 이 절의 제목 역시 위에 소개한 우화의 주제처럼 "인식의 비극적 종말"[42]이다. 니체는 여기서 인간을 고양시켜온 가장 출중한 수단으로 인간의 희생을 들고 있고, 가장 큰 희생을 요구하는 것이 바로 유일하고 거대한 목표로 남을 진리의 인식일 것이라고 적고 있다.

니체는 이 진단을 선취한 역사적인 예로 기독교를 들고 있다. 이에 따르면 기독교는 본능적 행위와 증오, 그리고 감각적 사랑 등 모든 조야한 자연적 충동들을 희생해 인식의 열정이라는 길을 걸어왔다.[43] 이렇게 부당하게 희생되어 왔던 충동들의 권리를 복원하고 왜곡된 인간이해와 생명경시현상을 바로잡아 인간에게 가능한 총체적인 생명의 모습을 제시하고 복원하려는 것이 니체의 진리비판이 갖는 궁극적 의도일 것이다.

인간이 인식의 쇠퇴보다는 인류의 멸망을 바랄 것이라는 내용을 담고 있고, "새로운 정열"이라는 부제가 붙은 『아침놀』 429절도 같은 주제를 다루고 있다. 이 절에 대한 문헌학적 분석에서 몬티나리(Mazzino Montinari)는 이 절의 준비 단계 유고에 남아 있는, 그러나 최종적으로 『아침놀』의 본문에는 포함되지 않은 두 문장에 주목한다.[44] 그 하나는 인식충동의 일반화가 인간을 유약하게 만들지도 모른다는 의구심을 그 내용으로 하고 있고, 다른 하나는 인식의 부당한 강조로 야기된 인간의 왜소화를 극복할 처방을 그 내용으로 한다. 『아침놀』의 본문에 포함되지 않은 두 문장은 이것이다.

그것이(인식의 열정: 필자) 일반적으로 된다면, 인류는 약해질 것이다!
여타의 충동들이 자신을 주장하고, 각자 자신의 이상을 만드는 것이 좋
다.[45]

니체의 권고는 그간 생명현상에서 경시되어 오고, 인식과 진리라
는 형이상학적 거대담론에 희생되어 주목을 받지 못했던 생명의 다
른 표현 가능성들에 주목해 이들을 복원시켜야 한다는 것이다. 진리
와 인식만을 중시하는 형이상학적 인간해석에 호도되어 망각되었
던, 생명이 지니는 무한한 표현 가능성과 의미 가능성을 발현하려면
진리충동이 아닌 다른 충동들이 자신들의 이상을 만들어 스스로 주
장해야 한다는 것이다. 상술한 우화에서 니체는 계속해서 환영과 같
은 의식에 갇혀 인간이 그 위에서 쉬고 있는 "탐욕적이고, 만족할 줄
모르고, 구역질나고, 무자비하고, 살인적인 것"에 대한 철학자의 예
감을 적고 있는데,[46] 형이상학적인 진리관의 입장에서 볼 때 일견 조
야하고 섬뜩해 보이는 이 다섯 개의 형용사들은 치료되고 복원되어
야 할 총체적 생명의 다양한 측면들을 강조하고 있다.

형이상학적 진리관에 행해지는 니체의 비판은 그 진리 개념이 생
명과 인간에 대한 완전한 부정은 아니더라도 최소한 이들에 대한 폄
하에서 기인하며, 따라서 이 전통적인 진리 개념이 생명현상을 전체
적인 맥락에서 조망하고 근거지을 능력이 없다는 인식에 근거한다.
사제집단과 그들의 지배 수단인 금욕주의적 이상, 그리고 그들의 제
국인 기독교 및 그들의 철학인 플라톤주의에 대해 80년대의 니체가
보이는 격렬한 분노의 이유 역시 그 분노의 대상들이 그에게 생명의
부정과 인간 왜소화의 주역을 의미하기 때문이다.

5. 심연과 마주해 철학하기

　이상주의적으로 정향된 인식이 전체 생명현상에서 차지하는 협소한 몫에 걸맞지 않게 그것에 대해 행해진 그간의 부당한 과대평가를 교정하라고 요구하는 니체의 우화는 인식충동의 생명파괴 기능과 생명을 원하는 예술을 대조시키며 끝맺는다.

> "꿈결에 잠겨 있도록 내버려 두어라"라고 예술은 외친다. "그를 깨워라"라고 철학자는 진리의 파토스에서 외친다. 그러나 잠들어 있는 사람을 깨운다고 그가 생각하는 동안, 자신은 더 깊은 마법의 잠 속으로 빠져들어간다. ─그는 아마 '이념들'에 관해서 또는 불멸성에 관해서 꿈꿀 것이다. 예술은 인식보다 더 강하다. 예술은 삶을 원하지만, 인식은 궁극적 목표로 오직 ─ 파괴 ─ 만을 성취하기 때문이다.[47]

　니체의 진리비판이 지향하는 바를 염두에 두고 이 인용문을 읽으면 인간이 이제껏 추구해온 진리가, 그것 없이는 인류가 멸망할 수밖에 없는, 삶에 불가피한 오류라는 것을 알아버린 인식의 위험이 인식충동의 반대편에 서 있는 인간의 예술적 충동으로 상쇄되어 제거될 수 있고, 따라서 이제 이 예술적 충동의 강화와 권리회복으로 인식 전반과 이성의 활동에 대한 포기가 행해져야 하는 것이 마땅한 다음 수순인 듯이 보인다.
　그러나 야스퍼스의 니체 해석은 삶에 불가피한 오류로 규정된 진리와 인식의 반생명적인 특성에도 불구하고 니체의 철학적 태도에서 특정한 진리들의 부정뿐 아니라 인식을 통한 존재 자체와의 접촉 가능성을 찾아낸다.[48] 진리를 추구하는 과정에서 이성은 한계에 부딪힘에도 불구하고 이 한계의 발견으로 이성의 한계 밖에 있고 그것을 통해 이성이 이성일 수 있는, 하지만 그 자체로 이성은 아닌 어떤 것을 밝혀내 자신의 활동 안으로 포섭시켜 결국 자신에게 다가가고, 자신을 재발견하려는 이성의 고유한 활동이 존재접촉(Seinsberührung)을 가능하게 한다는 것이다.

결정적인 진리가 끝없이 미끄러져 나가는 것을 느낀다는 것은 이 진리를 추적해가는, 그래서 비록 끝없는 도정에 있지만 그래도 자신의 영역을 넓히며 근원과의 지속적인 접촉점으로 남는 인간 이성의 부단한 활동에 대한 증거이다. 야스퍼스는 이성이 결정적 진리와 현존재의 불확실성을 통찰하는 순간을 진리의 철학적이고 초월적인 발현의 순간으로 표현한다.

사고에 있어서는 명확성 없이, 즉 감수할 수밖에 없는 협소화 없이는 한 발짝도 나아갈 수가 없기 때문에 진리는 그것에 대해서 얘기되는 순간 이미 특정한 진리가 된다; 이 특정한 진리는 자신의 한계를 발견하고 이를 통해 **참된** 진리가 아님을 드러낸다. 이 진리가 실제로 무엇인가라는 질문은 이 질문의 불확실성 안에 아직 어떤 대상도 없기 때문에 근본적으로 물어질 수 없다. 하지만 존재하지 않는 것은 아닌 이 불확실성을 가지고 작업하는 것이야말로 진리가 무엇인지를 철학적이고 초월적으로 확인하는 일에 속한다.[49]

야스퍼스가 보는 니체는 참된 진리를 감지하기 위해 한순간이라도 자신을 진리라고 주장하는 모든 형태들을 극복하고, 이 부단한 극복을 통해 진리의 대리인들과 끝없는 싸움을 행하는 철학자들의 반열에 속하는 인물이다. 그에 따르면 니체는 "철저히 불확실하게 남아 있는 진리, 즉 그 무한함 속에 있는 진리를 척도 삼아 철학함으로써" 자신의 철학적 능력을 입증했고, 전통적인 "진리 자체의 관

넘"에 기이한 방식으로 충실하게 남았다.[50]

경직된 이상들에 대한 니체의 파괴적인 행동은 특정한 모든 것들을 넘어 있는 한계와 근원에 대한 열망에서, 다시 말해 그의 진리에 대한 열정에서 나온 것이지만 야스퍼스가 말하는 "진리 자체의 관념"은 모든 것을 확정하는 형이상학적 가치판단 방식과는 별개이다. 결정적인 차이는 한번 확립되고 믿어진, 그래서 더 이상 이성의 한계 바깥에 있지 않는 진리와의 부단한 투쟁, 즉 모든 형태의 특정한 진리에 대한 끈질긴 극복에 있다.

진리를 추구하는 자가 행하는 이념의 비상과, 길 위에서 철학하는 자가 보다 넓은 관점을 역동적으로 추구해 나가는 부단한 자기극복이야말로 니체 실험철학의 특성이다. 형이상학이 멈춰 서서 새로 발견한, 또는 새로 발견했다고 믿는 확고한 땅에 진리를 비롯한 성스러운 이름을 부여할 때 니체는 비로소 계속 질문하고 수미일관하게 사고하기 시작한다. 미네르바의 올빼미가 역사의 밤에 날개를 펴고 확실한 땅을 찾기 시작한다면, 니체의 독수리는 여기서 제대로 힘차게 비상해 진리의 하늘로 솟구친다. 그러나 그는 어떤 경우에도 진리의 결정적인 통찰이 갖는 절대성에 집착하지 않는다. 진리의 파토스에 휩싸여 매번 더 큰 의심의 회오리가 그를 더 높은 하늘로 끌어올린다.

이 비상에서 니체를 인도하는 주요 동기는 생명의 사실성을 충분히 고려하려는 그의 끝없는 노력이다. 생명에 고유한 광대하고 무한한 전망들을 고려함에 생명은 단순히 인간의 생명으로만 고립되어 이해되지 않는다. 오히려 이 생명은 모든 것을 포괄하는 사실세계 전체에 포섭되고, 이 사실세계는 그 안에서 발현되는 각각의 생명 표현에 대한 니체의 무차별적인 묘사에서 서로 부단히 싸우며 상이하게 변화하는 끝없는 힘의 확정 과정으로 드러난다. 그리고 다양하고 끝없는 생성과 변화 속에서 일어나는 이 중단 없는 투쟁 과정은 어떠한 가상의 형이상학적 버팀목도 필요로 하지 않고 함께 변화 과정에서 움직이는 자에게만 접근 가능하고 인식될 수 있다.

찾아 발견하기만 하면 되는 진리에 상응하는 것으로 여겨지는 형이상학적 사실세계와 달리, 그리고 도덕적 휴머니즘으로 균일하게 되어 동질의 같은 생각을 가진, 그리고 가공의 신 앞에서 동일한 권리를 지닌 것으로 여겨지는 형이상학적 인간들과 달리, 니체가 이해하는 실제세계와 실제의 인간은 상호간의 다름과 차이에 기반을 두는데, 이 차이를 통해 비로소 더 높고 더 고귀한 유형으로의 비약이 가능해진다.

투쟁과 모순, 변화와 생성으로 점철되어 있는 이 실제세계는 이데올로기적으로 현혹하는 어떠한 해석이나 단순히 인간중심주의적인 관점으로 폐기될 수 없는 것이다. 이것이 그간의 형이상학적 지배를 통해 의도적으로 왜곡되고 위조되어 축소된 이 세계가 거의 인간의 실존 조건이 되기까지 이른 것이다.[51] 이 사태를 확실하게 파악하고 다시 생명에 정당한 방식으로 교정하려는 일환이 바로 니체의 진리 비판이다.

제5장

주권적 개인을 기르는 참된 교육

"앞으로 나아가라. —확실한 발걸음과 신뢰를 가지고 지혜의 길로 나아
가라! 네가 어떤 존재이든 스스로 경험의 샘이 되어 너 자신을 도우라.
(…) 왜냐하면 어쨌든 너는 인식으로 올라갈 수 있는 백 개의 계단으로
이루어진 사다리를 가지고 있기 때문이다."

언젠가는 교육 말고는 어떤 다른 생각도 없을 것이다.[1]

1. 들어가는 글

니체 해석과 수용에서 자주 강조되는 니체 철학의 모순과 주제의 변형들, 체계의 부재에도 불구하고 니체에게는 전체적인 것에 대한 열망과 그의 사상 전체를 관통하는 핵심적 입장, 그리고 큰 메시지가 있다.[2] 따라서 중심이 되는 니체 철학의 지향점을 드러내고 이로써 이 시대의 문제들을 파악하고 해결하려는 시도는 문화철학, 정의의 문제, 민주주의와 사회주의 비판, 진리비판에 대한 고찰, 생명과 치유의 철학, 주체의 문제에 대한 성찰, 힘에의 의지에 대한 고찰 등여러 형태를 취할 수 있겠으나, 니체 수용에서 진지한 모습을 보이는 연구들은 모두 이 하나의 메시지와 통한다. 뢰비트(Karl Löwith)가 표현했듯이 니체의 독창적인 문제제기 방식들에 숨어 있는 그 의도의 전체성에서 그의 잠언들과 논문들, 시들을 그것들이 가지는 철학적 개요에 따라 파악하려는 노력은 니체와 진지하게 대면하는 우리 모두의 몫으로 남는다.[3] 니체는 『인간적인 너무나 인간적인』을 집필 중이던 1876년의 한 유고에서 거의 모든 작가가 단지 한 권의 주저만을 쓸 뿐이며, 그 외의 저술들은 단지 "서론, 사전시도, 설명, 부록에 불과하다"고 적고 있다.[4] 그는 이 단상에서 레싱을 예로 들어 한 사상가의 주요 사상의 방향이 가지는 의미심장함을 강조하고 있다. 이러한 주장은 니체 자신에게도 들어맞는 것 같고 4년 후의 또 다른 단상에서는 이러한 해석을 부추기는 것 같은 글이 발견된다. 니체는 여기서 자신의 주 메시지가 "인간 최대의 병"[5]에 관련된 것임을 시사하며 다음과 같이 쓰고 있다.

내 독자들이 단 하나의 생각을, 그리고 이것이 백 가지, 수백 가지의 전환과 조명 속에서 (다뤄지는 것을) 마음에 들어 할까?[6]

"인간 최대의 병"을 다루는 니체 철학에 나타나는 이 수많은 "전환과 조명" 중 하나가 교육과 관련된 테마이다. 다른 여타의 테마들과 마찬가지로 니체의 교육론 역시 니체 철학 전체와 통하고 다른 테마들과 연결되는 접점들을 가진다. 이번 장에서는 이를 쇼펜하우어 철학의 영향과 니체의 민주주의 비판과 관련해 살펴본다. 이로써 무엇보다도 사회가 당장 필요로 하는 인재들만을 대량 양성하려는 현재의 형편 아래 교육이 가지는 근시안적인 인간이해의 문제점에 대해 니체 철학이 갖는 교육적 함의를 중심으로 밝혀보고자 한다.

한국사회의 교육열은 신분상승 욕구와 결부되어 있고 교육시장의 과도한 비대화 현상은 불필요한 국가자원의 낭비를 초래하고 있는 실정이다. 대학을 비롯한 정규교육 시스템은 지적인 능력의 우열을 가르는 형식으로 구축되어 있으며 이 체계에서 학생들은 부모의 교육에 대한 열망을 이식받아 교양천민으로 자라고 있는 실정이다. 졸업 후 대부분의 사회 초년생들은 전공과 관계없는 일을 하며 평생을 지낸다. 이것은 가능한 한 빨리 사회에서 일익을 담당하는 노동력을 생산하고자 하는 국가에 의한 청춘의 착취로도 볼 수 있는 현상이다. 이 시대의 교육관은 니체의 비판처럼 국민경제적 도그마에 따라 유도된 이윤을 목적으로 한 교육의 확대 및 보급에 대한 욕망과, 교육적 이상을 가능한 한 축소시켜 교육 외적인 삶의 형식에 복속시키려는 욕망으로 설명될 수 있다. 현재의 형편 아래 교육제도가 갖는 부작용을 야기한 이 욕망들이 왜 불운한 욕망인지를 살피고, 이에 대한 대안으로 니체가 제시하는 수축과 집중에 대한 욕망과 강화, 자족의 욕망이 길러져야 하는 당위를 살펴본다. 인간이 아직 완성되지 않은 동물이라는 니체의 인간론으로 한국사회 전반에 퍼진 기이한 교육관의 기저에 숨어 있는 욕망의 허구성을 간접적으로 반추해보고, 올바른 인간을 위한 교육을 참답게 하려면 자연에 합당하게 길러져야 할 욕망이 어떤 것인지를 살펴보도록 한다.

2. 쇼펜하우어의 교육론

니체의 시대비판 중 교육과 관련된 부분은 유럽 형이상학의 오랜 전통에 나타난 교육의 이상과 그 맥을 같이한다. 니체 스스로 미적 촉발로 인해 선을 추구하고, 고양되는 플라톤의 영혼설을 인용하고 있으며,[7] 대학의 이상으로 국가 개입을 배제하고 고독과 자유를 강조하는 훔볼트의 이념[8]도 니체의 교육이론 도처에서 발견된다. 쇼펜하우어의 교육론은 그가 세 번째 『반시대적 고찰』의 제목을 "교육자로서의 쇼펜하우어"로 정할 정도로 니체 사상에 영향을 끼쳤다. 니체의 교육비판이 함축하는 정신은 이후에도 현대에 이르기까지 직·간접적인 영향을 계속적으로 끼치고 있다는 것이 학계의 일반적인 견해이다.[9]

쇼펜하우어와 니체의 관계를 논리적인 해석이 필요 없을 정도로 철저히 명확한 저술가와 논리적 해석이 불가능한 저술가로 바라보는[10] 짐멜(Georg Simmel)은 두 사상가의 가장 큰 차이로 진화론의 영향을 들고 있다. 다윈의 영향으로 니체는 쇼펜하우어와는 완전히 다른, 그 본질에서 상승과 증대이자 주변세계의 힘을 주체에게 점진적으로 집중하는 생명의 개념을 가질 수 있게 되었다는 것이다.[11] 그리고 이러한 차이는 쇼펜하우어와 니체의 교육이론에서도 연속과 차이로 드러난다. 니체의 교육론을 살펴보기에 앞서 쇼펜하우어의 교육과 강단철학에 대한 진술을 정리해 본다.

쇼펜하우어가 파악하는 지성의 본성은 관찰(Anschauung)의 추상화를 통해 개념(Begriff)이 생성되도록 하는 것이다.[12] 자연과 사태, 즉 세계에 대한 바라봄과 관찰이 우선하고, 이 관찰된 것의 추상화를 통해 개념은 나중에 생성되는 것이 자연의 원칙이라는 것이다. 이 원칙을 지켜 개념과 학설에 이른 이들은 각각의 개념을 뒷받침하는 직관이 어떤 것인지를 확실히 알고 자신에게 나타나는 현상들을 올바로 파악할 수 있는 능력을 갖추게 된다. 이것을 쇼펜하우어는 "자연적인 교육"이라 부른다.[13]

이와 반대로 "인위적인 교육"이 있는데 이것은 세계와의 직관적 만남이 있기 전에 교사의 암시와 교설이나 독서로 개념을 주입받는 형태의 교육을 지칭한다. 그 결과 이런 형태의 교육을 받은 이들은 경험상 직관과 개념의 전도된 선후관계를 추후에 재구성해내야 하는 부담을 안게 된다. 그러나 이렇게 직관과 개념의 연결이 추수행되기까지는 시간이 걸리며 또한 경험이 이들의 적절한 연결을 보장할 수 없기 때문에 피교육자는 사물과 사태를 그르게 보고, 그르게 판단해서 다룬다. 그 결과 머리에 경험상 검증되지 않은 개념을 가득 채워 넣은 청년이 행하는 개념의 적용 노력은 대개의 경우 수포로 돌아간다. 세상에 우직하거나 괴팍한 학자들이 양산되는 이유가 바로 이러한 자연의 법칙을 거스른 교육의 결과이다.[14]

쇼펜하우어의 주장처럼 "세계를 알게 되는 것"(Bekanntschaft mit der Welt)[15]이 모든 교육의 일차적 목표라면 교육은 지성의 본성에 따른 자연적인 교육이 되어야 하고 이를 위해 교육은 올바른 곳에서, 즉 자연과 사태에 대한 바른 관찰에서 시작되어야 한다. 직관이 개념에 우선해야 하고, 좁은 개념이 넓은 개념에 앞서 교육되어야 하는 것이다. 인위적인 교육으로 인해 이 순서가 지켜지지 않을 때 결함 있는 개념과 잘못된 개념이 발생하게 되며, 개인에 따라 다른 기괴한 세계관들이 발생하게 된다.

추상적인 개념의 올바른 형성은 시간을 요한다. 세계의 관찰이 다면적이며 풍부하기 때문이다. 자연적인 교육을 옹호하는 경우, 아동교육에서 주의해야 할 점은 아이에게 직관 없는 개념의 주입과 이를 통한 섣부른 선입견의 형성을 막는 일이다. 그러면 "아이는 적지만, 철저하고 바른 개념을 갖게 될 것이다. 아이는 사물을 타인의 척도가 아니라 자신의 척도로 재는 것을 배우게 될 것이다."[16]

쇼펜하우어는 이로써 개념 사용에서의 철저함, 명확함, 판단의 주체성, 공평무사함이 보장될 것이라 주장한다. 유년기의 특성이 자료를 모으고 하나하나의 개별적이고 구체적인 사물들과 사태들을 철저히 배우는 시기라는 데 있기에 이들에게 쇼펜하우어는 풍부한 경험을 거친 원숙한 나이에서야 형성될 수 있는 판단력이 요구되지 않는, 오류를 불허하는 수학이나 오류가 적은 유년기의 장점인 기억력을 더 많이 요구하는 언어와 자연교육, 역사 등에 치중한 그들의 나이와 본성에 걸맞은 교육을 시키자고 제안한다.[17] 이것이 전도될 때 일견 판단력으로 보이는 것이 사실은 철학적, 종교적으로 주입된 선입견이거나 맹신일 가능성이 농후하기 때문이다.

장시간에 걸쳐 진행되는 이 직관과 개념의 적확한 결합, 그리고 이로써 가능해지는 판단력의 배양이야말로 교육의 목적이 되어야 하고 이것은 모든 분야에서 검증된 스승의 숙련된 지도로 이루어져 야 한다. 직관과 개념은 장시간에 걸쳐 피교육자의 경험으로 쌍방의 교정을 이룩하며 차차 가까워지다 결합해 인식의 원숙함에 이른다 는 것이 쇼펜하우어가 그리는 교육의 대강이다.[18]

한편 대학의 강단철학을 비판하는 쇼펜하우어의 견해는 니체와 마찬가지로 귀족주의적이다. 우선, 쇼펜하우어는 강단철학을 자유로운 진리 추구로서의 철학과 구분한다. 강단철학이 국가의 목적과 이익에 봉사하는 철학이라면 자유로운 진리 추구로서의 철학은 자연과 인간의 위임을 받은 철학이다.[19] 그는 국가의 의도에 적합한 인재를 양성하는, 즉 국가의 의도대로 "법, 질서, 평화를 유지하는 일"[20]에 복무하는 강단철학의 필요성을 인정하면서도 이것의 정체성에 의구심을 갖는다. 진실하고 올바르다고 정해진 것을 재량껏 확산시키는 일에 종교도 복무하는데 이는 강단철학의 일과 다르지 않다는 것이다. 그래서 종교는 "민중의 형이상학"(Metaphysik des Volks)[21]이 된다.

반면 참된 철학의 과제는 현존재의 이해이다. 그는 이것을 "우리의 수수께끼 같고 불확실한 현존재로 가는 열쇠를 찾는 일"[22]이라고 표현한다. 순수철학은 진리만을 추구하고 모든 시대에 존재하는, 특히 믿음이 땅에 떨어진 시대일수록 더 강해지는 인간의 내적인 형이상학적 욕구를 충족시키는 것을 목적으로 삼는다.[23] 참된 사상가는 자신이 살고 있는 세계의 이해를 열망하기 때문에 세계에 대한 통찰과 올바른 판단력을 완성해간다.

그는 느리지만 세계에 대해 확고하고 연관된 근본 견해를 꾸준히 가꿔 나가고 궁극 면에서 세계에 대해 명확하고 직관적인 이해에 도달한다. 그 결과 그는 세계와 삶의 모든 문제에 대해 최소한 단호하고 잘 이해된, 모든 것들과 연관된 견해를 갖게 된다.[24] 탁월한 재능을 자연으로부터 부여받아 진리에 대한 열망에서 일신의 안위도 돌보지 않으며 빛을 추구하는 이 참된 철학자들은 그 안에서 자연이 자신에 대한 명확한 의식에 도달하게 된 드문 사상가들이다.[25]

쇼펜하우어는 니체와 함께 엘리트주의와 "자연의 귀족주의"(Aristokratie der Natur)[26]를 공유한다. 자연은 귀족주의적이고, 자연의 피라미드는 아래가 넓고 위가 뾰족하다.[27] 그는 최소한의 선택된 거인들에게만 허락된 철학 영역이 국가의 의도에 복무하는 강단철학으로 훼손되는 현실을 "목쉰 사람들이 노래하거나, 절름발이가 춤추는 것을 보는 것은 곤혹스러운 일이다. 그러나 편협한 정신이 철학하는 것을 보는 일은 견딜 수 없는 일이다"[28]라고 개탄한다.

"둔감한 세계의 저항"[29]을 이겨낸 드문 사상가들은 3억의 공장제품이 나올 동안 한 명이 나올까 말까 한 자연의 탁월한 생산물들이다.[30] 이것이 가능해지기 위해서는 "일반적 척도를 넘어서는 재능과 그 교육이 가능해지는 마일드한 환경"[31]이 조성되어야 한다. 참다운 철학이 가능해지려면, 즉 인간의 정신이 가장 높고 고상한 힘을 모든 문제들 중 가장 중요한 문제에 사용할 수 있으려면, 국가가 철학에 간섭하지 말아야 한다는 것이 쇼펜하우어의 생각이다.[32]

게다가 세상 모든 곳, 모든 계층에 언제나 다수로 존재하는 평범함, 열등함, 우둔함의 정신과 이성에 대한 적대적 연대가 모든 분야에서 인간의 발전을 저지해 왔다는 사실은 명민과 열심, 끈기 외에도 개인적인 행운을 돌보지 않는 반면, 천부적 성향이 요구되는 사상의 영역에서 더욱 두드러지게 발견된다.[33] 이 어려움을 외롭게 헤치고 가야 하는, "오래된 스핑크스 앞에 다시 서 영원한 수수께끼를 풀려는 모험"[34]의 길로 진입하기 위한 필수불가결한 전제로 쇼펜하우어가 제시하는 것은 "사심 없는 솔직한 노력, 존재의 해명을 위한 억제할 수 없는 충동, 본질의 가장 깊은 곳까지 들어가려는 심원한 진지함, 진리에 대한 진실한 열광"[35]이다. 이러한 충동과 열광이 교육되고 길러질 수 있는 것인지에 대해 쇼펜하우어는 더 상론하지 않고, 단지 자연의 피라미드가 귀족주의적으로 되어 있다는 사실이 "신의 은총"이라고 정리하고 있다.[36]

3. 민주주의와 국민교육 비판

교육론을 논하면서 국가의 정체와 국가론을 다루는 것은 무엇 때문인가? 그것은 우선, 쇼펜하우어가 비판하듯 교육이 국가의 의도와 목적에 복무하는 제도적 현실 때문이다. 니체의 민주주의 비판은 민주주의의 사상적 어머니라 할 수 있는 계몽주의와 보편적 이성의 신뢰에 대한 정신사적 비판을 포함한다. 니체의 민주주의 비판이 단순히 제도에 대한 비판을 넘어 민주주의가 기치로 내세우는 가치들에 대한 문화비판의 의미를 갖는 이유가 여기에 있다.[37]

니체의 민주주의 비판은 또한 그의 큰 테마인 기독교 비판과 도덕 비판의 연장선상에 있다. 유일무이한 진리의 보증으로 기능하는 보편적 도덕과 신 앞에서의 죄와 타락을 매개로 한 평등사상의 비판이 그의 민주주의 비판 기저에 깔려 있는 것이다.[38] 게다가 니체가 비판하는 가치체계로서 민주주의의 가장 큰 특성인 인간의 평등권은 현대를 규정하는 기본가치이며, 따라서 이것이 현대의 교육이념에 끼치는 영향은 막대하다.

우리 시대의 인간관과 교육을 담지하는 민주적 가치가 문화와 교육에 부정적으로 영향을 끼친다는 니체의 비판은 건강한 문화와 참교육의 실현을 위해 현대가 대면해야 할 의미 있는 도전이다. 언뜻 우리 시대의 정신과 모순인 듯 보이는 엘리트 육성에 초점을 둔 니체의 귀족주의적 교육이론은 참교육을 끊임없이 비판하는 반성의 요구일 수 있다.

뢰비슈(Dieter-Jürgen Löwisch)는 모든 시대의 제도교육이 시대정신의 산물이기에 실제의 적응과 유용성의 의존으로 인해 인간의 자유와 자율성의 상실을 낳을 수밖에 없다는 주장을 펴는 자신의 글에서 현대교육의 특징을 다음과 같이 묘사하고 있다.

> 현대의 교육은 일반 대중의 복지에 봉사하기 위해 모든 가능한 '잠재력'의 '개발'을 문제 삼는다. '소관사항'과 '능력'으로서의 전문지식을 문제 삼는다. 예비 성인들의 기능성을 문제 삼는다. 그들이 '전체 사회 시스템'의 한 부분으로서 스스로를 이해하는 것이 중요시된다. '기회의 균등'에 기반을 둔 배움, 구매자 사회에 대한 적극적인 참여를 위한 배움이 중요시된다.[39]

민주적 교육이 야기한 이러한 상황에서는 "사회적 책임 안에서의 자기실현"[40]이 학교의 교육목표가 된다. 그 결과 아도르노(Theodor Adorno)가 교육의 죽음이라고 말하는 "얼치기교양"(Halbbildung)의 특성인 사회의 순응과 적응이 야기되고 있는 것이 현대교육의 현실이다.[41] 18세기 계몽시대 이래로 교육의 중심에는 도덕과 지식, 개성의 담지자인 평등한 주체와 그 개성화가 있다.

그러나 이 평등한 주체의 개성화는 전통과 관습, 근거지어지지 않은 도덕에 획일적으로 묶인 정신들을 양산했을 뿐이며 인간을 교육의 참된 척도로 만드는 일에는 실패하고 말았다는 것이 니체의 진단이다. 청년의 능력을 유용성의 확충이라는 현실의 요구에 부응해 배양하려는 집단교육은 점차 인간의 부자유와 기능성만을 길러냈을 뿐이다. 근대교육으로 인해 사실상 개인은 상실되고 창조하는 주체의 자율성과 자유는 사상되었다.

니체는 유럽의 민주화운동을 풍토와 신분으로 제약받는 인종인 유럽인이 여기서 해방되어 서로 닮아가는 하나의 거대한 생리학적 과정으로 이해한다.[42] 이 과정을 통해 "최대의 적응술과 적응력이 전형적인, 본질적으로 초국가적이고 유목민적인 종류의 인간이 서서히 나타난다."[43] 이 민주주의적 인간은 그 가치의 동일성이라는 위선에서 평준화되고 평균화된 "유용하고 근면하며 다양하게 써먹을 수 있는 재주 있는 무리 동물적 인간"이다.[44]

니체에게는 모든 인간을 평등하게 다루는 민주주의가 단순한 정치조직의 타락 형태를 넘어 인간 전체의 타락과 왜소화의 형식이자 인간의 평균화와 전반적인 가치하락을 의미한다.[45] 니체의 문화비판 전반에 깔려 있는 반민주적 성격의 핵심적인 이유가 이 "인간 최대의 병"인 인간 전체의 무리동물로의 퇴화와 왜소화에 집중되어 있다.

모든 것을 같게 만드는 동일화의 논리이자 범용한 것이 탁월한 것을 패배시키고 문화의 전면에 등장하게 만든 민주주의는 그에게 "쇠락하는 힘, 다가오는 노쇠, 생리적 피로의 징후"[46]나 다름없다. 민주주의가 대중을 유혹하는 도구인 "만인의 동등성이라는 거창한 속임수"[47]는 "교역과 정치적 참정권의 대등"을 내세우는 우리 문명에서 "권리의 동등과 욕구의 동등"이라는 거의 피할 수 없는 왜곡된 결과를 낳았다.[48]

정낙림은 인간 사이의 차이를 강조하는 귀족적 가치들을 뒤엎고 정신의 위계를 없앤 결과를 낳은 평등사상이 소크라테스의 보편적 이성에 그 이념적 뿌리를 두고 있으며, 원한 감정에 기인하는 그리스도교의 노예도덕으로 힘을 획득하고, 프랑스 혁명과 루소의 철학으로 문화의 범용화 또는 제도화되는 민주주의 발전의 역사를 이들과 대결하는 니체의 진술들을 근거로 정리하고 있다.[49]

이 민주주의의 장구한 역사는 생리학적 과정으로서의 민주주의 운동을 통해 습득된 평준화의 열망과 신봉이 뿌리 뽑기 어려운 현실임을 시사한다. 권리의 평등뿐만 아니라 능력과 취향, 그리고 기회의 평준화를 추구하는 민주주의 제도에서 인간은 자신과 비슷한 대중 속에서 소시민적 안락함을 느낀다.

이러한 맥락에서 니체는 소시민적 안락의 만족과 국가의 찬양, 민족적 오만 등 1871년 독일제국 설립과 더불어 나타난 현상들을 문화적 결함의 징조로 파악한다. 니체가 "독일제국을 위한 독일 정신의 적출"[50]이라고 표현하는 이러한 범용함 속의 안주와 뚜렷한 스타일의 부재야말로 그가 "교양속물의 사이비 문화"[51]라 부르는 민주적 현상의 대표적 특성이다.

니체는 이러한 민주주의의 평등이념에 반대해 인간의 차이를 인간의 조건으로 인정해야 하고 "위계질서에 대한 본능"[52]이 길러져야 함을 역설하고 있다. 군중의 욕구에 편승해 평등을 역설하는 선동가들을 니체는 독거미라 부른다.

나는 평등을 설교하는 저와 같은 자들과 섞이고 혼동되기를 원치 않는다. 정의가 내게 말해주고 있기 때문이다. "사람들은 평등하지 않다." (…) 그리고 그들 사이에 더 많은 전투가 벌어지고 더 많은 불평등이 조성되어야 한다.[53]

권리의 평등을 넘어 능력과 취향의 평준화를 지향하는 현대 평등 이념의 극복 없이는 참다운 문화와 교육의 미래는 없다는 것이 니체의 진단이다.

4. 교육은 길들임이 아니다

모든 인간을 평등하게 취급하고 그 기능성이라는 본질에서 동일하게 만들기 원하는 민주주의가 내세우는 교육은 국민교육(Volksbildung)이다. 니체는 국민교육의 이념을 이렇게 설명한다.

> 민주적인 공명한 국가는 어떤 대가를 치르더라도 **최고의 교육을 모두에**
> 게 보장해야 한다.[54]

그러나 최고의 것을 만인에게 보장한다는 것은 니체가 보건대 그 자체로 형용모순이다. 이 형용모순을 실천하려면 우리가 치르는 대가는 위계질서에 대한 본능과 인간에게 가능할 수 있는 위대함에 대한 믿음과 열망의 상실이다. 인간의 위계를 무너뜨리고 모든 가치를 균질화하는 민주주의에 입각한 평등 교육은 청년의 본성을 왜곡하고 획일화된 규범의 틀로 양육해 결국 가치 허무주의를 야기하고 인간의 타락과 왜소화, 문화의 하강을 가속화하는 데 일조한다. 니체는 국민교육의 이념이 함축하는 허점을 이렇게 지적한다.

> 고등교육과 다수의 사람—이것은 처음부터 모순된 것이다. 모든 고급
> 교육은 예외자들에게만 해당된다: (…). 위대한 것 아름다운 것은 결코
> 공유 재산이 될 수 없다: (…) —독일 문화의 하강은 무엇 때문인가?
> '고등교육'이 더 이상 특전이 아니고—'일반적'이고 공통적으로 된 교
> 양의 민주주의라는 점 때문이다.[55]

니체는 교육 자체가 목적이 되지 못하고 국가의 이익이 목적이 되는 전도된 국민교육의 또 다른 폐해로 교육에 나타나는 일반적인 성

급함을 지적한다. 최대한 빠른 시간 안에 국가가 필요한 최대한의 젊은 인력을 시장에 적합하게 양성해 내는 것이 문제라는 것이다. 이것은 스물세 살에 이미 모든 교육이 끝나고 성인이 되기를 강요하는, 직업과 대체 가능한 기능만을 강조하는 국민교육의 강박증에 대한 비판이다.[56] 미래를 위한 최상의 이익을 도모하는 것이 아니라, 현존하는 사회의 이익에 쓰일 도구를 생산하고자 하는 교육은 당연히 인간의 순화와 길들임(Zähmung)을 목적으로 삼으며 그 결과 "인간의 왜소화"를 야기할 수밖에 없다.[57]

청년을 평등하게 길들이는 현대교육으로 길러진 학자들 역시 더이상 경탄과 놀람을 유발시키지 못하며, 모든 위대함에 적대적인 쾌적함을 목표로 한 역사적 교수법만을 사용하고, 자신의 소시민적 행복을 위해 질주할 뿐이다.[58] 시대에 따라 다르게 허용되어 있는 명민함에 대해 근시안적 척도를 가지고 있는 학문의 이기심과 그 시종인 학자들의 특성들로 니체는 여러 가지를 들고 있다.

1. 우직함과 단순함, 2. 근시안, 3. 호오(好惡)에서의 냉정함과 평범함, 4. 감정의 빈곤과 메마름, 5. 낮은 자존감과 위선적 겸손, 6. 스승과 지도자에 대한 충성, 7. 우연히 끼워진 궤도를 맹목적으로 달려가는 습관적 진리감각, 8. 참된 자유인이 될 수 있는 시간인 여가로부터의 도피처로 학문을 이용하기, 9. 밥벌이와 유용성의 수단으로서 학문을 추구함, 10. 동료학자들의 견해와 경멸에 대한 두려움, 11. 허영의 추구, 12. 놀이본능에 입각한 학문적 태도, 13. 정의의 충동이 그것이다.[59]

이러한 학자들의 특성들은 그들이 "드물고, 위대하고 비범한 것, 즉 중요하고 근본적인 것을 이해하고 존중하는 것"[60]을 불가능하게 만든다. 이래서 모든 시대의 학자들과 천재는 서로 반목해왔다. 학자는 자연을 죽여 분해해서 이해하려 하고, 천재는 자연을 새로운

살아 있는 자연, 즉 자기 자신의 실존을 통해 증가시키려 한다.[61]

그러나 이러한 니체의 분석은 학자들의 특성에 대한 전면적인 부정을 의미하지는 않는 듯싶다. 어쩌면 그는 이러한 학자를 움직이는 동인들을 문화의 고양으로 자연의 완성이라는 거대한 과제를 수행하는 데 필요한 힘으로 정화시키려는 듯이 보인다. 니체가 학자의 마지막 본능이라고 조심스럽게 제시하는 정의에 대한 충동이 이것을 이해하는 열쇠일 수 있다. "정의의 불에서 나온 불씨 하나가 학자의 영혼에 떨어지는 것"[62]은 학자의 인생을 바꾸고 그를 저 위대한 과제로 몰아가는 힘을 갖기 때문이다.

어쨌건 이들 학자들 역시 평등한 교육의 희생자들이며, 아직 정의의 불이 붙지 않은 범용한 학자들에 의한 교육은 자신들과 비슷한 유형의 후세를 만들어낼 수밖에 없다. 그러나 교육은 길들임과는 다르다. 니체는 만인에게 동일하게 재단된 진리를 가르치는 민주적 교육에 반대해 오히려 다수와 합일되고자 하는 나쁜 취향을 버리라고 권유한다.

당신의 이웃이 선을 말한다면 그것은 더 이상 선이 아니다. 그런데 어떻게 공동선(Gemeingut)이 있을 수 있단 말인가! 이는 자가당착이다. 공동적인(gemein) 것은 언제나 적은 가치를 지닌다. (…) 위대한 일은 위대한 자에게, 심원한 것은 심원한 자에게, 부드럽고 두려운 일은 예민한 자에게, 간략히 말해 모든 드문 일들은 드문 자들에게 남겨져야 한다.[63]

국민교육의 이상에는 두 가지 욕망이 숨어 있다. 국민경제로 인해 유도된, 이윤을 목적으로 교육을 가능한 한 확대 보급하려는 욕망과, 동시에 전문화와 분업이라는 이름 아래 교육적 이상을 가능한

한 축소하고 약화시켜 교육 외적인 삶의 형식, 즉 국가의 이익에 복속시키려는 욕망이 그것이다.[64] 그러나 이들은 불운한 욕망으로 보편적 교육의 결과는 전술한 것처럼 인간의 왜소화라는 것이 니체의 진단이다.

> 지금까지 교육은 더 나빠지기만 했다. 교육을 다 받은 인간은 완전히 불구적이다. 공장이 지배한다. 인간은 나사가 된다.[65]

이러한 "허위의 문화"를 극복하는 길로 니체가 제시하는 대안은 "소수에게 교육을 집중시키는 자연의 필연적인 법칙"을 따라 "수축과 집중의 욕망"과 "강화와 자족의 욕망" 두 가지를 강화시키는 것이다.[66] 민주주의 시대의 교육적 욕망, 즉 광범위한 대중적 교육에 대한 열망은 니체의 눈에는 교육의 참 의미를 오도하는 허상일 뿐이며 이러한 교육론을 표방하는 자들은 진실한 교육의 적대자일 뿐이다.

> 다시 말하건대 대중을 교육하는 것이 우리의 목표가 아니다. 오히려 선발된 개인, 위대하고 영원한 일에 적합한 사람들을 위한 교육이 우리의 목표이다.[67]

진실하고 심원하며 진귀한 교육을 위해서는 다수가 아니라 선발된 소수에 대한 제한과 집중이 있어야 한다는 것이다. 그래서 니체는 "정신의 귀족적 본성에 확고히 매달리는 참다운 교육"과 "지성의 성스러운 질서"를 강조한다.[68] 교육이 인간의 평등과 기회의 평등에 기초한 민주주의적 교육이 될 수 없는 이유를 다른 곳에서도 밝히고 있다:

인간 유형을 향상시키는 모든 일은 지금까지 귀족적인 사회의 일이었다. 그리고 앞으로도 항상 그렇게 반복될 것이다.[69]

평등한 교육의 결과인 인간의 왜소화를 교정하고 인간의 잠재적 위대성이 발현될 수 있도록 니체가 내세우는 교육의 큰 목표가 바로 이 "인간 유형의 향상"이다. 국민교육의 가장 큰 문제는 그것이 인간과 국가의 관계를 국가 우선적으로 설정한다는 데 있다. 그러나 인간의 위대성을 대가로 국가를 보존하려는 이러한 설정 자체가 문화타락의 증거이고, 오히려 향상된 이 인간 유형, 즉 "창조적인 인간들, 가장 순수한 유형들이자 인류의 개선자들"[70]인 고귀한 인류야말로 국가의 참 목적이어야 한다고 니체는 지적한다.

국가의 과제는 가능한 한 많은 사람들이 그 안에서 선하고 도덕적으로 사는 것이 아니다: 숫자가 문제가 아니다: 오히려 국가 안에서 과연 훌륭하게 또 아름답게 살 수 있는가가 문제이다: 국가가 문화의 기초를 제공할 수 있는지가 문제인 것이다: 간단히 말해: 고귀한 인류가 국가의 목표이다, 국가의 목표는 국가 밖에 있다, 국가는 수단이다.[71]

5. 선발된 개인, 위대하고 영원한 일에 적합한 사람들을 위한 교육

니체에게 공동체와 문화의 목표가 위대한 인간의 생산이고, 인간에게서도 여타의 동식물의 세계에서처럼 "개별적인 최고 표본, 더욱 비범하며, 강하고, 복잡하고 생산적인 개별적인 표본"[72]이 문제라면, 니체의 교육학적 희망이 계획적으로 의미 있는 인간들을 육성하는 교육에 정향되는 것은 당연한 귀결이다.

나는 민족이 개개인의 교육과 어떤 관계에 있는지에만 관심을 두고 있다. 그리스인들에게서 몇 가지 점은 개개인의 발전을 위해 매우 유용하다. 그 민족의 선함이 아니라 사악한 충동들의 투쟁을 통해서이다.
지금까지 우연을 통해서 육성된 것과는 다르게 위대한 인간은 적절한 고안을 통해서 아주 다르게, 보다 고상하게 교육될 수 있다. 거기에 의미 있는 인간들의 육성이라는 나의 희망이 있다.[73]

대중교육이 아니라 "선발된 개인, 위대하고 영원한 일에 적합한 사람들을 위한 교육"[74]이 문제라고 니체가 선언할 때 그가 떠올리고 있는 것은 그들의 존재로 자연과 만물 전체가 스스로를 정당화하고 의미를 찾을 수 있는 미래문화의 담지자들의 육성이다. 이 위대한 인간들, 니체가 기다리는 가치의 창조자들인 주권적 개인들의 육성이 바로 교육의 과제이다. 위의 인용문에서 니체는 주권적 개인의 의도적인 육성 가능성을 시사하고 있다. 이제까지 우연의 소산이었던 일을 그 조건들의 궁구를 통해 계획적으로 행하자는 제안이다:

부분적으로는 곤궁이, 부분적으로는 우연이 여기저기서 만들어낸 것은 **좀더 강한 종을** 산출하기 위한 조건들이다. 이것을 우리는 지금 파악할 수 있으며 의식적으로 원할 수도 있다. 우리는 그러한 고양을 가능하게 하는 여러 조건들을 만들 수 있다.[75]

이렇게 의도적으로 강하고 고귀한 종을 육성하는 장이 니체적 의미의 참교육일 것이다. 그러나 이러한 교육을 위한 조건들의 조성은 쉬운 일이 아니다. 시대의 둔중하고 안이한 정신과 싸우며 이들을 기다리는 니체의 언명은 그래서 극단적으로 들리기도 한다. 그는 당시의 교육기관 전체를 참다운 교육기관으로 인정하지 않으며 기껏해야 "생활고를 해결하기 위한 기관"(Anstalt des Lebensnoth)[76]이라 칭한다. 그는 또한 더 높은 문화의 본질로 "강제노동 계급과 자유노동 계급"[77]을 말하기도 하고, 노예제의 필연성을 주장하기도 한다. 평등을 주장하는 민주적 교육의 대척점에 서서 계층주의에 입각한 귀족적 영웅주의를 주장하는 것처럼 보인다.

그러나 니체의 귀족 개념은 태생적 귀족을 지칭하지 않는다. 니체가 말하는 귀족은 태생과 신분이라는 우연적인 외적 요인에 달린 것이 아니라, 자신의 고유한 실존을 형성하는 정신적인 힘에서 비롯되는 인간 유형, 즉 자신에 엄격하고 고통을 긍정하는 불굴의 정신적 능력과 의지의 소유자를 지칭하는 말이다.[78]

> 그들의 탁월함은 (…) 물리적인 힘이 아닌, 정신적인 힘에 있었던 것이다—그들은 좀더 완전한 인간이었다.[79]

니체가 말하는 주권적 개인, 고귀한 인간, 위버멘쉬, 귀족적 인간은 같은 곳을, 즉 정신의 상승을 지향하는 같은 인간 유형의 다른 이름이다. 이들은 거리의 파토스와 정신의 위계질서를 삶의 모토로 삼으며, 명령하기에 앞서 스스로 정한 가치의 준칙에 먼저 복종하는 강한 생명력의 소유자들로 상승하는 삶의 대변자들이다. 니체는 참교육이 가져야 하는 귀족적 성격을 강조해 그리스 귀족사회의 가치들이 태생의 구별과 부단한 명령, 그리고 복종의 훈련으로 길러졌던 것처럼 이와 유사한 환경의 조성으로 새로운 엄정한 교육을 위한 선별이 있어야 하고, 이로써 "거리의 파토스"[80]가 길러져야 한다는 점을 역설하고 있을 뿐이다.

오트만(Ottmann)은 니체의 이러한 교육론을 그리스적 옛 가치의 새로운 정립으로 본다.[81] 이 거리를 넓히고자 하는 욕망은 단순히 인간 사이의 위계질서와 가치의 차이에 대한 것일 뿐만 아니라 한 영혼 자체 내에서 벌어지는 끝없는 새로운 작업이다. 거리를 넓히려는 욕망은 "(영혼 안에) 항상 더 높고 더 드물고 더 멀고 더 폭넓고 더 규모가 큰 상태들을 형성하는 것으로, 간단히 말해 (…) 인간의 부단한 자기극복"[82]을 이르는 말이다.

그 극단적인 예로 니체는 한 영혼 안에 공존하는 노예도덕과 주인도덕을 들고 있다.[83] 한 인간 속에서 이 두 도덕이 싸우고 조정되어 나가는 것이다. 니체가 이러한 부단한 자기극복으로 태동시키려는 문화는 새로운 가치에 따른 힘의 조정이 이루어진 사회이다. 그가 그리는 개략적인 그림의 모습은 전체적인 삶의 향상인 듯하다.

> 노동자는 언젠가는 지금의 부르주아처럼 살아야 한다. 그러나 그들 위에는 무욕에 의해서 두드러진 더 높은 계급이 존재해야 한다! 즉 더 가난하며 소박하며, 그럼에도 불구하고 힘을 소유하는 계급.[84]

6. 인간 유형의 향상과 지속적인 자기극복

문화를 쇄신하고 인간을 고양하는 새로운 가치를 창조하기 위해 일신상의 행복을 등한시할 정도로 자신에게 엄격한 지배형 인간들이 나타나기까지 교육은 청년을 부단한 자기극복의 길로 이끌고 그들의 잠재적 능력을 최상의 탁월성으로 발현시켜야 한다. 니체에게는 자기극복이 탁월함의 극점에 도달시키려고 존재의 모든 복잡성을 인정하고 견디며 여러 단계들을 부단히 넘어가는 영웅적 삶의 특성이고, 이것은 그의 영웅적 교육론에도 반영된다. 힘에의 의지로 발현되는 삶의 속성 중 가장 중요한 요소인 창조적 본능을 기르는 일에 대한 강조는 관습과 기존 도덕에 맞서는 니체의 교육적 태도에서도 나타나고 있다.

> 너는 너를 뛰어넘어 너를 세워야 한다. 그러려면 너의 신체와 영혼이 반듯하게 세워져 있어야 할 것이다. 너는 앞을 향해서뿐만 아니라 위를 향해서도 생식을 해야 한다.[85]

혼자서는 빨리 가지만 멀리 가려면 여럿이 가라는 말이 있다. 그러나 여럿이 멀리 가는 교육은 니체적 의미의 참교육과는 거리가 멀다. 혼자 가더라도 높이 올라가 자신을 심는, 그래서 이를 통해 인류와 자연에 의미가 부여되는 교육이야말로 니체가 원하는 교육 과정이다. 그러나 니체가 청년의 교육에서 강조하는 자기극복은 교육의 구체적 내용이나 제도에 대한 상론으로 연결되지는 않고 정향적 의미를 지닐 뿐이다. 그는 힘에의 의지에 따른 삶의 고양을 말하지만 고양된 삶의 구체적인 모습은 베일 속에 남겨놓는다. 힘에의 의지의 구현자로서 위버멘쉬를 느끼기는 하지만 니체 스스로 그의 모습을 본 것 같지는 않다.[86] 그는 단지 청년에게 자기 초극의 의지를 심고자 한다.

> 앞으로 나아가라 ─ 확실한 발걸음과 신뢰를 가지고 지혜의 길로 나아가라! 네가 어떤 존재이든 스스로 경험의 샘이 되어 너 자신을 도우라. (…) 왜냐하면 어쨌든 너는 인식으로 올라갈 수 있는 백 개의 계단으로 이루어진 사다리를 가지고 있기 때문이다.[87]

이 인식으로 올라가는 1백 개의 계단들은 자유정신이 스스로를 찾아가는 교육 과정에서 거쳐야 하는 자기극복과 해방의 단계들이다. 니체에게 참교육의 구체적 내용이나 제도보다 중요한 것은 이 시대의 이념에 반한 교육이 목표로 하는 위대한 인간의 이상이 규칙적인 자기활동으로 인간을 구속함으로써 갖는 교육적 효과를 보이는 일이다.[88]

세 번째『반시대적 고찰』인 "교육자로서의 쇼펜하우어"는 새로운 계몽정신으로 충만한 그의 초기 교육론이라 할 수 있다. 이 글에서 니체는 동물들의 의미 없는 고통으로 점철되어 있는 진화 과정을 자연이 무의미성에서 벗어나려는 시도로 해석하고, 진화의 극점에 있는 인간에 와서야 자연의 형이상학적인 의미를 찾게 되었다고 쓰고 있다. "우리는 의미 없이 고통당하는 것처럼 보이는 짐승들이다. 그러나 우리가 이것을 파악하는 순간들이 있다."[89]

이 깨달음의 순간은 인간이 자신의 속에서 인간을 넘어서는 어떤 것을 보는 순간이고 초월을 꿈꾸며 자기초극을 열망하는 순간이다. 그러나 인간은 이것을 자각하기를 겁내고 고독한 순간에 드러나는 자성의 소리를 기꺼이 들으려 하지 않는다. 국가와 이윤과 학문과 사교에 성급히 마음을 줌으로써 이 실제적인 과제에서 도망치고 싶어 한다. 깨어나기를, 즉 계몽되기를 두려워한다. 계속 꿈꾸고 싶어 한다. 다시 말해 이 깨어 있는 순간, 어느 순간 발생하는 밝히 봄은 오래가지 않는다.

우리를 들어 올려줄 누군가가 필요하다. 참다운 교육자들, 진실한 인간들, 즉 "더 이상 짐승이 아닌 철학자들, 예술가들, 성인들"[90]이 그들이다. 이들에게서 자연은 스스로가 목적에 도달했음을 깨닫고 이들을 통해 "현존재에 대한 위대한 계몽"을 이야기한다. "인간이 가질 수 있는 가장 높은 희망은 계속해서 열린 귀를 가지고 이 계몽에 참여하는 것이다."[91]

니체는 이상의 예비적 고찰로 국가와 별개로 존재하는 문화의 근본 사상에 눈을 돌린다. 그것은 "우리의 안과 밖에 철학자, 예술가와 성자의 탄생을 장려하고, 그렇게 함으로써 자연의 완성을 도모하는 것이다."[92] 그리고 이러한 문화의 근본 사상을 깨달은 자들은 수의 폭력보다는 가치와 의미를 더 중시하는 한, 강직한 공동체를 형성하게 된다. 이들은 자연의 모든 종들이 자신들의 한계를 넘어서는 것을, 즉 최상의 표본을 만들어내는 것을 그 진화의 목적으로 삼듯이 문화의 목적인 위대한 자들, 삶의 의미를 구원해내는 사람들이 탄생하기에 유리한 조건들을 의도적으로 찾고 조성하려 하기 때문이다.[93]

이러한 공동체에서 개개 인생이 낭비 없이 가장 높은 가치와 가장 깊은 의미를 갖는 것은 오로지 이 가치 있는 희귀한 개체의 준비에 소용될 때뿐이다. 바로 이러한 생각, 즉 더 높은 자아에 대한 생각을 젊은이에게 심어줘야 한다는 것이 계몽된 대중과 관련한 니체의 교육론이다.

> 네가 개인적으로 볼 때 가장 가치 없는 표본들인 대다수의 이익이 아니라, 가장 희귀하고 가장 소중한 표본의 이익을 위해 살 때에만 최고의 가치, 가장 심오한 의미를 획득할 수 있다는 것은 분명하다.[94]

이것이 국가보다 우위에 있는 문화적 과제에 복무하는 이들이 문화에 참여하는 방식이자 참된 교육의 토양이 되어야 한다는 것이다.

이러한 주장은 일견 개인에 대한 무리한 희생의 요구처럼 들린다. 하지만 이러한 최상의 인간을 위해 각 개인을 희생하라는 요구는 처음에 들리듯 일방적인 개인의 포기가 아니고 요구의 쌍방성과 상호성을 그 근저에 갖고 있다. 이렇게 문화에 참여한 이들이 자신들의 불충분함을 인정하며 하는 말은 니체에 따르면 다음과 같이 서로를 넘어 크는 문화를 지향한다.

나는 나의 위에서 나보다 더 높고 더 인간적인 것을 본다. 같은 것을 인식하고 같은 것에 고통을 당하는 모든 사람들을 내가 도와주려는 것처럼 그것에 도달하도록 나를 도와다오. 그렇게 하여 인식에서나 사랑에서, 관조에서나 능력에서 스스로 완전하고 무한하다고 느끼는 사람, 사물의 심판자로서, 가치 측정자로서 자신의 모든 것을 다 바쳐서 자연에 매달리고 자연 속에 존재하는 사람이 다시 나타날 수 있도록.[95]

이것은 최고 인간의 이상을 위해 서로 도우며, 서로를 넘어 자라는 문화공동체에 대한 이야기이다. 니체도 인간을 이런 대담하고 용맹스러운 자기인식의 상태로 몰아넣는 것이 힘들다는 것을 알고 있다. 그는 그 이유로 사랑이 가르쳐질 수 없는 것이라는 점을 지적한다. 왜 교육에서 사랑이 문제가 될까? 사랑 속에서만 인간의 영혼이 자신의 왜소함을 깨닫고, 이를 극복하려는 열망을 가지며, 어딘가 숨어 있는 더 높은 자아를 한껏 추구하기 때문이다.[96] 결국 이 높은 자아에 대한 열망을 청년의 가슴에 심는 것, 그것이 참된 교육의 실천이 될 것이다. 니체는 이것을 다음과 같이 표현하고 있다. "위대한 인간에게 그 마음을 거는 사람만이, 문화의 첫 영감을 수령한다."[97]

내적으로 이 문화의 영감을 얻은 자들의 다음 행동은 위대한 인간의 탄생에 방해가 되는 모든 외적인 영향, 즉 관습, 법, 기관들에 대한 저항이 된다. 이와 관련한 니체의 실천적 비판은 "악용되고 고용된 문화"로 돌린다.[98] 획득하는 자의 이기심, 국가의 이기심, 추하거나 지루한 내용을 감추려는 위선이 이 왜곡된 문화의 구체적 내용이다. 니체는 세상의 거의 모든 것을 결정하는 가장 거칠고 악한 힘들로 "영리를 추구하는 사람들의 이기주의와 군사적 폭력 지배자들"을 들고 있다.[99]

이윤을 얻는 데 필요한 만큼의 일반 기초교육만 추구하는 일, 정신적 힘을 국가의 이익에 소용되는 만큼만 속박에서 풀어 실제로는 일정한 문화의 테두리를 지정하는 모든 인위적인 행위, 참다운 인간의 고양 없는 가식적 문화양식들, 학문과 학자의 이기심 등이 여기서 비판받고 있다.[100]

이렇게 위대한 인간에게 마음을 건 미래 문화의 담지자인 청년의 교육에서 강조되어야 할 점은 고귀한 문화의 특성인 "위계질서에 대한 본능"과 "거리의 파토스"이다. "위계질서에 대한 본능"은 자연적으로 주어지는 인간학적 상수가 아니라 성공한 교육의 결과로 얻어지는데, 끝없이 발전하는 자신과 자신의 본능에 대한 신뢰에 기반을 두는 것이다. 결국 이것은 스스로를 긍정해도 되는 능력을 배양하는 일이다. 그러나 이미 평등 이념이 일상이 되고 범용이 미덕으로 된 왜소한 정신들이 편만한 세상에서 초월을 꿈꾸는 자신의 욕망을 긍정해도 되는 능력을 배양하기는 쉽지 않다. 시대에 반하고 평등 이념에 반하는 교육, 즉 야만적 교육에서 해방되어 진정한 교육을 실시하는 일의 어려움을 니체는 이렇게 표현하고 있다.

(모든 인간은) 위대함에 도달할 수 있는 능력이 있으나 우리 가운데 대부분의 사람들은 그것으로부터 깊이 분리되어 있다. (…) 가장 포괄적인 인간은 홀로 가고, 무리 본능을 갖지 않으며, 그로 하여금 많은 변화를 갖게 하며 지칠 줄 모르고 삶의 새로운 심연으로 들어가게 하는 억제할 수 없는 의지를 가지고 있다. (…) 반쯤 야만적인 동물로부터 하나의 소크라테스와 같은 인간이 되도록 하는 데는 커다란 내적 훈육이나 혹독함이 있어야 한다.[101]

니체는 다른 곳에서 바로 이 의지의 박약이 평준화된 시대의 특징이라고 지적하고 있다.[102] 청년에게 이 삶의 새로운 국면으로 들어가려는 강인하고 준엄한 의지를 심는 것이야말로 더 높은 자아에 대한 열망을 심는 길이고 이것이 참교육이 가야 할 길이다.

원칙적으로 니체의 주권적 개인과 고귀한 인간은 오늘날 모든 계층, 모든 신분에서 출현 가능하다. 『인간적인 너무나 인간적인』의 한 구절은 이러한 열린 가능성과 위대한 인간의 교육 방법을 시사하고 있다.

재능 ─ 오늘날의 인류처럼 고도로 발달한 인류에서는, 누구나 다 많은 능력을 가질 가능성을 자연에서 얻는다. 누구든 타고난 재능을 가지고 있다. 그러나 소수의 사람만이 강인함, 인내심, 활력을 타고나며 또 습득한다. 그래서 그는 실제로 재능 있는 사람이 되는 것이다. 즉 **있는 그대로의 그가 되는 것**이다. 이것은 재능을 작품과 행동에서 발휘하는 것을 의미한다.[103]

니체가 청년의 훈육과 육성에서 철저히 강조하는 것은 바로 "그대로의 그가 되는 것", 즉 인간의 자연성으로 귀환하는 것이다. 니체는 청년을 올바른 교육의 길로 이끌어가고자 한다면 하지 말아야 할 일로 청년이 자연을 대하는 천진성과 직접성을 훼손시키지 않아야 한다고 경고한다. 자연에 대한 천진하고 직접적이며 개인적인 산 경험의 반대로 그가 들고 있는 훼손의 예는 생리학, 지질학, 화학인데,[104] 이것들은 개념과 분석으로 자연을 지배하고 정복하려는 태도를 대표하는 학과들이다.

이로써 니체는 자연과 사태를 대하는 살아 있는 경험을 미리 정해 놓은 도식에 따라 분류해 정돈, 대체하는 시대의 경향을 지적하고 있다. 니체는 삶의 실재성과 적극적으로 경험하고 행동하는 주체에 교육의 초점이 맞춰져야 한다는 점을 거듭 강조한다. 삶의 실재성에 대한 살아 있는 경험의 항상성에서 교육이 시작해야 한다는 것이 니체의 교육적 실용주의의 핵심이다.

니체가 쇼펜하우어와 마찬가지로 역사적 사실의 암기와 추상적 개념의 주입을 비판하는 것도 같은 맥락에서 이해할 수 있다. 그가 역사주의적 병이라 부르는 역사의 과잉은 청년이 가진 삶의 조형력을 공격해 말살하고, 천진하고 자연적이며 직접적이고 적극적인 산 경험의 집적으로 사태의 본질을 파악하는 개념이 자발적으로 형성되기 이전에 주입되는 추상적 개념들은 세계를 스스로 경험하려는 청년의 자연스런 욕구를 마비시킨다.[105]

니체가 당시 독일의 김나지움에서 실행되는 모국어 교육의 예를 통해 강조하고 있는 것 역시 "순수하게 실제적인 지시"로 학생들에게 "엄격한 언어적 자기훈련"을 시키는 대신 학술적이고 역사적으로 모국어를 다루어 학생들이 국어를 마치 사어인 양 대하게 만드는 잘못된 교육에 대한 지적이다. 그는 역사의 화석으로써가 아니라 생동하는 실재인 모국어를 바르게 사용해 학생들이 스스로 지각하게 만드는 일이야말로 참교육의 시작이며 이것이 당시 일선 학교에서 행해지던 역사적 수업방식보다 더 어려운 일이라는 것을 강조한다. 참교육의 시작은 살아 있는 것을 살아 있는 것으로 체험하게 하는 일이다.[106]

결국 니체가 제시하는 참교육자의 모습은 일차적으로 청년 속에 잠재해 있는 인간에게 본질적이고 탁월한 최상의 힘이 바르게 성장하는 것에 방해되는 모든 것들을 제거하는 해방자의 모습이다.

너의 진정한 교육자와 조형자는 네 본질의 진정한 근본 의미와 근본 소재가 무엇인지, 교육할 수 없고 조형할 수 없는 것, 어쨌든 접근하기도 어렵고, 묶여 있고 마비돼 있는 것이 무엇인지 네게 말해줄 것이다. 너

의 교육자는 너를 해방시키는 사람 이상도 이하도 될 수 없다.[107]

뚫고 들어가기 어렵고, 관습과 도덕에 묶여 있으며, 비자율적으로 마비되어 있는 것을 파악하고, 여기서 교정을 시작해 미래를 여는 싹을 뿌려야 하는 것이 니체가 염두에 두는 장기적이고 심층적인 참교육일 것이다. 이러한 의미에서 니체가 염두에 두고 있는 교육의 비밀은 인간의 근본 의미와 근본 소재에 다다르는 것을 막는 모든 것으로부터의 해방이나 다름없다.

교육은 해방이며, 식물의 보드라운 싹을 훼손하려 하는 모든 잡초, 자갈과 해충의 제거이며 빛과 열의 방사이고 사랑스럽게 쏟아지는 밤비이다. 교육은 어머니처럼 자비로운 마음일 때의 자연을 모방하고 숭배하는 것이자 자연의 완성이다.[108]

이러한 자연성의 발현을 유도하려는 니체의 교육방식은 루소식 보편성으로서의 자연으로 돌아가는 것이 아니라 힘에의 의지의 극대화와 이를 가능하게 만드는 아곤(Agon) 정신의 실현으로서 이해된 자연성의 발현유도에 맞춰져 있다.[109] 니체가 말하는 아곤 정신은 강건한 문화공동체에 속하는 문화 담지자들 사이의 자신을 넘어서기 위한 경쟁일 뿐 아니라, 민주정을 비롯한 작은 정치를 타파할 위대한 정치와 문화전쟁이라 할 수 있는 "새로운 계몽"[110]을 의미한다.

나는 민족과 신분과 종족과 직업과 교육과 교양의 모든 불합리한 우연들을 가로지르는 전쟁을 시작한다: 상승과 하강 사이의 전쟁. 삶에의 의지와 삶에 대한 격렬한 복수욕 사이의 전쟁, 정직성과 음험한 허위 사이의 전쟁을(…).[111]

교육은 따라서 문화정치로서의 위대한 정치를 행할 전사들을 개별적으로 육성하는 일이다.

7. 니체 교육론의 심층적 차원

도덕 영역에서 역사적으로 진행되어 온 관점 변화를 서술하는『선악의 저편』의 한 절에서 니체는 인간 행위를 행위 이전의 의도로 환원시켜온 기존의 믿음이 부당하게 세상을 지배해온 선입견이며 행위의 원인을 끝까지 추적하지 못한 오류추리임을 지적하고 있다. 그는 인간의 피부처럼 어떤 것을 드러내지만 감추는 것이 더 많은 주관적인 의도보다는 잠재되어 있고 의도에 앞서는 의도되지 않고 의도될 수 없는 것들이 행동에서 더 본질적이고 중요하게 다뤄져야 할 것이라는 점을 시사한다.

오늘날 적어도 우리 비도덕주의자들 사이에서는 **의도하지 않은 것**에 그 행위의 결정적인 가치가 있다는 의심, 모든 행위의 의도, 그로부터 보여지고 알려지며 '의식'될 수 있는 모든 것은 아직은 행위의 표피나 피부에 속하는 것이라는 의심이 일어나고 있다. ─이것은 모든 피부가 그러하듯이 어떤 것을 드러내주지만, 여전히 더 많은 것을 **숨기고** 있는 것일까? 간단히 말해 우리가 믿고 있는 의도라는 것은 한층 더 해석이 필요한 기호이고 징후일 뿐이며, 또한 기호는 너무 많은 것을 의미하며 그 자체만으로는 거의 아무 의미가 없다는 사실이다.[112]

이러한 니체의 견해를 교육으로 확장하면 교육이 그 사업을 시작할 곳은 표면, 즉 의도가 아니라 의도를 통해 오히려 가려지고 감춰져 있는 것들, 즉 본능, 욕망, 생명력, 무의식 같은 것들이 되어야 한다. 의도가 표징이나 징후라는 말에서 알 수 있듯이 여기 이 행동의 출발점에 이를 수 있는 방법으로 니체가 암시하고 있는 것은 행위의 이면으로 들어가기 위한 행위의 해석이다. 의도와 의지로 표출되지 않는 이 인간의 본성이 바로 참교육자가 청년의 교육을 위해 파악하고 긴 호흡을 가지고 조형해야 할 부분이다. 니체가 다른 곳에서 "교육할 수 없고 조형할 수 없는 것, 어쨌든 접근하기도 어렵고, 묶여 있고 마비되어 있는 것"[113]으로 표현한, 의도의 이면에 있는 생명력과 본능의 비밀을 밝히려는 구체적인 노력은 니체 철학에서 아마도 미완성으로 남은 힘에의 의지에 대한 언명들일 것이다.

니체의 교육론에는 평등주의 교육을 비판하고 청년의 본성에 입각한 해방교육을 강조하는 표층의 이면에 인류의 미래를 재단하고 전체 인류의 향상을 도모하는 심층적 차원이 존재한다.[114] 충동과 욕망, 의지의 교육 가능성을 다루지 않는 쇼펜하우어와 달리 진화론을 경험한 니체는 개체발생에 선행하는 유전적 요소들을 인간을 구성하는 본질적인 것들로 간주한다.

우리는 모두 과거 종족의 결과인 탓에 그들의 과실, 열정과 오류, 심지어 범죄의 결과이기도 하다. 이 연쇄고리로부터 풀려난다는 것은 불가능하다. 우리가 그 과실에 유죄를 선고하고 거기서 벗어났다고 생각해도, 우리가 그것에서 유래한다는 사실은 없어지지 않는다.[115]

니체는 생명의 역사 전체를 포함하는 장구한 세월에 걸쳐 현재의 인간을 만든 유전적 인자들이 그가 진화의 완성과 존재의 형이상학적 의미실현으로 이해하는 위대하고 창조적인 인간들의 형성에 교육이 장기적으로 중시해 다뤄야 할 새로운 요소로 다루고 있다.

기껏해야 우리는 물려받은 천성과 우리의 인식이 서로 충돌하게 만들 거나, 아니면 예전부터 교육받은 것이나 타고난 것에 반하는 새로운 엄격한 품종개량을 위한 투쟁을 벌이고, 새로운 습관, 새로운 본능, 제2의 천성을 심어 첫 천성이 시들어 죽게 만들 수 있다. 이는 나중에 오늘의 자신을 있게 한 과거와 반대로 그로부터 자신이 유래하고 싶은 과거를 후천적으로 만들어내려는 시도이다 ─ 그것은 언제나 위험한 시도인데, 왜냐면 과거의 부정에 한계를 설정하는 일이 어렵고 또 두 번째 천성은 첫 번째 천성보다 항상 허약하기 마련이기 때문이다. (…) 그러나 여기저기서 가끔 승리가 일어나고 (…) 투쟁하는 자들을 위한 기이한 위안도 있다. 즉 저 첫 번째 천성도 언젠가 두 번째 천성이었고, 승리하는 모든 두 번째 천성도 첫 번째 천성이 될 것이라는 사실을 안다는 것이 그것이다.[116]

니체는 자신이 가지고 있는 "삶을 옹호하는 본능"[117]을, 그리고 민주적 평등교육으로 야기된 인간의 왜소화를 극복하려고 "수천 년의 의지를 새로운 궤도에 올려놓게끔 하는 강제와 매듭을 현재에 맺는 선구자"에 대해 이야기한다.[118] 그의 교육적 비전이 가지는 장구함을 엿볼 수 있는 부분들이다. 개체발생을 넘어 계통발생의 전 과거가 지금의 개체를 구성한다는, 즉 우리가 전 과거 인류의 결과물이라는 니체의 견해는 주체가 개체발생에서 유일하게 교육자와 피교육자 사이의 상호작용 산물이라는 근시안적 교육론을 진지하게 비판한 것이다.

개체발생만을 대상으로 삼는 교육은 한 인간의 일생에서 벌어지는 사건들만 다루며, 이것은 계통발생으로 유전되고 습득된, 감춰지고 의도되지 않은 행위의 본질적 부분들을 교육에서 사상시킨다. 위대한 인간의 탄생을 위한 교육적 노력이 청년의 일생을 통해 이루어지는 시도일 뿐 아니라 각성된 문화공동체의 구성원들에 따라 세대를 넘어 계속되어야 하는 장구한 사업임을 시사하는 대목이다.

니체는 인간이 스스로의 내부에 상충하는 다양한 욕구들과 충동들을 키워온 것이 다른 동물들과의 차이점이며, 이 충동들을 종합해 인간이 지구의 주인이 될 수 있었다고 파악한다. 인간이 자신 속의 모순되는 충동들을 조화롭게 발전시킬 수 있었다는 것이다.[119] 그러나 니체에게는 조화가 약한 힘들이 동시에 작동하는 상태가 아니라 중심이 되는 힘으로 충동들 사이의 역할분담과 조정이 이루어진 위계질서의 형성을 의미한다.[120] 즉 인간 안의 어떤 충동은 다른 충동들에 대해 주인으로 기능하며, 이 주도적 본능에 적대적인 충동들은 약화되고 정제되어 주요 충동의 활동에 자극을 주는 동력의 역할을 한다.[121]

> 인간이라는 식물이 강하게 자신을 드러내는 곳에서, 우리는 **서로 맞서서** 작동하는, 하지만 제어된 본능들을 (…) 발견한다.[122]

이 "서로 맞서서 작동하는 본능들의 제어"가 장기적 교육이 담당해야 할 부분이다. 미래문화의 담지자들에게 필요한 부분은 강하게 육성하고, 이들의 활동을 위해 동력과 자극이 될 다른 충동들은 약화시키며, 이들의 활동에 걸림돌로만 작용하는 것들은 제거해나가는 것, 즉 인류적 차원에서 주권적 개인의 양성을 위한 제2의 본능들을 심어 길러 이들이 미래인간의 주도적 본능이 되게 육성하는 것이 니체가 인류의 고양과 생명력의 상승을 염두에 둔 교육이다.

8. 나가는 글

자연과 사태를 구체적으로 바르게 경험한 직관과 개념의 점진적
일치를 자연적 교육의 본질로 간주하는 쇼펜하우어의 교육론은 청
년의 교육이 그가 자연을 대하는 천진성과 직접성을 훼손하지 말아
야 한다는 니체의 해방적 교육론으로 연결된다. 니체 교육론에서 이
것은 청년에게 잠재된 최상의 힘으로써 바른 성장에 저해가 되는 것
들을 제거하고 청년을 그의 자연성으로 유도하는 해방자로서의 교
육자 모습으로 나타난다. 국가의 이익에 복무하는 강단철학과 인간
과 자연에 복무하는 자유로운 진리 추구로서의 철학을 구분하는 쇼
펜하우어의 귀족주의적 교육관과 참다운 사상가의 양성을 위한 교
육환경 조성의 필요성을 강조하는 것도 니체의 민주주의 비판과 정
신의 귀족 양성 사상으로 연결되고 있다. 그러나 다윈의 영향으로
인해 니체에게는 쇼펜하우어에게 나타나지 않는 교육적 진화론의
모습이 발견된다. 진화론의 영향으로 니체에게는 그 본질에서 상승
과 증대 과정에 있는 생명의 개념이 가능해진 것이다. 그에게는 천
년을 염두에 두고 인간 전체의 향상을 꾀하는 전략이 교육적 추동력
이 된다. 인간의 의식 이면에 숨어 있는 욕망과 의지는 그가 다루고
조형하기를 바라는 교육 대상들이다.

민주주의가 단순한 정치조직의 타락 형태를 넘어 인간 전체의 타
락과 왜소화의 형식이자 인간의 평균화와 가치 하락화를 의미한다
는 니체의 믿음은 그의 교육론에서 이 "인간 최대의 병"인 인간의
왜소화를 시정하고 위대한 인간을 육성하는 계획적 교육으로 나타
난다. "인간에게 인간의 미래가 훈육과 육성이라는 위대한 모험과
전체적인 시도를 준비하려는 자신의 의지에 달려 있음을 교육하는
일"[123]이야말로 그가 의도하는 새로운 계몽의 선결과제이다. 이러한

욕망과 의지, 생명력을 기르되 본성을 찾아가는 교육을 둘러싼 모험적인 시도로 "이제껏 '역사'라고 불려왔던 무서운 무의미와 우연의 지배를 종식시키는 일"[124]이 가능해지고 진화의 완성과 존재의 형이상학적 의미실현이 이루어질 것이라는 것이 니체의 교육학적 장기 전략이다. 미래의 인간을 위한 이러한 과제가 갖는 의무와 강제를 스스로 느끼고 대담한 방법과 시도들을 감행할 정도로 영혼이 독자적인 높이와 힘까지 자랄 수 있는 환경을 만드는 것 역시 교육이 담당해야 할 부분이다.

자신의 시대에 대한 니체의 비판은 대중성, 전문성, 유용성과 기능성, 조급한 창조성, 사태지(事態智)와 사물지(事物智)에 대한 강조에만 초점을 두고 판단력 배양을 등한시하는 현대의 근시안적 교육 현실에도 여전히 적용될 수 있다. 우리가 전통적인 교육의 자기이해를 반성하고 인간과 문화의 고양, 생명력의 상승을 염두에 둔 참다운 교육의 의미에 대해 진지한 철학적 성찰을 시작할 때 니체의 비판은 대면하지 않을 수 없는 여전히 현재적인 도전으로 작용한다.

제6장

정동(情動)으로 살펴본 생리학적 인간학

"의지에 대한 믿음. 하나의 생각을 역학적인 운동의 원인으로 믿는 것은 기적에 대한 믿음과 동일하다. 과학의 일관성은 우리가 세계를 심상을 통해서 사유할 수 있게 만든 후, 우리가 정동, 열망, 의지 등도 사유할 수 있게 만들 것을, 즉 그것들을 부인하여 지성의 오류로 취급할 것을 바란다."

인간은 얼마나 무시무시한 힘들이, 다양한 내용을 가진
하나의 작은 존재를 통해 움직여질 수 있는가에 관한 증언이다.[1]

1. 세심한 관찰을 통해서만 보이는 것들

철학사에서 정신현상에 대한 고찰은 뿌리가 깊다. 이오니아의 철
학자들이 아리스토텔레스가 명명한 "영원한 질문"인 "실재하는 것
은 무엇인가"를 고찰하기 시작한 이래 운동과 변화의 근본원리에
대한 생각은 철학의 중요한 화두로 자리 잡는다. 그러나 몇몇 영장
류와 인간에게 고유한 것으로 여겨지는 "정신"이라는 단어가 지칭
하는 애매한 현상의 외연과 본질은 여전히 난제로 남는다. 이 단어
는 현대의 상당한 용어와 마찬가지로 의사소통을 위한 편의적인 성
격을 띠고 있다.

사물이나 사태로 촉발된 감정의 진단과 설명, 회상, 약속, 부탁, 명
령, 복종 등 인간들 간의 소통이 시작되는 곳에서 우리는 내적이고,
질적이며, 주관적인 "정신"이나 "마음"이 작동하고 있다고 생각한
다.[2] 그리고 철학자들은 어떻게 마음이나 정신이 물질세계에 영향을
끼치는지를 설명하고자 부단히 조심스런 모험을 감행하고 있다. 니

체도 그의 "힘에의 의지"와 관련된 일련의 성찰에서 심적 인과 문제를 자신의 후기 철학의 한 화두로 삼았고 여기에 대해 비교적 선명한 입장을 취하고 있다.

의지에 대한 믿음. 하나의 생각을 역학적인 운동의 원인으로 믿는 것은 기적에 대한 믿음과 동일하다. 과학의 일관성은 우리가 세계를 심상을 통해서 사유할 수 있게 만든 후, 우리가 정동, 열망, 의지 등도 사유할 수 있게 만들 것을, 즉 그것들을 부인하여 지성의 오류로 취급할 것을 바란다.[3]

우리는 물리학과 열역학, 생리학, 국민경제학, 해부학, 식물진화학 등 당시의 과학적 성과들을 자신의 사유로 끌어들이려는 니체의 노력을 알고 있고, 실제로 스튜어트(Balfour Stewart)와 마이어(Robert Mayer), 보스코비치(R. G. Boscovich), 포크트(J. G. Vogt), 케어리(Henry Chales Carey), 루(Wilhelm Roux), 네겔리(Carl Wilhelm von Nägeli) 등의 이론이 80년대 후반 니체의 사유에 끼친 영향에 대해서는 많은 연구들이 있어왔다.[4] 심적 인과의 가능성에 대한 믿음을 원시적인 종교적 사유로 치부하는 것처럼 들리는 위 인용문에 나타나듯이 니체는 동인(動因)으로써의 마음과 정신이 갖는 특별한 지위를 지지해 온 개념들 전체를 의심의 눈으로 바라보고 있다.

그는 수많은 우회로와 시련, 유혹과 변장을 견뎌온 "개념들과 지각들의 화학"[5]에 주목하며 인류가 피하고 싶어 하는 "유래와 기원에 대한 질문"[6]으로 우리를 유도한다. 이성과 의식, 정신현상 등이 사실은 그것과 반대의 것으로 보이는 어떤 것, 생명을 구성하는 원초적인 힘에서 필요에 따라 진화되어 온 것일 수 있다는 통찰이 여기에 깔려 있다.

니체의 글쓰기 자체가 이미 이러한 숨겨진 힘들의 화학에 대한 상징일 수 있다. 그는 표면에 드러난 간결하고 때로 자신의 다른 글들과 모순이 되는 글들의 기저에 어떤 사고의 흐름과 또 거기에 역행하는 흐름이 있다는 것을 알고 있다.[7] 차라투스트라가 말하는 흐리지 않고, 과감하고 투명하지만 너무 깊어서 낚시질이 불가능한 현명하게 침묵하는 자들은 이것에 대한 은유일 수 있다.[8]

『인간적인 너무나 인간적인』에서부터 나타나는 니체의 의도적인 관점 변화와 새로운 실험들 역시 개념과 지각들에 대한 심리학적인 가면 벗기기나 다름없다. 니체는 "인간적인 너무나 인간적인 것들에 대한 고찰"을 "심리학적 관찰"이라 부르고 있다.[9] 니체가 말하는 자신의 새로운 철학적 방법이 무엇이건 그것은 동시에 모든 것들을 역사 속에서 생성되어 가는 것으로 파악하는 역사적인 방법이며, 이것은 결국 "이타주의적인 행위나 완전히 무관심한 관조"[10]까지도 드러난 그 자체로 인정하지 않는 발생학적 심리학의 다른 이름이다.

그것은 "거의 증발해버린 것처럼 보이며 단지 세심한 관찰을 통해서만 겨우 그것이 있다는 것을 입증할 수 있는 (사고와 지각의) 근본 요소들"에 눈을 돌려 정반대의 것에서 어떤 다른 것들이 생겨남을, 높은 가치로 평가된 것들이 사실은 이 근본요소들의 "승화"[11]에 불과함을 밝히는 행위이다. 이에 따르면 이렇게 의식의 바깥쪽에 있는 야만적이고 물리적인 근본요소들의 승화 정도에 따라서만 이타적인 행위나 전적으로 이해타산 없는 정관도 설명된다. 높은 도덕 역시 예외는 아니어서 이들도 다 충동에서 유래한다는 것이 니체의 견해이다.

니체는 말년의 한 유고에서 "한 유기체 안에 있는 엄청나게 다양한 생기 내에서 우리에게 의식되는 부분은 단지 한 귀퉁이일 따름이다. (…) '몸'과 '살'이라고 불리는 것에는 말할 나위 없이 훨씬 더 많은 것이 놓여 있다: 그 나머지는 하나의 비소한 부속물에 불과하다"[12]라고 쓰고 있다. 이 "비소한 부속물에 불과"한 것으로 니체가 의미하고 있는 것은 "마음과 영혼과 덕을 포함하는 정신"[13]이다. 마음과 영혼과 덕과 정신은 처음부터 있는 것이 아니라 구성된 어떤 것이라고 니체는 생각한다.

그리고 이 사상은 로렌츠의 행동연구, 심층심리학을 비롯한 현대 정신분석 이론, 진화생리학 이론들로 연결된다. 의식되지 않는 생기의 부분은 어떤 구조로 되어 있는 것일까? "감정, 사상 등등의 등장하는 순열과 연속은 본래 사건의 징후들"[14]이다. 우리 의식의 밑에서 진행되는 실제적 사건의 비밀은 무엇일까? "모든 사상의 밑에는 언제나 정동(Affekt)이 숨어 있다."[15]

이 정동의 역학관계가 결국에는 인간을 구성하고 그의 인성과 활동에 영향을 끼친다. 정동의 역학 또는 화학이 마음과 정신 등 아름답고 소중한 것들을 낳는 것이라면 이 메커니즘을 파악하는 것은 아름답고 조화로운 마음, 올바르고 건강한 정신의 육성에 필수불가결한 일이 된다.

이 충동들의 존재 형식과 필연적인 역학적 질서, 그 질서의 파행적 형태와 정동들의 승화와 육성 가능성, 그리고 이로써 상승하는 문화 가능성에 대한 탐색이 이루어지고 있는 것이 "힘에의 의지" 개념을 둘러싼 니체의 일련의 글들이다. 이번 장에서는 니체가 이 생명의 근본현상을 추적한 주요 지점들을 살피고, 정동의 위계질서와 의식과 무의식의 관계를 고찰해 니체 후기 철학의 지향점을 가늠해보는 한편, 건강한 문화의 담지자인 주권적 개인의 육성을 위한 교육이 중점을 두어야 할 곳이 어디인지를 짚어본다.

2. 힘에의 의지: 생기의 보편적인 근본 추동력

　몸과 마음의 관계를 다뤄 온 형이상학적 성찰은 정신 물질로의 환원 가능성을 놓고 불가공약적으로 대립하는 영육 이원론과 물질주의로 대별된다.[16] 옛 형이상학의 논리를 피하려고 니체가 선택한 단위들은 상호 긴장관계에서 드러나는 "충동", "본능", "다이내믹한 양자",[17] "힘에의 의지", "지배형태"[18] 등이다. 보통 하나처럼 취급되는 이것들은 그러나 하나의 단위나 통일체로 볼 수 없는 것들이다. 의지는 "무엇인가 복잡한 것, 단지 단어로써만 하나일 뿐인 어떤 것"[19]이다. 그럼에도 불구하고 우리가 강한 의지 또는 약한 의지라고 말할 때, 우리는 단지 생성과 변화 속에 있는 분산과 조정을 말할 뿐이다. 이 분산과 조정이 일어나는 하위 단계의 기전에 대한 분석과 추론이 "힘에의 의지"와 관련된 니체 연구의 주된 내용을 구성한다.

　이미 70년대 중반부터 니체는 인간의 모든 활동에서 발견되는 내적 동인에 대한 기본원칙을 찾으려 노력한다. 그중 하나가 "허영"(Eitelkeit)으로 니체는 허영을 "영혼의 모든 활동과 격정을 둘러싸고 있는 영혼의 피부"[20]라고 부른다. 허영은 자기만족과 타인에게 인정을 받기 위한 다양한 노력 속에서 직·간접적으로 드러나며, 통상 비이기적인 것으로 해석되는 도덕 행위에서도 발견된다는 것이 니체의 견해이다.[21]

　인간의 모든 활동과 격정의 움직임을 설명할 수 있는 내적 동인에 대한 추구를 전체 자연으로 확산하는 과정에서 니체는 모든 생명체에 고유한, 자신의 힘을 확장하고 상승시키려는 현상에 주목한다.[22] 니체는 이것을 생명의 근본원칙으로 파악하고 "힘에의 의지"라고 명명한다.『아침놀』에 소개되는 힘의 느낌을 성찰해 예고하고,『차라투스트라는 이렇게 말했다』에서 처음 주장되는 생명의 보편적 근본원칙인 힘에의 의지는 지성으로 위조되기 전 생성과 변화의 약동하는 세계를 태동케 하고 지배하는 보편적인 원리이다. 힘의 확대와 증가라는 목표 외에는 어떤 목표 상태도 없고, 어떤 존재로 흘러들어가지 않으나 가상 상태는 아닌[23] 이 생기의 세계는 다른 곳에서 "부단하고 동일하며 나누어져 있지도 않고 나눌 수도 없는 흐름"[24]으로 표현된다.

니체는 쇼펜하우어의 삶에의 의지(Wille zum Leben)와 다윈의 진화론이 주장하는바 자기보존을 넘어서는, 힘의 상승과 확장을 위한 투쟁, 즉 "힘에의 의지"(Wille zur Macht)를 자신의 생각 중 핵심 표현으로 내세운다.[25] 힘에의 의지는 차라투스트라가 전하고자 하는 핵심 내용이며 영겁회귀 사상과 위버멘쉬 개념의 이론적 틀로써도 기능한다.[26] 차라투스트라는 이 개념으로 자신이 생명의 뿌리까지 도달해 그 비밀을 엿보았다고 주장하고 있다.[27] 생명 전체를 관통하는 이 부단한 흐름에 참여하는 각각의 힘들은 자신의 힘을 측정할 수 있는 자극제로서 자신과 대립하는 무수히 많은 동질의 다른 힘들을 필요로 하고,[28] 스스로 행사하는 영향력과 저항으로서만 드러나며,[29] 다른 힘들과의 대결에서 "모든 순간 자신의 최종적인 결론을 끌어낸다."[30]

그리고 이 생명의 원칙인 "힘에의 의지"는 니체 철학에서 점차 유기적인 생명체를 넘어서는 세계원칙으로 확장된다.[31] 물리학의 법칙에 대한 보완을 요청하는 한 유고에서 니체는 "힘에의 의지" 개념으로 세계원칙의 내부와 외부 사이의 구별을 지양하려 한다.[32] 그가 제시하는 "힘에의 의지"는 자연과학적인 인과분석이라는 외적 관점과 심리학적인 내적 관점의 종합이자 몸과 마음의 분리를 극복할 수 있는 "존재의 가장 내적인 본성"[33]을 지칭하는 포괄 개념이다.[34] 생명은 이제 그의 철학에서 "힘에의 의지"가 발현되는 하나의 특수현상으로 설명되며,[35] "힘에의 의지"는 물리적·심리적 현상을 아우르는 생기의 유일하고 보편적이며 원초적인 정동 형식이 된다.[36]

3. 정동의 지배구조인 몸(Leib)의 실마리를 따라서

그 발현이 급작스럽고 감정에 속하기에 아직 숙고에 선행하는 정동(Affekt)과 지성의 나약함을 통해 지속적인 성향으로 굳어진 관능적인 욕망인 열정(Leidenschaft)을 구별하는 칸트와 달리[37] 니체는 "힘에의 의지"의 보편성을 따라 지성에 대한 몸의 우위를 주장한다. 몸은 충동과 정동의 복잡한 상호작용으로 구성되어 있어 통일적인 주체 개념을 중심에 두는 기존의 형이상학으로는 포착될 수 없는 현상이다.[38]

몸은 커다란 이성이며, 하나의 의미를 지닌 다양성이고, 전쟁이자 평화, 가축 떼이자 목자이다. 형제여, 네가 '정신'이라고 부르는 너의 작은 이성, 그것 또한 너의 몸의 도구, 이를테면 너의 커다란 이성의 작은 도구이자 장난감에 불과하다.[39]

인간의 몸은 생기의 출발인 보편적인 힘에의 의지가 진화를 견뎌온 역사의 증거이며, 미래를 향한 첨예한 실험이 계속되고 있는 섬세한 투쟁의 장이다. 인간의 몸을 구성하는 35조 개에 달하는 세포는 약 6시간의 수명을 갖는 과립백혈구에서부터 100년의 수명을 갖는 뇌세포에 이르기까지 다양한 존재 형식과 수단을 가지고 스스로의 역할을 수행하며 생명의 유지와 투쟁의 장에 독자적으로 활동하며 참여한다.

그리고 이러한 힘에의 의지에 대한 복합체인 인간은 자연과 사회 안에서 또 다른 힘에의 의지에 대한 구현체인 다른 생명체들과 만나 다양한 영역에서 힘의 증대를 꾀한다. 이렇게 내·외적으로 "힘에의 의지"의 투쟁이 지속적으로 일어나고, 유기체의 모든 최소 부분들이 매순간 자신과 다른 부분들 사이의 힘 측정으로 동일하게 힘의 증대를 원하는 다른 힘에의 의지들에게 영향을 끼치는 생기가 복잡하고 정교하게 일어나고 있는 현장이 인간의 몸이다.[40] 이러한 정황을 니체는 다음과 같이 표현하고 있다.

'힘에의 의지'의 다양성으로서의 인간: 각자는 표현 수단과 형식의 다양성을 가지고 있다.[41]

힘에의 의지라는 보편적인 생기의 특수현상이자 생명의 발현으로써의 인간을 테마로 삼는 니체의 인간학은 인간을 충동들의 항구적인 싸움으로 구성된 몸으로 파악한다. 인간을 구성하는 다양한 충동들은 그 종류, 형식, 강도, 지속성에서 다 상이하고 때로 서로 모순된다. 그래서 인간을 구성하는 충동적 힘들의 수나 질, 영향을 행사하는 방식을 정확하게 말하는 것은 불가능하다. 단지 공통점이 있다면 이들 역시 "힘에의 의지"의 발현현상이므로 모두 자신의 힘을 증대시키고 확장시키려는 본성을 갖는다는 것이다.

몸의 실마리에서 우리는 인간을, 부분적으로 싸움을 벌이고 있는, 부분적으로 상호 배열되어 있으며 종속되어 있는, 개별적 존재에 대한 긍정 속에서 저도 모르게 그 전체를 긍정하는, 살아 있는 존재의 다양성으로 인식한다.
이들 살아 있는 존재 가운데는 상당 정도, 순종하기보다는 지배하는 자가 있으며, 그리하여 이들 사이에 또다시 싸움이 일고 승리가 있다. 인간의 전체성은 일부 알려져 있지 않은, 〈일부〉 **충동들**(Trieben)의 형태 속에서 의식되는 저 유기체의 특성을 모두 갖고 있다.[42]

인간을 구성하는 이 수많은 충동들(Trieben)과 정동들(Affekten)은 인간의 무의식과 의식 안에서 지배, 연합, 복종, 순종, 힘의 축적을 위한 휴식 등 다양한 형태로 투쟁을 벌이고 있다. 이 역학의 기저에 는 "힘에의 의지"의 자기실현이라는 보편현상이 놓여 있다. 니체는 명령과 복종이라는 힘 투쟁의 역학이 가능하기 위해서는, 즉 하나 의 힘이 자신의 힘을 증가시키려고 다른 힘을 제어하기 위해서는 명 령하는 힘과 복종하는 힘 사이에 본질적인 친족성이 있어야 한다는 점에 주목한다. 그 친족성이 바로 "힘에의 의지"로 발현되는 생기의 보편성이다.

인간은 어떤 위계질서 안에 있는 다수의 힘들이다. 따라서 명령하는 자 가 있는데, 그러나 명령하는 자 역시 자신을 보존하는 데 기여하며, 따라서 스스로 그 존재에 의해 제약되는 모든 것을 복종하는 자에게서 만들어 야만 한다. 이러한 생명체 모두는 친족적 속성이 있어야만 한다. 그렇 지 않으면 그것들은 서로 봉사하거나 복종할 수 없다: 봉사하는 자는 어 떤 의미에서 복종하는 자가 되어야만 한다. 예민한 사례들에서 그들 사 이의 역할은 잠정적으로 바뀌어야만 한다. 보통 명령하던 자도 한 번은 복종해야만 한다. '개인'이라는 개념은 잘못된 것이다. 이러한 존재는 고립된 채로는 결코 존재하지 않는다: 중점은 변화하는 무엇이다. 세포 등의 지속적인 생산은 이러한 존재 수의 지속적인 변화를 제공한다.[43]

다시 말해 보다 강한 다른 충동으로 한순간에 희생되어 도구가 된 충동들마저도[44] 변형된 상태에서 여전히 자신의 힘 증대를 위해 노력하며 힘 경제의 구조가 바뀌는 것을 조망하고 있는 것이고, 명령하는 힘도 복종하는 힘의 자주성이 포기되지 않았다는 것을 알고 있다. 생명은 따라서 니체에 따르면 "다양한 투쟁자가 서로 동등하지 않게 성장하는 힘 확립 과정의 지속적 형식"[45]이라고 정의된다.

다른 힘이 가지는 항구적인 상승과 확장 욕구를 상호 인정함으로써 힘 경제의 긴장과 변화는 일시적인 안정의 순간에도 가능태로 지속된다. 인간을 구성하는 충동과 정동들, 즉 수많은 힘에의 의지들은 자신이 처한 상황을 유리하도록 서로의 관점들을 상호 관철시키려 하며, 이 투쟁 과정에서 유기체 안에서의 힘 역할과 크기라는 기준에 따라 우열이 가려지며, 한 충동이 부상하면 다른 충동이 소멸하거나 전체 유기체의 하부 기능을 수행하는 형식으로 위계질서를 형성한다.[46]

힘에의 의지에 기반을 둔 인간학은 결국 관점주의적 인식론으로 연결된다. 모든 충동은 힘에의 의지를 가지고 있으며 필연적으로 자신의 삶에 유용한 관점을 필요로 하고 이것을 다른 충동들에게 규범으로 강요하려는 욕망을 가지고 있기 때문이다.[47] 투쟁에 참가한 역동적인 양자들 사이의 힘 상관관계에 따라 상호 해석함으로써 힘 관계의 절대적인 확인이 발생하고, 우월한 힘으로 인해 다른 여타의 세계가 재조직되는 현상이 니체가 그리는 관점주의의 모습이다.[48] 그리고 명령하는 힘 자체가 원하는 구조를 유지하고 행위의 규칙적인 수행을 목적으로 복종하는 힘과 동일하게 자발적으로 어떤 질서에 순응하는 "자기조절"[49]이 정동의 조직원리이다.

니체가 파악하는 인간의 몸은 그 구성원이 상호 의존적인 성격을 띠는 공동체나 여타의 기관들처럼 부단한 명령과 복종으로 지배와 통치가 일어나는 구조이다. 우리가 일상에서 어떤 통일성을 이룬 유기체의 단위나 개체를 말하는 것은 단지 가상적 성격을 가질 뿐이며 실제로는 힘에의 의지의 투쟁의 장인 지배구조를 지칭한다. 몸은 "힘에의 의지"가 발현된 모든 동일성과 마찬가지로 오직 "**조직과 합동**(Organisation und Zusammenspiel)으로서만 동일성"일 수 있는 "하나로 **존재하는** 것이 아니라 하나를 **의미하는 지배구조**"이다.[50]

힘에의 의지는 다른 힘의 저항으로서만 드러나며, 따라서 분열되지 않고 하나의 통일체를 이루기 위해서는 순종하는 하부의지들의 저항에 의존한다. 기존의 형이상학이 "나"라고 불렀던 것은 따라서 복합개념이다. 우리는 몸을 통해 동시에 명령을 내리는 자이자 명령을 수행하는 자인 것이다. "우리의 몸은 많은 영혼의 집합체일 뿐이다."[51] 하나의 의지가 내린 명령이 수행될 때까지 복수의 힘에의 의지가 구성하는 지배구조로서의 몸 전체가 이 순간적인 사건에 참여하는 대략의 역동적인 정황을 니체는 다음과 같이 표현하고 있다.

명령이 떨어질 때, 사실 셀 수 없을 정도로 많은, 하나같이 어떤 특정한 상태 속에 있는 개별자들이 그 이행을 위해 필요하다 — 그것들은 그것을 이해해야 한다. 그리고 그것들의 특수한 과제 또한 이해해야 한다. 말하자면 아주 작디작은 것에 이르기까지 늘 새롭게 명령되어야(복종되어야) 한다. 그리고 나서, 그 명령이 셀 수 없을 만큼 많은 하위의 명령으로 분해된 다음에야 비로소 더없이 비천하고 더없이 왜소한 복종자에게서 시작하는 그 운동은 발생하게 된다. (…) 여기서 전 유기체가 사고한다는, 모든 유기적 구성물이 사고, 느낌, 의욕에서 몫을 갖고 있다는 — 따라서 두뇌도 하나의 방대한 중추화 기관일 뿐이라는 전제가 성립된다.[52]

후일 『선악의 저편』에서 "힘에의 의지"를 설명할 때 니체가 거의 그대로 사용하고 있으며, 자기보존충동을 생명의 근본충동으로 내세우는 쇼펜하우어와 다윈에 반대하는 한 단상은 충동의 역학을 이해하는 데 중요한 단서를 제공한다.

생리학자들은 보존충동을 유기체적 존재의 주요 충동으로 설정하는 것을 곰곰이 숙고해봐야 한다: 살아 있는 것은 무엇보다 자신의 힘을 풀어놓고자 한다. '보존'은 단지 그 결과들 중 하나일 뿐이다. ─ 불필요한 목적론적 원칙들을 주의하라! 그리고 '보존충동'이라는 전체 개념은 이에 속한다.[53]

생명의 다른 이름인 이 힘의 방출이 바로 부단한 힘의 확장을 꾀하는 힘에의 의지 목적이다. 충동은 유기체 안에 집적되어 여유분으로 남은 힘이 방출되는 현상이다. 모든 유기체에는 그 유기체가 생성해 사용할 수 있는 힘의 양이 있고, 이것이 일정량을 넘으면 필연적으로 방출이 일어난다. 사용할 수 없고 저장될 수 없는 여분의 생리적 힘을 방출하려는 욕구, 이것이 니체가 충동(Trieb)이라는 단어로 지칭하는 사태이다.[54] 축적한 힘을 자신에게 동화시키고 자신이 사용할 수 있는 하나의 기능으로 변모시키지 못할 경우 둘로 분열하는 원형질의 예 역시 충동의 기초 역학을 드러낸다.[55] 힘을 모으고 잉여의 힘을 방출하고자 하는 충동은 어떤 식으로 이러한 일들을 하는 것일까?

우리가 그 정확한 법칙을 알 수는 없지만, 니체는 힘을 확장시켜 방출하고자 하는 충동들이 일상의 체험에서 오는 자극을 통해 우연적으로 갖는 성장과 방출의 기회를 충동에 대한 "영양 공급"[56]에 비유하고 있다.

매일 겪는 우리의 체험은 어떤 때는 이 충동에, 어떤 때는 저 충동에 먹이를 던지며, 이 충동들은 이 먹이들을 탐욕스럽게 붙잡는다. 그러나 이 사건들의 전체적인 진행은 충동들 전체가 갖는 영양에 대한 욕구와 합리적인 연관이 없다. 따라서 항상 어떤 충동은 굶어서 위축되고 다른 충동은 과식하게 되는 두 가지 일이 일어날 것이다.[57]

우연적으로 겪게 되는 경험과 상황에서 오는 자극이 그 순간 우연히 먹이를 노리며 민감해진 충동을 촉발시키며 그 힘을 더 키우거나 고사시키거나 잉여의 힘을 방출시키는 계기가 되는 것이다. 그 순간 어떤 충동이 다른 충동과의 힘 역학 속에서 명령하는 역할을 하느냐에 따라 경험과 상황은 다르게 해석되며, 매번 다른 충동의 양식이 된다. 많이 굶주린 충동은 자신의 양식을 구하려 더 애쓸 것이고, 그 과정에서 다른 충동보다 더 강해져서 이들을 제어하고 양식을 빨리 구할 것이다. 이것이 실패할 경우 충동은 약해져서는 굶어 죽고, 과한 성공의 경우는 과잉섭취를 하기도 하는 것이다.

니체는 계속되는 글에서 낮 동안 먹이를 얻지 못한 충동의 욕구가 신경자극의 자의적 해석인 꿈으로 일정 정도 보상된다며 심리학의 성과를 선취하고 있는데, 그는 이때에도 비슷한 신경자극에 대한 원인을, 몸이 꿈에서 매번 다르게 해석하는 이유를 그 해석으로 매번 간접적으로나마 충족되고 활동하고 방출되기를 바라는 충동의 다양성에서 찾는다.[58] 그리고 그는 꿈에서 행해지는 "신경자극에 대한 해석"과 "자신의 욕구에 맞는 '원인'을 정립하는 것"이야말로 낮 동안에도 충동이 하는 주 업무일 것이라 추측한다.[59] 모든 충동은 결국 우연적 경험이 주는 자극을 해석하고 여기에 맞는 "원인"을 창작하는 행위로 힘의 상승과 확장 및 해방을 기획하는 것이다.

4. 무의식과 의식

그러면 알려지지 않은 인간의 전체성에서 어떤 충동들이 의식에 들어오고 어떤 충동들이 무의식의 수준에서 기능하는 것일까? 그리고 무의식과 의식은 서로 어떤 구조로 연결되어 있는 것일까? 우리가 다행히도 저작(咀嚼)과 삼킴 이후에 발생하는 소화의 전 과정을 모두 의식하지 못하는 것처럼 충동들이 힘을 둘러싸고 벌이는 대부분의 투쟁 과정은 무의식의 영역에서 발생한다. 『도덕의 계보』 제2논문에서 니체는 "약속해도 되는 동물을 기르는 것"을 "자연이 인간에게 부여한 역설적인 과제"라 부르고 있다.[60] 여기서 그는 망각 또는 의식되지 않고 자동적으로 행해지는 신진대사의 이유가 고차적 기능과 기관이 잘 기능하도록 하기 위한 "적극적인 저지능력"의 작동임을 지적하고 있고, 유기체적 기능에 대한 능동적인 망각장치가 기능하지 않는 인간을 소화불량 환자에 비유한다.

충동들의 싸움과 그 과정에서 발생하는 일시적인 평정의 순간들로 점철된 몸의 과정은 부단한 역동적 변화이고 충동들의 지배구조는 매 순간 새로 짜인다. 하지만 이것은 의식에 이르지 못하는 가운데 발생한다. 우리가 아는 것은 충동의 표면, 즉 결과물일 뿐이다.[61] 드러난 행위란 따라서 의도적인 동기에서 비롯된 것이 아니라 무의식의 영역에서 발생하는 충동들의 권력투쟁과 요구의 결과로써 매 순간 새롭게 정해지는 정동의 위계질서가 발현된 것일 뿐이다. 그래서 의식 역시 위장과 마찬가지로 장기 중 하나에 불과하다는 것이 니체의 입장이다.[62]

대다수 운동은 의식과는 전혀 무관하고 **감각과도 무관하다.** 감각이나 사상은 매 순간 일어나는 무수한 사건에 비하면 극히 **하찮고 드문** 것이다.

역으로 우리는 우리의 최상의 지성조차 인식할 수 없는 섬세함, 선택, 합성, 보상 등의 어떤 **합목적성**이 가장 사소한 사건 속에서도 지배하고 있음을 인식한다. 요컨대 우리는 우리에게 의식되고 있는 것보다도 **훨씬 더 고차원적**이고 더 넓은 조망을 갖는 **지성**(Intellekt)에 귀속되어야만 하는 하나의 활동을 발견하는 것이다.[63]

의식 안에서 기능하는 최상의 지성보다도 더 넓게 바라보는 이 "**지성**"은 인간이라는 유기체 내에서 힘에의 의지 원칙에 따라 충동들 간에 발생한 지배구조의, 또는 니체가 "커다란 이성"[64]이라 부르는 몸의 다른 이름이다. 무의식적 생기 안에서 니체가 추측하는 지배적인 합목적성은 정동의 사실적 위계질서의 귀결이기도 한 유기체의 보존과 힘의 확장이다.[65] 의식적인 자아는 이 목적을 위해 "커다란 이성"인 몸이 사용하는 도구일 뿐이다.

감정, 사상 등 의식에 들어오는 것은 무의식적이고 자동적으로 확실하게 발생하는 실제 사건의 최종고리이며 인간을 구성하는 충동들 전체의 힘이 순간적으로 확인된 결과이다.[66] 의식은 어떤 행위가 일어난다는 것을 경험할지 모르나 그 행위의 실제적인 동기, 즉 무의식 중에 벌어지는 정동의 힘 싸움에서 실제 모티브가 된 충동이 무엇인지는 파악할 수 없다.[67]

니체는 우리가 느끼거나 의식하지 못하는 상태에서 끊임없이 우리에게 영향을 끼치고 우리를 구성하는 힘들과 비교해 의식이 갖는 표면적인 성격을 강조하며 "**모든 의식적 의욕, 모든 의식적 목적, 모든 가치 평가**는 아마도 그것이 의식 안에서 생각되고 있는 것과는 무언가 본질적으로 **다른 것이 되기** 위해 사용되는 도구에 불과한 것이 아닌지"[68] 의심한다.

모든 행위는 그것을 원하기 전에 가능한 한 먼저 역학적으로 준비되어 있어야만 한다. 달리 말하면, **대부분** 모든 것이 실행되기 위해 준비되어 있을 때에야 비로소 '목적'이 뇌리에 떠오르게 되는 것이다.[69]

충동에 따라 필연적으로 행해지는 힘의 역학적인 투쟁과 그 결과야말로 드러나는 행위나 의식적인 목적보다도 우선한다. 의식에 떠오르는 "목적"은 꿈의 예에서 보았듯이 무의식의 세계에서 이미 벌어진 일들에 대한 원인을 찾는 지성의 해석일 수 있다.[70] 다시 말해 몸의 내인(內因)적 원동력과 의식에 나타나는 목적은 엄격히 구분되어야 하는 다른 사건이다. 따라서 사건의 대다수 측면을 희생시키고 한 측면만 강조하는 의식에 나타나는 목적이 행동의 원인으로 간주될 수는 없다는 것이 니체의 견해이다.

의식에 나타난 목적은 오히려 사전에 실제로 발생한 내인(內因)적 원동력들 사이에서 이루어지는 힘 역학관계의 조정 결과에 따라 "의식 속으로 미리 던져진 창백한 부호이며, 사건 자체의 원인이 아니라 징후"[71]로서 향후 발생할 일을 우리에게 알려주는 지표 역할을 할 뿐이다. 따라서 어떤 충동 하나가 행동 하나에 상응하는 식의 대응이 니체에게는 고려의 대상이 아니다.

몸은 역동적인 지배구조로 되어 있지만 의식은 외부세계와 관계한다. 의식은 오히려 위계질서적 지배구조로 구성되어 있는 몸의 단순한 도구에 불과하다. 모든 행위에는 규범적인 의지가 선행하는 것처럼 보이지만, 이 의지는 우리가 통상 생각하는 것처럼 스스로 움직이는 것이 아니라, "단지 그것의 출현에 의해 운동이 시작되는 자극일 뿐"[72]이다.

생기의 실제적인 사건들, 즉 정동의 유희와 힘 역학에 따른 유기체의 자기조절은 우리의 지각과 사유에 들어오기 전에 빠르게 진행되고 조정되며, 이러한 일은 하등동물일수록 더 확실하게 일어난다. 그럼에도 불구하고 니체는 인간이 오랫동안 이성으로 자기조절을 자랑해온 사실을 기이한 일이라 부른다.

> 만약 인류가 정말로 이성에 따라, 즉 **생각함**과 **앎**에 근거하여 행동했다면, 이미 오래전에 인류는 멸망했을 것이다. 이성은 다행히도 엄청난 시간 내내 인간을 규정하는 힘을 별로 갖지 않는, 서서히 발전하는 하나의 보조기관이다. 이 기관은 유기적 충동을 **위해** 활동하다가, 점차로 이들과 **동등한 권리**를 요구하며 자유로워진다. ― 그래서 이성(견해와 지식)은 독립적인 하나의 새로운 충동으로서 다른 충동들과 싸우게 되며 ― 나중에, 아주 나중에는 우위를 차지하게 된다.[73]

이성은 인간을 구성하는 다른 충동들과 마찬가지로 오랫동안 몸의 필요에 따라 비교적 나중에 만들어진, 따라서 경박함과 경솔함, 오류를 많이 보이는 위험하기도 한 보조기관이다. 그래서 충분히 강력하게 기능하는 "생명을 보존하려는 본능들의 유대"가 전체적으로 "조정자" 역할을 하지 않았더라면 인류는 멸망하고 말았을 것이라는 것이 니체의 생각이다.[74]

그럼에도 불구하고 어느 누구도 더 행복했던 야만의 상태로 돌아가기를 원치 않는 이유로 니체는 인식충동의 강력함을 들고 있다. 이 충동이 다른 충동들을 제어해 자신에게 복무하는 기능으로 조직해낼 정도로 강해졌기 때문에 인간은 발견과 추측이 동반하는 불안함을 그렇게 자극적으로 느낀다는 것이다.[75]

그렇다면 몸은 어떤 필요에 따라 무엇을 위해 쓰려고 의식적 충동을 강력한 것으로 길러냈을까? "인식의 기원"이라는 부제가 붙은 『즐거운 학문』의 한 절은 이 질문을 풀어갈 단서로 생존과 번영의 관점에서 행해지는 외부세계에 대한 해석이 지성이 해온 일임을 지적한다.[76] 의식은 외부세계에 대한 유기체의 가치평가를 반영하는 적극적인 축약적 조성 시도이다. 의식의 주된 임무는 복잡한 세계연관을 단순화하는 것이어서 의식에는 자신이 원하는 자료만을 보려는 배타적인 충동이 지배적이라는 것이 니체의 생각이다.

니체는 의식을 개개의 세부 사항들을 적확하게 담아내지는 못하지만 모든 것에서 일부를 가져오는 개념이나 전체적인 전투 상황을 조망하기 위해 세부 사항에는 큰 주의를 기울이지 않는 야전사령관에 비유하고 있다.[77] 의식은 변화하는 환경을 고정된 것으로 파악하고 단순화와 일반화를 통해 장악하기 위해 "유기체가 가장 멀리 뻗는 (…) 확실한 손"[78]이다. 지성과 이성 등 의식적인 활동은 인간이라는 유기체가 자신의 힘의 상승과 확장을 위해 외부세계를 동화해 나가는 도구이다.

5. 정동의 승화와 육성 가능성

인간은 다른 동물들과 달리 자신 내부의 복잡하고 모순되는 충동들의 구조를 제어하는 것으로 자신의 종을 훨씬 넘어서는 힘의 영역을 확장해왔다.[79] 이것은 의식된 삶과 실제적 삶 사이의 힘의 긴장과 편차를 넓히는 결과를 낳았고 인간이 가진 피할 수 없는 병의 전제조건이 되기도 했지만, 인간의 강함이 드러나는 곳에서 발견되는 현상은 "서로 맞서서 작동하는, 하지만 제어된 본능들"[80]이다. 다양성 안에서 사물과 사태를 인식하려는 욕구로부터 자라난 지성[81] 안에서 도덕적 충동, 자기보존충동, 희생, 자만, 경멸, 정직성 등 서로 다른 충동들이 싸우지만 결국 행동에서는 특정한 방향을 선택한다는 것

이 그 증거가 될 것이다.[82]

충동들의 투쟁의 장인 지성은 이 과정에서 각각의 충동들이 조직 내에서 갖는 권리와 역할을 인정하고 그들을 하나의 기능으로 만들기 위해 부단히 지배구조를 조정할 것이다. 이때 부분을 이루는 것들의 이익과 상충하는 지배구조는 오래갈 수 없고, 성공한 지배구조는 빈발한 사용에 따라 더 완벽해져 간다.[83]

> 지성은 상이한 충동들의 투쟁에서 날카로워지고, 이를 통해 각각의 개별 충동들의 활동을 세련되게 만든다.[84]

니체의 글들에는 고통의 의미전환을 꾀하는 원한(Ressentiment), 무의식적 자기보존의 기제인 구축(Verdrängung), 승화(Sublimierung) 등 심리적 기전들의 규칙적인 작용에 관해 비교적 명쾌한 설명들이 있어 정신분석연구의 결과들을 선취하고 있다.[85] 규칙적으로 작용하는 심리적 메커니즘의 존재는 힘으로 이해되는 충동과 그 현현인 정동들의 투쟁으로 무의식에서 일어난 사건들이 정신적 생명현상에도 원인으로 작용하고 있다는 사실에 대한 반증이다.

인간 유형의 향상과 이를 위한 지속적인 자기극복을 주장하는 니체의 글들에는 정동을 세련되게 만들고 승화시켜 건강한 문화공동체를 이룩하려는 노력이 엿보인다.[86] 이때 니체가 선택하는 방법은 충동의 제거나 억압이 아니라 충동의 승화된 형식을 찾는 일이다.

> 우리는 우리의 본보기를 설계하는 데 있어서 우리의 오류와 충동을 줄여서는 안 되며, 그것의 **승화된 형식**을 발견할 수 있어야만 한다.[87]

> 존경받을 가치가 있는 것에서는 단순한 힘에 대한 승리가 아니라

"힘 속에 깃든 이성의 정도만이 결정적"[88]이라는 니체의 언명도 이 것과 맥을 같이한다. 사랑과 지배욕, 복수, 소유욕, 질투, 분노 같은 강력한 충동과 큰 욕망, 열정들, 즉 인간을 구성하는 위험하고 엄청 난 자연적인 힘의 원천들을 부정하는 대신에 방향을 유도해 질서짓 고 경제적으로 이용하는 일이 철학적으로 중요한 일이다.[89] 자기극 복을 바라보는 니체의 시각은 충동적인 여러 힘들과 모티브들을 하 나로 묶는 일을 충분히 강조하고 있다.[90]

여러 충동들의 통일된 노력만이 강한 성격을 형성할 수 있다. 니 체는 "위대함이란 방향을 제시하는 것을 의미한다"[91]라고 쓰고 있다. 물 론 이 유도의 동인 역시 또 다른 충동인 힘에의 의지이다. 인간 안의 어떤 부분이 다른 부분을 지배하고 그 지배로 지배된 부분들마저 탁 월하게 발현될 수 있도록 힘의 경제학 안에서 질서짓는 것이다.

니체는 정동의 질서를 주체적으로 정립하지 못하는 인간을 "정동 과 욕망의 순간적 노예"[92]라고 부른다. 반면에 정동의 승화가 발생하 는 인간들이 있다. 객관적인 것, 이념적인 것, 순수하게 정신적인 것 들로 변신하려는 정동의 생리적 욕구가 무의식에서 발생하기도 하 는 것이다. 그리고 니체에 따르면 이 정동의 생리적 욕구는 상당히 뿌리가 깊다.[93] 충동과 정동의 승화가 문화에 이르는 길이다. 니체는 도덕적 현상들까지도 육체적 충동들에 대한 잘못된 해석에 근거를 두고 있을지도 모른다고 추정한다.[94]

그러나 니체가 기독교 도덕의 영향사를 비판하는 것에서 알 수 있 듯이 현상에 대한 해석에 불과할 뿐인 도덕과 관념 등은 인간의 충 동적 본성의 한계 내에서 다시 충동과 정동의 미래에 일정 정도 재 영향을 끼칠 수 있다. 그래서 충동의 극복이 아니라 습관의 힘에 따 른 정동의 승화가 문제 되는 것이다. 80년대의 한 유고에서 그가 제 시하는 모델은 이러한 사실을 극명하게 보여준다.

욕정의 극복? ── 그것이 욕정의 쇠약과 파괴를 의미해야 한다면, 아니다. 그러나 **그것을 고용하는 것**: 이에 속할 수 있는 것으로서, 욕정들을 오랫동안 폭정으로 다스리는 것 (개개의 것으로서가 아니라 공동체, 종족 등등으로). 마침내 사람들은 욕정에다가 신뢰에 찬 자유를 다시 부여한다. 욕정들은 선량한 하인처럼 우리를 사랑하고, 우리가 최선을 다하고자 하는 곳에 자발적으로 따라온다.[95]

정동의 멸절로 말미암은 영혼과 마음의 평화는 인간의 축소화와 왜소화를 의미할 뿐이다. 니체가 의미하는 정신화와 승화는 따라서 젊은 삶이 가능해지는 토대인 인간 내면에 존재하는 힘에의 의지가 벌이는 영원한 투쟁을 긍정하고 이로써 발생하는 모순들의 극대화를 인정한다. "싸움의 포기는 **위대한 삶의 포기인 것이다**"[96]라는 니체의 언명은 이것을 극명하게 드러내고 있다. 차라투스트라의 서문에 나오는 정신의 세 변화는 어쩌면 충동들의 직접적인 지배에서 풀려 자유로워지고 결국 충동들의 주인이 되는 인간의 정신화와 승화의 모델로도 이해될 수 있을 것이다. "자신 안의 혼돈을 조직"[97]하는 일과 이를 통해 밝게 변용된 자연에 이르는 것이 인간 안에서 짐승이 끝나고 인간이 시작되는 지점일 것이다.[98]

정동의 "승화"의 다른 이름은 "정신화"이다. 『우상의 황혼』의 한 장인 「반자연으로서의 도덕」에서 니체는 "열정들의 정신화"가 오랜 기간을 두고 일어난 인류의 발전임을 명시하고 있다.[99] "정신화"라고 니체가 부르는, 인류사에서 일어난 이 장구한 승화 과정은 인간의 충동과 열정들이 제어되고 하나로 묶여 한 방향으로 나아갈 수 있음을 시사한다. 인간이 아직 자신을 구성하는 정동에 지배되고 있는 동안 정동은 치명적으로 기능하는 액운일 수 있다.

그러나 이것이 이 정동의 멸절로 연결되어서는 안 된다는 것이 니체의 견해이다. 이것이 인간을 구성하는 중요한 힘인 한, 이들의 멸절은 인간과 생명에 대한 멸절을 의미한다. 니체는 종교로 말미암은 이러한 정동의 멸절 시도를 "치아의 통증을 없애기 위해 치아를 뽑아버리는 치과의사"[100]가 삶에 적대적으로 행하는 우매한 행위라고 비판한다. 같은 글에서 니체는 이러한 정동의 멸절 시도가 의지의 약함에서 기인함을 지적하고, "자기 자신 안에 스스로 척도를 세우기"가 정동의 정신화와 승화의 관건임을 암시한다.[101]

가치를 창조하는 주권적 개인들의 문화공동체에 대한 니체의 생각은 그가 의식과 정신, 지성, 이성 등 승화된 정동의 형식들에 부여하는 몸의 도구적 지위에 대한 생각과 이율배반에 빠지는 것처럼 보인다. 이제까지 살펴본 "힘에의 의지" 이론에 따르면 무의식의 상태에서 발생하는 힘에의 의지의 발현인 정동의 부단한 투쟁으로 중요한 실제 생기가 결정되고 진행되며, 의식에 떠오르는 부분은 그것들의 향후 진행 방향에 대한 암시이자 생기의 마지막 고리에 불과하다. 정동들의 조직과 방향 부여로 가능한 승화와 정신화, 그리고 이를 통한 문화창조는 그러나 의도적이고 의식적인 정신적 행위이다.

정동의 승화된 형식을 찾는 것이 문화창조에서 결정적인 일이라면 인간화 과정에서 가장 중요한 역할을 담당하는 것은 의식이 될 수밖에 없는 것이 아닐까? 문제는 의식이 인간이라는 유기체의 형성에서 가장 늦게 발달된 것이기 때문에 가장 힘이 없고 아직 미완의 기관이라는 데 있다.[102] 의식은 정동으로부터 가장 느슨한 영향을 받기에 자신의 잘못된 판단으로 유기체 전체의 삶에 부정적 영향을 끼칠 수도 있다.

또한 의식은 정신적 행위의 기초가 되지만 여전히 생성 중에 있는 몸의 일부분이어서 더 확실하게 기능하는 본능들의 보호 속에 있어야 한다.[103] 모든 성장하고 진화하는 유기체가 새로운 기능의 습득을 위해 부단히 실수와 실패, 오판을 거듭하듯이 인간의 의식도 성장을 위한 진통을 겪고 있는 어린 신생기관인 것이다. 그러나 이 기관의 활동으로 말미암은 정동의 승화와 정신화에 문화의 미래가 달린 것이라면 의식은 더 많은 배려와 주의를 받아 마땅한 기관일 수 있다.

그러나 인류는 이제껏 이 단속적으로 성장 중인 신생기관인 의식을 완결된 것으로 간주하는 오류를 저질렀다는 것이 니체의 생각이다. 그리고 이 오류가 오히려 의식이 너무 빨리 자라는 것을 막아 의식과 인간 모두의 안전을 지킨 결과를 낳았다는 것이 의식의 현 상태를 바라보는 니체의 진단이다. 니체는 지성사가 "이미 완성된 영원한 기관"으로서 의식에 부여한 중요성을 빠른 성장이 동반하는, 유기체 전체에 유해한 성장통을 방지하기 위해 의식에 행해진 폭압으로 해석한다.

하나의 기능은 충분히 교육되어 성숙하기 전까지는 유기체에 위험하다. 따라서 기능이 오랜 기간 강력한 폭정의 억압하에 있는 것은 좋은 일이다! 그래서 의식은 강력한 폭정의 억압하에 있게 된다.[104]

6. 고양된 문화의 과제: 힘 속의 이성을 본능이 되도록 양육하기

니체의 생리적 인간학에서 어떤 것이 의식된다는 사실은 아직 그것이 본능적으로 확실하게 자신의 힘의 영역 안으로 동화되어 기능할 수 없다는 반증에 불과하다. 무의식 상태에서 반복해서 제어되고 통제되기에는 무엇인지 불편하고 적대적인 어떤 것과 마주했다는 사실이 의식되는 것이다.

의식적이 된다는 것, '정신'이라는 것을 우리는 **유기체의 상대적인 불완전성의 징후**(필자 강조)로서, 시도와 모색과 실수로서 불필요하게 많은 신경에너지가 사용되는 노력으로 간주한다.[105]

그럼에도 불구하고 이러한 모색과 탐색에 불과한 의식적인 어떤 것, 즉 정신적인 것은 철학사에서 이제껏 스스로를 목적이라 칭하며 개선의 여지를 인정하지 않았다. "그것이 의식되는 한 우리는 무언가가 완전해질 수 있으리라는 것을 부정한다."[106] 그리고 인간은 의식을 완전한 어떤 것으로 소유하고 있다고 여겼기 때문에 그것을 더 완전히 소유하려는 노력을 하지 않았으며 이러한 사실은 여전히 변하지 않았다는 것이 니체의 진단이다.[107] 그러나 실제로 중요한 과제는 단순히 의식의 증가가 아니라 힘의 상승과 생명의 고양이며, 이 과제는 이를 위한 수단인 의식의 유용성을 인정하고 확대하는 방식으로 진행되어야 한다.[108]

지식을 체화하여 본능적으로 만드는 것은 여전히 전적으로 새롭고, 인간의 눈에 희미하며, 전혀 명료하게 인식되지 않은 과제이다.[109]

동화시킨 외부세계의 지식을 본능적으로 만드는 일, 즉 스스로의 힘을 확장시키려는 투쟁으로 정동의 조직과 위계가 무의식에서 깊이와 넓이 모든 측면으로 더 확장되어 일어나게 하는 일, 그것이 인간을 바꾸는 일이고 정동을 훈육하는 일의 관건이며, 이때 중요한 역할을 하는 것이 가장 후에 생긴 기관인 의식이다.

감각지각은 무의식 중에 정동에 따라 행해지는 생존과 힘 상승을 위한 본능적인 가치판단이다.[110] 니체의 생리학적 인간학에서 "어떤 정동을 키울 것인가?", 즉 어떤 "정동을 그것들이 더 이상 의식되지도 않을 정도로 자연발생적이게 만들 것인가?" 하는 질문은 삶을 긍정하는 문화의 이상과 연관된 가치 문제이다. 상당수의 지성인들의 몸에서 2천 년을 지배해온 기독이념에 대한 혐오가 자라 이것들과 연관될 때 느끼게 되는 문화인의 수치심으로 연결되고 결국 이 가치들이 나타나는 모든 현상에 대한 무관심이 일상화된 것이 니체가 방향을 준 이후 나타난 정동 변화의 한 예(例)가 되지 않을까?

플라톤은 인간의 영혼이 가진 구조를 살피려고 그가 영혼과 유사한 구조를 가진 것으로 상정하는 공동체를 살피고 있다. 이것에 입각해 니체가 정동에 대해 갖는 생각을 그가 자신이 살던 시대의 사회에 대해 가지고 있는 생각으로 살펴보는 것도 의미 있는 일일 것이다. 니체는 군중이 유의미해지는 19세기의 새로운 사회 상황을 비판적으로 바라본 첫 시민 철학자에 속한다.[111] 그가 진단하는 19세기 후반은 불안하다.

> 분명 거기에는 힘이, 엄청난 힘이 있지만, 그 힘은 거칠고 원천적이며 너무나 잔혹하다. 마녀의 부엌에서 끓고 있는 가마를 들여다보듯이 불안한 기대감으로 그것을 들여다본다. 어느 순간 진동이 일어나고 번개가 쳐서 무시무시한 현상이 닥칠지 모른다.[112]

신분질서를 통해 조직되어 있던 군중이 사회계층 전반에 걸친 산업화에 대한 적응으로 역사의 전면에 나서게 된 지점을 니체는 "원자적 혼돈의 시대"[113]라고 진단한다.

중세에는 교회의 압력으로, 종교개혁에서는 아디아포라(Adiaphora)의 선포로 통합되던 적대적 힘들이 니체의 시대에 그 제약에서 풀린 것이다. 니체는 19세기 말의 지배적인 힘을 "영리를 추구하는 사람들의 이기주의와 군사적 폭력 지배자들"에 따라 대변되는 "가장 거칠고 악한 힘들"[114]로 진단한다. 가장 거칠고 악한 이 힘들이 국가조 직으로 제약에서 풀린 불안하고 원천적이며 상호 적대적인 힘들을 자신들의 이익에 맞게 조직하려 한다는 것이다.

니체의 사회진단이 갖는 정확성 여부를 떠나 공동체를 구성하는 힘들을 상호 역학관계에서 고찰하고 있는 그의 시선을 보는 것이 중요하다. 풀려난 적대적 힘들에 새로운 압력으로 작용하려는 국가에 따른 사회조직 시도와 이에 대항하는 "원자론적 혁명"[115]의 불가피함을 얘기하는 니체의 주장에서 우리는 다시 각자의 이익을 관철시키려고 다른 힘들을 지혜롭게 조직하는 힘에의 의지에 대한 보편성을 읽을 수 있다.

이때 그가 던지는 질문은 "가장 작고 더 이상 나누어지지 않는 인간사회의 원소는 무엇인가?"[116]라는 것이다. 그것이 힘이라면, 문화적 영역을 포함해 모든 생활세계가 철저하게 산업화되고 자본화되고 대중화되는 과정을 통해 훼손되는 개인의 주체성과 문화의 천박성, 통속성에 대한 니체의 비판은 다른 한편 잘못 조직된 힘의 위계질서에 대한 것일 수 있다.

제7장

허무주의의 심연을 건너는 가치 창조의 길

"무한한 수평선—우리는 육지를 떠나 출항했다! 우리는 다리를 건너왔
을 뿐만 아니라, 우리 뒤의 육지와의 관계를 단절했다! 그러니 작은 배
여, 앞을 바라보라! 네 곁에는 대양이 있다. 대양이 항상 포효하는 것은
아니다. 때로 그것은 비단과 황금, 재화의 꿈처럼 그곳에 펼쳐져 있다. 하
지만 언젠가 이 대양이 무한하다는 것을, 그리고 무한보다 더 두려운 것
은 없다는 것을 깨달을 때가 올 것이다."

1. 이제 아무도 피라미드를 건축하지 않는다

20세기와 21세기 철학의 화두는 의미의 문제, 즉 전통가치로부터의 일탈과 새로운 가치창출의 문제이다. 인간은 그것에 이유와 목적이 있다면, 고통 때문에 괴로워하지 않고 기꺼이 그 고통을 감수한다. 직장을 얻기 위한 젊은이들의 자발적인, 하지만 고통스런 스펙 관리, 내일을 위해 오늘의 경제적 고통을 감수하는 저축 행위, 저승에서의 행복이나 해탈을 위해 노력하는 종교적 인간들이 갖는 현세에서의 고통 감수 등이 그 극명한 예라 할 수 있다. 단지 의미 없는 고통의 지속이 문제시될 뿐이다. 허무주의, 허무한 마음은 이제껏 자신의 삶을 규제하던, 행위와 사고의 준거, 원칙이 깨지는 순간 도래하는 가치박탈과 의미상실에 기반을 둔 정신인성 질병의 징후이다.

이번 장에서는 니체가 진단하는 유럽 허무주의의 태동 이유와 역사를 살펴보고, 그것이 인류 정신사에서 초래된 필연적 사건이자 인류가 맞닥뜨린 미증유의 문제임을 밝힌다. 포스트모더니즘 또는 트랜스 휴머니즘으로 설명되는 현대성이 갖는 부정적 함의의 극복 가능성이 이 의미의 문제 해결에 달려 있다.[1] 소비의 문 앞에서 그치고 마는 현대의 욕망들은 인간 왜소화의 결과이자 실존의 무의미를 채워보려는 불안의 현현양식 중 하나이다. 인간의 완성을 위한 첫 걸음이자 고양된 문화 차원으로의 비약을 방해하는 허무주의를 극복하고자 모든 인간 속에 잠재되어 있는 의미창출 가능성을 촉발할 방도를 모색해 본다.

허무주의(Nihilismus)의 어원인 라틴어 니힐(nihil)은 어떠한 존재가(存在價)도 갖지 못하는 비존재, 즉 무(無)를 뜻한다. 무(無)는 존재하지도 않고 존재하지도 않는 어떤 것을 지칭하는 단어로 어떠한 형태의 존재 가능성도 가지고 있지 못한 것을 가리킨다. 그것은 존재론적으로 존재의 결성(缺性)을 뜻하는 것이어서 인식하거나 개념화하기가 불가능한 사태를 지칭한다. 그러나 질풍노도 시기의 독일 극작가 클링거(F. M. Klinger)의 말처럼 철학자들은 무(無)에 대해 끊임없이 생각해 왔고 그것을 인식 가능한 어떤 것으로 만들려는 귀여운 노력을 경주해 왔다.[2]

물론 인간의 사고 역시 자연의 사실성에 속하므로 생각된 것들은 어떤 의미에서 실재하는 무엇으로 취급될 수 있다.[3] 둔스 스코투스(Johannes Duns Scotus)가 키메라처럼 단순히 논리적으로 불가능하기 때문에 무(無)라 불리는 것과 형식적 규정 불가능성을 이유로 절대적으로 존재 불가능한 무(無)를 구별한 것에서[4] 실제로 존재하는 것(ens reale)과 상상할 수 있는 것(ens imaginarium), 또는 완전히 허구인 어떤 것(ens fictum)을 구별하고, 모사할 수 없으며 따라서 존재가 불가능하고 모순을 포함하는 절대적인 무(無)와 단순한 가능성의 표현일 뿐인 결성(缺性)으로서의 무(無)를 구별하는 것은[5] 그 세월만큼 오랜 논리를 필요로 하지 않는 일이었다.[6]

그러나 이 오래된 철학적 화두가 가치의 문제와 관련될 때, 철학자들의 귀여운 시도의 끝은 이제 더 이상 사랑스럽거나 애교스럽지 못하다. 존재하지 않는 것으로 판명된 것들이 인간의 삶을 규제해오고 정향점이자 행위의 근거로 기능하던 가치들이라면 무슨 일이 발생하는가? 인간이 의지해 오던 가치들이 상실된 순간 도래하는 것은 권태와 정위상실, 불안이다. 우리는 더 이상 피라미드를 세우지 않는다. 긴 호흡을 필요로 하고 세대와 세기를 넘어 진행되는 일들은 이제 인간의 사업이 되지 않는다. 우리는 빨리 행위와 감정의 결과를 보고자 한다. 가치들을 세밀히 평가하고 선택하며 그 선택에 대해 책임지기를 두려워한다. 우리는 약속하기를 꺼리며 두려움을 숨기려고 기꺼이 사실들과 가공된 환상 뒤에 숨는다.

19세기의 인간은 비판적인 계몽의 길을 통해 형이상학과 종교와 도덕에서 해방되었다. 이 비판적 계몽으로 인간이 도달한 곳은 과연 어디인가? 이 해방으로 말미암아 "생명에 대한 가장 내적인 부정인 도덕적인 부정이 극복"되고 실제로 "생의 자극이 성장"했는가?[7] 우리가 이미 부정에 대한 의지를 극복하고 그 반대편에 도달했는가? 우리가 극복한 도덕, 즉 지금껏 단지 그런 방식이 아니고는 어떤 다른 방식으로도 가질 수 없었던 도덕이 어떤 것이었는지를 생각해보면 현대성의 문제가 이제 비로소 시작된다는 것을 알게 된다. 철학과 예술, 종교 등 다양한 변형에서 활동해온 금욕주의적 이상이 오랫동안 인간의 삶을 지배해 왔던 유일한 도덕이었다.

이것은 인간 자신의 존재에 목적과 내용을 주는 것들을 모두 제거해가면서 자신의 삶에 반생명적이고 현실 도피적이며 허무주의적인 복수를 행해온 부조리한 상황에 대한 이야기이다. 하지만 금욕주의적 이상은 어쨌든 의미의 문제로 고통당하는 인간에게 죄라는 관점에서 자신의 고통을 해석할 수 있는 가능성을 제공했다. 그리고 인류는 왜곡되었지만 유일한 의미를 부여잡고 자신의 왜소해진 삶을 받아들이려 애써왔다. 그러나 도착(倒錯)된 도덕에서 해방되면서 단지 더 좋은 것이 없어서 어쩔 수 없이 받아들였던 도덕이 닫아 놓던 "자살적인 허무주의로 통하는 문"[8]이 다시 열렸다.

그리고 이것은 잠정적으로 의미를 구하는 마지막 수단이자 도착된 도덕에 내재된 위험의 필연적인 귀결이다. 인류가 숭배해 온 최고의 가치들이 그 안에 마지막 결과로 가는 경향을 가지고 있었던 것이다.[9] 그러나 큰 위기 속에서 인간의 의지는 더 확고해지고 해석의 지평 역시 확대될 수 있다. 현대인은 이제 니체와 함께 중대한 실존적 결정을 내려야 할 큰 위기에 직면해 있다.

2. 문제의 발단: 신의 죽음

자신의 시대에 대한 니체의 진단을 집약하는 개념이 허무주의이다. 니체가 프랑스의 문화비평에서 차용하는 18세기 초반에 만들어진 이 개념은 인간이 자신의 의지 목적으로서 단지 무(無)만 알고 있을 뿐인 상태를 지칭한다. 그것은 그 속에서 "결정적인 쇠락과 현존재에 대한 증오의 징후"[10]가 분명하게 목도되는 의지의 도착(倒錯) 상태이다. 허무주의는 또한 전통적인 이상들에 대한 믿음과 함께 삶에 확신을 주는 모든 토대들이 사라진 상황을 뜻한다. 현대인은 차라투스트라의 그림자와 같이 너무 많은 수수께끼를 풀며 자신을 계몽했고 이제 어떠한 것도 중요하게 여기지 않는다.[11]

문제의 발단은 신의 죽음이라는 사건이다. 니체의 『즐거운 학문』에서 신의 죽음을 선포하는 광인이 이 놀라운 사건으로 인해 가능해진 새로운 자유를 기뻐하지 않고 신을 애도한 사실을 우리는 쉽게 잊는다.[12] 형이상학적 진리의 근거가 결정적으로 소멸되었음을 알리는 광인의 목소리는 두려움에 차 있다. 플라톤의 동굴 비유에서 선의 이데아인 태양은 하위 단계의 인식에 존재와 확실성을 부여하는 근거이자 인식 행위의 최종 목적이다. 신의 죽음은 이 태양이 이제 인간 조건에서 빠져 나갔으며 새로운 차원의 철학함과 의미 추구가 인간에게 강요되고 있음을 드러내고 있다.

지구를 태양으로부터 풀어 놓았을 때 우리는 무슨 일을 한 것일까? 이제 지구는 어디를 향해 가고 있는 것일까? 우리는 지금 어디를 향해 가고 있는 것일까? 모든 태양으로부터 떨어져 나온 지금? 우리는 끊임없이 추락하고 있는 것이 아닐까? 뒤로 옆으로 앞으로 모든 방향으로 추락하고 있는 것이 아닐까? 아직도 위와 아래가 있는 것일까? 무한한 허무를 통과하고 있는 것처럼 헤매고 있는 것이 아닐까? 허공이 우리에게 한숨을 내쉬고 있는 것이 아닐까? 한파가 몰아닥치고 있는 것이 아닐까? 밤과 밤이 연이어서 다가오고 있는 것이 아닐까?[13]

카뮈(Albert Camus)의 말처럼 극단적인 무신론 자체는 아직 허무주의의 걱정스러운 징후가 아니다. 오히려 "있는 것을 믿지 못하고, 발생하는 것을 보지 못하고, 자신을 드러내는 것을 누리지 못하는 무능력"[14]이야말로 허무주의의 징후이다. 동일한 맥락에서 피히트(Georg Picht)는 시장에서 신의 죽음을 선포하는 광인에게 조소를 보내는 현대인의 상황을 다음과 같이 묘사하고 있다.

그들은 살아 있는 신의 실제성도, 신의 죽음이라는 끔찍한 사건과 함께 시작된 새로운 현실도 알지 못한다. 그들은 이것도 저것도 심각하게 받아들이지 못한다. 이것도 저것도 그들의 삶에 어떤 형태를 줄 만큼 구속력을 가지고 있지 않다.[15]

바로 이렇게 현실에 대해 입장을 표명하지 못하는 무능력, 다시 말해 "우리의 정신에 대한 절대적인 회의와 실제적인 방임"[16]이야말로 니체가 진단하는 허무주의의 중요한 증거이다.

내가 여기서 말하는 것은 다음 두 세기의 역사이다. 나는 다가오고 있으며, 더 이상 다르게 올 수 없는 것을 기술한다: **허무주의의 도래.** 이 역사는 지금 이미 말할 수 있다: 왜냐하면 필연성 자체가 이미 여기서 일하고 있기 때문이다. 이런 미래는 이미 백여 가지 징후 안에서 말해지고 있으며, 이 운명은 도처에서 자신을 고지한다. (…) 우리의 유럽 문화 전체는 이미 오래전부터 한 세기 한 세기 자라났던 긴장의 고문을 받으며 마치 대혼란으로 내닫듯 움직이고 있다: 동요하고 난폭하게 허둥대고 있다: **종말로 가기를** 원하며, 더 이상 숙고하지 않고, 숙고하기를 무서워하는 폭풍과도 같이.**17**

니체는 인간이 자신의 실존 자리와 목적을 알지 못하는 허무주의를 역사적 필연성을 가지고 발생한 유럽문화의 위기로 파악한다. 현대인은 실제로 신의 죽음 이전보다 더 춥고 어두우며 중심이 없어 불안한 시대를 살고 있다. 신의 죽음이라는 사건이 현대를 규정하고 있는 것이며, 신의 죽음으로 도래한 의미의 진공상태가 현대인의 마음 환경이다.

그때까지 인간의 구체적인 삶을 규제하고 가치의 준거로 작용하던 전통과 권위, 도덕과 형이상학적 진리 등 서양철학사의 주역을 차지해왔던 거대담론들의 근거 없음이 폭로되어 가치의 영역에서 의미진공상태가 발생한 일이 신의 죽음으로 대별되는 현대적 사건이다. 허무의 경험이 극명하게 나타나는 양식이 바로 구체적인 대상을 지적할 수 없는 섬뜩한 불안이다. 인간의 현존재 전체를 뒤흔드는 이 불안은 근거가 없어진 후 심연 위에 존재하는, 전체로써 통제를 벗어난 모든 존재자들에게서 드러난다.**18**

어떠한 형이상학적 안전장치도 가지지 못한 인간은 철저한 외로움과 공허, 불안정, 권태, 무가치함 속에 빠져 있는 자신을 발견한다. 뷔흐너(Karl Georg Büchner)의 소설『렌츠』의 주인공처럼 어떠한 애증도, 희망도 없이 끔찍한 공허와 이것을 채우려는 부단한 불안에 시달리는 인간이 낭만적 허무주의의 전형적인 예라 할 수 있다. 유감스러운 일은 이 19세기의 불안한 유령이 몇몇 개인의 고안이 아니라 우리 시대 전체의 상황을 대변하고 있다는 사실이다. 가치세계에서 벌어지는 "길고 엄청난 일련의 붕괴, 파괴, 몰락, 전복"이 이 사건을 필연적으로 따라오는 이유는 죽은 신에게 기대서 "모든 것이, 유럽의 도덕 전체가 자라났기 때문"이다.[19]

아이러니하게도 허무주의를 불러온 신의 죽음은 기독교를 통해 양육되고 준비되었다. 니체는 기독교의 신 개념 안에서 무(無)가 신격화되고 무(無)에 대한 의지가 신성시되고 있다는 점을 퇴폐의 증거로 들고 있다.[20] 그에 따르면, "신이 삶에 대한 미화이자 영원한 긍정이 아니라 삶에 대한 반박으로 변질"되어버린 것이 기독교적 신 개념의 특징이자 기독교의 신을 "지상에 실현되었던 것 중에서 가장 부패한 신 개념 중 하나"로 낙인찍게 만드는 이유이다.[21]

니체가 데카당스(Décadence), 타락이라 부르는 현상은 생명 있는 어떤 것이 자신의 생명 본능에 반해 생명의 발현과 고양에 불리한 것들을 선택하는 일이다. 생명은 "성장을 위한 본능, 지속을 위한 본능, 힘의 축적을 위한 본능, 힘을 위한 본능"[22]이다. 이러한 생명 본능이 부인되는 곳이 바로 타락의 현장이다. 니체에게 허무주의는 해결해야 할 문제가 아니라 징후에 불과하다. 그것은 생명의 퇴폐와 노쇠, 즉 "생리적 데카당스의 표현"[23]이다. 무에 대한 의지가 삶에 대한 의지보다 우세해진 것에서 우리는 데카당스를 알아챌 수 있다.[24]

허무주의에 이르는 긴 인류사에서 니체가 발견하는 기이한 현상은 거대담론으로 인류가 중요시해온 최고의 가치들이 데카당스의 가치이며, 이러한 허무적 가치들이 가장 성스러운 이름으로 생명을 지배해왔다는 사실이다.[25] 이웃사랑의 종교인 기독교가 중시하는 동정(同情)은 생명의 에너지를 극대화하는 강장한 격정과 대립하는 위험한 가치이다.

동정은 "몰락에 이르러 있는 것을 보존하고, 삶의 상속권을 박탈당한 것과 삶에서 유죄판결이 내려진 것을 위해 싸우는 (…) 허무주의의 실천"이자 "비참함을 곱절로 만드는 것이며 비참한 모든 것을 보존하는 것으로서 데카당스의 증대를 위한 핵심도구의 하나"로 이해된다.[26] 이 데카당스의 도구인 동정은 '피안', '신', '참된 삶', '니르바나', '구원', '지복' 등의 이름으로 무를 설득하는, "생명에 적대적인 성향"이자 현대성이 앓고 있는 위험한 병이다.[27]

따라서 몇몇 근대 기독교 신비주의자들이 무에서 영혼의 안식과 평화를 읽어낸 것은 시사하는 바가 크다. 크루즈(Juana Inés De la Cruz)는 갈멜산의 스케치 옆에 다음과 같은 단상을 적고 있다. "갈멜산의 완벽한 정신의 길(…) 내가 무(無) 안으로 들어선 이래로 나는 나에게 아무것도 부족한 것이 없다는 것을 경험한다."[28] 자기 자신을 구출하고자 하는 인간의 의지가 "아무것도 의욕하지 않는 것보다는 오히려 허무를 의욕하고자 한다"[29]는 것이 금욕주의적 정신의 본질이라는 니체의 웅변적인 명제에 대한 증거처럼 읽히는 구절이다.

금욕주의적 기독교의 도덕이 길러낸 지적 성실성은 이제 이제껏 가능한 유일한 해석으로 여겨져 왔던 도덕적 세계관을 더 이상 용납할 수 없다. 그것은 자신을 길러온 도덕의 꼬리를 물고 "오랫동안 각인되어 왔던 거짓에 대한 통찰"을 허무주의에 이르는 자극으로 삼는다.[30] "오랫동안 힘이 허비되었다는 것에 대한 의식"이[31] 가치, 의미,

소망 가능성 전체를 철저히 부정하도록 부추긴다.

하나의 해석이 몰락한다. 그러나 그것이 **유일한** 해석으로 여겨졌기 때문에, 마치 실존에 아무런 의미가 없는 것처럼, 마치 모든 것이 **헛된 것**처럼 보인다.[32]

엄청난 힘이 바쳐진 세계 해석의 실행 불가능성이 **모든** 세계 해석들이 거짓이 아닌가 하는 의심을 불러일으킨다.[33]

허무주의는 그래서 모든 것이 헛되다는 감정의 보편화이고 인간의 용기 없음과 약함이 일반화된 상태이다. 자신의 삶이 가진 의미의 문제로 아파하는 고통당하는 짐승인 인간이 유일한 가치의 상실로 무의미한 고통에 내던져진 부조리한 상황이 벌어진 것이다.

3. 니힐리즘의 양가적 성격

19세기는 기독교가 중시해온 덕목인 진리 추구와 지적 성실성의 극점에서 인간의 이성이 그간 이성중심주의적 문명의 정향점과 기준점이 되었던 절대적 진리의 가상적 성격을 파악하고 폭로한 시대이다. 그리고 삶이 가상적 진리를 필요로 하고 있으며 인간이 그것들을 창조하고 '신' '진리' '자기 동일자' 등의 커다란 이름으로 포장해 절대화해 왔었다는 비극적 사실을 깨달은 시기이기도 하다. 그러나 철학자들의 오래된 편견을 편견으로 통찰한 후에도 니체는 이 오래된 편견들이 삶에 유용하게 복무해 왔다는 사실을 인정하고 있다. 하지만 그는 동시에 그러한 통찰과 인정 자체가 근대라는 새로운 시대가 가지는 가능성이자 미래로 열린 승리의 하나라는 것 역시 기입하고 있다.

> (이제까지 행해진 유용한) 잘못된 판단을 포기하는 것은 삶을 포기하는 것이며, 삶을 부정하는 것이리라. 삶의 조건으로 비진리를 용인하는 것, 이것이야말로 위험한 방식으로 습관화된 가치 감정에 저항하는 것을 의미한다. 이 일을 감행하는 철학은 그것만으로도 이미 선과 악의 저편에 서 있게 된다.[34]

인용문에서 저항의 대상으로 표기된 "위험한 방식으로 습관화된 가치 감정"은 절대적 진리의 실재성에 대한 믿음이다. 인간의 삶에 방향과 근거를 부여해 오고 절대적이고 완전한 가치를 갖는 참된 실체로 간주되어 왔던 형이상학의 큰 개념들이[35] 생존과 번영을 목적으로 만들어진, 존재자 전반에 대한 인간의 한 관점일 뿐이라는 인식과 그것에 대한 적극적인 긍정이 근대적 승리의 내용이다.

김주휘는 니체가 진단한 근대의 야누스적 성격을 분석해 근대가 가지는 새로운 가능성과 위험성을 지적하는 글에서 소크라테스의 프로그램을 따라온 알렉산드리아 문화의 정점으로 파악된 근대가 그 문화의 가장 발전된 도구인 과학을 이용해 자신의 꼬리를 물어 스스로를 부정하는 이 상황을 "비판적 반성이 가능하게 된 계몽의 시대"로 읽는다.[36] 신의 죽음으로 상징되는 진리의 가상성과 세계의 생성적 성격을 파악한 것은 근대인의 정신적 힘이 증대한 결과이며 '자유정신'이 출현하는 계기가 된 사건으로 어떤 시대에도 가능하지 않았던 인간의 위대성 실현으로까지 완성되어야 할 사건이다.[37]

같은 맥락에서 오트만(H. Ottmann)은 니체의 자유정신 편력을 "허무주의에 이르는 계몽의 길"[38]이라고 표현하고 있다. 신의 죽음이라는 사건의 긴박함과 연쇄반응의 정도에 대한 두려운 성찰이 있기 전 그 최초의 결과에서 니체가 느끼는 첫 감정은 "새롭고 표현하기 어려운 빛, 행복, 안도감, 유쾌함, 격려, 아침놀"[39]과 같은 것들로 새로운 가능성에 대한 희망을 표현하고 있다.

> 실제로 우리 철학자들, '자유로운 정신들'은 '늙은 신이 죽었다'는 소식에서 새로운 아침놀이 비치는 듯한 느낌을 받고 있다. 우리의 가슴은 감사, 놀라움, 예감, 기대로 흘러넘치고 있다. 마침내 우리에게 비록 밝지는 않을지라도 수평선이 다시 열린 것이다. ─마침내 우리의 배가 다시 출항할 수 있게, 모든 위험을 향해 출항할 수 있게 된 것이다. 인식의 모든 모험이 다시 허락되었다. 바다가, 우리의 바다가 다시 열렸다. 그러한 '열린 바다'는 아마도 일찍이 한 번도 존재한 적이 없었을 것이다.[40]

그러나 육지를 없애고 미지의 도덕세계를 찾아 떠난 철학자들이 항상 새로운 대륙을 발견하는 것은 아니다. 그간 억눌려 있었던 인간의 위대성이 드러날 가능성을 내포하고 있는 신의 죽음은 동시에 "인간을 파멸시킬 수도 있는 하나의 병"[41]이다. 비극 시대의 그리스인들처럼 충분히 강한 자들에게서는 인간의 위대성 만개로 이어질 수 있는 절대적 진리의 실재성에 대한 믿음의 상실이 그러나 자신의 생명력을 신뢰하지 못하는 약한 자들에게는 절망과 파괴, 혼돈이라는 끔찍한 대재앙으로의 질주를 의미할 수 있다.[42] 니체는 고향을 불태우고 새로운 세계를 찾아 나서는 일에 동반되는 위험과 좌절에 대해 다음과 같은 그림을 그려 보여주고 있다.

> **무한한 수평선** ─우리는 육지를 떠나 출항했다! 우리는 다리를 건너왔을 뿐만 아니라, 우리 뒤의 육지와의 관계를 단절했다! 그러니 작은 배

여, 앞을 바라보라! 네 곁에는 대양이 있다. 대양이 항상 포효하는 것은 아니다. 때로 그것은 비단과 황금, 재화의 꿈처럼 그곳에 펼쳐져 있다. 하지만 언젠가 이 대양이 무한하다는 것을, 그리고 무한보다 더 두려운 것은 없다는 것을 깨달을 때가 올 것이다. 오 한때 자신을 자유롭다고 느끼다가 이제 이 새장의 벽에 몸을 부딪고 있는 새여! 마치 육지에 더 많은 자유가 있었다는 듯 육지에 대한 향수가 너를 사로잡는다면 그것은 슬픈 일이로다! '육지'는 이제 없다![43]

돌아갈 육지는 없고 새로운 대륙은 보이지 않는다. 지친 탐험가가 항해와 여행 전체를 절망적으로 바라보고 난파하게 될 위험은 크다. 니체는 필연적으로 도래하는 허무주의가 가치 일반에 대한 비판의 모습으로 나타날 것을 예고하고 있다. 절대적 진리의 상실 후에 상대적인 다양한 가치들을 시험하다 가치 전반에 대한 불신이 팽배해지는 니체 이후 두 세기의 모습은 다음과 같다.

근대인간은 시험 삼아 때로는 이런 가치를, 때로는 다른 가치를 믿어 보며, 그런 다음 놔버린다: 살아남고 내버려진 가치들의 범위는 계속 꽉 차가고: 가치의 공허와 빈곤이 점점 더 깊이 느껴진다: 이 움직임은 멈추지 않는다. (…) 마침내 근대인간은 가치 일반에 대한 비판을 감행한다: 그는 가치의 연원을 충분히 알아차리며: 더 이상 아무런 가치도 믿지 않을 만큼 충분히 알아차린다: 파토스가, 새로운 전율이 거기에 있다…[44]

니체는 허무주의를 체득한 현대인의 시험적 삶의 상황이 가장 깊은 자기반성이 필요한 큰 위기라고 진단하고 있다. 그리고 이 위기에서의 회복이 가능하다고 주장한다. 가치의 공허와 빈곤에서 인간이 상실한 것은 지속에 대한 의지와 믿음이다. 현대인이 시험하다 버리는 새로운 가치들과 화려한 가면들 뒤에 삶에 지치고 피로한 병자가 숨어 있다면 그것은 확실히 불행한 일이고 위험한 상황이다.[45] 면 곳을 내다보고 건설하는 용기와 능력이 상실된 시대가 바로 배우들이 지배하는 현대, 허무주의 시대의 실상이다.[46] 세대와 세기를 넘어 1천 년을 염두에 둔 거대한 계획에 복무하려는 자가 사라진 시대가 현대의 위험한 모습인 것이다.

필자는 『비극의 탄생』에서 나타난 비극적 문화의 구조에 대한 사유의 구도, 즉 아폴론적 가상의 창조로 디오니소스적 심연의 구원이라는 구도가 니체 사상을 일관적으로 흐르는 생각이라는 김주휘의 견해에 동의한다.[47] 과학으로 진리의 가상성을 발견한 근대는 인간의 위대성이 발현되고 예술과 인식을 중시하는 섬세한 고급문화가 창조될 가능성이 있는 시대이다. 진리의 가상성이 밝혀지고 삶에 대한 신뢰가 사라졌다고 세계가 멸망하는 것은 아니다. 니체의 말처럼 "사랑의 방식이 바뀌는 것일 뿐"이지 사랑은 계속된다.[48]

비밀스런 여인, 우리에게 의심을 품게 만드는 여인에 대한 사랑이 더 강렬할 수 있는 것처럼 문제가 되어버린 삶에 대한 사랑은 더 깊게 계속될 수 있다. 근대가 위기인 것은 따라서 의미 없는 삶이 문제가 되어버린 상황이 아니라 과학과 기독교의 교육으로 길러진 지적 성실성이 달성해낸 디오니소스적 심연의 드러냄에 상응하는 새로운 아폴론적 창조력, 즉 의미를 창출하는 능력이 따라오지 않고 있다는 사실에서 기인한다.[49]

니체는 결국 완결되지 못한 저서 『힘에의 의지』의 한 계획에서 유럽 허무주의의 역사를 다루는 장의 제목에 "가치의 투쟁"이라는 것을 붙이고 있다.[50] 가치의 투쟁은 동일한 의미진공상태를 바라보는 생명의 두 가지 양태 사이의 전쟁이다. 허무주의가 가능성으로 나타나기도 하고 위기로 나타나기도 하는 이유가 무엇인가? 그것은 건강한 생명이 갖는 조형력, 즉 "가치를 설정하는 인간의 능력"[51]에 대한 신뢰의 차이이다.

한쪽에는 가치의 진공을 자발적인 창조를 통해 새로운 가치로 채울 의지와 힘을 가진 상승하는 생명력의 인간 유형이 있고, 다른 한쪽에는 삶에 지치고 피로해진 쇠약한 인간 유형이 자리한다. 이들 사이의 투쟁이 바로 허무주의를 상대해 벌어지는 가치의 투쟁이다. 니체는 이 가치의 투쟁에서 동일한 허무주의가 "정신력의 하강과 퇴행", 또는 "상승된 정신력의 징후" 두 가지 중 어떤 것으로 읽히느냐를 기준으로 수동적 허무주의와 능동적 허무주의를 구분하고 있다.[52]

4. 주권적 개인

너희가 바로 신이라고 선언한 율법의 명제를[53] 체현시킬 수밖에 없는 자가 바로 허무주의의 시대에 나타나는 주권적 개인이다. 니체는 자유정신의 세 가지 변화 중 첫째 변화인 낙타에서 사자로의 변화를 "스스로 정의하고 스스로 가치를 정립시키려는 힘과 의지의 첫 분출, 자유로운 의지를 향한 의지"[54]가 나타난 시점으로 설명하고 있다. 사자가 도달하려는 곳에 가치의 주체적 정립자인 주권적 개인이 위치한다. 그러나 주권적 개인의 등장은 자발적이라기보다 시대적 요청이자 허무주의적 상황에 따라 선택이 강요된 것이라는 데 그 비극적 성격의 본질이 있다. 니체가 허무주의를 불러온 이 최초의 해방을 "인간을 파멸시킬 수도 있는 하나의 병"[55]이라고 진단하고 있는 것은 이러한 정황에 근거를 두고 있다.

주권적 개인 시대의 또 다른 이름은 가면의 시대이다. 자신이 만든 가치와 법칙에 먼저 복종해 세계를 새로 만드는 자가 주권적 개인이라면 그렇게 만들어지는 개인의 세계는 일차적으로 인위적인 자신만의 세계이다. 그가 일정 기간 자신의 세계관을 고집해 나갈 때 그것은 타인에게 성격으로 비쳐진다. 그리고 파괴된 옛 가치의 폐허에서 잠정적으로 이러저러한 가면을 써 보는 일이 당장은 자유정신에게 허락된 모든 것이다. "이른바 **성격이라는 가면들을** 쓴 인간들, 그들은 그들의 가면들을 보여주는 것을 부끄러워하지 않는다."[56] 니체가 페리클레스의 아테네인들과 현대의 미국인들의 뻔뻔한 믿음과 관점이 전면에 나서는 시대라고 비판하는 배우의 시대는 가치 영역에서도 즉흥적 실험이 기꺼이 행해지는 민주적인 시대이다.

이런 시대의 개인은 자신이 거의 모든 것을 할 수 있고, 거의 **모든 역할**에 **적합하다고** 확신한다. 누구나가 자기 자신을 가지고 실험하고, 즉흥적으로 실험하고, 새로이 실험하고, 기꺼이 실험한다.[57]

성실하게 가치를 실험하는 인간들의 주변에 스스로 만든 도덕과 가치가 진열되고 우선은 배우가 판치는 역할극의 시대가 이 시대의 특징이다. 절대적인 진리에 대한 믿음이 없기에 "배역과 가면과 가상 안으로 들어가려는 요구"[58]가 주도적인 충동이 된 상태가 배우의 상태이다. 그는 "새로운 상황에 항상 새로이 자신을 맞추고, 언제나 다른 모습으로" 나타나 순간에 적응한다.[59] 거짓과 순간에 복무하는 현대인……. 그는 혼란의 와중에 있다. 두 개의 인격, 아니 다중 인격이 그의 영혼에 깃들어 있다. 전통과 미래에 대한 의지, 옛 가치와 새로운 가치, 노예도덕과 주인도덕이 그의 영혼을 전쟁터로 삼는다.

때로는 이들 사이에 격투가 벌어지고 때로는 타협과 제휴, 애매한 공존 상태와 연합전선도 형성된다. 그러나 오랜 전쟁은 사람을 지치게 하고 사람은 위험한 상황에 대해 점차 무감각해져간다. 현대인은 자신이 심연에서 줄 타는 자임을 잊어버리고 작은 안정과 성취에 안주해버린다. 망망대해를 날아가다 파선한 배의 마스트에 거짓 궁전을 짓고 다른 새들을 유혹하는 타락한 자유정신의 메타포는 피로에 지쳐 시도하는 정신이기를 그친 허무주의의 희생자들을 상징한다.[60]

신의 죽음 후에 가치와 의미의 진공상태를 살아남기 위해 나타나는 실험하는 주권적 개인에게 부여되는 속성들은 실제로 이전에 신에게 부여되던 속성들이다. 새로운 세계의 창조라는 엄청난 과업이 그의 어깨에 걸려 있다.

근대 신비주의의 아버지로 불리는 야콥 뵈메(Jakob Böhme)는 존재가 유출되는 근거이기에 '무(無)이자 모든 것인 신'의 자유를 영원한 시작으로 파악한다. 무가 "존재하는 어떤 것에 대한 병적 열망"(Sucht nach Seiendem)을 의미하기 때문이다.[61] 마찬가지로 의미를 찾는 주권적 개인의 추구 역시 영원한 시작을 중요한 특성으로 갖는다. 주권적 개인의 다른 이름인 어린아이 역시 영원한 새로운 시작을 상징한다.

정신적 편력의 종점, 즉 어린아이로 상징하는 단계에 도달한 자유정신은 나중에 다른 곳에서 "주권적 개인" 또는 "자율적이고 초윤리적인 개체", "자유의지를 지배하는 자"라고도 표현된다.[62] 다시 말해 주권적 개인은 유럽 허무주의 운동의 극점에서 나타난다. 근대성의 극복을 위해 몸부림치는 근대인의 모습이 유럽 허무주의 운동의 다른 이름이다.

근대를 근대로 만드는 본질은 개인의 나타남이다. 개인이라는 단어는 개체(Individuum), 즉 나누어지지 않은 단독자를 의미한다. 세상의 주인이 스스로임을 자처하며 등장하는 이 개인은 타인과 나눌 수 없는 어떤 것을 자신의 것으로 주장하는 인간이다. 과학정신으로 무장하고 도구적 이성을 신봉하는 그는 세상의 개척자이고 주인이기를 원한다. 그러나 근대의 주체인 개인은 외롭다. 삶이 갖는 동물적 필요와 한계는 개인에게도 고유한 것이다. 개인은 처음부터 타인과 세계라는 외적인 타자와의 관계 속에서 자신만의 특정한 입장과 관점을 취하고 자신을 관철시키려 노력할 수밖에 없는 운명을 타고났다.

자신의 생명을 유지하고 자신이 지향하고 추구하는 바를 성취하려고 개인은 부단히 다른 생명을 점유해야 하며, 생명이 뿜어내는 정신적인 활동까지 포함하는 타인 삶의 에너지를 자신의 논리와 의도에 따라 재구성하고 동화하는 노력을 경주할 수밖에 없다. 삶의 불공정성이 체화되어 부딪치는 생명의 공간이 개인들이 만들어내는 세계이다. 그러나 이러한 한계에도 불구하고 개인은 인간이 행하는 모든 인식과 활동의 기초일 수밖에 없다. 공정하고 불공정한 모든 인식과 활동은 이 개인에게서만 가능하다.[63] 근대성을 뛰어넘고자 몸부림치는 근대의 비극이 발생하는 이유가 바로 이것이다.

자신의 가치와 진리를 모두 자기 자신으로부터 만들어야 하는 자는 신이 차지했던 허무의 자리에 자신을 앉힌 자이다. 그는 자신으로 창조되는 새로운 가치와 질서세계 밖의 모든 것을 무화하는 인간이자 파괴자이다. 최상의 것에 대한 희망이 포기되면 남는 것은 무엇인가? 니체는 가까운 것의 친구가 되라고 권한다. 이제까지 진리와 신처럼 요원하고 이승에서 찾기 어려운 것들에 쏟았던 정성을 우리와 함께 생기의 과정을 겪고 있는 것들에게 다시 돌리라는 것이다. 그가 말하는 대지에 대한 사랑은 가능한 것에 대한 성실함이다.

주권적 개인이 탄생하는 길에서 시험적으로 여러 가치를 걸치고 실험해보는 배우들과 주권적 개인의 관계는 차라투스트라가 경멸하고 구역질을 느끼는 최후의 인간(der letzte Mensch)과 위버멘쉬의 관계와 같다. 전자에서 후자로의 도약은 자신의 행동에 대한 책임과 실존적 결단, 그리고 디오니소스적 긍정으로 성취된다.

이런저런 가치들을 잠시 걸치고 연기를 하는 배우들과 달리 주권적 개인은 스스로에게 자신이 창출한 가치를 충실히 살아낼 것이라 약속하고 그 행위에 대해 책임지는 존재이다. 니체는 주권적 인간에게 본능으로까지 성장하는 이 책임과 자유의식에 대한 자부심을 "양심"이라고 부르고 있다.[64] 니체가 "관습과 도덕과 사회적 강제라는 거대한 과정의 종점"[65]이자 고통스럽고 지난한 인간화 과정의 "만숙한 열매"[66]라고 부르는 주권적 개인은 인간의 자기부정, 생명의 자기부정을 극복하고 자신의 삶과 의지의 주인이 된 인간이다.

5. 자신만의 이상을 설계하고 실현하기

그 무근거의 폭로에 따라 무의미해진 이상들은 단순하게 지성사의 한 장으로 역사화되거나 화석화되지 않는다. 정신세계에서는 추방이나 멸절은 없고 오직 힘의 재구성을 통한 새로운 의미의 부단한 건축이 있을 뿐이다.

관념과 지각 사이에 벌어지는 것은 실존을 위한 투쟁이 아니라 지배를 위한 투쟁이다―극복된 관념은 파괴되는 것이 아니라 단지 억압되거나 종속된다. 정신적인 것 안에 파괴는 없다……[67]

힘 경제의 전체 조직 안에 모든 동화된 힘을 생명의 고양에 복무하도록 새롭게 기능을 부여해 쓰는 힘에의 의지 원칙은 이념세계에도 통용된다. 물론 극복된 이상과 가치가 곧바로 다른 이상과 가치의 한 기능을 담당하지는 않는다. 새로운 이상과 가치가 나타날 때까지 정신의 권좌는 비어 있기도 하다. 이 공허함을 견디는 것은 주권적 개인이 가져야 할 덕목 중 하나이다.

이제까지의 인류의 이상주의 전체는 막 허무주의로 변하려 하고 있다─절대적 무가치성 다시 말해 무의미성에 대한 믿음으로…….
이상의 파괴, 새로운 황무지, 새로운 예술, 그것을 견디기 위해, 우리 양서류.
전제: 용기, 인내. '귀화'도 없고, 전진에 대한 열기도 없어야 한다.
주의. 차라투스트라, 늘 익살스럽게 이전의 모든 가치를 대한다. 충만함으로부터.[68]

자신의 노력과 고통, 실존 전체에 의미를 부여해 주던 지주를 잃는 것은 힘들고 슬픈 일이다. 니체가 그 공허를 견뎌야 하는 자에게 양서류 같은 인내를 처방하는 것은 인상적이다. 진정한 용기에 불가피한 요소인 인내(patientia)의 고전적 의미는 불행을 목전에 두고도 사태를 투명하게 직시하는 능력이다. 인내로 인해 인간은 무질서한 슬픔이 정신을 파괴해 그 위대함을 앗아가지 못하도록 스스로를 보호하는 것이다.[69] 그러나 그 인내를 보상해 줄 어떠한 진리도 기대하지 않으며 파괴된 이상의 공허를 견디는 일은 쉬운 일이 아니다. 차라투스트라가 충만함으로부터 이전 가치들을 확보된 놀이의 재료로 삼을 수 있기까지 보여주는 깨달음과 극복의 지난한 과정이 그 증거이다.

"인간이 어떻게 행동해야 하는가?"라는 물음은 인간의 이상과 관련된 질문이다. 그것은 설정되거나 주어진 이상, 즉 모범에 도달하기 위한 규준과 방법에 대한 물음이다. 민족과 국가, 종교와 철학, 또는 정당 같은 특정 집단이 자신들이 도달하고자 노력해 온 특정한 범례와 이상을 가지고 있었을 때, 이 질문은 목표에 도달하는 데 필요한 도구와 방편에 대한 질문으로 연결되었다.

그러나 옛 가치가 사라진 허무주의의 시대에 이 질문은 더 이상 집단이성에 던져질 수 있는 질문이 아니다. 공적인 진리가 힘을 잃은 현대가 세울 수 있는 목표는 개인주의적일 수밖에 없는 것이다. "목표는 그러나 각자가 자신의 이상, 개인적인 모범을 **설계하고** 실현하는 것이다."[70]

니체는 이 새로운 개인적인 이상의 설계에 "모든 생산력"과 "자신의 힘에 대한 통찰과 인식"이 필요하다고 주장한다.[71] 1880년대 초반 그가 아직 질문을 던지고 있을 당시, 니체는 인간이, 아니 자신이 나아갈 바를 밝히는 자신만의 이상을 아직 갈무리해내지 못한 상태에 있었다. 그러나 그의 생명력은 이 이상의 갈무리가 충동과 정열의 배제나 멸절이어서는 안 되며 전체성의 보존과 인식의 고양을 목표로 해야 한다는 것을 직관적으로 알고 있었던 듯하다.

> 우리는 우리의 모범(Muster)을 설계하는 데 있어서 우리의 오류와 충동을 줄여서는 안 되며, 그것의 **세련된** 형식을 발견할 수 있어야 한다.[72]

허무주의의 시대에 인간이라는 연약하지만 섬세한 나무가 여전히 위대성을 보일 수 있는, 아직도 허락된 방식은 자신 속의 정열, 충동을 포함하는 생명의 힘 전체에 방향과 고상한 형식을 부여해 성격을 육성하는 일일 것이다. 그것은 자신의 존재와 자신을 둘러싼 세계에 새로운 질서를 부여해 그것을 코스모스(Kosmos)로, 즉 질서 있는 유기체로 만드는 일이다.

인식의 최종 목적이자 근거로 작용해온 '절대적 진리'의 가상성을 들여다본 인간이 "이 세상에는 가상과 도깨비불과 유령의 춤 외에는 아무것도 없다"[73]는 사실을 알고 난 뒤에도 인식이 계속된다는 것이 현대성의 문제이다. 가상진리로 밝혀진 큰 개념들이 보장해 온 의미의 문제와 인간 행위의 정향점에 대한 물음이 여전히 남는 것이다. 따라서 주권적 개인으로 말미암은 정치한 가상과 삶의 규칙의 의도적인 생산이 이제 생명을 긍정하는 방식일 수 있다.

> 이 모든 꿈속에서 '인식하는 자'인 나도 나의 춤을 추고 있다는 것, 인식하는 자는 이 지상의 춤을 오래 끌게 하는 수단이며, 그러한 한 현존재의 축제를 주최하는 자에 속한다는 것, 모든 인식의 숭고한 일관성과 결합은 아마도 꿈의 보편성과 모든 꿈꾸는 자들의 상호 이해, 그리고 **꿈의 지속을 유지시켜주는 최상의 수단**이라는 것을 나는 느낀다.[74]

허무주의의 핵심인 절대적 진리의 가상성에 대한 인식, 즉 "세계의 가치가 우리의 해석에 놓여 있다"[75]는 사실은 그 이면에 우리가 해석을 멈추지 않는 한 세계의 가치와 의미는 무궁하다는 통찰로 연결된다. 니체 철학을 관통하고 있는 해석학적 직관, 즉 "인간의 모든 고양은 편협한 해석들의 극복을 수반하고, 성취된 모든 강화와 권력 확대는 새로운 관점들을 열어 놓는다"[76]는 확신은 더 이상 수동적 허무주의에 패한 자의 철학이 아니다. 이것은 적극적으로 생명의 본령인 해석을 수행해 나가며 자신의 주위에 의미의 그물망을 짜는 새로운 신의 외침이나 다름없다.

인간에게 허락된 고귀함의 세련된 형식에 대한 니체의 단상도 의미진공상태의 현대에 옛 가치들이 폄하해 온 삶의 규칙을 찾아 세우고 이를 옹호하는 일이 중요하다는 것을 지적하고 있다.

> 가깝고 필수적인 것, (인간이라는) 종을 유지시키는 데 가장 유용한 것
> 과 규칙일반 (…) 규칙의 옹호자가 되는 것 —아마도 이것이야말로 지
> 상에 고귀함이 현현하는 최후의 세련된 형식이 될지도 모른다.[77]

니체는 허무주의를 둘러싼 의미의 문제가 얼마나 큰 파급 효과를 가지고 있는지 숙지하고 허무주의의 무거운 짐을 짊어진다. 인류의 운명이 정향할 어떠한 확실한 가치도 존재하지 않는 상황에서 착종된 길과 무지한 자의 두려운 자유가 시작된다. 이렇게 철학적 탐험을 위해 승선하라는 니체의 구호는 인간의 실존 전체가 걸려 있는 심오한 차원을 획득한다.

그래서 니체는 "악마나 귀신 또는 이성과 인간성의 고의적인 파괴자가 아니라, 명백히 '불쌍한 돼지새끼', 섬세하고 다치기 쉬우며 많이 다친, 사람의 자식이다. 그가 특별히 불쌍한 것은 그가 우리 시대의 가장 나쁜 측면에 대한 인식, 즉 허무주의를 자신의 십자가로 짊어졌기 때문이다."[78] 그러나 니체는 이 십자가에 매달려 있거나 기진해 죽기를 원하지는 않았다. 인류가 맞이한 위험한 의미의 위기인 허무주의는 인간이 그것 때문에 멸망하지 않으려면 인간의 힘으로 극복되어야만 한다.

니체의 신랄한 비판 이후에 옛 가치와 이상으로 돌아갈 길이 끊어졌기 때문이다. 인간에게 더 적합한 건강한 세계를 다시 찾을 희망을 가지고 니체는 자신을 "유럽 최초의 완전한 허무주의자"이자 "허무주의를 이미 자신의 내부에서 끝까지 체험해본 자", "허무주의를 자신의 뒤에, 자신의 밑에, 자신의 밖에 두는 자"라고 부른다.[79] 이것은 자신이 근대의 위기와 공허를 목도하고 살아냈으며 자신의 생명

과 책임을 걸고 이를 극복하려 했다는 고백이다.

새로운 가치를 창조하는 주권적 개인으로서 먼저 자신이 만든 준칙에 복종하고 그 가치가 주장하는 이상의 내용을 자신의 삶에 일관되게 적용해 자신과 세계를 정합적인 우주로 만들었다는 고백인 것이다. 실제로 그가 만들어내고 자신의 웅변적인 삶과 글쓰기로 살아낸 가치들은 많다. 주권적 개인과 미래의 철학자, 위버멘쉬, 어린아이 등으로 표현되는 강한 의지와 책임감을 가진 가치 정립의 주체, 영겁회귀와 운명애(amor fati), 생성과 생명에 대한 디오니소스적 긍정 등이 그가 그것으로 당대 허무주의의 심연을 강장하게 넘어간, 그의 낙관이 찍힌 가치들이다. 뒤에 남은 우리에게 중요한 것은 이제 또 다른 우리만의 태양을 올리고 인식의 춤으로 생명의 꿈을 지속하는 일일 것이다.

신이 된 인간에게 가능한 것은 의외로 많다. 꿈을 꾸는 능력, 즉 자신과 종족의 미래를 재단하고 준비하는 능력이 그중 하나이다. 그는 심연 위에 생기하는 생명을 긍정하고 이들을 의미망 안으로 끌어들이는 자신의 능력을 극점까지 끌어올릴 수 있다. 높고 고상한 문화에 대한 동경, 고유한 삶의 영역을 가진 탁월한 개인들이 지속적인 자기극복으로 함께 만들어가는 정선된 공동체를 위한 노력이 그의 꿈 중 하나이다.

제8장

철학적 자기 치유로서의 가치전도

"인간에게 있는 위대함에 대한 내 정식은 운명애다: 앞으로도, 뒤로도, 영원토록 다른 것은 갖기를 원하지 않는다는 것, 필연적인 것을 단순히 감당하기만 하는 것이 아니고, 은폐는 더더욱 하지 않으며 (…) 오히려 그것을 사랑하는 것…."

모든 종류의 비애와 영혼의 비참한 상태를 극복하기 위해
시도되어야 하는 일은 우선 식단을 바꾸고
육체적으로 고된 일을 하는 것이다.[1]

1. 위대한 일은 단번에 성취되지 않는다

선입견과 대중의 의견, 관습과 전통에서 벗어나 자유로운 사고를
행하려고 새로운 관점을 채택하는 일은 철학의 시작부터 권장되었
던, 철학사에 면면히 흐르는 전통에 해당한다. 자신의 교훈시에서
억견(dóxa)에 이르게 하는 일상의 감각적인 경험을 조심하라고 경
고하는 파르메니데스나[2] 정신의 해방 과정을 그린 동굴의 비유에서
추측(eikasía)과 신념(pístis)을 자유로운 정신의 운행에 방해가 되는
것으로 보았던 플라톤,[3] 극장의 우상(Idola Theatri)으로 "구태의연한
관습과 경솔함과 태만"을 경계하는 베이컨은 물론이고,[4] 심지어 세
계에 대한 해석이 아니라 변혁이 중요하다고 주장하는 마르크스로
서도 새로운 관점의 채택과 해석이야말로 철학의 본령임이 역설적
으로 선포되고 있다.[5]

관점 변화란 눈에서 비늘이 벗겨지는 것처럼 사태의 새로운 속성

과 맥락을 보는 것이고, 한 사태가 다른 사태들과 맺고 있는, 이전에는 생각지도 않았던 연관으로까지 인식을 확대하는 일이다. 그러나 기존의 사고를 벗어나는 새로운 관점의 채택과 동일한 사태를 다른 콘텍스트에 집어넣어 의미의 그물망을 짜는 새로운 해석은 범인들에게 항상 용이한 일은 아니다. 그러기에 가치의 전도를, 그것도 모든 가치의 전도를 기치로 내걸고 새로운 관점과 가치를 실험하는 일로 자신의 본업을 삼은 니체 실험철학의 진심과 전모를 의심해보는 일은 어쩌면 상식에 입각한 당연한 일인지도 모른다.

인간은 한평생 과연 몇 번이나 관점이 바뀌는 경험을 하는가? 물론 인간이란 종을 모두 아우르는 이런 식의 질문은 개인의 지적·도덕적 차이를 강조하고 그 다름을 자신의 사고 기초로 삼는 니체 철학에는 적합하지 않을지도 모른다. 개인이 속한 환경과 노력 여하에 따라 지적 탈피의 횟수 역시 달라질 것이기 때문이다. 니체 스스로도 얼마나 많은 진리를 자신의 것으로 극복하고 견뎌냈느냐를 기준으로 인간완성의 시험대를 마련한 바 있다.[6] 그럼에도 불구하고 인간의 한평생에 허락된 또는 가능한 지적 탈피의 횟수는, 설령 그것이 살아 있는 정신으로 남기 위해 필수불가결한 일임에도 불구하고 개인차를 십분 고려한다 하더라도 그리 많지 않아 보인다.

자신이 인지하기 전부터 자신을 규제하던 도덕에서 벗어나는 일은 지극히 어려운 일이다. 니체 스스로 그러한 사실을 알고 있었고 그래서 그가 고대의 강한 도덕을 극복하고 보다 온화한 도덕을 구현했다고 믿는 현대인에게 자주 던졌던 경고는 경솔하게 착각하지 말라는 것이었다. "오늘날 우리가 이러한 감정의 논리에서 완전히 벗어났다고 믿는 것은 너무나 경솔한 일이다!"[7] 관점 변화, 특히 편협한 관점에서 출발해 의식의 지평을 넓히는 관점 변화와 이 바뀐 관점을 체화하는 일은 병의 치료처럼 천천히 일어난다.

서서히 일어나는 치료 — 육체의 만성적인 병과 마찬가지로 영혼의 만성적인 병도 육체와 영혼의 법칙을 크게 한번 침해하는 것으로만 생기는 경우는 매우 드물다. 그것은 흔히 알아채지 못한 무수하고 사소한 소홀 때문에 발생한다. (…) 모든 치료는 서서히 그리고 미세하게 행해진다. 자신의 영혼을 치유하려는 사람은 가장 사소한 습관들을 고쳐야 한다.[8]

적은 복용량 — (병에 걸린 몸을) 가능한 한 깊숙이 변화시키려면 우리는 약을 극소량으로 그러나 장기간에 걸쳐 지속적으로 복용해야 한다! 어떤 위대한 일이 단번에 성취될 수 있겠는가! 그래서 우리는 우리가 길들어 있는 도덕의 상태를 성급하게 그리고 폭력적으로 사물들에 대한 새로운 가치 평가와 바꾸지 않도록 주의하려 한다. 그렇다. 우리는 우리가 길들어 있는 도덕의 상태 속에서 오랫동안 살고자 한다. 새로운 가치 평가가 우리의 내면에서 우세한 것이 되었고, 우리가 **이제부터 길들어야만 하는 그러한 가치 평가의 적은 복용량**이 우리 내면에 새로운 본성을 길렀다는 사실을 아마도 매우 늦게 깨닫게 될 때까지.[9]

가치와 관점을 갑작스레 변화시켜 행한 치료는 위험한 엉터리 치료일 가능성이 크다. 차라투스트라가 '얼룩소'라는 마을을 둘러싼 산에서 만난 젊은이의 예는 하나의 관점이 체화되기 전에 성급하게 새로운 관점을 다시 채택하는 일이 결국 실존적 위기로 연결된다는 점을 지적하고 있다. 그는 수많은 관점들을 지나쳤지만 그 과거의 관점들을 체화시켜 자신이 언제든 사용할 수 있는 도구로 만드는 일에 실패하므로 원하던 자유에 이르지 못한 것이다.[10]

변화된 관점이 체화되어 그 관점을 채택한 사람의 인생을 실제로 바꿀 때까지 오랜 시간이 걸린다는 것을 니체 스스로 인정하는 예는 도처에서 발견된다. 19세기의 역사적 감각을 역사에 나타난 새로운 기이한 병이자 덕으로 평가하는 니체가 이 싹이 발아해서 새롭고 고상한 인간성이 발현될 때까지 수백 년의 기간이 필요할 것이라고 예측하는 지점은[11] 그가 한 관점 변화가 인간을 변화시키는 기간을 상당히 장기간으로 잡고 있음을 시사한다.

니체 실험철학의 특이함 중 하나는 새로운 관점으로 인한 의도적인 가치의 전환을 철학적 프로그램으로 채택한 데 있다. 내일의 지평을 열려고 오늘의 나를 있게 한 과거의 가치들을 부단히 전복시키는 한평생의 실험이 그 프로그램의 내용이다. 그 시도가 진정으로 실행됐을 경우 이것을 시도한 철학자의 삶이 신산하고 외로우며 방향 없이 흔들리는 분열증의 징후를 드러낼 것임은 쉽게 예상할 수 있는 일이다. 나아가 이러한 부단한 가치전도의 시도에도 불구하고 그 철학자의 삶의 궤적에 어쩔 수 없이 남아 있는 인간적인 너무나 인간적인 요소들을 근거로 그러한 시도 자체가 인간의 한계를 넘어서는 불가능한 것임을 지적하며 논의를 끝낼 수도 있다.

이러한 경우 재확인되는 사실은 패러다임이나 시대정신과의 대결 속에서 몇 번의 시도와 성공은 가능할지 모르나, 자신의 실존의 근거로 작용해 온 가치의 발판을 부단히 제거하는 일은 누구에게도 가능한 일이 아니라는 사실이다.[12] 설령 그러한 일이 가능하더라도 그것은 어쩌면 헤겔이 "악 무한"(schlechte Unendlichkeit) 또는 "부정적 무한"(negative Unendlichkeit)이라 부르며 경계한, 한계의 부정과 모순의 고발 이외에 여하한 목적에도 이르지 못하고 그 패턴에서 동일한, 부단한 자기규정의 시도로만 남을 가능성이 크다.[13] 야스퍼스(Karl Jaspers)의 니체 해석도 니체의 극단적인 실험철학이 갖는 이러한 위험을 지적한다. 자신의 현존재가 갖는 확고함을 다 해체하고 삶을 구성하는 모든 것이 영원한 시도로 남는 순간, 인식이 설 근거가 없어지고, 종래에는 인식이 가져야 할 실존적 진지함과 결단력마

저 사라진다는 것이다.[14]

관점의 변화라는 주제만큼이나 철학사를 관통하는 오래된 개념은 철학적 의사 또는 영혼의 관리사에 대한 이상이다. 철학적 치유는 기본적으로 타인에 대한 치유이기에 앞서 자기치유이다. 플라톤의 동굴 비유에서 사슬에서 풀린 죄수가 온전한 치유에 이르기 위해서는 타인에 따라 사슬에서 풀리는 행위뿐 아니라 동굴 밖을 나가서 진리의 실상을 보고 다시 본래 자리로 돌아오는 자기극복과 인식의 체화 과정이 요청된다.

이 과정의 대미는 새롭게 얻은 지평을 자신의 것으로 인정하는 행위로서 이루어진다. 이렇게 자신을 치유한 자가 타인을 치유할 때 벌어질 수 있는 어려움들은 또 다른 차원의 현상학적 문제이다. 니체의 말처럼 자기치유의 증거야말로, 즉 "그 자신을 치유한 경험을 지닌 자를 눈으로 보도록 하는 것"[15]이야말로 철학적 의사가 환자에게 줄 수 있는 최선의 도움일 것이다.

이번 장에서는 철학사가 간직해 온 오래된 두 개념, 즉 새로운 관점의 채택과 철학적 치유를 니체 철학에서 결합해 살펴본다. 니체가 자신의 철학함을 질병과 회복, 방랑의 역사로 인식하며 그 경험치를 "과거에 사로잡혀 있고 과거의 정신을 고뇌할 수 있는 정신을 아직 충분히 가지고 있는 사람들의 마음과 귀에"[16] 전하고 싶어 하는 사실은 이러한 결합이 니체 철학에서 내재적으로 정당하다는 증거일 수 있다.[17]

도구적 이성의 강조와 기능, 효율성의 편협한 배양으로 인류에게 발생한 질병과 독, 위험에서 생겨날 수 있는 모든 것들이 교차하는 아픈 현대인에게 "하나의 새로운 건강으로 가는 길" "내일과 모레의 건강으로 가는 길"[18]을 위안으로 제시하는 니체에게 관점 변화를 통한 가치전도와 영혼 치유는 같은 지점을 가리키고 있다. 니체 인식론의 핵심 개념인 관점 변화와 후기 니체 실험철학에서 중요한 콘셉트인 동일한 것의 영원회귀 사상을 중심으로 철학적 자기치유의 가능성을 모색해 보는 것이 이번 장의 목적이다.

2. 관점 변화: 고통과 치유의 변증법

평생 병고에 시달리며 견딜 만한 환경을 찾아다닌 니체에게 건강은 중요한 화두 중 하나이다. 건강한 삶의 양식으로 그가 선택한 "가장 가까이 있는 것들의 좋은 이웃되기"는[19] 개인에게 최적인 환경과 섭생법을 각자 찾아내고 실천하라는 권고이기도 하다. 전통 형이상학이 분리해 놓은 육체와 영혼을 영혼이 깃든 신체인 몸(Leib)으로 통합해 온전한 유기체로 고찰하는 니체에게 육체의 건강만큼이나 중요한 것은 영혼의 건강이었다. 그리고 그는 여기서도 자신의 병고가 자신에게 최적의 섭생법을 모색하게 한 사실을 기억하며, 슬기로워지려면 우리에게 더욱 필요한 것이 생명체가 자신의 상태를 일정하게 유지하려는 경향, 즉 항상성(homeostasis)으로 저절로 얻기 마련인 일차적인 건강이 아니라 오히려 간난과 병고임을 지적한다.

> 병에 걸리는 것은 배우는 바가 많으며, 건강한 것보다 더 배우는 바가 많다는 것을 우리는 의심하지 않는다. ─오늘날에는 심지어 병들게 하는 자가 어떤 의사나 '구원자'보다도 더 필요하다고 생각한다. 의심의 여지 없이 우리는 이제 우리 자신을 폭행하고 있다. 우리는 영혼의 호두를 까는 사람들이며, 마치 인생이란 바로 호두를 까는 것일 뿐이라는 듯 질문하며 의문을 품는 사람들이다.[20]

우리는 보통 익숙하지 않은 비정상적이고 불편한 상황으로 인해 숙고의 대상이 아니던 정상 상태와 일반적인 편안함에 주목하고 이 상태뿐만 아니라 이 상태를 가능하게 하는 미묘한 환경과 세밀한 조건들을 연구 대상으로 삼는다. 의도하지 않았던 간난과 병고가 통상 주목하지 않던 건강한 현상에 주목하게 하는 동인(動因)으로 작용하고, 인간의 일상을 물을 가치가 있는 주목 대상으로 변모시켜 온 것이다. "자신의 몸의 상태를 정신적인 형식과 원거리로 옮겨놓는 변형의 기술"이야말로 니체에게는 철학의 다른 이름이었고, 그렇게 그는 자신의 고통으로 사상을 잉태해왔다.[21]

따라서 스스로에 대한 폭행으로까지 표현되는 영혼에 대한 탐구는 인생을 물을 가치가 있는 것으로 변모시키고 고통 또는 가책과 싸워 인식의 영토를 넓히는 작은 발자국을 찍는 일이며, 나아가 삶 전체를 더욱 품위 있는 것으로 만드는 행위나 다름없다.[22] 가장 극심한 고난과 그것에 대한 섬세한 감각을 통해 니체는 실존의 파도가 인식의 해안으로 밀어 올린 진귀한 조개를 얻었는지도 모른다.[23]

니체 사상에서 고통과 인식의 긴밀한 연관성에 대해 살로메(Lou Andreas-Salomé)는 다음과 같은 탁월한 진술을 남겼다.

니체의 병처럼 주기적으로 회귀하는 병은 부단히 삶의 기간을 둘로 가르고 사고의 기간 역시 그전의 기간으로부터 가른다. 질병은 이 이중적 존재를 통해 두 실재에 대한 경험들과 인식을 준다. 그것은 모든 것을 정신에게 항상 새롭게 되게 만든다. 그리고 가장 익숙한 것, 일상적인 것마저도 새로운 눈으로 보게 만든다. 밤이 그것들을 그 앞의 날로부터 갈랐기 때문에, 모든 것은 아침의 빛나는 이슬처럼 어떤 신선함을 얻는다. 그래서 모든 쾌유는 그에게 자신의 부활이자 동시에 자신을 둘러싼 삶의 부활이 된다. —그리고 항상 다시 고통은 "승리 속에 삼켜진다".[24]

평생을 따라다닌 반복되는 질병과 고통이 니체가 받아들여야 했던 외적 환경이었다면, 이 외적 환경으로 자신의 삶에서 부단히 되풀이되는 새로운 시각과 생명의 부활을 자신의 인식론의 내용으로 만든 것은 그의 실존적 결단이었다. 자신이 병과 고통으로 건강한 개념들과 가치들의 인식에 이르렀고, 이러한 경험들을 관점 변화의 재료로 삼았으며, 오랜 연습을 통해 관점들이 가지는 뉘앙스와 힘의 역학을 이해하게 되었다는 고백은 『이 사람을 보라』에서도 발견된다.

병자의 광학으로부터 **좀더 건강한** 개념들과 가치들을 바라본다든지, 그 역으로 풍부한 삶의 충만과 자기 확신으로부터 데카당스 본능의 은밀한 작업을 내려다본다는 것 — 이것은 가장 오랫동안 나의 연습이었고, 진정한 경험이었다. 어디선가 내가 대가가 되었다면, 바로 여기서다. 이제 나는 **관점을 전환할** 근거를 가지고 있고, 관점을 전환할 도구를 가지고 있다.[25]

니체가 자신을 특징짓는 점들이라고 지적하는 "중립성과 삶 전체의 문제를 편파적으로 보는 데로부터의 해방"[26]은 그를 정의 추구의 모험으로 이끈 젊은 시절의 작은 깨달음으로 말미암은 연습과 훈련의 결과이다. 격정과 편협한 관점들을 극복하고 삶을 포괄적으로 통찰하고자 그가 선택한 방법이 바로 의도적인 시선의 전도와 정신적 편력을 내용으로 하는 실험철학이다. 그리고 이 철학함의 과정은 부단한 자기극복의 형태를 띤다.

기존의 관점이 은폐하고 있거나 보지 못한 곳들을 추적하는 일, 즉 시험과 유혹을 마다하지 않고 일상의 도덕과 가치들의 정당성을 의심해보고 그 이면에 숨은 다른 의도를 캐보고 폭로하는 실험으로 니체는 인간의 역사에서 이미 나타났던 전도된 가치들에 주목한다. 니체가 풍속의 전사(前史)에서 전도가 일어난 가치들의 예로 든 것은 잔혹함, 고통, 위장(僞裝), 이성, 만족, 지식욕, 평화, 동정, 노동, 광기, 변화, 결혼, 법 등에 대한 평가와 관점들이다.[27] 그리고 이러한 가치전도는 그 정당성 여부와 상관없이 엄청나게 긴 시간 동안 값비싼 희생을 치르고 얻어진 것들이다.

> 자유로운 사유와 개인적으로 형성된 삶의 영역을 걸을 경우에는, 아무리 작은 발걸음 하나라도 오래전부터 정신적·육체적 가책과 함께 싸워 얻어졌다.[28]

이러한 가치전도의 역사적인 예로 니체가 도덕과 가치를 생성, 발전, 변화, 소멸하며 역사에서 되어가는 부단한 힘 투쟁의 결과로 파악하고 있는 것은 자연스런 귀결이다.

부단한 관점 변화로 가치전도를 목격하고 실험해 온 니체는 이제까지 주어진 것으로 당연시되어 왔던 가치들의 가치를 묻고 이를 위해 "가치들이 성장하고 발전하고 변화해온 조건과 상황에 대한 지식"[29]을 탐구하는 계보학적이고 발생학적 질문들을 던진다. "새로운 질문과 새로운 눈을 가지고 광막하고 아득하며 숨겨진 도덕의 땅을 여행하는 것",[30] 다시 말해 "인간도덕의 과거사라는 상형문자"[31]를 새롭게 해석하는 정신적 편력이 가져온 수확의 하나는 도덕과 가치들의 배후에 그 도덕과 가치를 자신의 것으로 삼을 수밖에 없었던 삶의 유형이 있다는 깨달음이다.

가치를 정립해 새로운 도덕을 세우는 일은 자신의 삶 조건을 유리하게 만들고 그것을 지배적인 것으로 만들기 위한 자기주장의 수단인 것이다. 『도덕의 계보』의 첫 논문에 묘사된 주인도덕과 노예도덕의 투쟁에서 보듯이 도덕의 형성은 특정 삶의 유형의 이해관계와 결부되어 있다. 따라서 어떤 도덕과 가치를 자신의 것으로 삼는다는 일은 그 도덕과 가치를 필요로 하는 삶의 유형을 자신의 것으로 만든다는 일이며, 관점의 확장은 삶의 확장으로 연결된다. 관점 변화와 가치의 창조가 치유로 연결되는 지점이 바로 이 대목이다.

"살아 있는 모든 것은 단지 하나의 지평 안에서만 건강하고 강하고 생산적일 수 있다"[32]라고 니체가 말할 때, 그는 견고한 도덕과 관점의 확립을 실존의 전제 조건으로 파악하고 있다. 자신의 삶 조건을 유리하게 만들고 관철시킬 이러한 가치의 지평을 자신의 주위에 치지 못하는 생명체는 급격한 몰락에 이르고야 만다는 것이 니체의 생각이다. 따라서 의도적인 관점 변화는 위험한 실험이 될 수밖에 없다. 니체의 말처럼 과거의 관점을 부정하는 일의 한계설정이 어렵고, 새로운 관점은 언제나 본능처럼 되어버린 과거의 관점보다 허약하기 때문이다.[33] 그래서 관점 변화라는 실험은 병과 고통, 치유의 형태를 취한다.

니체의 철학적 실존은 이 지평의 설정과 떠남, 방황 후에 풍요로워져 돌아오기, 그리고 더 넓고 새로운 지평의 설정으로 점철되어 있다. 니체가 1886년에 재출간한 『인간적인 너무나 인간적인』에 덧붙인 새로운 서문은 이 위험한 실존의 내용인 가치와 관습으로 행하는 실험이야말로 그의 활동에서 본질적인 것이라는 점을 밝히고 있다. 그리고 이 실험으로 그가 깨달은 것은 모든 가치평가에 들어 있는 삶의 기본 조건인 관점주의적인 것의 필연성과 힘과 권리의 범위와 관점주의적인 것의 범위가 가치의 위계질서 속에서 가지는 비례적인 연관성이다.[34]

니체 철학의 전체적 시도 중 하나는 인식뿐 아니라 충동과 열정 같은 지각과 정서의 모든 움직임을 포함하는 삶의 총체성을 파악하고 긍정하는 일이다. 물론 이것은 자유정신이 자신의 것으로 시도해보는 관점들의 단순한 합산으로 달성될 수 있는 일은 아니다. 각각의 관점들이 가지는 긍정적이고 부정적인 가능성들을 남김없이 고찰하는 일이 불가능할 뿐만 아니라 정신의 활동이 멈추지 않는 한 새로운 지평의 형성이 언제고 열린 가능성으로 남기 때문이다. 인간이 가질 수 있는 감성과 심정의 다양한 종류들을 다 배제하고 그중 단지 한 가지만을 선택해 배타적인 가치척도로 삼아왔던 철학의 역사를 살펴보면, 니체가 예로 들고 있는 것은 에피쿠로스학파의 쾌적한 감정과 스토아학파의 추상적 의식이다.[35] 삶이 함장(含藏)하는 모든 관점들을 파악하겠다는 니체의 철학적 모험은 그 시도부터 무모해 보인다.

그러나 니체는 총체적인 삶이 가지는 특정한 요소를 포기하는 것은 언제나 타락과 쇠퇴를 의미한다는 데서 출발하며 철학과 예술로 표현되는 관점에 대한 자신의 판단기준을 제시하고 있다.

> 모든 예술, 모든 철학은 성장하거나 하강하는 삶의 치유 수단이나 보조 수단으로 간주될 수 있다.[36]

관점과 그 관점을 필요로 하는 삶의 유형에 관한 이러한 생각은 동시에 삶을 기준으로 형성되는 관점들의 위계질서에 대한 생각이다.

이 생각에 따르면 이제 인간이 가지는 모든 관점들은 그것이 삶과 가지는 관계에 따라, 즉 그것이 성장을 촉진시키는지 아니면 부인하는지의 여부로 평가되어 한 위계질서에 편입될 수 있다. 니체가 이 사태를 표현하려고 선택한 상징은 사슬 모양의 사상가와 가치의 사다리이다.[37]

어떤 관점이 이 위계질서에서 더 높은 단계에 있을수록, 그 관점을 채택한 삶의 유형이 가지는 활력은 더 강하게 드러난다. 자신에게 고유한 "넘쳐흐르는 생산력과 재건력"이 이러한 삶의 유형으로 하여금 "두렵고도 의문스러운 것에 대한 주시를 허용할 뿐 아니라 스스로 끔찍한 행위와 파괴와 해체와 부정의 모든 사치를 허용한다."[38] 그러기에 보다 넓은 관점은 심지어 "악과 무의미와 추함"[39]마저도 자신의 처분에 달린 것으로 파악할 수 있다.

반면에 관점의 위계질서의 하부에는 니체가 현대의 휴머니티에서 그 예를 찾는, "사유와 행동에서 온화와 평화와 선의를 가장 많이 필요로 하는"[40] 협소하고 유약한 관점들이 속한다. 이렇게 다양한 관점들을 가지고 행하는 니체의 실험은 하나의 이상을 그것을 필요로 하는 욕구와 삶의 유형으로 환원하는 작업으로 연결된다.

그리고 이 작업의 핵심적 구별은 어떤 이상을 통해 "삶에 대한 증오가 창조적이 되었는가? 아니면 삶의 충일이 창조적으로 되었는가?"[41]라는 질문으로 이루어진다. 삶의 보장이라는 기준에 따라 행해진 관점과 이상들에 대한 검열로 "삶의 당파"를 지지하며 "인류를 전체로서, 그리고 좀더 높은 존재로서 훈육할 정도로 막강하며, 퇴화하고 삶에 기생하는 것들에 대해서는 (…) 냉엄하게 끝장을 내는 힘을 창출하려는" 니체의 위대한 정치가 도입된다.[42]

니체는 말년의 유고에서야 도래할 문화전쟁으로서의 위대한 정치를 고지하고 있지만, 실은 니체 철학 전체가 이미 이 전쟁의 한가운데에 서 있다. 이 "상승과 하강 사이의 전쟁, 삶에의 의지와 삶에 대한 격렬한 복수 사이의 전쟁, 정직성과 음험한 허위 사이의 전쟁"[43]은 니체 철학에서 '가치전도'라는 이름으로 치러진, 지금까지의 중요한 관점들에 대한 다양한 비판들과 새로운 관점들에 대한 부단한 실험으로 수행된다.

삶을 예술가의 광학으로, 예술을 삶의 광학으로 보려는 니체의 첫 작품부터 관점을 바꿔가는 니체 평생의 실험이 시작된다. 니체 스스로도 『우상의 황혼』에서 『비극의 탄생』을 자신의 첫 번째 가치전도

로 이해하고 있으며, 나아가 자신이 행한 가치전도의 극점에 영원회귀 사상이 자리함을 명시하고 있다.[44]

3. 사고실험의 극점에서: 동일한 것의 영원회귀

영원회귀는 인간에게 열려 있는 의미창출 가능성에 기반을 둔 건강한 문화를 위해 만들어진 난해한 사상이다. 그러나 이것은 이미 고대로부터 알려져 있는 것이고, 동일한 순서로 반복되는 우주적 순환이 이 사상의 내용이다. 다시 말해 이 사상은 전혀 새로운 것이 아니다. 그래서 동일한 것의 영원회귀를 처음 니체가 꺼내 놓을 때, 우리는 철학의 유년기로 눈을 돌리고 니체가 또 농담을 시작하는 것은 아닌지 의심한다. 이러한 의심은 어쩌면 니체의 활력에 대한 우리의 신뢰와 우리 자신의 건강함의 징후일 수 있다.

> 이의, 탈선, 즐거운 불신, 조롱하는 것을 좋아하는 것은 건강의 징조이다: 무조건적인 것은 모두 병리학에 속한다.[45]

그런데 만일 니체가 진실로 영원회귀를 믿고 있다면 어떻게 할 것인가? 그리고 우리가 그를 계속 따라가 이해하고자 이 고대의 생각을 일시적으로라도 우리의 것으로 만들어야 한다면 어떻게 할 것인가? 억지로 강요된 선택은 니체의 말대로 뱃멀미를 일으킨다.[46] 그리고 영원회귀 사상은 그것이 만일 결핍에서 탄생한 필요의 철학이 아니라면, 니체가 고백하듯 스스로의 풍요로움과 활력에서 나온 "호사스러운 사치이거나 (…) 승리감에 도취된 감사의 기쁨"[47]에 불과한 것일지도 모른다. 영원회귀 사상을 둘러싼 몇 가지 정황들이 이러한 의심을 정당한 것으로 만든다.

니체는『반시대적 고찰』의 두 번째 글에서, 즉 그가 실스 마리아의 비전을 경험하기 수년 전인 1873년에 이 동일한 것의 영원회귀 사상을 오해의 여지 없이 거리를 두고 타인의 사상으로 다룬 적이 있다.[48] 하지만 니체는 1881년 8월 14일에 쾨젤리츠(Köselitz)에게 보낸 편지에서 어떤 특별한 사상을 말하고 있고 그것의 저작권이 자신에게 있음을 알리고 있다.

내 지평에 예전에는 본 적이 없는 생각들이 떠올랐는데, 거기에 대해서 나는 아무 것도 말하지 않고 동요 없는 고요 속에 있으려 해. (…) 나는 매번 (…) 산책 중에 너무 많이 울었는데, 그것은 센티멘털한 눈물이 아니라 환호의 눈물이었어; 내가 모든 인간들보다 먼저 본 새로운 광경에 충만해서 나는 울면서 노래했고 헛소리를 해댔다네.[49]

그리고 이 편지를 쓴 지 나흘 후에 여동생에게 쓴 편지에서도 니체는 자신이 새로운 사상을 잉태하고 있음을 암시하고 있다:

모든 방향에서 갑자기 떠오르는 내 생각들 안으로 누군가가 들어온다면 —
그것은 정말 끔찍한 일이야. 만일 앞으로 내 외로움이 확실한 것이 아니라면, 난 유럽을 몇 년간 떠날 거야. 맹세하지![50]

니체가 엥가딘에서 보낸 1881년의 여름에 순교라는 단어로 부를 정도로 계속되는 심한 발작에 시달렸고,[51] 위에서 인용한 편지들에서 고시된 생각들의 결과가 상당히 긴 침묵을 거쳐『즐거운 학문』의 4권(1882)과『차라투스트라는 이렇게 말했다』(1885)에서 비로소 출간되었다는 사실에도 불구하고, 니체가 내면에서 동일한 것의 영원회귀 사상에 이미 오랫동안 조심스레 몰두하고 있었다는 사실은 확실해 보인다. 인용한 편지들에서 우리는 새로운 관점의 쇄도로 인해 극단적인 외로움으로 내몰린 니체를 떠올릴 수 있다.

하지만 이러한 사실에도 불구하고 니체는 우리에게 영원회귀 사상에 대해 우리가 모르는 특별한 내용들을 알려주지 않는다. 말년의 작품인『이 사람을 보라』에서 니체는 이 사상이『차라투스트라는 이렇게 말했다』의 기본 개념이라고 밝히고, 그것이 인간이 "도달할 수 있는 긍정의 최고의 형식"[52]이라고 칭하고 있지만, 그 내용에서는 다음과 같은 간결한 설명 이외에는 더 이상 언급하지 않고 있다.

> '영원회귀'에 대한 가르침, 즉 무조건적이고도 무한히 반복되는 만사의 순환에 대한 가르침 ── 차라투스트라의 이 가르침은 결국 헤라클레이토스가 먼저 가르쳤을 수도 있었으리라.[53]

다시 말해 우리가 니체 철학 전체에서 얻어낼 수 있는 영원회귀의 내용은 그것이 "무조건적이고 무한히 반복되는 만사의 순환"이라는 것이 전부이고, 우리는 피타고라스의 대우주년설 버전에서 한 발자국도 더 나가지 못한 채로 머문다. 살라콰르다(J. Salaquarda)가 차라투스트라의 기본개념에 대한 글에서 추측하는 것처럼 어쩌면 니체는 자신의 '가르침'의 내용에는 애초부터 관심이 없었는지도 모른다.[54] 오히려 그의 관심은 신의 죽음 이후에 발생한 인식 상황에서 이미 알려져 있던 이 사상의 의미가 가지는 비중의 정도와 착탄거리에 쏠려 있었을 것이다. 이러한 맥락에서 살라콰르다는 영원회귀 사상이 처음 찾아왔을 때 차라투스트라가 놀라 물러나는 이유를 다음과 같이 설명하고 있다.

니체가 1881년 8월에 오버엥가딘을 산책할 때 그를 엄습했던 사상은 의심의 여지 없이 그 자체로 전혀 새로운 모티브가 아니었다. 그가 당시 바로 거기에서, 헤겔의 말처럼, 이미 오래전부터 자신이 알고 있던 영원회귀 사상을 그 실제적인 의미에서 깨달았다고 가정할 때에야 그의 반응이 이해가 된다.[55]

괴테는 말년에 쓴 자서전에서 자연에서 발견되는 순환하는 것들이 삶의 원동력이 되지만, 이러한 순환하는 자연과 우리가 의미 있는 관계를 맺지 못하는 경우 권태가 시작된다고 쓰고 있다.

인생의 모든 즐거움은 외부적 사물의 규칙적인 회귀에서 기인한다. 밤과 낮, 사계절, 개화와 결실의 순환, 그리고 우리가 향유할 수 있고 또 해야만 하도록 시기에 따라 돌아오는 그 밖의 것들, 이런 것들이야말로 지상 생활의 원동력이다. 이 같은 향락에 대해서 개방적일수록 우리는 한층 더 큰 행복감을 느낀다. 그러나 이러한 다양한 현상들이 우리의 관여 없이 우리 앞에서 기복을 겪고 순환하게 되면, 우리는 이렇게 사랑스럽게 제공된 것들에 대해서 무감각해진다. 그러면 최대의 불행이자 최악의 질병이 나타나는 것이니, 우리는 인생을 구역질나는 짐으로 방관하게 되는 것이다.[56]

괴테의 말처럼 첫 사랑을 제외한, 후속사랑을 포함해 회귀적인 것은 모두 무상(無常)하다.[57] 그것이 동일한 행위의 범주에 속하건 정확히 동일한 사태의 반복이건 상관없이 거듭 되풀이되는 것들은 무상하다. 단발성 사건이었을 경우에만 보장되는 영원하고 무한히 유니크한 속성이 그 회귀로 사라지기 때문이다. 영원히 되풀이되는 것에 인간은 싫증을 내기 마련이다. 그러면 영원회귀를 기정사실화할 때 우리를 짓누르는 영원의 짐에서 우리를 해방시키는 힘은 어디서 찾을 수 있는가?

게다가 회귀가 일어나기 전에 우리가(자유정신이) 겪어야 하는 변화하는 관점들은 각각의 관점들이 이전 관점과 비교할 때 외연이 더 크고 시선의 방향이 다르다는 사실을 제외하고는 다분히 우연하고 작위적으로 채택된다. 새로운 언어와 관점을 창안하는 과정은 자기인식 과정과 동일시될 수 있다. 그것은 사태를 바라보는 새로운 시선을 갈무리하는 작업이며 이로써 세계와 자신의 관계를 정립하는 일이다. 그러나 진리의 기준이 부재한 곳에서 관점의 창조와 변환으로 말미암은 자기인식이 우연성과의 적극적인 대면으로 이루어지는 것은 우연이 아니다.[58]

영원회귀 사상에 대한 최초의 구상에서 니체는 자유정신의 편력에서 나타나는 중요한 요소들을 모두 열거하고 있다. 삶에 필연적이고 근본적인 오류들에 대한 통찰에서부터 인식의 열정을 거쳐 도발적인 관점에서 행한 실험들에 이르는 자신의 철학의 발전 지점들을 모두 열거한 후에야 영원회귀 사상이 "새로운 **주요 관심사**"(das neue *Schwergewicht*)로 소개된다.

> **동일한 것의 영원회귀.** 우리의 지식, 실수, 우리의 습관, 다가오는 모든 것에 대한 삶의 지혜, 이러한 것들의 무한한 중요성. 남은 생 동안 우리는 무엇을 할 것인가?[59]

이미 이 최초의 구상에서 『즐거운 학문』의 초판 341절에서 니체가 그 정화와 선별기능을 질문의 형식으로 강조하고 있는, 우리 삶의 모든 구성요소들에 의미를 부여하는 영원회귀 사상의 중요한 기능이 선취되어 있다. 악마가 가정형식으로 소개하는 동일한 것의 영원회귀 사상에 대한 저주와 적극적인 긍정이라는 두 가지 대조되는 반응을 묘사한 후에 니체는 니체 연구자들이 잘 주목하지 않는 마지막 두 문장을 쓰고 있다.

"너는 이 삶을 다시 한 번, 그리고 무수히 반복해서 다시 살기를 원하는가?"라는 질문은 모든 경우에 최대의 중량(das grösste Schwergewicht)으로 그대의 행위에 얹힐 것이다. 이 최종적이고 영원한 확인과 봉인 외에는 더 이상 아무것도 요구하지 않기 위해서는, 어떻게 그대 자신과 그대의 삶을 만들어나가야만 하는가?[60]

위에서 인용한 영원회귀 사상의 첫 구상에서도 니체는 "남은 생 동안 우리는 무엇을 할 것인가?"라는 동일한 질문을 던진 바 있다. 두 경우 모두 그는 우리에게 미래로 시선을 돌리고 결단을 내릴 것을 촉구하고 있다.

「비극이 시작되다」(incipit tragoedia)라는 소제목이 달린 『즐거운 학문』의 초판 마지막 절은 거의 그대로 『차라투스트라는 이렇게 말했다』의 처음에 실려 있다. 일곱 번 봉인이 찍혔다는 이 책은 『즐거운 학문』에서 가정적으로 소개된 영원회귀 사상을 차라투스트라가 주저와 고조의 다양한 전략을 가지고 점진적으로 자신의 것으로 만들고 선포하는 과정에 관한 실험인 동시에 허무주의를 극복하는 시도로 읽을 수 있다.

니체는 모든 관점을 실험하는 실험철학이 시험적으로 근본적인 허무주의를 선취해 본 것으로 설명하고 있지만,[61] 허무주의의 도래는 자유정신의 편력에서 극복되는 옛 가치와 도덕, 관점들로부터의 부단한 해방이 가져오는 필연적인 귀결이다. 니체 스스로도 허무주의를 "그 끝에 이르기까지 생각된 우리의 중요한 가치들과 이상들의 논리"(die zu Ende gedachte Logik unserer grossen Werthe und

Ideale)⁶²라고 설명하고 있다. 그래서 오트만(H. Ottman)이 옛 가치에서 해방되는 니체적 계몽의 길을 쇼펜하우어와 칸트 철학의 과격화로 읽는 것은 니체가 허무주의를 이해하는 것과 일맥상통한다.

왜냐하면 니체는 이들의 관념주의적 단초를 절충 없이 수미일관하게 관철하는 것으로 물자체(Ding an sich)를 돌이킬 수 없게 무의미한 것으로 만들었기 때문이다.[63] 중요한 가치들과 이상들의 근거 없음을 드러내는 일은 불가피하게 허무주의로 연결된다. 이제껏 관찰되지 않았던 존재의 불확실하고 의심스러운 부분들을 자발적으로 탐색하는 니체의 실험은 처음부터 커다란 철학적 주제들에 집중되어 있다.

종교적, 도덕적, 그리고 미학적 감각의 대상들 역시 모두 단순히 사물의 표면에 속한 것에 지나지 않을 수도 있음에도 불구하고, 인간은 여기서 적어도 자신이 세계의 중심에 닿아 있다고 믿고 싶어 한다.[64]

이른바 마지막 근거들에 대한 종교적이고 도덕적이며 철학적인 논쟁들의 옳고 그름은 니체의 일차적인 관심사가 아니다. 오히려 그것에 대해 그동안 다양하게 논의되어왔던 전체 콤플렉스가 의심 대상이 된다. 사고를 구성하는 원칙들에 해당하는 포이에시스(Poiesis)와 이것으로 가능해지는 사고들이 삶의 보장이라는 기준으로 평가된다. 그 과정에서 형이상학과 종교, 도덕 등에서의 해방이 있었고 그 결과 기존의 도착(倒錯)된 가치들이 닫아놓았던 "자살적인 허무주의로 통하는 문"[65]이 다시 열린 것이 현대의 현 주소이다.

니체는 만성질환에 대한 치유가 서서히 진행되어야 한다는 점에 원칙적으로 동의하면서도 병이 생기 없이 비참해져가는 경로를 밟는 소모성 질환일 경우에는 전쟁이나 지나침, 과도함이 치료 수단으로 사용될 수 있음을 지적하고 있다.[66] 충격요법과 결단의 촉구로 요청된 영원회귀 역시 이렇게 허무주의와 인간의 왜소화를 본질로 하는 현대의 병에 대한 치료 수단으로 사용된 것일 수 있다. 이럴 경우 영원회귀 사상은 본질적으로 건강한 자를 더 강하게 만들고 그렇지 못한 자를 체념으로까지 몰아넣어 정신을 가르는 정화와 선별 기능을 갖는다.

뿐만 아니라 체념과 긍정의 길 중 하나를 결정해야 하는 위기에 직면해 자신 속에 내재한 생명의 조형력을 확신하고 영원회귀라는 새로운 관점을 자신의 것으로 받아들일 수 있는 새로운 인간을 잉태하는 육성 기능 역시 가지게 된다. 영원회귀 사상으로 니체가 염두에 두고 있는 것이 미래의 삶의 적극적인 조성이라면 이 사상을 자신의 것으로 긍정하는 건강한 자에게 남는 일은 이제부터 자신이 행하는 한 번의 행위로 영원의 낙인이 찍히는 미래를 재단하는 일이다. 아직 자신에게 가능성으로 남아 있는 미래를 재단하고, 그 미래로부터 자신의 힘으로 돌이킬 수 없는 지난 과거에 필연성을 부여하는 방식이 그가 취할 수 있는 최선으로 남는다.

위대한 혼을 아끼지 않고 진력을 다하는 현재의 결정과 행위를 통해 자신만의 이상, 자신만의 태양을 띄워 올리고 인간의 우주, 즉 문화를 재편하는 일, 그것이 니체가 영원회귀 사상으로 스스로와 우리에게 던지는 요청일 것이다. 영원의 낙인이 찍히는 현재적 결정과 행동을 강조하는 영원회귀 사상은 그래서 운동의 영원성으로 말미암은 세계긍정처럼 들리기도 한다. 이미 『인간적인 너무나 인간적인』의 한 단상이 이런 해석을 암시하고 있다.

현재 일어나고 있는 모든 일이 앞으로 일어나게 될 모든 것과 풀 수 없을 만큼 단단하게 서로 묶여 있다는 사실을 숙고할 때, 존재하는 실제적인 불멸성, 즉 운동의 불멸성을 인식하게 된다: 한번 움직였던 것은 호박(琥珀) 속에 있는 곤충처럼 모든 존재자의 총체적 결합 속에 쌓여 영원히 전해진다.[67]

미래를 염두에 두고 현재를 해석하는 이러한 사고를 기반으로 하면 하나의 결정적인 사건을 긍정하고 인정하는 것은 중요한 화석인 곤충뿐 아니라 그것이 있게 한 주변 상황, 즉 둘러싼 불순물을 포함하는 모든 존재에 대한 긍정으로 연결된다. 물론 니체는 이 사상으로 상승하는 삶에서 중요하고 의미 있는 것들만이 영원성을 획득하는 것이 아니라는 것을 알고 있다. 니체에게도 위대한 성취의 순간들과 함께 돌아오는 비천하고 저급하며 부조리한 것들, 그가 혐오해 마지않았던 데카당의 귀환은 끔찍한 일이었던 것이다.[68]

영원회귀를 선포하는 악마에게 저주를 퍼붓는 자의 탄식에는 고귀한 삶과 문화의 극점에서 "지상의 모든 고결하고 기쁘며 고귀한 것"과 "지상의 행복"뿐만 아니라 여기에 맞서는 "온갖 실패자, 반항적 성향을 가진 자, 처우를 잘 받지 못하는 자, 인류의 찌꺼기와 쓰레기 전부"가 고귀한 정신이 힘들게 지켜온 거리의 파토스를 일소에 부치며 영혼의 구원이라는 미명 아래 세계의 중심인 양 다시 귀환하는 것에 대한 안타까움이 서려 있다.[69]

니체가 "고결한 인간성에 대한 가장 크고도 가장 악의적인 암살 행위"[70]라고 비판한 영혼의 불멸성에 대한 신화가 영원회귀 사상의 긍정으로 동일하게 다시 소환되고 있는 것이다. 니체는 다른 곳에서 삶의 중심점을 삶 자체가 아니라 내세(Jenseits)로 옮기게 만드는 도구인 영혼 불멸에 대한 믿음의 파기야말로 인식이 이루어낸 가장 유용한 업적이라고 평가하고 있는데,[71] 영원회귀의 가설은 이 인식의 업적을 일거에 무위로 돌리고 죽은 믿음들을 소환해내 긴 인식의 투쟁을 처음부터 다시 무대에 올리고 있는 것이다.

따라서 동일한 것의 영원회귀 사상은 병든 영혼을 강하게 만드는 치료제는 아니다. 그것은 오히려 병든 자와 건강한 자를 가르는, 즉 정신을 가르는 시금석 역할을 할 뿐이고, 아직 결단하지 못한 자들을 결단으로 몰아가는 자극일 뿐이다. 병든 자가 건강해지기 위한 전제 조건은 "그가 근본적으로 건강하다"[72]는 사실이다.

전형적으로 병약한 존재는 건강해질 수 없고, 자기 스스로 건강하게 만들기는 더욱 어렵다: 반대로 전형적으로 건강한 존재에게는 병들어 있다는 것이 심지어는 삶을 위한, 더 풍요로운 삶을 위한 강력한 **자극제**가 될 수 있다.[73]

해로운 것을 해롭다고 느끼고, 해로운 것을 포기할 수 있다는 것은 젊음의 징표이며 생명력의 징표이다. (…) 질병은 자극제가 될 수 있다. 단 사람들이 이 자극제를 견딜 수 있을 정도로 충분히 건강해야 한다.[74]

영원회귀를 통해 다시 돌아오는 어둡고 하찮은 것들, 부조리한 것들은 영원회귀라는 관점을 자신의 것으로 채택하는 자가 충분히 건강한 경우, 바로 이러한 삶의 자극제로 기능한다. 동일한 맥락에서 니체는 건강하고 제대로 잘 되어 있는 자들이 소유한 삶의 조형력에 주목한다.

조형력이란 스스로 고유한 방식으로 성장하고, 과거의 것과 낯선 것을 변형시켜 자기 것으로 만들며, 상처를 치유하고 상실한 것을 대체하고 부서진 형식을 스스로 복제할 수 있는 힘을 말한다.[75]

어떤 점에서 우리는 제대로 잘되어 있다는 것(Wohlgerathenheit)을 알아차리는가! (…) 그는 (제대로 잘된 인간) 자신에게 유익한 것만을 맛있게 느낀다: 자신에게 유익한 것의 한계를 넘어서면 그의 만족감과 기쁨은 중지해버린다. 그는 해로운 것에 대한 치유책을 알아맞힐 수 있다. 그는 우연한 나쁜 경우들을 자기에게 유용하게 만들 줄 안다: 그를 죽이지 못하는 것은 그를 강하게 만든다.[76]

원하지 않지만 영겁회귀로 따라오는 불순한 것들이 바로 우연한 나쁜 경우들일 것이다. 이것을 강하고 건강한 자는 그 필연성에서 바라보고 유용하게 만들 줄 안다. 그는 자신의 행위와 함께 회귀하는 "물질적인 것, 보잘것없는 것, 저급한 것, 인정받지 못하는 것, 연약한 것, 불완전한 것, 일면적인 것, 어중간한 것, 참되지 못한 것, 허위적인 것뿐만 아니라 악한 것과 끔찍한 것"을 탁월한 삶의 배경과 조건이 되는 "공통적인 기본 저음"으로 평가하고 인정한다.[77]

  그런 측면에서 동일한 것의 영원회귀는 모든 존재하는 것들을 꼭 필요한 것들로 인정하는 디오니소스적 긍정인 운명애의 또 다른 표현이다. 허무주의를 극복하고 영원회귀를 자신의 이상으로 받아들인 "가장 대담하고 생명력 넘치며 세계를 긍정하는 인간"의 특성을 니체는 다음과 같이 표현하고 있다.

그러한 인간은 과거에 존재했고 현재 존재하는 것과 타협하고 화합하는 법을 배워왔을 뿐만 아니라, **과거에 그렇게 존재했고, 현재도 그렇게 존재하는 방식대로** 그것을 다시 갖고자 하는 것이다.[78]

인간에게 있는 위대함에 대한 내 정식은 **운명애**다: 앞으로도, 뒤로도, 영원토록 다른 것은 갖기를 원하지 않는다는 것, 필연적인 것을 단순히 감당하기만 하는 것이 아니고, 은폐는 더더욱 하지 않으며 (…) 오히려 만일 영원회귀 사상을 인정하는 것으로 어떤 치유의 흔적이 나타 난다면 그것은 니체의 말처럼 임신이 병인 것과 같은 의미에서 병의 치유일 뿐이지, 본래적인 건강은 치유의 전제 조건으로 처음부터 거 기 있어야만 한다. 그 건강함이 이 위험한 철학적 관점 변화와 실험 에 정당성을 부여하고 이것을 견딜 뿐 아니라 자신의 철학으로 긍 정하는 힘을 부여한다. 근본적인 건강을 전제로 삼는 것은 영원회귀 사상처럼 실존의 위기를 조성해 결단을 요구하는 실험적인 관점만 이 아니다. 니체는 개념과 이상을 다루는 철학 전반에 건강이 전제 되어야 함을 역설하고 있다. 모든 관점은 그것을 자신의 것으로 받 아들이는 사람들에게 정화와 선별, 육성의 기능을 발휘하는 것이다.

한 민족이 병들었을 때 철학이 이 민족에게 잃어버린 건강을 되찾아준 예들을 어디에서 찾을 수 있단 말인가? 철학이 정말 도움을 주고 구원 이 되고 보호막으로 나타난다면, 그것은 건강한 사람들에게 그러할 뿐 이다. 철학은 항상 병든 사람들을 더욱 병들게 만든다.⁸⁰

니체가 이상적 인간의 한 유형으로 창조한 차라투스트라는 "위대 한 건강"을 그 실존의 생리적인 전제 조건으로 갖는다. "이전의 어 떤 건강보다도 더 강하며 더 능란하고 더 질기며 더 대담하고 더 유 쾌한 건강"으로 표현된 이 건강이야말로 "종래의 가치와 소망의 전 영역"을 체험하려면 꼭 있어야 하는 것이다.⁸¹ 이 건강은 새로운 관 점의 채택이 필연적으로 가져오는 불안정과 불확실함으로 인해 항 상 포기되지만 또한 그로써 넓혀지는 의미의 지평으로 항상 새롭게 획득되는 것이다. 그리고 이 건강은 건강한 자에게 고유한 삶의 조형력으로 드러난다.

4. 생명나무에 달린 인식의 열매

영원회귀 사상을 자신의 것으로 받아들인 건강한 자들은 그 결단으로 무엇을 얻었는가? 우선은 삶에 대한 디오니소스적 긍정과 아멘을 통해 모순적인 관점들, 상반되는 사상들, 대립되는 이념과 가치관들을 생명나무에 열린 인식의 열매로 인정하고 수확하는 능력일 것이다. 개인과 인류의 역사를 구성해온 상이한 가치관과 도덕, 이상, 관점 등 다양한 요소들을 모두 생명의 요소로 긍정하고 각각의 사태들과 관점들이 구성되는 경로와 이유를 깨닫는 것, 즉 어떤 상태의 몸이 이러한 관점을 자신의 것으로 만들 수밖에 없었는지를 이해하는 능력이다. 아폴론적 개별화와 가상, 환상, 가면 쓰기, 베일 짜기가 존재의 표면에 떠오른 독특한 문양임을 인정하고, 그들이 많은 경우 양립할 수 없을 정도의 논리와 사유의 구조를 가진다는 것을 깨달아가는 것이 각각의 관점들을 자신의 것으로 삼고 살아내며 실험적 인식에 자신의 삶을 내건 자유정신의 삶 과정이다.

그러나 영원회귀라는 디오니소스적 격랑과 춤이 시작되면 이 모든 개별화와 모순적 관점들이 그 필연성에서 혼연일체로 녹아들고 그들의 질기고 탐욕스런 생명의 뿌리가 노골적으로 드러나 인식이 갈라놓은 경계와 빗장을 무너뜨려 버린다. "인식의 나무가 있는 곳은 항상 낙원이다"[82]라고 꼬드기는 뱀은 따라서 니체의 말처럼 태고의 뱀만이 아니다. 그 인식의 열매가 생명나무에 착근하고 있다는 것을 본능적으로 아는 고대와 현대의 뱀들은 동일한 긍정의 노래를 부르는 것이다.

다양하고 현란한 형태와 맛을 가진 인식의 열매를 매단 생명나무는 각각의 열매를 볼 때는 차별과 모순을 배태할지 모르나, 생명나무 자체를 살필 때는 동일한 어머니 대지의 피를 나눈 형제들이며 뉘앙스에서만 차이가 나는 동일한 생명의 발현일 따름이다. 이것을 인정하고 긍정하는 것, 삶을 구성하는 쾌적하고 아름답고 고상한 것들과 마찬가지로 불쾌하고 저열하며 부조리한 것들 역시 상승하는 생명의 입장에서 긍정해야 한다는 것, 그것이 바로 영원회귀 사상과 운명애를 통해 니체가 전하는 메시지일 것이다.

제9장

여성적 모티브로 여는 존재의 개방성

"사방으로 끝없이 펼쳐진 채 포효하며 산과 같은 파도를 올렸다 내렸다
하는 광란의 바다 위에서, 한 뱃사람이 조각배 위에, 그 허약한 배를 신
뢰하며 앉아 있는 것처럼, 고통의 세계 한가운데서 개별적인 인간은 개
별화의 원리를 의지하고 믿으며 고요하게 앉아 있다."

완전한 여성은 완전한 남성보다 더 높은 인간 유형이다.
또한 훨씬 더 드문 그 무엇이다.[1]

1. 니체의 여성관: 꺼림과 끌림의 사이에서

니체는 여성을 진리에 비교한 적이 있다. 그가 비판하는, 현상계 내부에서만 통용되는 하찮은 진리가 아니라, 그 진리를 만나고자 희생과 자기극복이 필요한 진리,[2] 독단론자들의 집요하지만 미숙한 기술로는 절대 파악이 불가능한 의미심장한 실존적 진리를 니체는 여성이라 가정한 것이다.[3] 그리고 그에 따르면 진리와 아름다운 여성은 그들이 소유될 때보다 열망될 때 우리를 더 행복하게 만든다는 공통점도 가지고 있다.[4] 진리나 여성으로 촉발된 열정이 그것들을 추구하는 동인(動因)으로 작용하는 동안 인식하는 자나 사랑에 빠진 자, 즉 그 대상들을 추구하는 자는 추구의 대상을 소유할 때보다 더 행복하다는 것이다.

궁극에 가서 만나는 열정의 대상이 실제로 그간의 기대에 부응하느냐 안하느냐는 별개의 문제이고, 단지 지적이고 성적인 촉발이 가능해지게 만들었다는 의미에서 진리와 여성은 운동의 원인이 되는 것이다.[5] 그래서 진리는 다른 곳에서 "자신의 바닥을 드러내 보여주지 않는 이유를 가진 여자"[6]로도 불린다. 그리고 우리는 이미 니체가 진리에 대해 항상 선명한 입장만 취하고 있지는 않다는 사실을 잘 알고 있다.

니체의 여성관 역시 그의 진리론만큼이나 애매하다. 니체는 여성에 대해 일관된 입장을 보이지 않는다. 니체는 어떠한 대가를 치르더라도 발가벗은 진리를 취하려는 젊은이들의 광적인 열정을 불쾌하게 생각하듯이 베일을 벗긴 후 여성의 모습을 기꺼이 보려 하지 않는다. 그것은 점잖지 못한 일이다.[7] 오히려 니체는 남성들에게 여성과 거리 둘 것을 권고하고 있다. 여성과의 너무 가까운 교제가 때로는 삶의 진주들을 잃어버리게 만들기 때문이다.[8] 니체에게는 여성이 우매함과 불공정을 생일선물로 가지고 태어나는 존재이다.[9]

일반적으로 여성에 대한 니체의 관점은 상당히 고루하고 동양적이다. 차라투스트라가 만난 늙은 여자의 입에서 나온 여자에 대한 작은 진리, "여인들에게 가려는가? 그러면 채찍을 잊지 말라!"[10]라는 충고는 이 정황을 극명하게 전달해 준다. 니체에게 여성은 "소유물" "열쇠를 잠가둘 수 있는 사유 재산" 그리고 "봉사하도록 미리 결정되어 있고 봉사함으로써 자신을 완성하는 존재"이다.[11] 이러한 여성 모독적인 언사로 니체는 일찍이 반여성주의자라는 칭호를 수여받았다. 니체와 동시대를 살았던 도옴(Hedwig Dohm)은 1902년에 출간된 『반여성주의자들』의 한 장을 니체에게 할애하고 있다.[12]

결혼에 대한 니체의 입장 역시 인간의 위대성 실현이란 측면에서 볼 때 부정적이다. 결혼은 그에게 "20대에는 필수적인 것이며 30대에는 필수적이지 않지만 유익한 제도다." 이 결혼은 또한 "흔히 훗날의 삶에서는 해가 되고 남성의 정신적 퇴화를 촉진시키는 것이다."[13] 여성은 보다 높아지려는 남성의 노력이 수반하는 고통과 멸시를 견디지 못하기 때문에 고통 없고 편안한 현재를 위해 미래를 향한 남성들의 높은 정신을 기만하는 걸림돌이다.[14]

여성은 결혼 후에도 사회적으로 인정된 관습과 권력을 남편보다 더 존중하기에 본능적으로 "자유정신의 독립적인 노력의 바퀴들에 제동장치"[15]로 기능한다. 결국 결혼은 남성을 고양시키지 못하고 끌어내리는 교제에 해당한다.[16] 따라서 혼자 날기를 좋아하는 자유정신은 결혼에 적합하지 않으며,[17] 위대한 철학자들은 자신 활동의 최적에 이르는 길에 놓인 장애물이며 재난인 결혼을 피해 대부분 미혼이었다는 것이 니체의 주장이다.[18] 모든 습관과 규칙, 영속하는 것과 확정적인 것을 증오하는 자유정신은 사랑과 결혼이라는 이름으로 쳐지는 그물을 견디지 못하고 찢어발기는 자이다.[19]

니체가 말년에 "나의 아리아드네"라고 칭했던 코지마 바그너, 결혼 전부터 자신을 따라다니며 돌보던 여동생 엘리자베스, 어머니보다 열 살이 더 많은 자상한 친구인 마이젠북(Malwida von Meysenbug), 메타 폰 살리스(Meta v. Salis) 등 주변 여성들의 물질적이고 정신적인 원조에 크게 빚진 바 있음에도 불구하고 니체는 자유정신과 결혼에 대해 이렇게 쓰고 있다. "자유정신은 주위 여성들이 보여주는 저 어머니 같은 염려와 감시를 마침내 떨쳐버릴 결심을 했을 때, 항상 안도의 숨을 내쉰다."[20] 사상가의 일몰의 고요함을 방해하는 여성들에게 그가 던지는 마지막 말은 소크라테스가 크리톤에게 한 말과 같다. "오 크리톤, 제발 누구에게 이 여자들을 저리 데려가라고 해!"[21]

그럼에도 불구하고 니체의 여성에 대한 관계는 꺼림과 끌림, 보수적인 입장과 터부를 깨는 입장 사이를 표류한다. 니체는 여성의 천박한 피상성을 비판하고 그들의 지적 열망을 "성적인 결함"[22]이자 "본능의 타락"[23]이라고 질타하면서도 1874년 바젤 대학 학장대리

자격으로 여성을 박사과정에 입학시켜야 한다는 쪽에 표를 던지기도 한다.[24] 19세기 후반까지도 프러시아에서 여성은 선거권이 없었고 대학에 들어갈 수도 없었던 점을 생각하면, 이러한 니체의 모습은 남녀동등권을 부르짖는 해방된 신여성들을 두려움과 불안함 속에서 어머니의 역할로 돌려놓으려 했던 빌헬미네 시대의 일반적인 정신적 풍토와 비교해 볼 때 다분히 급진적으로 보인다.

다른 한편으로 니체는 여성을 "좀더 섬세하고 상처받기 쉬우며 거칠고 경이롭고 영혼이 넘치는 어떤 것으로", 즉 남성에게 "어떤 높은 곳에서 잘못 내려온 새"[25]처럼 취급하고 싶어 하기도 한다. 소란스러움을 특성으로 하는 남자의 일원으로 태어난 니체 역시 자신의 "도전과 기회의 화염 속"[26] 한가운데서 여자라는 "고요한 마력을 가진 존재"[27]가 자신의 곁을 스쳐지나가는 것을 목격한 적이 있었을 것이다.

나움부르크, 본, 라이프치히, 바젤, 트립센, 루체른, 로마, 타우텐부르크, 밀라노, 제노바, 그리고 토리노의 거리나 아케이드, 광장에서 니체 곁으로도 고요하고 아름다운 범선 같은 여인들이 그의 시선을 끌며 지나갔을 것이다. 유럽의 아름다운 여인들을 바라보며 동경에 빠진 니체를 상상하는 것은 어려운 일이 아니다. 니체 역시 다른 남성들처럼 "그들의 행복과 은둔을 동경"[28]하고 아름다운 성(性)에 "보다 행복한 나의 자아, 내 제2의 영원한 자아"[29]가 깃들어 있다고 기꺼이 생각했을 것이다.

니체는 자신을 "영원히 여성적인 것에 대한 최초의 심리학자"[30]라고 칭했다. 그리고 자신이 불임의 해방된 여성들을 제외한 모든 여성들로부터 사랑받았다는 사실을 오래된 당연한 사실로 공표하고 있다.[31] 작은 맹수처럼 매혹적인 여성의 간계와 위험을 인지하면서도 니체는 본래 남성보다 훨씬 사악하고 똑똑하게 태어난 이 위험한 여성과 함께 있는 것을 기분 좋게 여긴다.[32] 진정한 사내가 원하는 두 가지인 "모험과 놀이"를 동시에 충족시키는 "위험한 놀잇감으로서의 여인"이[33] 바로 그가 그리는 여성의 이상적 역할이다.

이러한 위험을 즐기는 니체의 모습은 그가 『도덕의 계보』에서 길들여지고 문명화된 왜소한 맹수인 인간의 모습을 한탄하며, 경탄하면서 동시에 두려움을 느낄 수 있는 자연인을 그리워하는 모습을 연상시킨다. 그렇다면 니체는 자신이 한편으로 비판해 마지않는 여성에게서, 다른 한편으로 여성이 자연으로 돌아갈 경우, "완전한 것, 마지막으로 이루어진 것, 행복한 것, 강력한 것, 의기양양한 것"[34]을 보고 있는 것일지도 모른다.

그러나 니체가 자신의 삶에서 여성과의 관계에서 보인 모습은 명확한 판결에 이르지 못하고 주저하는 자의 모습이다. 그는 자유로운 사고로 관습에서 해방된 여성들에 끌리면서도 이들을 이해하는 데에는 실패한다. 영원히 여성적인 것에 대한 그의 심리학이 어쩌면 아직 완숙하지 못해서였을지도 모른다. 니체에게 여성이 가진 모든 것은 수수께끼로 남는다.[35]

2. 루머와 에피소드

니체의 독특한 여성관과 그의 평탄하지 못한 여성과의 관계 이유를 추적하는 과정에서 몇 몇 사람들은 니체의 동성애적 성향을 의심하기도 한다.[36] 1876년 제네바에서 니체가 만난 지 하루밖에 안 된 마틸데 트람페다흐(Mathilde Trampedach)라는 여성에게 한 급작스런 첫 프러포즈를 실제로는 여성과 에로틱한 관계에 들어가기를 혐오하는 니체가 어머니를 비롯한 외부인들에게 보이고자 한 페인트

모션으로 해석하는 사람도 있다.[37] 제노바 오케스트라의 상임지휘자인 후고 폰 젱어(Hugo von Senger)에게 피아노를 배우던 23세의 트람페다흐는 이미 스승인 폰 젱어와 친밀한 관계에 있었고 실제로 나중에 그와 결혼하는 여자이다.

　니체는 그녀를 폰 젱어의 소개로 알게 된다. 이러한 정황을 놓고 볼 때, 니체가 자신의 청혼편지를 그녀에게 전해주도록 부탁한 사람이 바로 폰 젱어라는 사실은 아이로니컬하다. 사무적이고 데이터를 요약해 전달하는 것 같은, 받는 이에게 어쩌면 모욕적이었을지도 모르는 편지의 내용 역시 어쩌면 니체가 처음부터 거절을 유도하고 있는 것 같은 인상을 주는 것은 사실이다.

　제가 이렇게 당신에게 던지는 질문에 놀라지 않도록 당신 마음의 모든 용기를 내시오: 내 아내가 되어 주겠소? 나는 당신을 사랑하고 벌써 당신이 나한테 속한 것처럼 여겨지오: 내 연정이 갑작스런 것이라 하지 마오! (…) 이 결합을 통해서 우리가 각자 홀로 있을 때보다 더 자유롭고 나아질 수 있을 거라 생각하지 않소? 진실로 해방과 더 나아짐(Befreiung und Besserwerden)을 추구하는 사람인 나와 함께 가기를 감행하시겠소? 삶과 사고의 모든 길에서 말이요. (…) 이 편지와 나의 구혼에 대해서는 우리의 친구인 폰 젱어 말고는 아무도 모르오. (…) 난 내일 11시 기차로 바젤로 돌아가오. 가야만 하오: 바젤의 내 주소도 동봉하오. (…) 예스건 노건 빨리 결정하는 것을 감당해 내시오. 내일 아침 10시까지는 당신의 편지가 내 호텔로 와야 하오.[38]

　미숙하고 낯선, 긴급한 사무 처리를 요구하는 것 같은 구혼편지의 내용과 사랑의 경쟁자를 중매인으로 내세우는 이 기이한 구도는 여러 전기작가들이 주목하는 것처럼 나중에 살로메와의 관계에서도 되풀이된다. 이 구혼의 성공 여부와 상관없이 니체가 내세우는 결혼의 이유가 그의 위버멘쉬 프로그램의 방법인 자유정신의 자기극복, 즉 "해방과 더 나아짐"(Befreiung und Besserwerden)을 그 내용으로 하고 있다는 것도 특이한 점이다. 니체는 결혼의 이유로, 또는 결혼의 행복으로 빌헬미네 시대의 기독교적인 성적 모럴인 무조건적인 헌신과 영원한 정절 대신에 자유정신이 추구하는 새로운 계몽의 구호를 내세우고 있는 것이다. 그리고 결혼으로 이 해방과 극복의 길을 가는 양성(兩性)의 정신적인 인간들이 그렇지 않을 때보다 사회적 시선과 관습으로부터 훨씬 자유롭고 나아진 상황에 처할 수 있을 것이라고 생각하고 있다.

결국 니체의 육체와 영혼이 결혼할 준비가 되어서라기보다는 어머니와 친구들로부터 오는 외부의 압력에서 벗어나고 사회적 관례를 충족시키려는 데에 그의 무리한 구애의 목적이 있지 않았나 싶다. 실패로 끝난 구혼이 있고 1년쯤 지난 뒤에 말비다 폰 마이젠북에게 쓴 편지에서도 니체는 어디서건 여자를 하나 구하는 일을 반어적으로 자신이 풀어야 할 "멋진 과제"(die schöne Aufgabe)로 보고 있다.[39]

1882년, 그 전해 10월부터 제노바에 머물던 니체를 한 달여 방문했던 친구 레(Paul Rée)는 그해 3월 13일에 제노바를 떠나 로마에 있는 마이젠북의 집에서 살로메(Lou Andreas-Salomé)를 만난다. 그가 로마에서 니체에게 보낸 첫 번째 편지는 전해지지 않는다. 그래서 우리는 거기에 살로메와 관련해 무슨 말이 쓰여 있었는지 알 수가 없다.

마이젠북이 니체에게 쓴 편지를 비롯해 여러 가지 정황은 니체의 사상을 이해하고 토론의 상대가 될 만한, 놀랄 만큼 지적이고 용기 있는 여성인 살로메가 레에게 여러 가지 의미로 매력적인 여성으로 각인되었음을 짐작케 한다.[40] 레가 편지에서 살로메를 니체의 결혼 상대자로 추천했는지는 불분명하지만, 살로메에 관한 내용에 대한 니체의 답신은 니체의 결혼관을 엿볼 수 있게 해 흥미롭다.

그게 무슨 의미가 있다면, 그 러시아 여자한테 내 안부를 전해줘: 나는 이런 유의 영혼을 열망하지. 곧 그것을 약탈하러 갈 거야 — 내가 앞으로 10년 동안 할 일들을 생각하면, 난 그녀가 필요해. 결혼은 전혀 다른 문제지 — 난 길어야 2년짜리 결혼을 생각할 수 있을 것 같아, 물론 그 것도 내가 향후 10년간 해야만 하는 일과 관련해서 말이지.[41]

이 편지를 쓰기 며칠 전에 친구인 오버벡(Franz von Oberbeck)에게 쓴 편지에서도 니체는 어떤 목적의 충족을 염두에 둔 2년간의 결혼을 언급하고 있다.

나는 내 곁에 나와 함께 **일할** 수 있을 만큼 지적이고 충분히 교육받은 젊은 사람이 필요해. 그 목적을 위해서라면 난 2년간의 결혼마저도 할 것 같아 — 물론 그런 경우엔 몇 가지 다른 조건들을 고려해야겠지만 말이야.[42]

니체가 일부러 강조한 것처럼 그가 생각하는 조건부 결혼의 목적이 아직까지 육욕의 합법적인 충족이나 사랑이 아니라 업무를 수행할 수 있는 교양과 능력을 갖춘 젊은 이성과의 연합임을 알 수 있게 해주는 편지들이다. 전해지지 않는 레의 편지에 언급된 살로메는 아마도 이러한 조건을 충족시키는 유의 영혼으로 묘사되었을 것이다.

그해 4월 25일, 니체는 로마를 방문해 바티칸의 성 베드로 성당에 레를 찾으러 갔다가 처음으로 살로메를 만난다. 살로메의 글로서만 전해오는 얘기이지만 니체는 "우리가 어느 별에서 우연히 떨어져 이곳에서 만났을까요?"[43]라는 말로 첫인사를 대신했다고 한다. 이 첫 만남 후 바로 니체는 당시 21세로 자신보다 16세 연하인 살로메에게 6년 전 트람페다흐에게 한 것처럼 급작스럽고 서툴게 결혼을 신청한다. 친구 파울 레가 이미 살로메에게 결혼을 신청했다 거절당한 사실을 모른 채 니체는 레를 중재인으로 내세워 자신의 의도를 전하고 바로 다음날 저녁에 살로메의 어머니를 만난다. 청혼은 경제적인 이유를 들어 거절된다.

이 사건 후 니체는 로마를 떠나려 하지만 살로메는 그를 머물도록 설득하고 자신이 레와 꿈꿔왔던 지성공동체에 니체가 적극적으로 동참시키는 데 성공한다. 살로메 스스로 당시의 관습을 조롱하는 계획이라고 쓰고 있는 지성공동체의 모습을 그녀는 후일 다음과 같이 묘사한 바 있다.

책과 꽃들로 가득 찬 쾌적한 작업실, 그리고 양쪽에 딸린 두 개의 침실을 왔다 갔다 하면서 명랑하고도 진지한 동아리로 뭉친 작업 동료들.[44]

구혼을 거절당했음에도 불구하고 살로메의 이 계획은 니체가 언급한 목적혼(Zweckehe)의 구도와 크게 다르지 않다. 실제로 니체는 그해 겨울에 이 계획을 파리나 빈에서 실현하려는 생각을 오랫동안 진지하게 품고 있었다. 레에게 보내는 5월 8일자 편지에서 니체는 자신이 다시 한 번 루체른의 사자 정원에서 살로메와 이야기해야 한다고 쓰고 있다. 이즈음에 쓴 편지들에서 니체는 자신들이 계획한 삼위일체(Dreieinigkeit) 지성공동체에 대해 그러한 계획을 위험한 환상으로 치부할 것이 분명한 주변 친지들과 친구들에게 침묵해야 한다고 적고 있다.[45]

하지만 편지의 몇몇 구절들은 지성연합체의 실현만이 니체의 의도가 아니었을지도 모른다는 의심이 들게 한다. 5월 13일 니체는 루체른의 사자 정원에서 다시 한 번 살로메에게 청혼하고 거절당한다.[46] 그리고 그 후에도 그가 살로메에게 보낸 편지에는 사랑 고백처럼 들리는 문구들이 적혀 있다.

내가 완전히 혼자 있을 때면, 나는 자주, 아주 자주 당신의 이름을 소리 내어 말하오—아주 기꺼이 말이오.[47]

솔직히 말하면, 나는 가능한 한 빨리 당신과 한 번 단 둘이만 있게 되기를 진심으로 원하오.[48]

"평생 동안 폐쇄된 사랑의 삶과 완벽하게 열린 자유에의 갈망"[49]을 자신의 삶을 설명하는 두 축으로 내세우는 젊은 미모의 여성, 살로메는 어쩌면 니체에게 지성의 옷을 입은 에로스였을지도 모른다. 그 사이에 레가 살로메에게 연정을 품고 있다는 것을 알았으면서도 니체는 루의 형상을 하고 내려온 운명이 자신을 행운으로 이끌 것을, 최소한 지혜의 행운으로 이끌 것을 예감하고 있다.[50] 그가 여름을 지낼 곳으로 정한 타우텐부르크(Tauntenburg)로 살로메를 초대하는 니체의 편지에는 그의 사랑이 정신적인 색깔을 띠고 있다는 것이 드러나 있다.

나는 간절히 당신의 스승이 될 수 있기를 바라오. 결국, 진실을 말하자면, 나는 내 상속인이 될 수 있는 사람들을 찾고 있소; 나는 내 책들에서는 읽을 수 없는 몇 가지를 지니고 다닌다오—그리고 이것들을 위해 가장 아름답고 비옥한 경작지를 찾고 있소.[51]

니체는 아마도 자신의 철학을 잘 이해하는 살로메가 사랑에서도 자신과 같은 결론에 도달하리라고 희망했을 것이다. 고독과 은둔을 자신의 운명이라 여기고 찾아다니던 그가 다시 사람들 사이에 섞일 것을 결심한 것도 살로메의 영향이다. 타우텐부르크로 자신을 만나러 와달라는 초청에 응한 살로메에게 보내는 감사 편지에서 니체는 다음과 같이 쓰고 있다.

나는 더 이상 고독하지 않을 것이고, 다시 사람이 되는 법을 배울 것이오.[52]

살로메와 단 둘이만 있고 싶다던 니체의 꿈은 중부독일의 튀링겐 숲속에 그림처럼 놓인 마을 타우텐부르크에서 어느 정도 이루어진다. 니체의 여동생이 살로메와 같은 방을 쓰기는 했지만 니체는 1882년 8월 7일 저녁부터 8월 26일까지 19일간 대부분의 시간을 자신이 세심하게 준비해서 쉴 의자들도 깔아놓은 산책길을 살로메와 거닐고 대화하며 지낸다.

니체는 처음으로 자신이 완벽하게 이해되고 있다고 생각하고 자신이 애타게 찾던 정신적 상속인에게 하루 10시간씩 자신의 사상과 감정을 토로한다. 여러 가지 정황은 니체가 심지어 모든 것을 희생하고 모든 것을 용서하는 사랑에까지 이르렀음을 암시하고 있다.[53] 니체는 자신의 방식으로 살로메에게 계속적인 구애를 했던 것이다.

그러나 살로메는 이미 레와 존칭을 쓰지 않을 정도로 더 친밀한 관계에 있었고 타우텐부르크에 있는 동안 그를 위해 일기를 쓰고 있었다. 그 과정에서 살로메는 철학적 모험 이상을 벗어나지 않는 니체에 대한 감정을 분명히 하고 있었고, 초반부에 동일한 사상과 감정의 공유에서 느끼던 기쁨이 지나간 8월 18일자 일기에서는 자신과 니체 사이에 세계를 가르는 것 같은 차이가 있음을 고백하고 있다.

우리는 서로에게 완전히 가까운가? 아니다, 모든 것에도 불구하고 그렇지 않다. (…) 우리 본질의 저 어디 깊은 곳에서 우리는 아득히 서로 멀다. 니체는 그의 본질 안에, 마치 오래된 성처럼, 많은 어두운 지하감옥과 감춰진 지하 저장고들을 가지고 있다. 이것들은 지나가는 관계에서는 눈에 띄지 않지만 그의 본래적인 것을 지니고 있을 수 있다. 기이하게도, 최근에 급작스런 힘으로 나를 엄습한 생각은 우리가 언젠가 심지어 **적으로서** 마주서게 될 수도 있을 거라는 것이었다.[54]

이 결정적인 차이의 발견과 함께 살로메는 니체의 인생에서 큰 상처 없이 멀어져 간다. 살로메가 경험한 잘 드러나지 않은 채 감춰진 니체의 본래적인 것은 무엇이었을까? 어떤 이는 살로메가 후일 성적 병리현상들을 논하는 자리에서 니체를 언급한 사실을 두고 타우텐베르크에서 그녀가 발견한 비밀이 통상 엄격하게 감춰지던 니체의 성적인 비밀이었을 것이라고 추측하기도 한다.[55]

잔혹한 사람들이 항상 마조히스트이기도 하다는 점에 있어서, 이 전체는 양성애(兩性愛)와 관련이 있다. 그리고 그것은 깊은 의미가 있다. 내가 내 인생에서 처음으로 이 주제를 논한 사람은 니체(이 사도마조키스트의 현신)였다. 그리고 우리가 나중에 서로를 쳐다볼 엄두를 내지 못했다는 것을 나는 안다.[56]

살로메가 니체에게서 자신이 경험했다고 주장하는 이 성적 특이성을 감추다가 니체 사후에야 이렇게 다른 맥락에서 밝히고 있는 이유가 이것을 공개했을 경우 실제로 니체를 원수로 만들 수도 있다는 위험을 피해가고 싶었던 데 있었을까? 이탈리아 몬테 사크로(Monte Sacro)에서의 추억을 니체가 떠올리며 자신의 인생 중 "가장 황홀한 꿈"을 살로메에게 빚지고 있다고 말했다는 것이나,[57] 산 정상에서 있었을 법한 키스를 살로메가 기억하지 못한다는 사실을[58] 포함해서 우리는 살로메와 니체의 관계 중 너무 많은 부분을 그녀의 진술에만 의존하고 있다.

어쨌건 타우텐부르크의 밀월이 있었던 1882년 겨울까지도 니체는 3인의 지성공동체의 꿈을 버리지 못하지만, 살로메와 레, 자신 사이의 불투명한 관계를 선명하게 하려는 그의 수차례나 되는 시도가 응답 없이 끝나자 니체도 결국 자신의 꿈이 이루어지지 않을 것임을 인정하기에 이른다. 그 사이에 수많은 좌절과 자살을 포함한 음울한 생각, 아편의 과다복용 등의 사건들이 있었다는 사실은 니체가 이 관계의 상실로 크게 낙심하고 절망했음을 보여준다.[59]

루 안드레아스 살로메와 니체, 파울 레의 삼각관계에서 패자로 남겨진 니체의 비통함을 우리는 통상 에로틱한 열정과 결부시켜 해석하곤 한다. 그러나 바비히(Babatte Babich)가 지적하듯 거기에는 에로스적 전율과 절망 이상의 것들이 관계되어 있다.[60] 1882년 말에 파울 레와 살로메에게 쓴 편지들의 초안에서 니체는 더 이상 절제되고 스스로를 통제하는 작가가 아니다.

이 여름의 믿기 어려운 결과는 루(살로메)가 내 식구들과 바젤 사람들에게 나를 중상했고 그래서 내가 그릇된 길을 가는 저속한 인간으로 대접받는다는 일이야.[61]

친애하는 루, 제발 나에게 이 따위 편지는 그만 보내시오! 이런 하찮은 일들이 대체 나와 무슨 상관이란 말이오! 제발 좀 깨달으시오: 난 내가 당신을 경멸하지 않도록 당신이 내 앞에서 (당당하게) 일어서기를 바라오.[62]

살로메의 어머니에게 쓴 편지의 초안에서도 니체는 살로메와 만났던 날들을 달력에서 지워버리고 싶다고 말하고 있다. 그의 비통함을 넘겨짚을 수 있는 대목이다. 자신의 구애가 응답받지 못한 채 1년이 지나 그간의 비밀이 밝혀진 후에 니체는 살로메를 "가짜 가슴을 단 이 깡마른, 더럽고 지독한 냄새가 나는 원숭이"라고까지 칭하고 있다.[63] 그 사이 파울 레와 살로메는 베를린에서 둘만의 지성공동체를 만들고 동거를 시작한다.

여동생 편에 저간의 정황을 전해들은 니체는 이제 살로메로 인해 자신이 다른 사람의 것을 착취하는 천박한 이기주의자이자 이상주의의 가면을 쓰고 성적인 의도를 충족시키려는 사기꾼이며 정신이 상자라고 비방받고 있다고 믿었다. 상술한 편지 초안들에서 니체는 자신의 뒤에서 행해진 사랑했던 이의 섬뜩한 비방과 중상모략에 분노하고 실추된 명예를 회복하고 싶어 헛힘을 쓰고 있다.

그러나 실제로 니체는 무엇 때문에 분노하고 살로메를 질책하는가? 사프란스키(R. Safranski)가 지적하는 것처럼 니체는 자신을 완벽히 이해한 살로메가 자신에게서 멈추지 않고 다른 선생을 찾아 인식의 길을 떠났다는 사실을 용서하지 못하는 것일지도 모른다.[64] 사랑의 격정과 상실의 분노에 휘말린 니체가 아직 제자들이 자신을 넘어서 갈 것을 요구하는 차라투스트라의 완숙한 여유에 이르지 못한 것이다. 그는 정신의 유사함에서 출발해 감각적 격정에 이르는 길을 걸었지만, 살로메는 단지 몇 주의 진지한 수학여행(Studienreise)을 다녀왔을 뿐이다.[65] 타우텐부르크에서의 경험 후 1년이 지나 오버벡의 부인에게 쓴 담담한 편지에서 니체는 여전히 살로메를 자신이 영원히 유감스러워하는 그리운 존재로 묘사하고 있다. 그는 그녀의 나쁜 특성에도 불구하고 여전히 살로메가 그립다고 고백하고 있다.[66]

니체는 이 일로 여성에 대해 무엇을 배웠을까? 인간에 대한 실망과 그 결과로 온 외로움을 견디기 위해 썼다는 『차라투스트라는 이렇게 말했다』에서 니체는 여성에 대한 작은 진리를 차라투스트라가 "선물로 받은 보물"[67]이라고 쓰고 있다. 여자로 인해 고통스런 한 해를 보내기도 한 니체가 자신의 인생에서 얻어낸 여성에 대한 인식의 몇 가지 측면들을 살펴보기로 한다.

3. 숙명적인 정신의 화강암: 성적 본성의 인정

니체가 자신의 생명철학을 통해 밝히고 긍정하고 싶었던 것 중 하나는 "사물을 깊이 있고 (…) 철저하게 (…) 생각하고자 하는 인식하는 사람의 숭고한 경향"[68]이 작동하기 전의, 지성과 도덕에 의해 왜곡되기 전의 자연적 인간의 모습이다. 이 자연적 인간의 정신은 스스로의 힘을 생성과 성장에 맞춰 자의적으로 표현하는 것을 즐기고, "프로테우스적 기술"[69]로 자신을 가장 잘 은폐하고 방어한다. 다시 말해 자연적 인간은 가상, 단순화, 가면, 표면으로 향하고 이 움직임과 변화에서 자신을 표현하며 자신의 힘을 긍정한다.

니체에 따르면 철학사를 지배해 온 부동의 확고불변한 진리의 이상은 "끊임없이 가상과 표면적인 것을 향하고자 하는 정신의 근본의지"[70]에 대한 오래된 폭력의 이름이고 플라톤에 의해 강요된 남성적 진리의 이상이다. 플라톤적 정신의 훈련이 어떤 이름으로 불려왔건 그것은 인간의 허영심으로 과잉 자극되고 강요되어 부당하게 길러진 편협한 성향일 뿐이다.

성실성, 진리에 대한 사랑, 인식을 위한 희생, 진실한 인간의 영웅주의 같은 아름답고 반짝거리고 소리 나는 축제의 언어가 있다. (…) 이와 같이 위엄 있고 호사스러운 말도 무의식적인 인간의 허영심에서 나온 해묵은 거짓 장식과 잡동사니, 거짓 금가루에 속하는 것뿐이며, 그렇게 아첨하는 색깔과 덧칠 아래에서도 자연적 인간(homo natura)이라는 무서운 근본 텍스트는 다시 인식되어야만 한다.[71]

"인간을 자연으로 되돌려 번역하는 것" 인류사의 편협한 발전으로 이 "자연적 인간 위에 서툴게 써넣고 그려놓은 공허하고 몽상적인 많은 해석과 부차적인 의미를 극복하는 것"[72]을 니체는 자신의 철학에서 중요한 과제로 삼았다. 플라톤적·기독교적·목적론적·이성중심주의적·종말론적 발전의 길을 당연시하고 이 과정에서 중시되는 도그마들에 따라 지적·도덕적 훈련을 받은 자들에게는 낯설게 느껴질 것임이 분명한 자연적 인간 앞에 다시 인간을 세우고 경탄하게 만드는 일을 그는 자신의 철학의 길에서 풀어야 할 과제로 본 것이다.

1) 성적 존재의 물질적 욕구에 대한 긍정

이러한 자연적 인간의 모습 중에는 교육으로도 변화시킬 수 없는 본질적인 것들이 있다. 이러한 본질적으로 불변하는 것들에 대한 인정은 본래적 정신이 갖는 다양하게 변화하는 표면을 사랑하는 속성과 대조되는 것이 아니다. 이러한 태도에는 오히려 인간이 처한 현세의 유일성과 자연에 대한 적극적인 긍정이 담겨 있다.

우리의 근저에는, 훨씬 '그 밑바닥에는' 물론 가르칠 수 없는 그 무엇이 있으며 정신적 숙명의 화강암이 있고 미리 결정되고 선별된 물음에 대한 미리 결정된 결단과 대답의 화강암이 있다. 중요한 문제가 대두될 때 '나는 이런 사람이다'라는 불변적인 말을 하는 것이다.[73]

자연적 인간이 태생적으로 지니는 긍정할 수밖에 없는 정신적 숙명의 대표적인 예로 니체가 들고 있는 것이 바로 남녀의 성(性)이다. 남성과 여성의 구별은 인간의 선택을 넘어선 어쩔 수 없는 제1자연이다. 니체에 따르면 성은 사상가가 자신의 성을 아무리 배운다고 해서 고쳐 가질 수 있는 것이 아니다. 교육의 정도와 도덕적 강제의 힘이 때로 본능을 억누를 수 있을지 모르지만 그것은 자신의 때가 이르면 항상 다시 일어나 자신의 권리를 주장하고 힘을 행사한다.

본능. ― 집이 불타고 있을 때, 사람들은 점심식사마저 잊는다. 그렇다: 그러나 사람들은 잿더미 위에서 이를 다시 해결한다.[74]

결국, 남녀의 문제에 대한 교육의 궁극은 그 변하지 않는 본능의 문제를 끝까지 배우는 것이고 한 성의 입장에서 다른 성과 확실하게 차이지는 것, 자신의 성에 마지막인 것을 발견하고 긍정하는 것뿐이다.[75] 그리고 성적인 것의 힘이 미치는 범위는 실로 광대하다. "한 인간의 성(性)의 정도와 성질은 정신의 마지막 정상에까지 이른다."[76] 남성과 여성의 관계는 근본적인 문제이고 거기에는 "헤아릴 길 없는 대립과 영원히 적대적인 긴장의 필연성"이 있다는 것이 니체의 견해이다.[77]

플라톤이 소포클레스의 입을 빌려 "야만스럽고 난폭한 주인"[78]이라고 불렀던 성적인 것에 대해 니체는 플라톤과 달리 긍정적인 입장을 가지고 있다. 인간이 남성과 여성이라는 성으로 구분된 존재라는 사실은 니체에게 인간의 거짓 없는 본성에 속하는 일이다. 인간은 성적인 존재이며 그에 따른 물질적인 욕구를 갖고 있다. 니체는 인간의 이러한 성적 본성을 부인하고 거기에 이상주의적 해석을 덧붙이는 금욕주의적 사상가들, 본능 및 충동의 억압과 멸절로 평정에 이르려는 종교적 수행의 옹호자들을 "도덕적인 오나니스트, 자위행위자"[79]라고 질타한다.

순결을 설교하는 것은 반자연으로의 공공연한 선동이다. 모든 성적인 삶의 경시, 불순이란 개념을 통해 성적인 삶을 더럽히는 모든 일은 그 자체로 생명에 대한 범죄이다 — 생명의 신성한 정신에 대한 실제적인 죄이다.[80]

성을 처음 불결한 것으로 만든 것은 삶에 대한 원한을 토대로 하고 있는 그리스도교였다: 그리스도교는 삶의 시작에, 삶의 전제 조건에 오물을 들이부었던 것이다.[81]

이들의 불온한 손으로 덧칠해진 이상주의적 해석과 자의적인 의미들을 제거하고 인간을 다시 자연으로 되돌리려는 것이 니체의 의도이다. 그렇게 드러나는 자연적 인간에게서는 도덕적 해석에 따라 왜곡되기 이전의 힘과 순수한 추구만이 드러나며, 이성적인 요소와 감성적인 요소, 그리고 충동적인 요소들이 서로 경합한다.[82]

2) 본래적인 성(sex)과 만들어진 성(gender)

피이퍼(A. Pieper)는 니체가 남녀의 성차를 언급하면서 생물학적인 남녀의 성(sex)과 사회적인 성(gender)의 차이에 주목하고 있다는 것을 지적한다.[83] 이 주장이 옳다면 니체는 현대 페미니즘의 일반적 경향을 선취하고 있는 것이다.[84] 생물학적인 남녀의 성(sex)은 인간의 해석과 의미부여 이전의 불변하는 자연적인 성을 의미하고, 사회적인 성(gender)은 물리적 힘과 교육 등을 통해 역사 속에서 후천적으로 만들어진 성을 뜻한다.

전술한 니체의 진단처럼 생물학적인 남녀의 성(sex)은 후천적인 교정으로 배울 수 있는 것이 아니다. 그러나 생리적인 결정 사항이 아닌 문화적 의미인 사회적인 성(gender)에 이르러서는 역사적 정황과 환경 및 의도적인 교육이 남녀의 성적 역할의 결정에서 중요한 요소로 기능한다. 이 만들어진 성의 강제력과 잠재력에 대한 니체의 진단은 다음과 같다.

유럽의 서너 문명국에서는 몇백 년 동안 교육에 의해 여성들에게서 원하는 모든 것을, 즉 원하기만 한다면 여성에게서 남성까지도 만들어낼 수가 있다. 물론 여기서는 성적인 의미가 아니라 그 밖의 모든 다른 의미에서이다. 여성들은 그러한 영향 아래 언젠가는 남성들의 덕과 강점을 몸에 익히게 될 것이며 동시에 물론 그들의 약점과 악덕도 감수해야 할 것이다.[85]

19세기 후반의 산업화와 여성해방운동(Emanzipationsbewegung)은 남성과 여성의 관계, 여성의 역할과 성차에 대한 기존의 관념들을 재고하게 만들었고,[86] 선거, 교육제도, 사유재산과 상속권, 결혼과 관련해 남성과 여성의 동등한 지위라는 개념을 부각시켰다. 그러나 남녀의 본질적 차이를 지워버리고 양자의 긴장을 희석시키는 남녀 동등권의 출현은 니체에게 민주주의의 도래만큼이나 하강하는 삶의 징조이며 결코 좋은 일이 아니다.[87]

니체는 당시의 여성해방운동에 극도로 비판적이었다. 아마존에 대한 니체의 입장이 초기의 용기와 자부심, 보호의 연상에서부터 삶과 죽음의 상징인 야성, 광포함을 거쳐 결국에는 정신적인 아마존에서 보이는 범상함과 결합된, 문화에 적대적인 힘으로 변화해 간 것이 그 방증일 수 있다.[88] 그것은 아마존이 여성의 자연적 본성에 충실한 상징일 경우 긍정적이던 그의 입장이 그 상징이 거세된 남성으로 변해감과 함께 부정적으로 변해간 궤적을 그리고 있다. 1885년의 한 편지에서도 니체는 여성해방을 꿈꾸는 자들에게 자신이 "사악한 짐승"(das böse Thier)임을 자백하고 있다.[89]

니체의 눈에 "유럽이 추악해지는 최악의 진보"에는 자립하기를 바라는 여성을 위해 남성이 '여성 자체'를 계몽하기 시작한 일이 속한다.[90] 즉 남성에 의한 여성운동의 촉발이 유럽의 발전을 저해했다는 것이 그의 진단이다. 그러나 니체가 여성해방운동을 비판하는 기저에는 여성이 자신 속에 실재하는 힘과 가능성을 포기하고 스스로를 축소시켰다는 해석이 자리한다. 여성해방을 비판하는 그의 글들에서 우리는 여성이 자신의 장점이었던 자연성과 여성적인 본능을 잃어버리고 경제, 정치, 학문 영역에서 남성과 동등하게 되어가는 사태에 대한 장탄식을 들을 수 있다.[91] 여성해방운동이 이상으로 삼는 "영혼의 우정으로서의 결혼" 역시 마찬가지 이유로 니체에게는 자연적인 성차를 무시한 과도한 이상화나 다름없다.

여자 친구이며 조수이고 아이를 낳는 여자이자 어머니이고 가장이며 관리인이어야 하며, 게다가 아마 남편과는 무관하게 자기 자신의 직무를 맡아야만 하는 좋은 아내는 동시에 첩이 될 수 없다: 그것은 일반적으로 너무 많은 것을 그 여성에게서 요구하는 것이다.[92]

'동등한 권리'에 대한 잘못된 이해로 가부장적 예속에서 풀리기를 바라는 여성들이 원래 자신들의 본성에 맞지 않는 남성적 덕들을 배양하는 것은 결과적으로 정신의 화강암을 인정하지 않으려는 반자연적 오만이자 무의미한 시도라는 것이 니체의 여성해방에 대한 비판이다. 여성 스스로가 남성중심사회에서의 권리 획득을 목적으로 사회적 성을 강조하고 체화하며, 이로써 동시에 본능적 성을 왜곡하고 부인한 일에 그의 비판의 초점이 맞춰져 있다.

후천적으로 길러진 왜곡된 문화적 성차를 어떻게 하면 성적 자연과 본능을 긍정하고 발현하는 방향으로 변화시킬 것인지가 여성과 남성의 문제에서 본질적인 질문이다.[93] 실제로 여성에게 박사과정 입학을 허가하는 데 한 표를 던진 니체가 다른 곳에서 김나지움 교육을 여성에게 전수하지 않아야 하는 이유로 들고 있는 것은 김나지움에서 행해지는 전통과 습속의 강요를 통한 자연성과 천진성의 말살이다.

> 무슨 일이 있어도 우리의 김나지움 교육까지 소녀들에게 전수하는 것
> 은 안 된다! 재치 있고 지식을 갈망하는 불같은 젊은이들을 흔히 교사
> 들의 복제품으로 만들고 마는 그 교육을.[94]

본능과 충동의 억압, 멸절이 인간 일반에 대한 왜소화를 초래했다면, 여성적 본능과 충동의 억압, 멸절 역시 여성의 참된 가능성을 축소시키는 근대의 병이다. 다행히 역사적 정황과 환경, 시대적 유행과 교육이 길러낸 문화적·사회적인 성(gender)은 그것이 본능으로 정착되기 전까지는 영원하지 않고 일시적인 장식 효과만을 가질 뿐이다. 아직 가능할 때, 장식과 파렴치한 시대적 유행에 불과한 사회적인 성을 걷어내고, 본래적 자연이 부여한, 이념과 도덕에 따라 왜

곡되기 전의 성(性)을 밝혀 드러내는 일은 니체에게 인류의 건강한 미래가 달린 중요한 일이다.

4. '여성 자체'에 대한 니체의 몇 가지 진리

니체가 여성과의 교제와 실패한 사랑으로 자신과 다른 점들을 철저히 느끼고 자기 자신의 "정신적인 숙명에 이르는, 가르칠 게 없는 것에 이르는 이정표"[95]를 보는 과정에서 발견한 여성의 본성에는 어떤 것들이 있을까?

우선 사랑에 대한 그의 생각은 일반적인 관점과 비교해 볼 때 비극적이다. 니체에 따르면 남녀간의 성적인 사랑 조건에는 그들이 사랑에 대해 서로 다른 개념을 가지고 있다는 것이 포함된다. 그리고 그러한 이유로 니체는 남자와 여자가 사랑에서 대등한 권리를 갖는다는 사실을 부인한다.

이러한 동등권은 결코 존재하지 않는다. 남자와 여자는 사랑을 각각 다르게 이해하기 때문이다. 그리고 양성의 사랑의 조건 중 하나는 하나의 성이 다른 성에 대하여 같은 감정을, '사랑'에 대한 같은 개념을 전제하지 않는다는 것이다. 여성이 이해하는 사랑은 명백하다. 아무런 고려나 유보를 하지 않는 영육의 완전한 헌신(…)이 여성의 사랑이다.[96]

조건 없는 사랑으로 자신의 권리를 포기하는 여성에 비해 남성은 여성의 이러한 헌신을 받아들임으로써 힘과 행복, 믿음을 증대시키고 자기 자신을 풍부하게 만든다. 그리고 그러한 남성일수록 헌신하는 여성에게 더욱 매력적이라는 것이 니체의 생각이다. 니체는 자신이 여성의 사랑 조건이라 부르는 무조건적인 자기포기의 열정이 여성에게 발견된다는 사실을 남성 안에는 그러한 자기포기의 의지가 없다는 증거라고 해석한다.

> 자신의 권리를 무조건적으로 포기하는 여성의 정열은 상대편에는 동일한 파토스, 동일한 포기에의 의지가 없다는 것을 전제로 한다. (⋯) 여성은 자신을 내버리고 남성은 이를 받아들인다. (⋯) 따라서 정절 (Treue)은 여성의 삶에 내포되어 있다. (⋯) 하지만 정절은 남자의 사랑의 본질에 속하지는 않는다. (⋯) 남자의 사랑은 소유하기를 원하는 것이지 포기하고 내주는 것이 아니며, 소유하기를 원하는 것은 항상 소유와 더불어 끝이 나기 때문이다.[97]

결국 니체식의 사랑은 "힘과 행복과 믿음의 증대를 통해 자신을 풍부하게 만드는 사람"[98]에 대한 여성의 헌신으로 시작되고 이 헌신에 대한 남성의 의심이 소유의 확실성을 검증하는 기간만큼 지속되지만 소유의 확신과 함께 막을 내리는 이율배반적인 사랑이다. 그러나 남녀간의 사랑은 도덕의 영역에 속하는 일이 아니다. "사랑으로 행해지는 것은 항상 선악의 저편에서 일어난다."[99] 남성과 여성의 성적인 차이는 사랑에 대한 이해뿐 아니라 열정의 발산 속도에서도 드러난다. 동일한 열정이 남녀에게서 다른 속도를 가지고 진행된다는 것은 양성 간에 발생하는 부단한 오해의 궁극적 원인이다.[100] 따라서 사랑이란 결국 자신의 이상과 욕망에 대한 사랑일 뿐으로 결국 자신과 상대에 대한 속임의 형식으로 드러날 뿐이다.[101]

> 우리는 깨어 있을 때도 꿈속에서와 같은 일을 한다: 즉 우리는 우리와 교제하는 인간을 먼저 고안해내고 꾸며내고, ― 그리고는 곧 그것을 잊

어버린다.[102]

남자들이야말로 여자들을 타락시킨다. 여자의 모든 결함을 개선하고,
그 첫값을 치러야 하는 것은 남자들이다. 왜냐하면 남자들이 여성상을
만들어내고 여자들이 그 상에 따라 자신을 만들기 때문이다.[103]

　사랑이 이렇게 스스로의 이상과 욕망에 대한 것이기 때문에 결혼
은 『향연』에 나오는 아리스토파네스의 신화처럼 자신에게 부족한
부분을 찾아 메꾸려는 것이 아니라, 자신의 본성에 있는 것을 완성
하려는 열정으로 이해된다. 니체는 각각의 성에 고유한 것으로 여성
의 수동적 오성 및 남성의 감성과 정열을 들고 있다.[104] 니체는 완벽
한 통제, 정신의 현재성, 모든 장점의 이용으로 드러나는 여성적 오
성이야말로 남성의 의지에 덧붙여져 아이에게 유전되는 생명의 주
된 멜로디라고 이해하고 있다.
　전통적인 이해와 달라 보이는 이러한 설명은 오히려 남성의 능동
성과 여성의 수동성에 대한 강조일 것이다. 니체는 남성의 더 깊고
강력한 충동이 여성의 수동적인 오성을 멀리 끌고 나가는 것, 즉 재
료는 여성에게서 방향은 남성에게서 오는 것이 유전의 비밀일 것이
라고 추측한다.[105] 그리고 이것은 사랑에서 여성의 무조건적 헌신과
남성의 소유 본능과도 양립하는 설명이다.

배우자를 선택하는 데서도 남성들은 무엇보다 먼저 깊고 감정이 풍부
한 사람을 구하는 반면 여성들은 현명하고 냉정하며 뛰어난 남성을 구
하는 것에서 근본적으로 어떻게 남성은 이상화된 남성을, 여성은 이상
화된 여성을 구하는지 명확히 보게 된다. 즉 자신들이 가진 장점들을
보충하는 것이 아니라 완성하려고 한다는 것을 명백히 보게 된다.[106]

사랑과 결혼으로 드러나는 헌신과 수동성 외에 여성에게 두드러지는 또 하나의 특성은 그들의 표면과 가상에 머무는 능력, 또는 가장과 치장 능력이다. 니체의 견해에 따르면 남성이 여성 속에서 고요와 평온, 그리고 더 나은 자기를 발견하기 위해 필요한 것은 결국 거리(Distanz)이다. 여성은 광포한 현존재의 심연 위를 미끄러져 지나가는 고요하고 아름다운 범선과도 같다.[107] 『즐거운 학문』에 나오는 이 범선의 비유는 『비극의 탄생』에서 니체가 두 번이나 인용한 쇼펜하우어의 『의지와 표상으로서의 세계』의 한 구절을 연상시킨다.

사방으로 끝없이 펼쳐진 채 포효하며 산과 같은 파도를 올렸다 내렸다 하는 광란의 바다 위에서, 한 뱃사람이 조각배 위에, 그 허약한 배를 신뢰하며 앉아 있는 것처럼, 고통의 세계 한가운데서 개별적인 인간은 개별화의 원리를 의지하고 믿으며 고요하게 앉아 있다.[108]

쇼펜하우어의 이 조각배는 니체에 따르면 고통으로 가득 찬 근원적 일자의 세계를 견디기 위해서 아폴로가 짜는 마야의 베일에 취해 광풍이 이는 존재의 바다에서 일시적인 예술의 위안에 빠져 있는 인간 실존의 장엄한 드라마에 대한 상징으로 이용된다. 『즐거운 학문』에서는 불안한 실존의 위로와 안식이 되는 배가 바로 삶을 가능하게 하고 살 만한 가치가 있는 것으로 만드는 재주를 가진, 가상을 사랑하고 치장하는 능력을 갖춘 여성으로 등장한다. 그러나 이 고요한 범선들도 가까이서 관찰하면 불온하고 흉측한 소음들로 가득하다.[109]

빌헬미네 시대에 일반적으로 찬양받던 여성의 덕성들, 즉 온유함과 고요함, 평온함 등은 사실 거리의 장막으로 지근거리에서 드러나는 인간의 추한 속성들이 감추어진 후에 나타나는 현상들이다. 여성들은 어쩌면 본능적으로 또는 남성과의 교제에서 얻어지는 경험의 축적을 통해 이러한 사실을 알고 있는지도 모른다. 그리고 자신들을 감춤으로 더욱 두드러지는 성적 매력이 남성들에게 적절한 거리를 둘 때 더욱 큰 영향을 끼친다면 이 효과를 극대화하는 일은 자연스런 선택이 될 수 있다. 효과를 노린 치장과 화장의 기술은 그래서 아름다운 성에게서 더욱 발달한 것인지도 모른다.

니체는 몇몇 여성들에게서 이러한 기술의 발달이 내면적인 것의 완전한 말살과 오로지 가면에 불과한 삶으로 나타날 수 있다고 진단한다. 그리고 이러한 여성이야말로 남성의 마음을 가장 강하게 자극할 것이라고 예견한다.[110] 니체는 자신을 꾸미는 일이야말로 영원히 여성적인 것에 속하는 것이라고, 즉 여성의 여성성의 본질이라고 생각한다.[111] 여성에게 있는 그대로의 실상이 문제가 아니라 보이는 가상이 중요할 뿐이다. 그래서 그들의 장점은 아양 떨기와 화장, 가면을 쓰는 일이다.

> 여성에게 진리가 무슨 중요한 일이란 말인가! 여성에게는 처음부터 진리보다 낯설고 불쾌하고 적대적인 것은 없다. ─ 여성의 큰 기교는 거짓말이요 그 최고의 관심사는 가상이며 아름다움이다. 우리 남성들은 고백하도록 하자: 우리는 여성의 바로 이러한 기교와 이러한 본능을 존중하고 사랑하는 것이다.[112]

여자와 배우의 공통점은 그들의 무력함이 무엇인가 그럴싸한 것으로 자신을 꾸미게 만든다는 것이다. 그리고 니체에 따르면 여성은 이 사기행각의 능란함에서 심지어 배우를 앞지른다.

> 이웃 사람들이 좋은 생각을 하도록 유도하고 그 뒤에서 이웃 사람의 생각을 독실하게 믿는 것: 누가 이 기교를 여성들보다 더 훌륭하게 해낼

수 있겠는가?[113]

따라서 이러한 여성적 본능이 위축되고 남성에게서보다 더욱 일반적인 진리에 대한 열정과 학문적 성향이 두드러지는 여성의 경우 니체는 거기에서 성적인 결함을 추측하기도 한다.

한 여성이 학문적인 성향을 가지고 있을 때, 그녀에게 성적인 결함이 있는 것이 보통이다. 불임이라는 것은 이미 어떤 유의 남성적 취향으로 향하는 경향이 있다. 남성은, 실례되는 말이지만, '불임의 동물'이다.[114]

표면과 가상을 무시하고 여성의 본질 없음을 드러내는 일은 부동의 진리와 깊이 있는 탐구, 그리고 인식을 강조하는 것으로 연결되고, 이것은 결국 생명의 편에 서 있는 여성성의 타락이고 계몽을 앞세운 악취미에 지나지 않는다.[115]

포스트모던 페미니즘의 철학적 기초를 준비하는 일련의 철학자들은 여성의 이 피상성과 니체가 전통 형이상학의 독단성을 비판하며 강조한 진리의 피상성의 유사를 근거로 여성에 대한 니체의 언명들을 탈근대성의 문제로, 즉 로고스중심주의와 남근중심주의를 해체하고 주변부와 다양성을 강조하며 생명의 세계관을 정립하는 등 근원적인 철학적 문제로 진단하고 싶어 한다.[116] 니체 철학에서 문체와 여성성을 동일한 것으로 다룬 데리다(J. Derrida)의 글을 필두로 니체의 여성에 대한 언급은 플라톤적 전통 형이상학의 해체를 상징하는 존재의 비결정적 복수성에 대한 은유인 양 쓰인다.[117]

그러나 니체는 연기와 치장, 가면 쓰기가 여성만의 전유물이라고 생각하지 않았던 것 같다. 어떤 특정한 역할을 연출하는 것은 남성에게도 해당되는 시대의 보편적인 일이다. 심지어 위대한 인간에게서도 니체의 예리한 눈은 배우를 찾아낸다. "뭐? 위대한 인간이라고? 나는 언제나 자기 자신의 이상을 연기하는 배우만을 볼 따름이다."[118] 니체의 교육론에서 성격의 형성이 정동과 욕정의 장기간 훈육으로 이루어진다는 것은 우리가 이미 살펴본 사실이다. 그가 남성의 성숙을 어린 시절 우리가 놀이에서 보이던 "진지함의 재발견"[119]에서 찾고 있는 것은 역할을 연출하는 것에서도 진지함이 가능하다는 것과 역할의 연출이 제2의 성격으로 굳어질 가능성을 시사하고 있다.

니체는 1천 년을 염두에 둔 거대한 계획을 세우는 건축가들이 사라지고 우연히 얻게 된 직업을 가지고 역할을 수행하는 데 급급한 배우들만이 즐비한 현대의 천박함을 염려한다. 그는 지속하는 것들에 대한 믿음이 사라지고 "뻔뻔한 믿음과 관점이 전면에 나서게 되는 민주적인 시대", '무엇이든 된다'(anything goes)는 "미국인들의 믿음"이 세계로 확대되는 시대의 위험성을 경고한다.

이런 시대의 개인은 자신이 거의 모든 것을 할 수 있고, 거의 모든 역할에 적합하다고 확신한다. 누구나가 자기 자신을 가지고 실험하고, 새로이 실험하고, 기꺼이 실험한다.[120]

모두가 배우가 되어버린 이런 시대에는 "건설하는 능력이 마비되고, 먼 곳을 내다보고 건설하는 용기가 꺾이게 된다."[121] 니체는 지속에 대한 믿음이 없어지고 긴 호흡으로 미래를 조망하고 조직하는 일이 불가능하게 된 배우들의 시대를 통탄하고 있다. 그러나 모든 가치를 전도해서 그 가치들과 이념이 포함하는 가능성의 마지막을 보겠다는 그의 실험철학은 어떤 면에서는 이 뻔뻔한 관점의 산물이기도 하다.

실제로 이 염려가 들어 있는『즐거운 학문』의 제5부 제목인「우리들 두려움을 모르는 자들」이 암시하듯이 니체는 이러한 통탄할 만한 역사적 상실을 시대의 진리로 받아들이고 계속적인 실험을 즐기고 있는지도 모른다.『즐거운 학문』의 제5부의 첫 장에는 프랑스의 대원수이자 17세기 전술의 천재였던 튀렌(Henri de Turenne)의 잠언 한 구절이 표어로 적혀 있다. "육체여, 너는 떨고 있는가? 내가 너를 어디로 데리고 가는가를 안다면 너는 더욱 떨게 되리라." 이 두려운 전반적인 가면무도회를 사실로 인정한 뒤, 우리가 이 무도회에서 적극적으로 춤출 것을 권하면서 니체는 우리를 어디로 데리고 가려는 것일까?

삶을 여성에 비유하는『즐거운 학문』의 한 절에서 니체는 궁극적 아름다움을 보는 일이 흔한 경험이 아니라는 점을 유감스러워하면서도, 그것이 드문 현상이기 때문에 삶을 고양시키는 자극제이자 추동력이 될 수 있다는 점을 지적하고 있다.

내가 말하고자 하는 것은 이 세계에는 아름다운 것들이 넘쳐나고 있지만 그럼에도 불구하고 이것들이 모습을 드러내는 아름다운 순간은 너무 적다는 것이다. 하지만 이것이야말로 삶의 가장 강력한 마법일지도 모른다: 삶은 가능성이라는 황금실로 짜인 베일로 덮여 있다. 약속하고, 반감을 품고, 수줍어하고, 냉소하고, 동정하고, 유혹하는. 그렇다, 삶은 여성이다![122]

여성이 보여주는 궁극의 아름다움을 보기 위해서는 표면에서 다양한 가상의 형식으로 펼쳐지는 그것이 바로 아름다운 것이라는 것을 아는 것과 더불어 그 아름다움을 찾아 관상하고 경험하려는 의지가 중요하다. 그러나 니체가 지적하는 것처럼 지식과 의지는 필요조건일 뿐 궁극적 아름다움을 경험할 수 있는 충분조건은 아니다. 약속, 반감, 수줍음, 냉소, 동정, 유혹의 유희를 통해 갑자기 일회적으로만 모습을 드러내는 아름다움을 만나기 위해서는 적합한 자리, 자신의 영혼의 베일 걷기, 자기통제를 위한 표현의 노련함 등 지극히 드문 우연 역시 필요하다.[123]

니체가 여성성에서 본 생명의 가능성은 교육될 수 있는 것이 아니고 따라서 전통 철학에서 높은 평가를 받아왔던 남성적 덕으로는 이해하기 쉽지 않다. 그리고 이것은 여성성이 니체 철학에서 무궁한 전망과 의미의 다양성을 가지고 끊임없이 변화하고 유동하는 생명의 발현에 대한 상징으로 쓰인 것이라면 당연한 일이다.

여성에게서 존경과 때로는 공포마저 일으키는 것, 그것은 남성의 자연보다 더 '자연적인' 그녀의 자연이며, 이러한 것으로는 진정하게 맹수같이 교활한 유연함과, 장갑 아래 숨겨진 호랑이 발톱, 이기주의의 단순함, 교육시키기 어려운 속성과 내적인 야성, 욕망과 덕성에서 이해하기 어려운 것, 폭 넓은 것, 방황하는 것이 있다.[124]

가상과 아름다움을 향한 여성의 의지와 여성의 놀이하는 특성에서 니체는 논리와 학문으로 구성된 남성적 가상세계의 반생명적 특성들을 교정할 수 있는 가능성을 본 것인지도 모른다.[125] 그러나 우연과 놀이가 미적 체험의 중요한 요소가 되는 순간, 이 궁극적 체험을 위해 우리가 할 수 있는 일은 남성성보다 더 자연과 삶에 가까운 여성성의 발현을 그것이 그대로 발생하도록 놔두고(sein-lassen), 그 발생의 매 순간에 주의를 기울이는 것 외에는 별로 없을 듯하다.

5. 니체 철학의 여성적 특성

니체가 여성이라는 수수께끼의 답을 임신에서 찾고 있고,[126] 여성 해방 운동가들이 비판하는 것처럼 여성을 자궁의 기능으로 축소시키려 하기 때문에 니체의 여성관과 쇼펜하우어의 여성관을 일맥상통하는 것으로 이해하는 것은 피상적인 견해라는 의견이 있다.[127] 쇼펜하우어는 근본적으로 인간이라는 종의 확장과 보급만을 위해 여성이 존재하고 거기에서 여성의 규정이 명료해진다고 주장한다.[128] 반면에 니체에게는 여성에게 특별한 모든 것들, 즉 수태와 임신, 출산은 그가 큰 이성이라 부르는 몸의 현상들이다. 따라서 스코브론(Michael Skobron)이 지적하듯이 몸의 실마리를 따라 철학한다는 것은 동시에 이 몸의 현상들을 따라 철학하는 것이기도 하다.[129]

니체가 간지러움, 심지어 성교 시의 간지러움으로 이해하는 쾌락의 본질은 불쾌마저도 쾌의 요소로 작동하는 부단한 저항과 승리 과정이고 이로써 증가하는 힘의 방출을 의미한다.

> 작은 망설임들이 극복되고 그 즉시 다시 작은 망설임이 뒤따르며, 이것도 다시 극복되는 것 같다 ─ 저항과 승리의 이런 유희가, 쾌의 본질을 형성하는 남아돌 정도로 넘쳐나는 힘의 저 총체적 느낌을 가장 강력하게 자극한다.[130]

이것은 드러내면서 은폐하고, 은폐하면서 드러내는, "탐욕적이고, 물릴 줄 모르며, 구역질나고 무자비하며 살인적인"[131] 생명의 부단한 현현에 대한 극명한 상징이다.[132]

니체가 디오니소스 비의에서 읽어내는 그리스적 본능의 근본사실은 성적 상징을 통해 가장 극명하게 현현하는 삶에 대한 의지였다.

다시 말해 니체에게 성적인 것은 적극적인 긍정의 대상이다.

그리스인에게는 성적 상징은 신성한 상징 그 자체였고, 모든 고대적 경건성에 내재하고 있는 본래적인 심오함이었다. 생식과 수태와 출산 시의 하나하나의 행위 모두가 최고의 감정과 그지없이 장엄한 감정을 불러일으켰다. (…) 그 안에서 삶의 가장 깊은 본능인 미래를 향하는 본능, 삶의 영원을 향하는 본능이 종교적으로 체험되고 있다 — 삶으로 향하는 길 자체가, 즉 생식이 신성한 길로 체험된다.[133]

스코브론은 차라투스트라의 궁극적 메시지인 영원회귀의 구조가 임신과 닮아 있음에 주목한다. 허무주의를 극복하는 니체의 새로운 시도인 동일한 것의 영원회귀 사상에서 과거와 미래는 역동적인 자리바꿈을 경험하고 지금 이 순간이 펼쳐지는 현재에서 모두 사실적인 실재의 위치를 차지한다.[134] 니체의 유고는 이 점을 분명히 밝히고 있다.

미래적인 것은 과거적인 것과 마찬가지로 현재적인 것의 한 조건이다. "생성되어야만 하고 생성될 수밖에 없는 것이 존재하는 것의 근거다."[135]

도래하지 않은 미래적인 것이 현재에 실제로 존재하고 과거의 것이 여전히 현재와 미래를 규정하는 영원회귀의 시간적 상황은 태어나지 않은 아이가 분명 이미 존재하나 동시에 아직 없는 역설적인 임신의 상황을 상징적으로 드러난다.[136] 아이를 자신의 삶으로 긍정하는 건강한 자에게 한순간의 수태와 임신이 자신의 미래에 영원의 낙인을 찍는 행위라는 점에서도 임신은 영원회귀 사상의 모델일 수 있다. 인간에게 가능성으로 남아 있는 미래를 현재의 결단적 행위로 재단하고 그것을 근거로 변경 불가능한 과거에 의미와 필연성을 부여하는 허무주의의 극복이자 세계긍정의 형식인 영원회귀 사상에 니체가 여성적 삶의 중요한 형식인 임신을 모델로 삼은 것은 시사하는 바가 크다.

　루 살로메는 니체가 투린에서 발작을 일으킨 후 출간한 니체 해설서에서 니체 안의 수용성과 생산성, 다시 말해 여성적인 것을 언급한 바 있다. 살로메는 이로써 그의 정신이 맞아들이는 사소한 자극에도 삶의 충일함과 내적 경험으로 가득 넘치는 니체의 정신적 특성을 표현하고자 한 것이다. "니체의 정신적인 본성에는 (…) 무언가 여성적인 것이 있다."[137] 살로메는 이러한 자신의 진단을『선악의 저편』에서 니체가 두 가지 종류의 천재를 언급했던 대목과 결부시키고 있다.

> 천재에는 두 가지 종류가 있다: 그중 하나는 무엇보다도 임신시키고 임신시키기를 원하며, 다른 하나는 기꺼이 수태하고 출산하는 것을 좋아한다.[138]

　니체는 같은 곳에서 이 두 종류의 천재가 남자와 여자처럼 서로를 필요로 하고 구하지만, 남자와 여자처럼 서로를 오해한다고 쓰고 있다. 살로메는 니체를 두 번째 종류의 범주, 즉 수태하고 출산하는 여성적 천재의 범주에 넣는다.[139] 임신시키는 일과 출산하는 일은 니체가 늙은 처녀 같은 것을 지니고 있다고 비꼰 범용한 학자와 천재를 구별하는 "인간의 가장 귀중한 두 가지 기능"이다.[140] 살로메에 따르면 이 두 유형의 천재 중 실제적인 천재는 출산하는 여성적인 천재이다.

　니체는 다른 곳에서 임신을 통해 더 부드러워지고 더 많이 기다리고 순종적으로 되는 여성처럼 정신적 임신 역시 여성의 성격과 흡사한 사변적 성격을 만든다는 사실에 주목한 바 있다.[141] 실제로 니체는 자신의 정신적 아들인 차라투스트라의 탄생을 수태와 18개월의 임신, 돌연한 출산의 비유로 설명하고 있다.[142]

어쩌면 여성적인 것은 단순한 성적인 차원을 넘어 니체에게 인간 전체를 포괄하는 존재론적인 의미를 갖는 것 같다. 플라톤적 진리를 넘어서는 관점주의적 진리에 대한 긍정, 관조적이고 명상적인 삶의 여성성, 수동적인 비켜섬으로 욕망과 의지에 동인으로 작용하는 여성적 소통의 능력, 대지라는 근원으로의 회귀를 권하는 니체 생명철학의 주요한 메시지 전체가 인간에게 허락된 또 하나의 가능성을 제시하고 있는 것으로도 읽히는 것이다. 물론 여성을 언급하는 대목들에서 니체는 일관적이지 못하고 주저하는 모습을 보이기도 한다. 그러나 니체가 지적한 대로 철학은 때로 완결된 건축물의 모습으로서가 아니라 건축물을 지으려고 쓰였던 재료들로서 새로운 건축으로 연결되기도 한다.

철학자들의 오류 — 철학자는 자신의 철학의 가치는 전체 속에, 즉 구조물 속에 있다고 믿는다: 그러나 후세 사람들은 그 철학의 가치를 그가 사용했던 돌에서 발견하고 그때부터는 그 돌로 흔히 훨씬 더 훌륭하게 건축한다: 즉 그들은 철학자의 구조물은 파괴될 수 있지만 그래도 여전히 재료로써는 가치가 있다고 생각한다.[143]

철학사에서는 한 사상가가 주저하고 망설이던 지점에 의도하지 않은 길이 나거나 문이 열리기도 한다. 니체가 열어놓은 여성성에 대한 담론이 현대철학의 곳곳에서 왕성하게 꽃피고 긍정적인 열매를 맺고 있는 것이 그 증거라 할 것이다. 한 가지 바람이 있다면 니체의 여성에 대한 담론을 근거로 새로운 길을 모색하는 철학자들이 이 과정에서 니체 철학 전체의 모습을 너무 많이 변형시키지 않았으면 하는 것이다.

제10장

사랑을 통해서 본
현대성의 위기와 극복 가능성

"사람들은 일반적으로 사랑을 조금밖에 갖지 못했고 단 한 번도 이 음식을 배부르게 먹을 수 없었기 때문에 사랑에 대해 그렇게 열정적으로 말해왔고 그것을 우상화해왔다. 그렇게 사람들에게 사랑은 '신들의 음식'이 되었다."

인류의 키르케인 도덕이 모든 심리적인 것을 철저히 왜곡해
버렸다 ― 도덕화시켜버렸다 ― 사랑이란 것이 '비이기적'이어
야 한다는 섬뜩한 난센스에 이르기까지 말이다. (…) 사람들은
강건하게 자기 자신을 잡고 있어야만 한다. 그리고 용감히 자신
의 두 다리로 서야만 한다. 그렇지 않으면 결코 사랑할 수 없다.[1]

1. 사랑이라는 희귀한 열정

정신을 피라 부르며 피로 쓰는 글쓰기를 통해 지혜라는 여인에게
사랑받아온 스스로를 용감한 전사라 칭하는 니체는 사랑의 광기와
그 광기 속의 이성에 관해 수수께끼 같은 문장을 하나 쓰고 있다.

우리는 삶에 익숙해서가 아니라 사랑에 익숙해 있기 때문에 삶을 사랑
하는 것이다.[2]

이 문장에서 사랑은 삶보다 우리에게 더 가깝고 친숙한 것처럼 보
인다. 유럽인들은 사랑에 빠지면 뱃속에 나비가 날아다니고 비눗방
울이 터진다는 표현을 쓰는데, 차라투스트라도 생명을 상징하는 나

비와 비눗방울의 편에 서 있다.[3] 눈여겨 잘 살펴보지 않아서 그렇지 사랑은 늘 우리 곁에 있는 익숙한 것이다. 익숙해서 그런 것인지는 몰라도 우리는 항상 사랑하고 싶어 하고 또 사랑받고 싶어 한다. 현대인은 사랑에 열광적이다. 아니 인간의 역사가 사랑의 추구로 점철되어 있다고 해도 과언이 아닐 것이다. 행복하게 완결되는 사랑도 있으나 상당수의 사랑은 비극적이거나 상투적이기도 하다. 세계문학은 이 사랑의 움직임에 대한 문서기록소이다.

사랑의 열광으로 인해 발생하는 전쟁과 비극의 이야기는 아직도 인류의 심금을 울린다. 아벨라르와 엘로이즈를 비롯한 문학의 영웅들이 앓고 있는 고통의 이름 역시 사랑이다. 우리는 대체 왜 사랑에 열광하는가? 코지마 바그너에 대한 감춰진 연정을 제외하고는 아직 사랑다운 사랑을 경험한 적이 없는 36세의 니체는 여기에 대해 흥미로운 관점을 제시한다. 우리가 사랑에 열광하고 사랑이라는 현상의 가치를 높게 평가하는 이유는 그것이 희귀재이기 때문이라는 것이다.

> 사람들은 일반적으로 **사랑을 조금밖에 갖지 못했고** 단 한 번도 이 음식을 배부르게 먹을 수 없었기 때문에 사랑에 대해 그렇게 열정적으로 말해왔고 그것을 우상화해왔다. 그렇게 사람들에게 사랑은 '신들의 음식'이 되었다.[4]

사랑이 세상에서 희귀재이고 우리가 그것을 아직 소유하지 못했다는 사실이 우리를 더욱더 사랑으로 몰아붙인다는 이 역설은 이미 철학의 이름을 설명하는 플라톤을 통해 알려진 바 있다. 소크라테스의 전언으로 알려진 디오티마의 사랑 의식으로의 입문 권유는 사랑이라는 것이 정상적인 상황에서 쉽게 얻어지는 것이 아니라는 점을

반증한다.[5]

사랑이 희귀재라는 사실을 확인하는 것과 동시에 니체는 현대성의 가장 극단적인 문제이자 인류 최대의 병인 의미상실의 문제, 즉 허무주의의 문제를 지적하면서 인간에 대한 사랑이 더 이상 불가능해진 사실을 탄식하고 있다.

인간에 대한 공포와 더불어 우리는 또한 인간에 대한 사랑과 경외심, 인간에 대한 희망, 아니 인간에 대한 의지도 잃어버렸다. 이제 인간의 모습은 우리를 지치게 만든다. ─ 이것이 허무주의가 아니라면, 오늘날 무엇이 허무주의란 말인가? (⋯) 우리는 인간에게 지쳐 있다.[6]

사랑의 쾌감은 일정 정도 미지의 것에 대한 공포와 결부되어 있다. 니체는 프랑스의 에스프리와 만나서 도덕의 상실을 두려워하는 독일인들이 갖는 불안을 "방울뱀 앞의 작은 새가 갖는 불안"[7]에 비유하고 있는데, 세상에는 이렇게 쾌감이나 흥분과 교차되는 불안이 있는 것이다. "두려움을 느끼게 만들 만한 완벽한 것, 마지막으로 이루어진 것, 행복한 것, 강렬한 것, 의기양양한 것"[8]이 사랑의 감정을 야기하는 법이다. 미녀와 야수, 뱀파이어 이야기 등에 우리가 끌리는 것은 무엇 때문인가? 그것은 원초적 힘과 깊은 고통에 대한 갈망의 이야기이다. 강렬한 어두움과 깊은 고통을 향한 갈망이 우리에게 있다는 사실은 사랑의 아이러니이다. 그러나 그것은 거꾸로 불과 빛, 그리고 강렬함에 대한 열망으로 해석될 수 있다. 『인간적인 너무나 인간적인』의 한 단상은 이러한 사실을 설득력 있게 묘사하고 있다.

정열은 지나간 뒤에도 자기 자신에 대한 어렴풋한 동경을 남기고, 사라질 때에도 유혹하는 눈길을 던진다. 정열의 채찍에 맞았던 것이 일종의 쾌감을 주었음이 틀림없다. 그에 비해 온화한 감정은 김빠진 것으로 생각된다. 사람들은 언제나 김빠진 쾌감보다는 격렬한 불쾌감을 더 원하는 것처럼 보인다.[9]

사랑에서 우리가 때로 이성의 질서(ordo rationis)보다 강렬함을 원한다는 사실은 인간능력의 한계를 넘어서는 야성적 힘에 대한 동경, 어둡고 두렵지만 우리를 자극하고 흥분시키는 미지의 힘과 가능성에 대한 동경이 사랑의 감정을 촉발시키기도 한다는 점을 보여준다. 그리고 합리적인 영양보다 도취를 더 원하는 취향은 최고의 지성을 갖는 자들 안에 그 기원을 갖는다.[10] 인식의 충동과 마찬가지로 사랑은 무관심의 상태를 뛰어넘고 우리를 살아 있다고, 그것도 숭고하게 살아 있다고 느끼게 만드는 열정이다. 그래서 불행한 사랑마저도 사랑하는 자에게는 자신의 죽음을 제외한 모든 것을 희생시킬 정도로 매력적이며 불가결한 것이 된다.[11]

『비극의 탄생』으로 니체가 밝혀낸 것처럼 아폴론적 조화와 합리가 극에 달할수록 더욱더 강력해지는 디오니소스적 도취는 건강한 그리스적 명랑성의 중요한 비밀이다. 그것은 어쩌면 단순한 미지의 불가능한 힘에 대한 갈증이 아니라, 인간에게 가능했던 힘과 의지에 대한 동경, 이제는 더 이상 불가능한 힘의 극대화에 대한 동경일지도 모른다. 그렇다면 인간을 더 이상 사랑할 수 없다는 니체의 저 탄식은 근대인을 통해 드러난 현대성의 운명, 그 기능과 효용의 측면에서 정량화되고 계산과 예측 가능한 동시에 파편화되고 대체 가능해진 인간의 왜소화와 상실에 관한 것이다.

니체 철학이 갖는 가장 강렬한 함의 중 하나인 현대성의 위기와 그 극복 가능성이라는 주제는 '사랑'이라는 화두를 가지고도 재구성해볼 수 있다. 이성에 대한 육체적 욕망의 발로인 성애(性愛)에서부터 동정심이나 이웃사랑 같은 종교적으로 왜곡된 사랑의 형태를 넘어 가장 먼 것에 대한 사랑과 생명의 적극적인 긍정양식인 운명애에 이르기까지 니체 철학 전반에 걸쳐 산재된 사랑에 대한 진술들을 분석해 본다. 이로써 남근중심주의적이고 마초(macho)적이라고 오해받곤 했던 니체의 사랑관을 니체 철학 내재적으로 정합적인 정리에 이르게 하려는 것 역시 이번 장의 의도이다.[12]

2. 힘에의 의지로서의 사랑

사랑과 같은 도덕적인 단어들이 실상은 힘에의 의지가 쓰고 있는 가면에 불과하다는 것을 폭로한 것은 흔히 의심의 여지 없는 니체의 심리학적 공로로 여겨지곤 한다.[13] 니체에게 성적 충동과 "생식의 의지"는 둘 다 힘에의 의지라는 한 형태일 뿐이며, 저항의 극복과 정복, 힘의 확장을 목표로 한다.[14] 사랑의 욕구가 쉽게 만족될수록 그 사랑의 대상이 가지고 있는 심리적 가치가 하락한다는 사실도 스스로의 힘을 입증하는 데 저항을 필요로 하는 힘에의 의지 특성을 반영한다.

"사랑이라 불리는 모든 것"이라는 소제목이 붙은 『즐거운 학문』의 14절은 니체가 충동의 경제학에서 사랑을 어떻게 이해하고 있는지를 비교적 선명하게 보여주는 한 예이다. 니체는 이 고찰에서 소유욕과 사랑이 사실은 동일한 뿌리에서 자라난 충동의 다른 이름일 뿐이라는 사실을 지적하고 있다. 이에 따르면 욕망을 성취해 평온에 도달한 충동이 이제 소유하게 된 것에 대한 염려의 관점에서 사태를 폄하하며 부르는 이름이 소유욕(Habsucht)이다.

반면에 만족하지 못해서 아직도 기갈 들린 입장에서 동일한 사태를 바라보는 경우, 사용되는 이름이 바로 사랑(Liebe)이다.[15] 그렇다면 성적인 사랑이나 기독교가 내세우는 이웃사랑, 지식과 진리를 향한 인식욕, 새로운 것에 대한 모든 갈망은 결국 동일한 소유욕을 지칭하는 다른 이름으로 해석될 수 있다.

낡은 것, 확실하게 소유한 것에 대해 우리는 점차 염증을 느껴 다시금 밖으로 손을 뻗게 된다. 아무리 아름다운 경치라 해도 거기서 석 달 동안만 살면 그곳에 대한 사랑이 식게 되어 먼 바닷가가 우리의 소유욕을 자극하게 될 것이다. 소유물은 소유에 의해 시시한 것이 된다. 우리가 우리 자신에게서 느끼는 쾌락도 우리 자신 안에 있는 것을 항상 새로운 것으로 변모시킴으로써 스스로를 유지하려 한다. ──이것 역시 소유라고 불린다. 소유에 염증을 느낀다는 것은 우리 자신에 대해 염증을 느끼게 되는 것을 말한다.[16]

결국 새로운 것에 대한 동경이라고 일반화할 수 있는 힘 확장의 충동이 모든 생명을 전진하게 만드는 추동력으로 기능한다. 이것은 충동의 경제학과 영양공급에 관련된 흥미 있는 일련의 고찰로 연결되는 것이지만, 우선 주목할 일은 니체가 사랑을 비롯한 모든 새로운 것에 대한 열망을 사실은 힘에의 의지에 대한 현현이라고 보고 있다는 점이다. 타인의 괴로움을 바라보고 발동하는 동정심 역시 그 동정심을 야기하는 대상에 대해 새로운 정복의 기쁨을 주는 기회가 된다는 점에서 동일한 충동이 드러난 것이다.[17] 사랑은 본질적으로 동일한 이기적인 소유욕이 다양하게 현현하는 것의 기호일 수 있다.

저 사람은 공허하기 때문에 가득 채워지기를 바란다. 이 사람은 흘러넘칠 정도로 채워져 있기 때문에 자신을 비우고 싶어 한다. 두 사람 모두 그들에게 도움이 되는 사람을 찾도록 내몰리고 있다. 그리고 이러한 과정이 최상의 의미로 이해될 경우, 이 과정은 똑같이 '사랑'이라는 한 단어로 불린다.[18]

처한 처지가 다른 이 두 사람이 다른 방향을 향하고 있는 것처럼 보이는 것은 표면적인 관찰의 결과일 뿐이다. 두 사람은 모두 스스로의 필요를 이기적으로 추구하고 있다는 공통점을 가진다. 이 소유에 대한 갈망은 특히 이성 간의 사랑에서 영혼과 육체에 대한 배타적인 독점욕으로 두드러진다. 성적 욕망은 결국 "가장 가차없고 이기적인" 정복과 착취의 의도를 드러낸다.[19]

사랑 속에서 자아를 철저히 망각한다거나 사랑하는 대상 안에서 완전히 소진한다거나 하는 일은 사랑의 이기적 속성을 보지 않으려는 기분 좋게 만드는 기만에 불과할 뿐이다.[20] 니체는 사랑에 빠진 이가 사랑의 대상 이외의 세상 전체에 보이는 무관심과 사랑을 쟁취하려고 보이는 무분별한 희생과 침범을 근거로, 거친 소유욕과 불의를 특성으로 하는 이성에 대한 사랑이 인류사에서 오랫동안 찬양받고 신격화되었던 사실을 기이하게 여긴다. 니체는 이성에 대한 사랑이 오히려 "염치없는 이기주의"[21]이며 "이기주의의 가장 솔직한 표현"[22]이라는 점을 지적한다.

그럼에도 불구하고 이것이 정반대의 의미를 내포해왔던 이유는 이러한 언어의 용례가 사랑을 소유하지 못하고 갈망하는 자들에 의해 만들어졌을 것이라는 사실에 있으리라는 것이 니체의 추측이다.[23] 그러나 사랑은 본질적으로 이기적인 현상이며 한 번 쟁취한 힘의 영역을 방기하지 않으려고 극단적인 경우 사랑으로 얻게 된 소유의 대상을 죽음으로서라도 고착시키려는 경우도 발생한다.

사랑의 잔인한 착상—모든 열렬한 사랑은, 변심이라는 나쁜 장난에서 단번에 떼어놓기 위해 사랑하는 대상을 죽여버리고자 하는 잔인한 생각을 가지고 있다: 사랑에게는 파멸보다 변심이 더 무서운 것이기 때문이다.[24]

확실한 사실은 그것이 우리를 힘의 상승으로 이끄는 한, 우리는 언제나 의식적이거나 무의식적이거나 스스로의 힘 확장을 향한 욕망과 정복욕을 '사랑'이라는 이름으로 포장할 수 있다는 것이다.

기본적으로 힘과 소유욕의 관철을 꿈꾸며 이기적인 속성을 가지는 사랑은 그래서 그 소유욕이 충족되는 순간 거기서 인간이 깨어나는 환각이거나[25] 적절한 치료를 함으로써 치유가 가능한 질병으로 여기기도 한다.

니체가 사랑의 치료법(remedium amoris)으로 예로 들고 있는 극단적인 치료제는 "사랑에 대한 보답으로 사랑하는 것"[26]이다. 즉 니체는 사랑이 보답 받는다고 생각되는 순간을 사랑이라는 환각이나 병으로부터의 각성이나 치유가 발생하는 시점으로 간주하는 것이다. 사랑이 커지는 것을 재촉하는 관능도 결국에는 그 서두름을 통해 사랑의 뿌리를 약화시키고 쉽게 근절시키게 만드는 요인이 된다.[27]

또한 사랑이 가지는 이기심은 배우자의 선택에서도 반영된다는 것이 니체의 견해이다. 니체가 추정하는 유전의 비밀은 감정과 정열을 본질로 하는 능동적 남성이 연주하는 리듬과 하모니를 배경으로 해서 정신의 완전한 통제와 선명함을 추구하는 지성을 본질로 갖는 수동적 여성이 생명의 멜로디를 후대에 전달하는 것이다.[28]

그래서 남녀 양성이 서로 이상화된 자신의 성을 결혼 상대자로 선호한다는 사실, 즉 배우자의 선택에서 "남성들은 무엇보다 깊고 감정이 풍부한 사람을 구하는 반면 여성들은 현명하고 냉정하며 뛰어난 남성을 구하는 것"[29]에서 사랑은 보충이 아니라 자신의 완성을 위한 이기적 열정에 불과함을 알 수 있다는 것이다.

자신의 이상을 교제의 대상에게 투사하는 것은 사실 인간에게 자주 발생하는 일이다. 그러면 교제나 사랑이란 본질적으로 자신의 이상과의 교제일 뿐이다. 남녀는 결국 자신이 원하는 상(Bild)을 만들고 서로 타인의 상에 자신을 맞추는 것일 뿐이다. 이때 인간의 욕망이 교제의 대상을 만들어내는 조형력을 보이기도 한다는 사실이 사랑의 이기적인 정황을 더 낫게 만들지는 못한다.

> 우리는 깨어 있을 때도 꿈속에서와 같은 일을 한다. 즉 우리는 우리와 교제하는 인간을 먼저 고안해내고 꾸며내고, ── 그리고는 곧 그것을 잊어버린다.[30]

> 남녀는 서로 상대를 속인다. 그것은 그들이 근본적으로 오직 자기 자신만을 (또는 듣기 좋게 표현한다면, 자신의 이상을) 존중하고 사랑하기 때문이다.[31]

> 사람들은 결국 자신의 욕망을 사랑하는 것이지, 욕망한 대상을 사랑하는 것이 아니다.[32]

그렇다면 사랑이라는 열정의 끝에서 기다리고 있는 것은 결국 이상화된 자신일 것이며, 바로 이러한 뫼비우스의 띠 같은 사랑의 구조에 사랑에 동반되는 온갖 개인적 흥분과 비애, 성취와 허무가 탑재되어 있는 것이다. 이렇게 이해된 사랑은 그래서 좋게 보아도 "둘이 하나 되는 일이 아니라, 둘이 더 강한 둘이 되는 자기중심주의의 강화"[33]에 불과할지도 모른다.

그러나 사랑 속에 있는 눈멀게 하고 현혹하는 힘에도 불구하고 ─ 어쩌면 바로 그 힘 때문에 ─ 이 사랑이 행하는 기만은 막강한 영향력을 행사한다. 그것이 도덕 영역에 속하는 일이 아니라 본능 영역에 속하는 것이기 때문이다. 우리는 사랑의 기만적 속성을 이해할 수 있을지는 모르지만 그렇다고 그 힘을 간단히 극복하거나 고칠수는 없다. "사랑으로 행해지는 것은 항상 선악의 저편에서 일어난다."[34] 다시 말해 사랑은 인간이 의지로 통제할 수 있는 것이 아니다. 따라서 사랑은 흔히 생각하듯이 약속의 대상일 수도 없다. 사랑은 의지를 벗어나는 감정 영역에 속하는 것이기 때문이다.

약속할 수 있는 것 ─ 행동은 약속할 수 있으나 감정은 약속할 수 없다. 왜냐하면 감정은 의지대로 되는 것이 아니기 때문이다. 어떤 사람을 항상 사랑하겠다거나 미워하겠다거나, 항상 그에게 충실하겠다고 약속하는 사람은 자신의 힘이 미치지 못하는 것을 약속하는 것이다. (…) 따라서 우리가 자기기만 없이 누군가에게 영원한 사랑을 맹세할 경우, 그것은 사랑의 가상에 대한 외관상의 지속을 약속하는 것이다.[35]

니체의 깊은 심리학적 시선은 덕스런 행위가 다 덕에서 유래하는 것이 아니듯이 사랑의 행위처럼 보이는 것들 모두가 사랑에서 유래하는 것이 아니라는 점을 통찰하고 있다. 그래서 영원한 사랑에 대한 약속은 그러한 가상을 품고 있는 상대방에게 사랑의 동기에서 나오는 것과 동일한 행동의 외형을 보여줄 것을 약속하는 일일 뿐이다. 사랑이 진실을 보기 어렵게 만드는 까닭에 니체는 사랑의 미혹에 빠진 자들을 장기적인 자연의 변화를 보지 못하는 근시안을 가진 자들이라고 표현한다. 때로는 높은 도수의 안경이나 세월을 앞서 살피는 상상력만으로도 그들을 치료할 수 있다는 것이 그의 견해

이다.[36]

그럼에도 불구하고 사랑은 인간 속의 고귀하고 희귀한 성질들을 밖으로 현현시키는 힘이기도 하다. 여성이 가지고 있는 가상과 치장에 대한 의지, 놀이의 능력과 마찬가지로 사랑의 현혹 역시 삶을 가능하게 하고 살 만한 가치가 있는 것으로 만든다. 그러나 예외적이라 할 수 있는 사랑의 순간에 드러나는 그 고상하고 진귀한 성질들은 당연히 사랑에 빠진 자의 정상적이고 일상적인 특성이 아니다. 따라서 사랑의 순간에 드러나는 드문 성질들로 인간을 판단하는 일은 정당하기 어렵다.[37] 그래서 니체는 사랑에 빠진 상태에서 인생에 중요한 결단을 내리는 것을 주의하라고 충고하기도 하며, 심지어 사랑을 이유로 행하는 결혼은 금지해야 한다고까지 주장한다.

사랑에 빠진 상태에서 자신의 삶에 대해 결단을 내리거나 자신이 현재 유지하는 교제의 성격을 극심한 변덕 때문에 단번에 확정해서는 안 된다. 우리는 연인 간의 맹세를 공개적으로 무효라 선언해야 하고, 그들의 결혼을 허용해서는 안 된다.[38]

3. 도덕과 기독교를 통한 에로스의 타락

퇴화되어가는 삶의 방어본능과 치료본능에서 생겨난 금욕적 이상을 분석하는 『도덕의 계보』에서 니체는 기독교가 가지는 세부적인 자기합리화의 기교들과 사제가 처방하는 힘에의 의지의 왜곡된 긍정 기술들을 분석하고 있다. 사제들의 이상인 금욕적 이상에 대한 니체의 기술은 삶에 부분적으로 발생한 생리적 장애와 피로에 대한 증거임에도 불구하고 아직 병들지 않고 온전히 남은 깊은 생명의 본능이 끝없이 새로운 수단과 방법을 만들어내며 생명을 연장하고자 자신의 병든 부분과 싸워온 흔적에 대한 기술이기도 하다.

사제집단은 여기서 강자처럼 되고 싶은 욕망과 그 욕망을 실현할 능력의 부재 사이에서 원한 감정을 품고 고통받는 병자와 닮았지만 스스로 힘에의 의지는 온전히 간직한 특이한 자들이다. 사제집단은 약한 자를 위로하고 그들의 원한 감정의 방향을 바꾸어 의미를 부여하는 일에 골몰하는 것을 본업으로 삼는다.

문제는 그들이 병의 원인을 근본적으로 치료하는 것이 아니라 고통의 완화와 병의 연장에 골몰하기에 장기적으로 보아 환자의 상태가 더 나빠지고 종국에는 삶에 유해한 퇴폐적 이상인 금욕적 이상이 세상에 군림하게 되었다는 것이 니체의 주장이다. 그가 주목하는 사제집단의 치료법은 총체적인 생명감의 약화, 반복적인 기계적 행동, 이웃 사랑과 같은 소량의 힘에의 의지를 경험할 수 있는 작은 기쁨의 처방, 무리 짓기, 공동체를 통한 대리만족, 감정의 방일을 통한 일탈 등이다.[39]

기독교의 이웃사랑이 강자에 대한 원한 감정에서부터 기인하는 것이라는 니체의 분석이 함축하는 신학적인 논쟁은[40] 차치하고라도 그가 원한 감정과 사제의 권력에 대한 계보학적 분석으로 종교의 정치도구화 과정을 선명하게 그려냈다는 사실은 도덕과 관련한 사상의 지평이 넓어진 일이다.[41] 도덕은 한 계층의 이익을 대변하는 수단일 수 있다. 고상한 강자에 대한 원한 감정에서 자라난 기독교적 이웃사랑은 참다운 의미의 사랑이 아니며, 이것을 지적하는 것은 지성사 전체를 전망하며 잘못된 이름을 교정하는 철학적 행위이다.[42]

사랑에 관련해서 니체가 지적하는 기독교의 또 하나의 특징은 그것이 다른 종교에 앞서 세련된 단어인 '사랑'을 사용했다는 사실이다.[43] 게다가 기독교는 사랑이라는 단어에 포함된 "아주 애매한 것,

자극적인 것, 기억과 희망에 호소하는 것"[44]을 이용해 이 단어에서 "그들 생애 전체에서 비교적 가장 덜 이기적인 순간"[45]을 떠올리는 모든 이들이 기독교에서 그들이 찾던 것을 발견할 수 있게 했다. 그리고 이 사랑이라는 단어의 애매함과 다의성에 기대어 물리적 실제일 수 없는, 원수마저도 사랑하고 있다는 근거 없는 에피쿠로스적 믿음이 기독교인들을 행복하게 만들었고, 그들의 삶을 축복받은 것처럼 보이게 했다는 것이 니체의 지적이다.[46]

착각과 기만, 그리고 위장을 무기로 쓰는 사랑 안에는 환영을 만들어내는 힘이 있다. 그리고 그 힘은 긍정적인 경우 인간으로 하여금 스스로를 넘어서게 만들며, 인생이 주는 고양의 감정, 즉 힘이 성장하고 있다는 데서 오는 행복을 느끼게 하는 원인이 되기도 한다. 그리고 니체에 따르면 기독교는 이 환영을 만들어내는 힘을 극점으로 끌어 올리는 것을 생존전략으로 삼은 종교이다.

니체는 사랑을 최고의 것으로 내세운 것이야말로 기독교적인 교활함이라고 지적한다. 기독교는 신과 인간의 사랑이 가능해지도록 신을 인격적 존재이자 무엇보다도 젊은 존재로 만들었고, 이로써 생명을 구성하는 하부의 본능들이 종교에 개입할 수 있는 가능성을 열어 놓았다. 여자와 남자의 열정이 움직일 수 있도록 각각 성자와 예수, 마리아를 전면에 내세운 것도 같은 맥락에 서 있다.[47]

사랑이란 인간이 어떤 것을 대부분 사실과는 다르게 보는 상태인 것이다. 여기서는 환영을 만드는 힘이 정점에 이르러 있다. 달콤하게 하고 미화하는 힘도 마찬가지로 중요하다. 사람들은 사랑하면서 어느 때보다 더 잘 견디며, 모든 것을 참아낸다. 그러니 그 종교 안에서 사랑받을 수 있는 그런 종교를 고안해내야 한다: 이로써 사람들은 삶에서 최악의 것을 넘어선다 — 그것은 더 이상 보이지 않는다.[48]

이렇게 환영을 만들어내는 사랑은 실재하는 것을 실재하는 것과 달리 보이게 하는 효과를 만들어낸다. 가상의 창조로 고통을 견디게 만드는 예술이나 형이상학과 마찬가지로 관능을 변형시킨 종교적 사랑에도 고통에 의미를 부여하거나 착시를 통해 고통을 보지 못하도록 만드는 힘이 있는 것이다. 그러나 실재를 호도하는 종교적 사랑으로 만들어진 이상들은 결국 인간을 미혹해 실재하지 않는 환영들을 통해서만 유사만족을 야기한다.[49] 그리고 극단적인 경우 이러한 유사만족은 성애(性愛)가 제공하는 것과 동일한 육체적 쾌락과 결부된다. 니체는 이렇게 잘못된 관능의 길을 걸어간 인물들을 "이상의 위대한 관능주의자"라고 부르고, 그 예로 예수와 아시시의 프란체스코 등을 들고 있다.[50]

그러나 이 전도된 관능주의자들이 추구한 성충동의 만족은 환상속에서만 발생하는 것이며, 그것도 정상적인 성적 흥분으로 양심의 가책을 불러일으키게 만든 후 '신인일체(神人一體)의 신비' 안에서야 가능해진다.[51] 니체는 이렇게 정상적인 성충동을 불결한 것으로 왜곡해 양심의 가책과 연결하는 기독교적 해석으로 성이 음흉해진 사실을 생명에 대한 범죄라고 극명하게 비판하고 있다.

가장 악의에 차 있는 '이상주의' 족속 전체의 목표는 (⋯) 성적 사랑의 자연적인 부분, 성적 사랑에 대한 거리낄 것 없는 양심을 독살하는 것이다. (⋯) 순결을 설교하는 것은 반자연으로의 공공연한 선동이다. 모든 성적인 삶의 경시, '불순'이라는 개념으로 성적인 삶을 더럽히는 모든 일은 그 자체로 생명에 대한 범죄이다—생명의 신성한 정신에 대한 실제적인 죄이다.[52]

그리스도교는 에로스에 독을 타 먹였다.—그로 인해 에로스는 죽지는

않았지만, 타락해 부도덕해졌다.[53]

니체에 따르면 성적 흥분은 "필연적이고 규칙적으로 일어나는 감각"이며 "한 인간이 자신의 즐거움을 통해 다른 인간을 즐겁게 하는 것"으로 자연에서 드물게 발생하는 호의적인 현상에 속한다.[54] 그런데 기독교가 자연적이고 필연적인 이 현상을 죄와 결부시켜 에로스를 부도덕하게 만든 것이다. 하지만 이것은 기대하지 않았던 희극적인 결과를 낳게 된다.

'악마' 에로스는 에로틱한 모든 것에 대한 교회의 귓속말과 비밀주의 덕택에 점차 모든 천사와 성자보다도 더 인간들의 관심을 끌게 되었다.[55]

"적을 항상 악한 것으로 생각하는 것이 비천한 영혼이 하는 짓"[56] 이듯이 종교라는 먼 길을 돌아 부정한 시선으로 물들어 성적 사랑을 말하는 것은 이제 천박한 일이다.

가차없는 충동적 의지로부터의 완벽한 도피는 인간적 삶에 불가능하다는 것 역시 니체에게는 부인할 수 없는 인간 조건에 속한다.[57] 따라서 그는 충동이 가져오는 불안과 고통을 해결하려고 충동의 멸절과 근절을 강조하는 종교적이고 도덕적인 해법을 인간의 왜소화와 생명의 부인이라고 여긴다.[58] 중요한 것은 내부에서 광란하는 충동을 전체적인 몸의 조직 안에서 경제적으로 포섭하고 승화시키는 일이다.

무성하게 자라는 나무의 뿌리가 깊듯이 니체는 건강한 인간의 전제 조건으로 인간을 구성하는 다양한 근원적인 힘들이 균형 잡혀 대지와 어둠에 깊게 뿌리내려야 한다는 점을 강조한다.[59] 저지된 충동들은 "다른 궤도로 분출하여 모든 삶의 혈관 속으로 스며들기"[60] 마련이다. 따라서 일시적인 약화와 저지로 없어진 것처럼 보이는 충동은 다른 곳에서 더 크게 분출할 기회를 노리기 마련이다. 이러한 사실을 무시하고 기독교가 현세를 더 잘 비방하려고 만들어낸 장치인 내세에 대한 신화는 니체에 따르면 "'세계'에 대한 증오, 충동에 대한 저주, 아름다움과 감성에 대한 두려움"에서 기인하는 것으로, 이들은 결국 "허무, 종말, 휴식, '안식일 중의 안식일'에 대한 열망"이며, "'몰락에 대한 의지'의 모든 가능한 형식들 중에서 가장 위험하고 가장 무시무시한 형식"이다.[61]

4. 이기적 사랑의 승화 가능성: 가장 먼 것에 대한 사랑과 운명애

인간이 알고 있는 모든 덕성들처럼 사랑도 교육되어야 한다는 것이 니체의 생각이다. 그리고 덕은 그 교육이 성공할 경우 습관처럼 경향성을 띠기 때문에 일찍부터 배워야만 하는 것이다. 즉 사랑은 조기 교육이 필요한 덕목이다.

인간은 사랑하는 것과 호의를 베푸는 것을 배워야만 한다. 그리고 그것을 젊어서부터 배워야 한다. 만약 교육과 우연이 우리에게 이런 감정을 훈련할 수 있는 기회를 제공하지 않을 때 우리의 영혼은 메마르고 친절한 사람들의 섬세한 감정을 이해하는 데도 적합하지 못하게 된다.[62]

사랑도 배워야 한다. 그러면 어떤 사랑을 배울 것인가? 아니 니체가 우리에게 배우라고 권하는 사랑은 어떤 것일까? 당연히 그것은 인간의 자연과 실재를 부인하고 거기에 다른 이상을 덧씌우려는 기독교적 사랑은 아닐 것이다. 니체가 배우라고 권하는 사랑은 자신을 뛰어넘는 것이다. 그 사랑은 "창조하는 자의 목마름, 위버멘쉬를 향한 화살과 동경"[63]이다. 그것은 니체 철학에서 가장 먼 것에 대한 사랑이자 운명애로 불린다.

사랑을 하는 사람들은 서로를 자주 보고 싶어 한다. 그리고 가능하면 같이 있는 시간을 늘리려고 애쓰며, 문자 그대로 아주 가까이에 있고 싶어 한다. 그러나 사적 공간을 탈경계화하는 현대적 삶은 이러한 가까움에 대한 희망을 이루기 어렵게 만드는 경향이 있다. 우리는 이제 지리적 경계뿐만 아니라 문화적 경계를 넘어서는 인간적 관계들에 익숙해져 있다. 원거리 사랑(Fernliebe)을 다루는 사회학적 저술들도 목도된다.[64] 세계화 시대의 인간의 관계를 표현하려고 현대 사회학이 사용하는 이 용어는 원래 니체에게 그 저작권이 있다.

그러나 니체는 다른 의미에서 "가장 먼 것에 대한 사랑"(zur Fernsten-Liebe)[65]을 이야기한다. 그가 말하는 먼 사랑은 관계의 위기와 충만한 파트너십에 관한 것이 아니다. 그것은 오히려 기독교적 이웃사랑에 대한 비판과 극복에 관한 것이다. 가까운 것에 대한 사랑은 비교적 쉽지만 먼 것에 대한 사랑은 그 사랑의 대상에 대한 강한 감정이입(Empathie)을 필요로 한다. 물론 어떤 이들은 먼 대상에 대한 감정이입이 어렵다는 것을 이유로 이 먼 사랑에 대한 니체의 이야기를 불신하기도 한다.[66]

니체에게 건강하고 솔직한 사랑은 강건하게 스스로를 잡고 있는 자가 최대한 이기적으로 발휘하는 욕망이며, 제압과 점유, 정복과 착취의 형식에서 해소된다. 사랑이 배려와 염려, 비이기적인 덕성과 미래에 대한 보장 같은 문화적 의무 부과와 결부되는 곳에서 사랑은 병적인 자기부인으로 쇠락하고 만다. 이러한 정황은 사랑의 한 형태인 우정에서도 달라지지 않는다. 니체는 다른 곳에서 우정 역시 "이상화된 성적 충동"[67]의 한 형태임을 밝히고 있다. 그래서 그것이 상호간의 유용성에서 오는 이익에 기반한 것이라면 이러한 우정은 타자를 제압하지 못하는 유약함에서 만들어진 임시적 조성물에 불과하다. 니체가 칭송하는 우정은 그 동기를 무엇인가 다른 높은 것, 오지 않은 것, 미래의 것에 대한 공동의 사랑에서 가져오는 관계이다.

때로는 지상에도 서로에 대한 두 사람 사이의 소유욕이 일종의 새로운 욕망과 소유욕에, 다시 말해 그들을 초월해 있는 이상을 향한 보다 높은 공동의 갈망에 자리를 비켜주는 일종의 사랑의 속편이 있다. 그러나 이런 사랑을 누가 알고 있는가? 누가 이런 사랑을 경험했는가? 그것의 올바른 이름은 **우정**이다.[68]

서로의 작은 이해관계와 소유욕을 넘어 공동의 갈망으로 연결되는 이 우정은 미래를 배태한 것이다. 이 우정에는 노예의 도덕을 극복한 자들 상호간의 경탄과 인정이 들어 있다. 이 경우 친구들은 서로에게 "위버멘쉬를 향한 화살과 동경"[69]이며 아직 오지 않은 위대한 인간의 이상을 긍정하는 자들이 된다. 사랑은 기억력의 노예일 뿐인 미약한 결심과 반성으로 증폭시킬 수 있는 것이 아니나,[70] 참다운 우정으로까지 깊어진 사랑은 전체로서의 인류를 고양하는 행위가 된다.

미래가, 그리고 더없이 멀리에 있는 것이 네가 오늘 존재하는 이유가 되기를 바란다. 너 너의 벗 속에 있는 위버멘쉬를 너희의 존재 이유로서 사랑해야 한다. 형제들이여, 나 너희에게 이웃에 대한 사랑을 권하지 않노라. 나 더없이 먼 곳에 있는 사람들에 대한 사랑(Fernsten-

Liebe)을 권하노라.[71]

니체가 우정이라는 현상을 통해 우리에게 배우기를 권하는 사랑은 아직 오지 않은 것, 아직 보이지 않은 것, 아직 고지되지 않은 것, 아직 듣지 못한 소리, 아직 실현되지 못한 것. 아직 도달하지 못한 곳에 대한 사랑이다. 위버멘쉬는 이 도래하지 않은 먼 것에 대한 상징이다. 플라톤이 말한 지혜에 대한 사랑으로서의 철학 역시 아직 토포스(topos)를 갖지 못한 유토피아(Utopia)의 갈망에 몸을 맡기는 일이다. 지혜와 아름다움에 대한 에로스의 동경은 자신의 몸에 존재하는 아버지 풍요의 신에 대한 꿈과 힘을 인정하는 일이며 스스로의 안에 활동하는 완전성의 가능태를 증거하고 살아내는 일이다.

그것은 가장 먼 곳에 대한 사랑이며 "가장 아름다운 인간"(ho kallistos anthropos)[72]이 되어가는 철학과 인생의 과정을 실현해가는 일이다. 그리고 이 길을 서로를 자극하는 친구와 우정을 나누며 가는 것은 문화의 고양과 성숙한 공동체, 인류의 진화와 관련이 있다. 그렇게 서로 위로하며 길을 함께 가는 것, 앞서 간 자의 성취로 스스로의 의지를 강화하고, 친구 안에 보이는 가능성을 통해 용기를 내는 것, 바로 그것이 이 사랑을 공동으로 실현하는 일이며 종으로서의 인류 진화에 참여하는 길이다.

사랑을 얘기할 때 우리는 보통 한 사람에게 대한 배타적인 집중을 당연하게 사랑의 이상으로 생각한다. 그것이 아리스토파네스의 말처럼 온전한 것을 원하고 완전해지려는 욕망이건,[73] 또는 문명이 있는 곳에서만 발생하는 특별한 정신병이건 상관없이 우리는 참사랑의 대상이 사랑하는 주체에게 유일하고 전적인 하나의 대상이어야 한다고 믿는다. 호르몬과 세속적 계산이 지배하는 현실의 사랑이 그것과 다른 모습을 보일수록 이 오래된 인류의 선입견은 더 견고해진다.

그러나 전체로서의 인류 고양을 염두에 둔 니체의 사랑은 독점을 바라지 않는다. 그는 다수에 대한 사랑을 얘기하며,[74] 위를 향한 생식을 권장하고 있다.[75] 사랑은 "다른 사람이 우리와는 다른 방식으로, 그리고 정반대의 방식으로 살고 행하고 느낀다는 것을 이해하고 그것을 기뻐하는 것"[76]이다. 결국 타자의 타자성을 인정하고 그것을 자신의 기쁨으로 바꾸는 일이 사랑인 것이다. 니체는 이 타자의 타자성을 기쁨으로 인정하고 서로간의 대립을 극복하기 위해서라도 대립을 인정하고 지양하지 않아야 한다고 주장한다. 사랑 안에 있는 이러한 대립적 속성과 이원성은 심지어 자기애에서도 한 인격체 안의 다양성으로 전제되고 있다.[77]

먼 곳에 대한 사랑에서 니체가 플라톤과 차이가 있다면, 플라톤은 그것을 확실한 죽음에 대한 사랑이라고 불렀고 도달할 이상을 확고부동한 불변의 이데아로 본 반면, 니체의 실험하는 솔직한 정신은 도달할 장소와 여정의 목표를 괄호치기해서 현상학 이념을 선취해냈다는 점이다. 이로써 목표와 그간의 세계에 대한 해석이 불확실해지고 무의미해진 대신 먼 곳에 대한 동경과 사랑은 더욱 광포해지고 격렬해지며, 그 가능성의 스펙트럼이 풍요로워지는 결과를 낳았다.

어떤 이는 이 사실을 허무주의의 탄생이라 부르고 어떤 이는 그것을 자유라 부를 것이다. 그러나 인간이 자신의 몸에서 진화의 가장 현재적 극단을 의식적으로 실험하며 전율에 떨고 있다는 사실은 변하지 않으며, 인식의 열망에 타올라 이 파토스로부터 적극적으로 치유되기를 바라는 자 역시 없다는 사실도 직시해야 할 일이다. 니체가 말하는 가장 먼 것과 오지 않은 미래에 대한 사랑은 그 부재로 스스로를 증거하는 이상의 힘에 대한 믿음이므로 그는 바타유와 레비나스의 사랑에 대한 생각으로 가는 통로가 된다.[78]

사랑과 우정, 성(性)에 대한 니체의 판단을 여는 열쇠는 그의 도덕 비판이다.[79] 인생에 부정적인 영향을 끼쳐온 도덕을 비판하고 생명에 친화적이며 더 나은 강한 도덕을 역설하는 과정에 니체의 사랑과 우정에 대한 생각들이 자리하는 것이다. 매력적인 풍부한 유형과 형식으로 변화하며 분기하는 인간의 실제를 부인하고 이상적인 인간을 주장하는 도덕은 "삶에 대한 고려나 배려나 의도"에서 나온 것이 아니며, 스스로 퇴화한 자들이 세계와 인간의 현실에 대해 행한 부정으로 말할 수 없이 많은 해악을 유발시킨 것이다.[80]

오직 인간의 실제성만이 이러한 도덕적인 허위 주장을 스스로 영원히 정당화한다는 니체의 생각은 운명애로 드러나는 그의 긍정철학에서 정점에 이른다.

> 각 개인은 미래와 과거로부터의 운명이며, 앞으로 도래할 것과 앞으로 될 모든 것에 대한 또 하나의 법칙, 또 하나의 필연성인 것이다.[81]

삶을 경시하는 도덕이 이상화하는 허구적 인간과 허구적 세계에 대한 니체의 경멸은 이미 1881년에 시작되는 그의 긍정철학에서 그 이론적 근거를 찾을 수 있다.

> 아득하고 낯선 천상의 행복과 은총과 은혜를 꿈꾸며 학수고대하지 말고, 다시 한 번 더 살고 싶어 하며, 영원히 그렇게 살고 싶은 것처럼 그렇게 살 것!(82)

이 당시 니체는 "다시 살고자 원할 수밖에 없는 그런 삶을 사는 것"[83]을 자신의 사상이자 과제라고 여기고 있다. 동일한 것의 영원회귀 사상과 짝을 이루는 운명에 대한 사랑에서 일차적으로 눈에 띄는 것은 도덕심리학적 측면이다. 도덕에 따라 행해진 역사적 중상모략을 전복시켜 생명의 다양성과 총체성을 적극적으로 인정하는 새로운 도덕이 요구되고 있는 것이다. 그것은 당연히 이제껏 도덕과 종교에 따라 교정의 대상으로 여겨졌던 다양하고, 파편적으로 작용하며, 필연적으로 감각적인 과거를 전적으로 긍정하라는 요청을 담고 있다. 그래서 『차라투스트라는 이렇게 말했다』에 나오는 창조하는 의지의 과거긍정은 과거의 구원으로 묘사되고 있다.[84]

삶을 매번 다시 살고 싶을 정도로까지 긍정하라는 요청은 모든 인간적 결정과 행동에 의미심장한 무게를 줄 뿐만 아니라 항구적인 자기극복과 자기조성을 의미하기도 한다. 생성과 변화 속에 있는 삶이 매번 반복된다는 생각에서 인간은 필연적으로 운명(Fatum)이 되며, 이 운명에 대한 적극적인 긍정이 계속되는 자기극복과 자기조성을 가능하게 만든다.

헤밍웨이는 바다를 경쟁자나 적으로 여기지 않고 그저 사랑하는 사람들이 바다를 여성(La mar)으로 부른다고 쓰고 있다.[85] 그것은 그저 있는 존재에 대한 인정과 사랑을 드러내는 행위이며, 자연이 행하는 모든 것들을 당연히 감수하거나 감사히 향유해야 할 것으로 받아들이는 일이다. 사랑의 대상인 여성은 바다처럼 엄청난 혜택을 줄 수도 있고, 생명과 의미를 포함한 모든 것을 거둬 갈 수도 있으나 그 모든 것을 자연으로서의 여성이 행하는 것은 그저 그러함에 어쩔 수 없어서 하는 일인 것이다. 이 생각을 확대하면 그것은 니체의 운명애(amor fati)를 둘러싼 논의를 가리킨다.

체념과 선택 둘 다로 해석될 여지가 있는 운명에 대한 사랑은 그것이 적극적인 나의 결정으로 이해되는 순간 결정의 주체인 나를 해방하는 효과를 갖는다. 셰익스피어식으로 이야기하면 적극적으로 자신의 운명을 사랑해 주인이 되는 이러한 사랑의 소유자는 "모든 해를 입으면서도 아무 해도 입지 않고, 운명의 시련과 보답을 꼭 같이 고맙게 맞이한 사람"[86]이다. 그는 죽음과도 같은 삶의 부조리를 두려움 없이 자신의 삶을 구성하는 부분으로 적극적으로 받아들이는 자이며, 이것으로 실존의 어두운 측면마저도 빛으로 바꾸는 창조적 개인이 된다.

5. 진화를 꿈꾸는 자들

니체의 통찰에 따르면 모든 성적인 것은 정신적인 것으로까지 연장된다. "한 인간의 성욕의 정도와 성질은 정신의 마지막 정상에까지 이른다."[87] 니체는 충동이 지성적으로 변해 전혀 다른 이름을 같게 되는 경우에 주목한다.[88] 그리고 성적인 충동은 지성을 통해 세련되는 데서 상당히 멀리까지 갈 수 있는 충동이다. 니체는 그 예로 플라톤이 인식에 대한 사랑과 철학을 "승화된 성욕"이라고 설명했던 사실을 들고 있다.[89] 그는 추상적인 이념에 대한 헌신이 그 정도와 상관없이 언제나 근본적인 충동의 움직임과 연관되어 있다는 사실에 주목한다.

그 승화의 다양한 스펙트럼은 진리에 대한 사랑, 인식에 대한 사랑을 거쳐 종교적으로 변형된 사랑의 형태에 이르기까지 다양할 수 있으나, 이들이 모두 인간을 구성하는 동일한 근원적 충동에서 연유한다는 사실은 변하지 않는다. 증오를 비롯한 파괴적인 힘들이 성적 사랑이 시작되기 전인 성징 발현 전 단계에서부터 인간의 사랑 형태에 영향을 끼친다는 사실은 프로이트의 심리분석에서 중요한 명제이다.[90] 그러나 충동의 근원적인 힘이 이상적인 가치에 대한 사랑에서도 여전히 작동하고 있다는 사실을 지적한 것은 니체의 공로이다.[91]

니체가 기독교에 따른 에로스의 타락을 비판하고 성적인 충동의 자연성을 인간의 본질적인 것으로 인정하는 사실에서 우리는 인식욕(認識慾)과 진리에 대한 사랑을 성욕이 승화된 것으로 보는 일이 이 고상한 사랑에 대한 비판이나 폄하를 의미하지는 않을 것이라고 쉽게 유추할 수 있다. 그러나 성적 사랑에 나타나는 사랑의 기만적 특성은 승화된 사랑의 형태에서도 발견된다. 진리와 도덕이 그것 없이는 인간이 생존할 수 없어서 채택한 어쩔 수 없는 오류라고 밝히는[92] 니체는 그 오류를 바로잡겠다는 생각에 앞서 무엇 때문에 그런 일이 발생했는지를 먼저 살핀다.

생존과 번영을 위해 동일하지 않은 것을 동일시하고 엄밀히 같지 않은 것을 유형화하고 일반화를 통해 간략하게 상황을 요약해 온 것이 인식과 진리를 다루는 인간의 기관인 의식이 해온 일이라면, 자연이 인간에게서 이 의식을 만들어내게 된 이유가 무엇인지 따져보자는 것이 니체의 발생학적 호기심의 방향으로 보인다. 그러한 충동이 생명에 대한 긍정에서 오는 것인가 아닌가? 인간에게서 진화를 실험중인 자연으로서 생명의 힘은 상승하고 있는가? 같은 질문들이 그 호기심을 추동한다. 절대적 진리의 가상성과 세계의 생성적 성격이 밝혀진 뒤에도 인식은 계속되며 허무주의의 극복을 위한 힘의 경주 역시 계속된다.

사랑은 생명의 힘이고 힘을 확장하기 위해 이기적으로 노력하는 충동이다. 사랑에는 현혹하고 기만하는 특성이 있다. 문제는 사랑이 우리를 기만하는 데 있지 않다. 오히려 기만과 광학, 가상에 대한 의지는 인생의 조건으로 보인다. 문제는 이 조건들로 어느 쪽을 바라보고 어디에다 길을 만들 것이냐에 달렸다. 가상에 불과한 믿음도 그 믿음의 소유자에게는 의미심장하며 그가 인생을 건너가는 데 필요한 안정감과 추진력이 될 수 있다. 니체가 이러한 인생의 자극제

이자 난간으로 아버지와 스승에 이어 친구를 들고 있는 것을 간과하지 말아야 할 것이다.[93]

친구 속에서 활동하고 있다고 믿는 생명의 힘과 우리가 공감하며 함께 만드는 인간의 이상은 서로를 고양시키고 심연을 건너게 하는 정향점과 추진력이 될 수 있다. 우리는 친구에게서 그의 영원을 바라보는 정열과 시선의 동경으로 위대한 인간적 이상의 현현과 인간, 생명을 긍정하는 또 다른 자신을 본다. 그리고 거기 기대서 우리는 모두 심연을 건너는 자들이다. 위버멘쉬(Übermensch)는 인간의 완전성과 생명의 고양을 꿈꾸며 저쪽으로 건너가는 자이다. 인류가 체험한 성취의 순간들인 "승리의 황금 시간"[94]에 대해 니체는 이렇게 쓰고 있다.

사람들은 그때 위급한 모든 경우에 언제나 더 팽팽하게 당겨지는 활처럼, 부러지지 않고 팽팽하게 당겨져 새로운 것, 좀더 어려운, 멀리 있는 것을 향하도록 태어난 것처럼, 그렇게 서 있는 것이다.[95]

단순한 생존이 아니라 진화를 꿈꾸는 일은 어렵다. 그러나 스스로의 삶에서 진화하려고 노력하지 않는 자, 즉 참으로 사랑하지 않는 자는 결코 성자나 예술가, 철학자가 될 수 없다. 가장 아름다움 인간에 대한 꿈은 이들이 같이 꾸는 꿈이다.

제11장

도덕적 인류에서 현명한 인류로

"폭포를 바라볼 때 우리는 수없이 굴절되며, 소용돌이치고 부서지는 물살에서 의지의 자유와 성향을 보고 있다고 생각하게 될 것이다. 그러나 모든 것은 필연적이며, 모든 운동은 수학적으로 계산될 수 있다. 인간의 행위도 마찬가지다: 만약 인간이 모든 것을 알고 있다면, 개별적인 모든 행위는 미리 계산될 것이다. 인식의 모든 진보, 모든 오류, 모든 악의도 말이다."

1. 책임, 현대성의 문제

요나스(Hans Jonas)가 기술과 환경 문제를 미래세대에 대한 책임과 관련해 거론했을 때,[1] 세계의 지성은 문화의 수준을 자랑이라도 하는 양 학계와 문화계가 일심이 되어 화답했다. 그러나 미래세대가 가진 유형무형의 자산을 이 시대의 번영과 복지로 사용하는 일은 현대성의 문제만이 아닐지도 모른다. 아니 어쩌면 불확실한 것을 담보로 확실한 것이 생명을 연장하는 것은 범죄가 아니라 생명의 오래된 속성일지도 모른다. 그러면 생명 가진 것들의 본성에 대한 비판을 주제로 한 요나스의 주장이 왜 거의 전 세계적인 호응을 받았을까?

이제 웬만한 물리적 위험으로는 안위를 위협받을 일이 없을 것이라고 믿은 서구의 지성이 스스로의 능력에 내재한 위험을 통감하고 전 지구적인 사고실험에 동참한 것인가? 아직 실재의 영역에서 시민권을 행사할 자격도 없는 미래세대에 대한 책임! 어떤 닭이나 원숭이도 태어나지 않은 후손을 위해 자원을 아끼고 보존할 계획을 세우거나 이것을 전 자연계의 이슈로 삼아 캠페인을 벌이지 않는다. 인류가 만든 주류 문명의 대부분이 정의의 감각을 이렇게도 대단히 끌어올려 이제 사고실험으로 인한 가상공간에서 우리와 다음 세대 사이의 공정함을 요구하기에 이르렀는가?

니체의 사고에는 전 지구적 차원의 책임을 거론하는 이러한 현대적인 질문들의 맹아가 어쩌면 더 현대적인 모습으로 내장되어 있다. 일견 모순적으로 보이는 그의 사고 궤적이 이 시대에 더 노련해 보이는 것은 우리가 전통에 충실해서가 아닐 것이다. 현대성의 문제를 선점한 니체의 사고에는 유감스럽게도 현대성이 함장한 모순 역시 여과 없이 나타난다. 책임이라는 주제는 현대성과 관련해 그것을 다루는 것이 어떤 문제를 해결한 결과로 이득을 주기보다는 아직 없는 문제를 건드려 그럴 필요가 딱히 없는 미래의 어려움을 현재로 소환한 것 같은, 잘 해야 논리적인 정합성의 증명에서 그치거나 잘못하면 긁어 부스럼을 만들게 되는 현명하지 못한 주제 선정처럼 보일 수 있다.[2]

그래서인지 니체 수용사와 연구에서 책임이라는 주제는 최근에 이르기까지 하임소에트(H. Heimsoeth)와 비써(R. Wisser), 그리고 오트만(H. Ottmann)이 행한 해석의 노력 외에는 그다지 큰 주목을 끌지 못한 것이 사실이다.[3] 언급한 연구자들의 분석마저도 니체 철학에서 책임이라는 개념이 지니는 의미의 전체적인 파장을 포착하지는 못하고 있다.

책임은 규범적 요청에 근거해 누군가에게 의무를 귀속시키는 일이다. 실제로 독일어에서는 15세기 후반에 이르러서야 책임이라는 단어가 법적인 의미에서 최초로 발견된다.[4] 책임의 담지자는 이 규범적 요청을 정당한 것으로 인정한 자이고, 그런 한에서 이 규범이 자신에게 부여하는 의무에 대해 답하며 스스로를 정당화해야 한다. 그의 행위는 한 사회의 가치 시스템에 따라 상과 벌, 칭찬과 경멸 또는 보상의 요구 같은 결과로 연결된다. 책임의 기초가 되는 사회적 가치체계와 규범은 법이나 종교, 도덕, 세계관 같은 전통적인 뿌리를 가지는 것이 보통이다.

그러나 개인적으로 선택한 이상(ideal) 역시 그것이 주변 세계와 연결될 경우 책임의 근거로 기능한다. 누군가에게 책임을 묻는 일은 그의 행동의 자유와 그가 주변 세계에 끼치는 영향력을 인정하는 일이기도 하다. 그리고 이것은 행위자가 스스로의 결정에 따라 다르게 행동할 수도 있었으리라는 것을 전제하는 일이다.[5] 자율적으로 자신의 이성을 근거로 여러 가능한 행위 중 하나를 선택해 자의적인 결정을 내리고 이를 행위로 실현시킬 수 있는 자가 책임 있는 자이다. 행동의 자유와 타인에 대한 영향력의 가능성이 귀책(歸責)이라는 윤리적 사태의 전제인 것이다.

따라서 자유로운 행동은 강제 없이 일어난 것이며 우연적이지 않은 것이어야 한다. 이러한 관점에서는 의지의 자유야말로 인간의 특징인 자기규정성의 근거가 된다.[6] 그러나 행동의 자유(Handlungs-freiheit)에 대한 증명은 철학사가 해결하지 못하고 항구적인 큰 주제로 남겨놓은 것이기도 하다.[7] 하지만 책임에 정당화가 요청되는 한, 책임은 자신의 행위 근거를 제시하는 주체의 이성과 연관되어 있다.[8] 또한 인간 행위의 대부분 형태에서 고려되어야 하는 책임은 삶의 실천적 측면을 부각시키는 실천철학의 근본범주이다.[9] 보다 구체적인 맥락에서 책임은 균형이 깨진 상태를 보상하는 사회적 기능을 수행한다.[10]

현재에는 철학과 그 인접 학문들에서 근본 개념 중 하나로 자리매김한 책임이라는 개념은 그러나 19세기에 와서야 절대적인 자기선택 속에서만 자신을 의식하는 윤리성에 주목한 키르케고르와 미래의 문제를 해결하는 주권적 개인의 책임을 강조한 니체로 인해 철학적 조명을 받기 시작한다.[11] 니체는 그가 인류 최대의 병이라고 부른 인간의 왜소화가 유럽 전역을 강타한 현상을 철학적 숙고의 기초로 삼은 철학자이다. 유럽 허무주의의 도래와 그 극복을 둘러싼 그의 철학은 유럽의 미래에 대한 염려를 동인으로 갖는다.

전통 형이상학과 기독교에 기초를 둔 선과 악의 도덕이 국제화라는 현대성이 가져오는 문제의 크기와 심연을 포착하지도 못하며 따라서 해결하지도 못하리라는 것을 예감하고 대안을 준비한 철학자가 니체이다. 그는 이 옛 도덕의 제거에 인류의 미래가 걸려 있다는 것을 알리는 데 인생을 바친 자이다. 이번 장에서는 책임이라는 사태를 둘러싼 니체의 사고를 추적해 그의 사상에서 책임 개념이 갖는, 일반적인 규범과 가치의 저편에 놓인, 의미의 외연과 내용을 정리해 본다.

2. 생성의 필연성과 실존의 무죄

위버멘쉬를 목표로 한 자유정신의 부단한 자기극복 프로그램은 서양 지성사가 생명과 인간에게 행한 부당성을 교정하기 위한 니체의 철학적 방법이라 할 수 있다. 옛 도덕과 가치를 극복하고 관점주의적 실험으로 인류가 가보지 못한 도덕세계를 탐험하는 새로운 계몽의 주인공들이 추구하는 새로운 도덕을 니체는 '비도덕주의'(Immoralismus)라고 부른다. 그의 비도덕주의는 옛 도덕이 인간에게 부과하던 죄와 책임, 겁과 두려움으로부터의 해방을 그 내용으로 하고 있다. 현존재의 천진무구함에 대한 확신을 가지고 스스로를 선악의 저편에 세우는 일, 다시 말해 완벽한 무책임성을 자각하고 이에 따라 행동하는 것이 자유정신이 따라야 할 비도덕주의의 지침이다. 오트만(H. Ottmann)은 니체의 비도덕주의를 자기만족에 따라 모든 것을 행할 수밖에 없는 에피쿠로스-스토아적 도덕과 자연의 무목적성을 강조해 거기에 선과 악이라는 도덕적 기준을 적용하지 않는 스피노자적인 도덕이 결합한 형태로 규정하고, 현대적 자율성이 극단적으로 표현된 다원주의적 관용의 도덕이라고 이해한다.[12]

니체는 예지적 자유론에 기반을 둔 쇼펜하우어의 존재론과 죄성을 강조하는 기독교의 교리에 반대해 현존재의 무책임성을 주장한다. 쇼펜하우어에 따르면 인간은 예지적 의지의 행위가 가능한 존재이고 이로써 자신의 행위와 본질에 대해 책임지어지는 존재이다.[13] 그러나 니체는 정신적인 것으로 실천의 영역에 이르는 쇼펜하우어의 예지적 자유에 대한 형이상학적 교설을 우리가 도달한 판단력의 수준에서 볼 때 극복되어야 마땅할 우화로 취급한다. 「예지적 자유에 대한 우화」(Die Fabel von der intelligibelen Freiheit)라는 제목이 붙은 『인간적인 너무나 인간적인』의 한 단상에서 니체는 귀책(歸責)이라는 현상이 발생해 온 과정과 인식의 성장으로 인해 그가 "도덕적 감각의 역사"라고 부르는 이 귀책현상의 무근거성이 드러난 과정을 약술하고 있다.

첫째, 사람들은 동기는 전혀 고려하지 않고 개별 행위를 단지 이롭거나 해로운 결과들에 의해 선 또는 악으로 결정한다. 그러나 그들은 곧 이런 명칭의 유래를 잊고, 그것의 결과는 전혀 고려하지 않은 채 행위 자체에 '선' 또는 '악'의 특징이 내재하고 있다고 잘못 생각한다. (…) 그 다음에는 선함 또는 악함을 동기 속에 집어넣고, 행동 자체가 도덕적으로 이중적인 성격을 지닌다고 생각한다. 나아가 사람들은 선하다, 악하다는 술어를 개별 동기가 아니라 인간의 본질 전체에 부여한다. 식물이 흙에서 자라는 것처럼, 인간의 본질에서 동기가 생겨나기 때문이다. 이렇게 그들은 자신의 행위의 결과에 대해서, 다음에는 행위에 대해서, 다음에는 동기에 대해서, 궁극적으로는 자신의 본질에 대해서 차례차례 책임을 묻는다. 결과적으로 인간들은 이 본질 역시 필연적인 결과이며, 과거와 현재의 사건들의 여러 요소와 영향으로 결합되어 있는 이상, 그것에 대하여 책임을 질 수 없다는 사실을 발견한다: 곧 인간은 어떤 것에 대해서도 자신의 본질, 동기, 행위, 나아가서 결과에 대해서도 책임을 질 이유가 없다는 사실을 발견한다.[14]

과학의 승리와 산업사회의 도래가 인류에게 가져올 문제들을 예감하며 니체가 진단하는 도덕세계의 모습은 전통적인 도덕적 가치의 허구가 드러나는 시대의 특징을 반영하고 있다. 옛 가치를 문제삼는 동력은 부분적으로는 유럽 형이상학과 기독교 전통에서 나온 것이다. 유럽 형이상학과 기독교가 진리를 중시하고 추구하는 과정에서 길러온 지적 정직함과 성실성으로 스스로를 해체하는 과정이 바로 그가 신의 죽음이라고 부르는 현상이다. 상기 인용문은 인간이 도덕의 강제로 자신의 직접적 이익에 반하는 규범과 가치를 내면화하며 도달한 판단력에 기초해 이제 그 도덕의 비밀을 의지의 자유라는 가정에서 기인하는 "오류의 역사이자 책임성에 관한 오류의 역사"[15]로 드러낸 과정에 대한 약술이다.

니체는 계속해서 존재의 천진무구함과 실존의 무죄에 대한 주장으로 연결되는 이 단상의 후반부에서 특정 행위에 수반되는 죄책감이나 양심의 가책 같은 언짢음(Unmut)을 근거로 행위자의 자유와 귀책 가능성을 주장하는 쇼펜하우어의 입장을 비판하고 있다. 그에 따르면 쇼펜하우어의 주장은 이 죄책감이 이성적이고 확실한 것이라는 잘못된 전제 아래 행해진 것이다. 그러나 이 행위 후의 언짢음은 자유와 책임의 영역으로 간주되는 행위자의 존재(esse)가 사실은 엄격한 인과율과 운명적 필연성의 규제를 받는다는 것을 보지 못했기 때문에 발생하는 것이다.[16] 정상적인 추론은 이 죄책감을 근거로 인간의 자유를 연역해내는 것이 아니라, 인간이 자신의 본질, 동기,

행위, 결과 어느 것에 대해서도 책임질 이유가 없다는 통찰로 이 언짢음이 비합리적이며 근거 없는 것이라는 것을 깨달아 이것을 제거하는 과정을 밟았어야 했을 것이다.

동일한 맥락에서 교육과 관련한 니체의 고찰은 심지어 유전학적 연쇄 고리의 말단에 위치한 충동과 욕망 역시 필연성의 영역으로 분류하고 있다.

> 우리는 모두 과거 종족의 결과인 탓에 그들의 과실, 열정과 오류, 심지어 범죄의 결과이기도 하다. 이 연쇄 고리로부터 풀려난다는 것은 불가능하다. 우리가 그 과실에 유죄를 선고하고 거기서 벗어났다고 생각해도, 우리가 그것에서 유래한다는 사실은 없어지지 않는다.[17]

인과율이 지배하는 현상계에서 행위에 대한 면책의 근거인 결정론을 주장하는 것을 넘어 니체는 지성이 활동하는 예지계마저도 필연성의 영역으로 환원시킨다. 그는 "도덕적 인간이 육체적 인간보다 예지계에 더 접근해 있지 않다"는 파울 레(Paul Ree)의 명제를 "형이상학적 욕망의 뿌리를 내리치는 도끼"라고 부른다.[18] 다시 말해 인간이 자신의 행동을 자발적이라고 해석하고 죄책감과 책임을 느끼는 이유는 자신이 자유롭다는 잘못된 전제에 기초하고 있다는 것이 니체의 통찰이다.

> 인간은 자신이 자유롭기 때문이 아니라, 스스로 자유롭다고 생각하므로 후회나 양심의 가책을 느끼기 때문이다.[19]

그러나 인간이 이렇게 책임을 느끼는 일은 도덕 및 문화의 발전과 연관된 습관일 뿐이며, 또한 고칠 수 있는 습관이라는 것이 니체의 결론이다. "어느 누구도 자신의 행동과 본질에 대해서는 책임이 없다."[20] 따라서 자신과 타인에 대해 섣부른 판단을 내리고 책임을 묻는 것은 사태의 원인을 끝까지 수미일관하게 추적하기를 포기한 상태에서 발생하는 공정하지 않은 일이다. 그럼에도 불구하고 우리가 행위에 대한 판단과 귀책을 포기하지 않는 것은 그 결과 발생할 일들에 대한 두려움 때문이다.[21]

니체가 현존재의 무책임함과 무죄함을 바라보는 시선은 복잡한 화학적 과정이나 식물의 섬세한 성장을 바라볼 때 우리가 느낄 수 있는 감탄과 동일한 선상에 위치한다. 이런 일들에 대해 칭찬이나 비난 등을 판단하는 것은 부당한 일이기 때문이다. 화학과 물리학, 생물학은 자유의 가능성을 따지지 않는다.[22] 그는 이러한 사실을 폭포 가에 선 사람의 비유로 강조하고 있다.

폭포를 바라볼 때 우리는 수없이 굴절되며, 소용돌이치고 부서지는 물살에서 의지의 자유와 성향을 보고 있다고 생각하게 될 것이다. 그러나 모든 것은 필연적이며, 모든 운동은 수학적으로 계산될 수 있다. 인간의 행위도 마찬가지다: 만약 인간이 모든 것을 알고 있다면, 개별적인 모든 행위는 미리 계산될 것이다. 인식의 모든 진보, 모든 오류, 모든 악의도 말이다. 행위자 자신은 당연히 자의라는 환상에 빠져 있다. 만약 어떤 순간에 세계라는 바퀴가 정지하고 그 정지를 이용하기 위해 모든 것을 알고 있는 계산적인 오성이 거기에 있다면, 오성은 가장 먼 시대에 이르기까지의 모든 존재의 미래도 설명해줄 수 있을 것이며, 그 바퀴가 굴러가게 될 선로까지도 모두 그릴 수 있을 것이다. 행위자가 자기 자신에 대하여 착각하는 것, 즉 자유의지를 가정하는 것도 바로 이 계산되어야 할 메커니즘 속에 포함되어 있는 것이다.[23]

따라서 인식하는 자가 책임과 의무를 인간과 동물을 구별하는 가장 고상한 덕목으로 여겨온 경우, 그가 삼켜야 할 가장 쓴 물약은 인간의 본질과 행위가 갖는 완벽한 필연성과 무책임에 대한 통찰이다. 그러나 기존 도덕의 허위성에 대한 인식으로 연결되는 이러한 통찰이야말로 니체에게는 인류가 도덕적 인류에서 현명한 인류로 변화하는 시금석이다. 진화의 끝에서 밝혀지는 사실은 인식이 이 무죄를 향한 통찰에 이르는 길이었다는 것이다.[24]

니체는 인간의 본질과 행위가 갖는 완벽한 필연성과 무책임에 대한 통찰을 방해하고 인간을 책임과 죄로 몰아갔던 원인 중 하나로, 의지의 자유에 대한 잘못된 추론과 함께 우리가 자아와 타인이 하는 행위의 성립 과정에 대한 지식을 충분히 가지고 있다고 믿어왔던 망상을 지적한다.[25] 자신과 타인의 욕망, 행위의 기전을 충분히 안다고 생각한 것이 행위의 책임을 묻는 근거가 되어 왔다는 것이다. 니체는 올바른 지식이 올바른 행위를 낳을 것이라는 소크라테스와 플라톤의 주장을 이러한 견해의 대표적인 예로 제시한다. 그러나 행위에 대한 인식과 행위 사이에는 건널 수 없는 심연이 존재하고 인간은 아직 이 사이에서 벌어지는 일들에 대해 전적으로 무지하다는 것이 니체가 지적하는 무서운 진리이다. 그리고 이것은 현상계와 예지계 전체에 해당되는 사실이다.

행위는 우리에게 나타난 그대로의 것이 결코 아니다. 그런데 자! 내부 세계도 똑같다. 도덕적인 행위들은 사실 '다른 어떤 것'이다. 우리는 그 이상은 말할 수 없다. 그리고 모든 행위는 본질적으로 미지의 것이다.[26]

자연은 우리에게 가장 가까운 것을 비밀로 감추었고, 철학이 가장 잘 안다고 생각해온 주체는 여전히 미지의 세계에 속한다. 니체는 인류사에서 책임과 의무에 대한 중대한 오류가 계속되어 온 또 하나의 이유를, 상술한 의지의 자유에 대한 잘못된 추론 및 주체의 확실성에 대한 망상과 함께 인류가 언제나 행위의 책임을 물을 수 있는 죄인을 필요로 해 왔다는 사실에서 찾고 있다.

책임이 찾아지는 곳 그 어디서든 그 책임을 찾는 것은 **벌을 원하고 판결을 원하는** 본능이기 마련이다. 이러저러한 상태에 있는 것이 의지나 의도나 책임 있는 행위로 환원된다면, 생성에게서 죄 없음이 박탈되어버린다: 의지에 대한 학설은 근본적으로 벌을 목적으로 고안되었다. 즉 **죄 있다고-여기도록-원하게** 하는 목적에서 고안되었다.[27]

신학자들이 인류를 그들에게 의존하게 만들고 인류에게 책임을 묻고 판결권을 얻고자 고안한 것이 의지의 자유라는 신화인 것이 니체의 주장이다. 그는 현존재와 생기의 순진무구함, 무책임성에 대한 통찰로 이 사실을 드러내고 자유의지라는 환상과 그 결과인 도덕적 예속에서 인류를 해방하고자 한다. 생기의 필연과 존재의 숙명을 근거로 니체는 오히려 인간의 존재와 성질, 그의 처지에 대해 그 어느 누구도 책임이 없다는 것, 인간의 생성을 포함하는 모든 생기가 무죄라는 것을 강조한다. 신, 사회, 부모, 선조, 심지어 인간 자신도 인간에게 특성을 부여하는 자가 아니라는 통찰, 즉 필연과 숙명에 대한 통찰이 그가 "위대한 해방"이라고 부르는, 존재의 모든 방식에 대한 긍정으로 연결되고 있는 것이다.[28] 그가 "사형 집행인의 형이상학"이라고 부르는 기독교가 자유의지와 "도덕적 세계질서"라는 신화로 인류에게 부과한 죄와 벌의 개념을 세계로부터 다시 퇴출시키는 것이야말로 그의 비도덕주의가 염두에 두는 목적이다.[29]

신의 죽음과 옛 도덕과의 싸움에서 비롯되는 모든 가치전도, 그리고 그 실현 가능성의 모색으로 보이는 자유정신의 해방철학과 비도덕주의(Immoralismus)가 항상 긍정적인 반응을 불러일으킨 것은 아니다. 니체 수용사의 상당 부분은 현존재의 무죄에 대한 믿음에서 선악의 저편에 스스로를 위치시키며 죄와 책임, 의무와 두려움에서 구원된 실존을 주장하는 그의 비도덕주의를 의심 어린 시선으로 바라보고 악과의 연대를 기입하곤 했다.[30] 행위의 필연성에 기반을 둔 생성과 존재의 순진무구함, 무책임성에 대한 니체의 주장이 인류사에 저질러진 비도덕적인 행위를 설령 직접적으로 야기하지는 않았지만, 이러한 행위들을 용인하고 비도덕적인 행위에 면죄부를 주는 분위기를 조장해 왔다는 비판도 있다.[31]

니체 철학에 탑재된 모순들을 내재적으로 이해하려면 몇몇 연구자들은 전통 형이상학과 진리에 대한 니체의 비판이 이성으로 존재와 만나는 형이상학 전반과 인식으로 열리는 진리의 지평 전체에 대한 비판이 아니라는 사실을 지적해 왔다.[32] 마찬가지로 실존과 본질, 행위와 관련해 책임과 의무를 잘못된 추론에서 기인한 도덕과 문화의 발전, 연관된 습관으로 치부하는 니체의 언명 역시 책임과 의무에 관한 논의 전체를 무의미한 것으로 만들지는 않는다. 최근의 자유지상주의(libertarianism)가 주장하듯 모든 것이 인과적 연관 속에 있다는 사실에서 모든 것이 결정되어 있다는 것을 의미하는 것은 아니다.[33]

통상 자기 규정적으로 경험되고 도덕적 동기화로 처리되는 영역인 인간의 행위와 본질, 그리고 의지의 필연성과 부자유에 대한 통찰에서 니체가 우선은 부정적으로 규정되는 새로운 자유를 보았다는 것을 확실히 하는 것은 우리의 계속적인 논의에서는 중요한 일이다. 그것은 밀러-라우터(Wolfgang Müller-Lauter)가 지적하듯이 전승된 기존의 도덕, 즉 죄와 책임이라는 도덕에서의 자유와 해방을

의미한다.[34]

니체가 도덕적 책임과 죄로부터의 해방을 말하면서 습관과 결부된 상징들을 쓴다는 것도 그가 책임의 가치 전반을 부인하는 것이 아니라, 책임에 대한 개인의 관계를 문제 삼고 있다는 것에 대한 힌트일 수 있다.[35] 책임과 죄의 도덕에 길들여지고 익숙한 개인은 이들의 가치를 묻지 않는다. 실제로 니체가 말하는 현존재의 순진무구함과 생기의 필연에 기반을 둔 무책임성이 누구나 자기가 원하는 것을 하거나 말거나 하는 자의적(恣意的)인 임의성을 내용으로 하지는 않는다.

현존재의 필연성과 무책임성을 통찰한 인식하는 자는 그의 통찰 이후에도 여전히 필연적으로 그가 원할 수밖에 없는 것을 원하고 그가 행할 수밖에 없는 것을 행할 뿐이다. 니체는 생기의 필연성과 현존재의 순진무구함에 대한 고찰에서 단지 존재하고 생기하는 모든 것들이 어떤 실제적인 필연성에 있으며, 우리의 행위와 행위하지 않음이 우리에게 달려 있지 않다는 것을 지적할 뿐이다.[36] 차이가 있다면 이제 자신과 타인의 행위 및 본질의 필연성을 인식한 자는 죄책감과 책임을 느낄 이유를 찾지 못하며 실제로 느끼지 않는다는 것뿐이다.

그러나 니체 철학의 구도는 이러한 현존재의 순진무구함과 무책임성에 대한 통찰이 개인이 책임을 느끼는 새로운 방식일지도 모른다고 암시하고 있고,[37] 이 의지의 필연성에 대한 통찰로 오히려 개인적 책임을 강화하도록 짜여 있다.[38] 개인이 주체에 대해 충분히 아는 바 없고 따라서 그가 스스로 어떻게 할 수 없는 필연성에서 행위할 수밖에 없다는 사실은 전통적 도덕이 죄와 책임의 근거로 제시하던 일반적인 가치와 규범의 체계에서 개인을 자유롭게 한다.

하지만 이로써 개인은 오히려 구체적인 상황과 동기의 불확실함을 감수하고 어쩔 수 없는 행동으로 나아간다. 전통적인 도덕 개념이 해체되는 이 지점에서 니체의 도덕 개념은 확장되고 개인이 주체라는 미지의 세계로 스스로를 열고 타인을 다르게 만나는 지평이 열리는 것이다.[39]

3. 명령자와 입법자로서의 철학자

인간의 자의로 채색되지 않은 실재의 영역에서 나타나는 필연성에 기반을 둔 현존재의 순진무구함과 무책임성에 대한 니체의 언명이 개인적 책임의 강화로 이어진다는 것은 어쩌면 아이러니하게 보이기도 한다. 그러나 18세의 니체가 부활절 휴가에 쓴 「운명과 역사」(Fatum und Geschichte), 그리고 「의지의 자유와 운명」(Willensfreiheit und Fatum)이라는 글이 이미 시사하고 있듯이 니체는 일찍부터 의지의 자유와 운명의 필연성을 이들이 극성을 띠지만 바로 그러한 이유로 오히려 상호 보족적인 연관관계에 있는 것으로 파악하고 있다.

운명과 의지의 자유는 개인성의 관념 속에서 통합되어 일방적인 자연성과 일방적인 정신성의 위험을 벗어나 의미 있고 총체적인 인간 행위의 동력이 된다.[40] 훗날 니체는 운명과 인간을 화해 불가능한 적대적인 것으로 대립시키는 것을 "터키인의 운명론"이라 부르며 이것이 근본적으로 잘못임을 지적한다.[41] 그것은 동시에 스스로가 미래에 와야 할 모든 것의 운명임을 통찰해 더욱 책임 있는 행위를 하지 못하고 체념하는 약한 정신들에 대한 질책이기도 하다.

각 개인은 미래와 과거로부터의 운명이며, 앞으로 도래할 것과 앞으로

될 모든 것에 대한 또 하나의 법칙, 또 하나의 필연성인 것이다.[42]

쇼펜하우어적 의미에서 운명은 개인의 현존과 본질에 대한 책임에서 개인을 면제하지만, 이 운명에는 자신의 운명을 함께 규정하고 운명에 방향을 주는 개인의 자유로운 결단과 결정이 포함되어 있다. 그리고 이것이 바로 니체 철학에서 자기극복이 자유정신으로 갖춰야 할 중요한 덕목의 이유이기도 하다.[43] 누구나가 자신이 따를 가치와 법칙을 제정해도 된다고 주장하는 니체적 도덕은 개인주의적 특성을 강하게 표방하지만 바로 그 이유로 동시에 다양한 타인의 도덕에 관용적인 다원주의적 도덕이다. 오트만이 지적하는 것처럼 여전히 외부적 권위인 보편적 도덕법칙의 노예인 칸트적 입법자와 달리 니체적 입법자는 자신의 의지와 자신의 선악을 스스로의 머리 위에 법칙으로 매다는 주권적인 자들이며, 새롭고 비교할 수 없는 가치의 창조자들이다.[44]

윤리적인 것의 영역에서 이론과 실천 사이의 거리를 가능한 한 좁히는 것은 소크라테스 이래로 철학자들의 이상이었다. 그리고 설령 실천의 영역에서 윤리적 이상의 실현이 불가능하더라도 이 이상은 이상대로 정향점으로 작용한다는 것이 오랜 철학적 신념 중 하나이다. 그러나 니체는 칸트의 도덕철학과 관련한 글에서 그러할 자격이 없으면서도 약속을 하는 경솔한 사람들과의 순간에 이미 그 약속을 깨는 거짓말쟁이들을 강하게 질책하고 있다.[45] 니체 후기 철학의 이상은 자신이 말하는 바를 진실하게 믿으며 그가 약속하는 바를 실제로 수행할 수 있는 능력을 갖춘 인간에게 집중된다.

니체는 그를 "주권적 개인"(das souveraine Individuum)이라 부른다. 도덕의 계보 제2논문의 초두에서 니체가 자연이 인간에게 부여한 역설적인 과제라고 칭한 "약속해도 되는 동물을 기르는 것"[46]은

330

바로 이 주권적 개인으로서 완결된다. 니체 철학의 주요 개념들은 주권적 개인의 존재 양태와 긴밀하게 연결되어 있다. 이것은 니체가 고백하는 것처럼 『인간적인 너무나 인간적인』에서 도덕적 편견의 기원에 대한 고찰이 시작된 이래로 니체의 사고가 더욱 긴밀한 결합을 통해 필연적으로 하나로 성장한 결과이다.[47]

스스로를 도덕, 관습, 사회화로 강제해온 고통스런 인간화 과정의 끝에서 주권적 개인은 자신을 규정해 온 옛 가치들의 반생명성을 자각하고 새로운 의지로 새로운 가치를 스스로와 생명에게 약속하는 자이다. 그가 창출하는 새로운 가치의 핵심이 바로 스스로의 의지와 행위에 대한 책임이며 이로써 열리는 새로운 지평과 자유에 대한 자부심이다. 그에게서 본능이 된 이 책임과 자유의 이름으로 니체가 제안하는 "양심"[48]은 그것이 운명과 필연성의 긍정을 통해 변형된 것인 한, 그때까지 인간을 지배해왔던 기존 도덕이 불변의 의무와 규범의 충족, 준수로 개인을 눈먼 순종으로 내몰던 죄와 제한적 책임, 양심의 가책을 뛰어넘은 것이다.

니체 철학의 착탄점의 상당 부분은 바로 이러한 개인적 책임의 감지능력과 내재화를 중시하고 육성하는 일에 정향되어 있다. 독일의 정신을 새롭게 하는 것에서 독일 문화와 미래에 대해 희망을 거는 니체의 행위는 미래에 대한 책임을 전제한 일이다.[49] 이윤과 사교, 국가에 복무하는 타락한 교육의 형태를 넘어 교육의 근본적인 의미를 되살리려는 그의 노력 역시 미래 세대에 대한 책임과 관련되어 있다. 헤겔의 세계사와 세계 목적을 비판하는 한 단상에서도 니체는 개인에 대한 책임의 경감이 도덕적으로도 좋지 못한 일임을 지적하고 있다.

국가, 민족, 인류, 세계 과정과 같은 도출된 보편 개념의 온갖 신격화는

개인의 무거운 짐을 작게 만들고 개인의 책임을 경감시키는 단점이 있다.[50]

신격화된 보편 개념, 다시 말해 추상화된 것들은 어떤 이유에서건 이러한 추상과 보편을 필요로 하는 사람이나 계층, 집단의 생존 조건이 만들어낸 것이다. 이들은 니체의 말처럼 "삶의 수단"에 불과한 것이다. 따라서 삶의 수단을 위해 스스로의 삶을 잃지 않으려는 투쟁, 즉 퇴폐(Decadence)에 반하는 투쟁이 인간에게 허락되어야 한다는 것이 니체의 주장이다.[51] 인간을 구성하는 큰 충동과 욕망을 긍정하지 못해 이들의 억제와 멸절로 보다 나은 인간을 만들려고 노력해 온 종교적인 해법인 금욕주의적 이상 역시 퇴폐적인 것이다. 니체는 이러한 퇴폐적 이상의 배후에서 의지의 박약과 생명의 노쇠현상을 감지해 낸다.

자기 자신 안에 스스로 척도를 세우기에는 너무나 의지가 약하고 너무나 퇴락한 자들이 욕구와 싸울 때, 그들은 거세와 멸절이라는 수단을 본능적으로 선택한다.[52]

다른 한편, 말년의 니체는 「자의식의 형태학」이라는 제목의 유고에서 종교적 권위로 길러지던 집단 자의식의 단계를 넘어 한 인간에게 집약된 주권의 무게와 엄정함, 그 영향력의 광범위함을 기술하고 있다.

전체에 대한 책임감(die Verantwortlichkeit für das Ganze)이 개인에게 어느 정도로 넓은 시야와 엄격하고 무시무시한 손, 태도와 거동의 신중함과 냉정함과 빼어남을 〈몸에 배도록〉 가르치고 허락하는지.[53]

이것은 생명의 편에 서려는 인간에게 자신을 삶의 수단보다 더 가치 있는 것으로 여기는 자기 존중감과 이를 위해 짊어지는 의무와 책임이 크면 클수록 더 고상하고 품위 있는 인간적인 삶이 완성된다는 주장이나 다름없다. 니체는 금욕주의를 인생의 방편으로 선택한 종교인들이 개인적인 것을 포기함으로써 자신의 삶을 가볍게 만들고 행위에 대한 후회와 더불어 책임감마저 상실한 일을 "도덕성의 최고의 영웅적 부분"[54]이라고 착각하지 말아야 한다고 경고한다. 훨씬 더 많은 정신과 사색이 필요하지만 그럴수록 더 의미 있는 일은 "아무런 동요와 애매함 없이 자신의 개성을 관철하는 일"[55]이다. 그것은 자신의 이득만을 바라보는 천박한 자들의 책임과 구별되고 고통을 동반하는 일일지 모르지만,[56] 자신만의 독특한 의무와 책임의 영역을 넓혀가는 일은 고귀한 일이다.

> 고귀함의 표시: 우리의 의무를 모든 사람에 대한 의무로까지 끌어내리려는 생각을 하지 않는 것. 자기 자신의 책임을 양도하려고 하거나 분담하려고 하지 않는 것. 자신의 특권과 그것을 행사하는 것을 자신의 의무들 가운데서 생각해보는 것.[57]

결국 니체는 자신이 행할 수 있는 약속과 책임의 영역을 넓혀가고 자신의 자유의지를 지배할 수 있게 된 자를 "주권이 있는 자처럼 육중하고 드물게 서서히 약속하는 자, 자신의 믿음을 아끼는 자, 그가 신뢰할 때는 두드러지게 하는 자, 불행한 일이 있음에도 자신의 말을 '운명에 대항하여' 지킬 만큼 충분히 자신이 강하다는 것을 알고 있기 때문에 신용할 수 있는 말을 타인에게 주는 자"[58]라고 설명하고 있다. 군이나 관료집단에서처럼 엄격한 의무 이행이라는 미명 아래 타인이 정한 명령에 복종하는 사람들이 자신의 행동을 책임지지 않아도 되기 때문에 느끼는 경솔과 천진난만을 '행복'이라고 부르는 니체의 언명에는 경멸과 아이러니가 담겨 있다.[59] 니체가 생각하는 정신적 귀족과 강자를 돋보이게 하는 특성은 그가 증가하는 힘에 비례해 책임 영역을 확장하는 것에서 찾을 수 있다.

> 그의 권력의 감정이 증대하면, 그에게 호의적인 충동이 증가한다: 그의 기쁨과 더 큰 책임은 훌륭한 행위들을 찾아 나서게 만든다.[60]

니체가 차라투스트라의 첫 번째 연설인 '정신의 세 가지 변화'의 준비원고로 정리했던 단상 중 하나는 "진리에 이르는 길. 도덕의 극복을 향한 지침"이라는 부제를 달고 있다. 그중 어린아이의 단계를 정리하는 부분은 정신 변화의 마지막 단계에서 책임과 천진무구함(Verantwortung und Unschuld)이 동시에 발생할 수 있음을 드러내고 있다.

> **세 번째 발걸음.** 적극적인 자세를 위해, 긍정을 위해 쓸모가 있는지 그 여부에 대한 위대한 결정. 그 어떤 신도, 그 어떤 인간도 내 위에 두지 말 것! 어디에 손을 대야 하는지를 알고 있는 창조하는 자의 직관. 저 위대한 책임 그리고 저 천진무구함. (어떤 것에 대해 기쁨을 갖기 위해서라면 **모든 것**을 기꺼이 승인해야 한다.) 스스로 행위에 정당성을 부여할 것.[61]

1886년의 한 유고 또한 니체가 선악의 도덕에서 진단한 영역의 뒤바뀜이 양심의 영역에서도 발생했음을 시사한다.[62] 여기서 니체는 겉으로 보기에 개인적인 책임으로 여겨지는 것들이 실상은 도덕의 역사에서 길러진 무리의 양심에 불과한 것일지도 모른다고 의심하고 있다. 인간의 외부에 위치하는 초월적이고 신학적인 권위의 상실은 습관의 힘에 따라 이를 대체할 또 다른 권위를 도덕 영역에서 찾게 만들었고, 이로써 일차적으로는 양심이, 나아가서는 이성, 내재적 정신을 갖는 역사, 그리고 공리주의적 행복이념이 개인적인 권위들을 대체하는 역할을 담당해 왔다는 것이다.[63] 그러나 이것은 의지에게 스스로 목적을 부과하는 위험을 경감시키고 책임을 회피하려는 오래된 기만적 전략에 불과하다.[64]

최고의 힘을 갖는 의지가 필요한 시간일 바로 지금, 의지는 가장 약하고 비겁하다.[65]

니체에 따르면 의지의 박약은 도처에서 목도되는 가장 큰 현대성의 질병이다. 그리고 시대에 부재한 강한 의지를 한탄하는 니체의 언명들은 그가 단순하게 여러 가능한 권위들에 책임을 전가하고 운명론을 받아들이지는 않을 것임을 시사한다. 매 순간의 결정과 현재의 행동 하나하나에 영원의 무게를 실으려는 그의 영원회귀론은 따라서 허무주의의 극복 프로그램이다. 운명애(Amor Fati)를 둘러싼 그의 사고들 역시 위대한 긍정으로 자신의 결정과 행동에 1천 년의 결단을 촉구하고 상상할 수 있는 가장 큰 책임을 기꺼이 떠안으려는 적극적인 실존적 자세를 드러낸다.

니체가 정신의 천민봉기라고 부르는, 강자의 도덕에 대한 유대교와 초기 기독교의 승리로 부정된 고귀한 가치들에는 긍지, 거리의 파토스, 원기 발랄함, 멋진 야수성, 호전성, 관능적 쾌락과 모험과 인식의 신격화와 함께 커다란 책임이 함께 속한다.[66] 책임은 강자의 특성이자 권리인 것이다. 초월적인 권위에 따라 주어진 도덕과 법칙에 의존하던 것이 끝나는 순간, 그 권위에 의지해 의무와 책임을 면제

받던 개인은 의무와 책임 영역을 자신의 것으로 탈환한다. 이제까지 인간의 행위와 고통에 의미를 부여하고 인간을 내세로 몰아가던 신의 죽음은 인간에게 어쩌면 불편하게 느껴질지도 모를 자유와 함께 자신을 포함하는 인간에 대한 책임을 이양한다.

> 지금까지는 생겨나서 살아 있는 모든 것에 대한 책임이 신에게 있었다. (…) 사람들이 더 이상 내세의 예정과 신에 대해 믿지 않게 되자마자 곧 고통 속에서 태어나 삶을 혐오하도록 미리 예정되어 있는 **살아 있는 모든 것에 대한 책임을 인간이 맡는다.**[67]

그 책임이 고통스럽더라도 그것이 인간에게 허락된 유일한 길이라면 그 고통을 견디며 자유의 길을 걷는 것이 인간의 품위에 합당한 일이다. 초월적 권위에 따라 주어진 풍습과 법칙에 의지하는 자는 자신의 자유와 생명을 담보로 부드러운 침대에 누워 쉬는 것일 뿐이다. "그러나 우리는 자유롭다. 너희가 자기 자신에 대해 책임을 지는 고통에 대해 무엇을 알겠는가?"[68]라고 외치는 니체의 문장에는 자신의 운명을 손에 쥔 자의 미래에 대한 염려와 함께 자존심과 품위가 서려 있다.

역사에서 창조됐던 가치를 개념으로 견고하게 정리하는 과거 극복자로서의 철학자와 구별하고 이들의 업적을 재료로 이용해 비로소 인간의 향방과 목적을 규정하는 명령자, 입법자로서의 철학자를 니체가 본래적인 철학자로 파악할 때, 그가 염두에 두고 있는 것이 바로 "누가 자신의 운명을 책임지고 있는가?"라는 문제이다. 자유정신으로 이해되는 철학자는 "인류의 총체적 발전에 양심을 지닌, 가장 포괄적인 책임을 진 인간"[69]이다. 인간의 자기책임에 대한 인식이 니체에게는 새로운 가치를 창출하는 미래철학의 과제로 가는 교두

보로 기능한다.

이제 플라톤과 마호메트라고 하는 저 두 위로 수단이 없어져버리고, 그
어떤 사상가도 더 이상 '신'이나 '영원한 가치'라고 하는 가설에서 자신
의 양심을 가볍게 만들 수 없게 되자 곧 새로운 가치에 대한 입법자의
요구가, 새롭고, 아직 도달되지 않은 두려움으로까지 고양된다.[70]

자신 속의 혼돈을 다스려 질서 있게 만들며 스스로의 안에 가치
와 법칙을 만드는 조형력과 생명력을 감지하는 자는 이 두려움과 고
통을 기꺼이 견디는 자이다. 니체가 그를 부르는 여러 이름 중 하나
가 "풍습의 윤리에서 다시 벗어난, 자율적이고 초윤리적인 개체"[71]
이다. 그로 인해 인류가 격상되고 진화는 비로소 형이상학적 의미를
얻게 되는 것이다.

이것이 인간이다: 새로운 힘, 최초의 운동, 스스로 굴러가는 바퀴. 인간
이 충분히 강하다면, 그는 별들이 자신을 중심으로 돌 수 있게 만들 것
이다.[72]

4. 우리 안의 짐승을 넘어서는 길

니체는 『도덕의 계보』 서문에서 도덕의 형성이 특정한 계층의 이
해관계를 반영하며 자기주장의 수단으로 기능한다는 점을 지적한
다. 그것이 바로 우리가 어떤 필요에 따라 생겨나고 변화해 나가는
역사적인 사태인 도덕의 가치를 파악하고자 발생학적이고 계보학
적인 질문들을 던져야 하는 이유이다. "가치들이 성장하고 발전하

고 변화해온 조건과 상황에 대한 지식"[73]이야말로 우리가 도덕의 유형과 생명과 관련한 그것의 가치를 논할 때 우선시되어야 할 것이라는 것이다. 그리고 이러한 생각은 이미 생기의 순진무구함과 무책임성이 주장되기 시작하는 『인간적인 너무나 인간적인』에서부터 니체 사상의 중요한 한 요소를 구성한다. 책임과 관련된 논의가 흘러가야 할 방향에 대한 시사를 얻을 수 있는 이 시기의 한 단상은 도덕과 책임을 그가 어떻게 이해하고 있는지를 비교적 잘 드러내고 있다.

초월-동물 ── 우리 안에 있는 야수는 기만당하기를 원한다: 도덕은 우리가 그 야수에게 물려 찢기지 않기 위한 필연적인 거짓말이다. 도덕의 가정에서 오류가 없었다면, 인간은 동물에 지나지 않았을 것이다. 그러나 인간은 자신을 좀 더 고상한 존재라고 생각하고, 더욱 엄격한 규율을 자신에게 부과했다.[74]

이러한 필연적 거짓말 중 하나로 니체가 예로 들고 있는 것이 우리가 살펴본 책임과 관련한 도덕적 감각의 역사이다. 그러나 그것이 오류로 드러났다고 해서 인류가 자신에 대한 허영에 찬 착각과 이를 충족시키려고 만들어낸 어쩔 수 없는 거짓말 스스로를 동물보다 나은 존재로 초월시킨 정황이 달라지지는 않는다. 오래 믿고 믿음대로 행해서 성향과 성격이 된 것은 그 믿음의 내용이 진실인지 아닌지를 떠나서 그 믿음을 가진 자를 변화시키기 마련이다. 설령 나중에 이렇게 변화한 자가 자신의 역사에서 그 믿음이 오류였다는 것을 알게 되더라도 그가 이로써 변화한 사실은 달라지지 않는다. 옛 도덕, 즉 죄와 책임의 도덕의 강제로 우리는 분명 그렇게 하지 않고서는 도달하기 어려웠을 성취를 이루었다.

그러나 우리가 그것을 성취하고자 도덕에 지불한 대가는 죄와 책임의 도덕이 절대적으로 되는 정도만큼 우리의 생명에 반하는 너무 큰 것이었다. 이제 니체는 이 잘못된 교환을 뒤집어 삶에서 도덕이 부당하게 선점한 미래의 가능성, 인간이 인간과 다르게 관계 맺을 가능성에 주목한다. 물론 이제 성장한 통찰력으로 달라진 인간은 자신이 허구로 파악한 예전의 믿음을 통해 자신의 세계를 바라보지는 않을 것이다. 그는 자신의 통찰에 걸맞은 새로운 도덕, 새로운 이야기를 필요로 한다. 이 새로운 이야기가 더 고상하고 통찰력이 커진 인류를 위해 더 엄격한 규율을 담고 있을 때 언젠가 우리가 동물을 넘어섰던 그 넘어섬이 계속되는 것일 것이다.

니체가 여전히 인류 안에 목도되는 낙후된 인간인 잔인한 인간들을 인류의 산맥을 구성해 온 한 지층의 드러남으로 관찰하고 있는 것은 이러한 정황에 대한 시사이다. 그들에게는, 화강암이 화강암임에 대해 책임질 필요가 없는 것처럼 그들의 잔인함에 대해 책임을 물을 수 없는 것이다.

인간의 각 기관의 형태에는 물고기 상태일 때의 기억들이 있다고 하는데, 우리의 뇌에도 그런 의견에 상응하는 도랑이나 굴곡이 있음이 틀림없다. 그러나 이 도랑이나 굴곡은 더 이상 우리 감각의 강이 흘러갈 강바닥은 아닌 것이다.[75]

현생 인류의 수준에 맞지 않게 잔인한 자들, 현재의 판단력 정도에 맞지 않는 도덕적 가치들 역시 이러한 물고기 상태의 기억들에 상응하는 퇴적물들이다. 인류를 구성한 오랜 지층을 드러낼 뿐인 잔인한 자들과 옛 도덕의 신봉자에게 주는 면책은 우리의 힘과 판단력이 상승한 결과이자 그들의 행위를 더 이상 인류의 발전에 큰 의미 없는, 시대에 뒤진 진부한 것으로 자리매김하는 일이기도 하다. 우리가 니체로 말미암아 책임과 관련해 알게 된 옛 도덕은 더 이상 우리 인식의 춤이 그 위에서 펼쳐질 무대가 아니며 건강한 생명의 강이 흘러야 할 강바닥이 아닌 것이다. 더 건강하고 고상한 인류와 문화에 책임을 느끼는 자들은 이제 다른 무대와 강바닥, 더 견고하고 엄격한 다른 규율을 필요로 하는 것이다.

주

제1장 황금의 중간길 찾기

1 Lucius Annaeus Seneca, *Ad Lucilium epistulae morales*, 108, 23.
2 BAW 5, 305쪽.
3 『유고(1870~73년)』, 370쪽.
4 BAW 1, 1~32쪽 참조.
5 같은 책, 16쪽.
6 BAW 2, 54~59쪽.
7 BAW 2, 62쪽.
8 『비극의 탄생』, 118쪽.
9 같은 책, 117쪽.
10 Ernst Bertram, *Nietzsche, Versuch einer Mythologie*, 1918, 91~92쪽 참조.
11 『유고(1884년 가을~1885년 가을)』, 506쪽 이하.
12 Rüdiger Safranski, *Nietzsche. Biographie seines Denkens*, München u. Wien, 2000, 51쪽; KSB 2, 298~99쪽 참조.
13 『비극의 탄생』, 13쪽.
14 『유고(1884년 가을~1885년 가을)』, 507쪽.
15 『유고(1888년 초~1889년 1월 초)』, 354쪽.
16 『유고(1884년 가을~1885년 가을)』, 508쪽.
17 같은 책, 534쪽.
18 Reinhart Maurer, "Der andere Nietzsche: Gerechtigkeit kontra moralische Utopie", in: *Aletheia*, Heft 5, Berlin, 1994, 9쪽 참조.
19 『반시대적 고찰』, 333쪽.
20 같은 책, 383쪽.
21 같은 책, 334쪽.
22 MA I, § 636, KSA 2, 361쪽.
23 『도덕의 계보』, 483쪽.
24 『선악의 저편』, 73쪽.
25 『인간적인 너무나 인간적인 I』, 448쪽.
26 Immanuel Kant, *Kritik der reinen Vernunft*, B 850/A821 참조.

27 『아침놀』, 422쪽; 『선악의 저편』, 314쪽 참조.

28 『아침놀』, 422쪽.

29 『유고(1880년 초~1881년 봄)』, 6(416), 396쪽 참조.

30 『유고(1882년 7월~1883/84년 겨울)』, 198쪽.

31 『유고(1881년 봄~1882년 여름)』, 665쪽.

32 같은 책, 666쪽.

33 『인간적인 너무나 인간적인 I』, 447쪽.

34 Karl Jaspers, *Nietzsche. Einführung in das Verständnis seines Philosophierens*, zweite Aufl., Berlin, 1947, 184쪽 참조.

35 『즐거운 학문』, 185쪽 참조.

36 같은 책, 188쪽 참조.

37 『선악의 저편』, 220쪽.

38 MA I, KSA 2, 361쪽.

39 『반시대적 고찰』, 334쪽.

40 같은 책, 341쪽.

41 『유고(1888년 초~1889년 1월 초)』, 354쪽.

42 『반시대적 고찰』, 334쪽.

43 같은 책, 335쪽.

44 『유고(1888년 초~1889년 1월 초)』, 354쪽.

45 『유고(1887년 가을~1888년 3월)』, 219쪽.

46 같은 곳.

47 Wolfgang Müller-Lauter, *Nietzsche. Seine Philosophie der Gegensätze und die Gegensätze seiner Philosophie*, Berlin, 1971, 123~25쪽 참조.

48 『인간적인 너무나 인간적인 I』, 18쪽 참조.

49 『유고(1882년 7월~1883/84년 겨울)』, § 214, 99쪽.

50 『즐거운 학문』, 265쪽.

51 Anke Bennholdt-Thomsen, *Nietzsches Also sprach Zarathustra als literarisches Phänomen. Eine Revision*, Frankfurt am Main, 1974, 30쪽.

52 『인간적인 너무나 인간적인 I』, 12쪽.

53 같은 책, 13쪽.

54 『차라투스트라는 이렇게 말했다』, 39쪽.

55 『인간적인 너무나 인간적인 I』, 14쪽 이하.

56 같은 책, 15쪽.

57 『도덕의 계보』, 397쪽.

58 같은 책, 398쪽.

59 같은 곳.

60 『반시대적 고찰』, 334쪽.

61 『인간적인 너무나 인간적인 I』, 15쪽.

제2장 힘의 균형 원리로서 사회철학적 정의론

1 Joachim Ritter (Hrsg.), *Historisches Woerterbuch der Philosophie*, Bd. 3, Basel, Stuttgart, 1974, 330쪽 참조.

2 Robert Spaemann (Hrsg.), *Ethiklesebuch. Von Platon bis Heute*, München, Zürich, 1991, 48~51쪽 참조.

3 로버트 L. 애링턴, 김성호 옮김, 『서양윤리학사』, 2003, 203~204쪽 참조.

4 「누가복음」, 15장 31절.

5 Thomas Aquinas, *Summa Theologiae*, II-II, Q. 58, Art. 11.

6 같은 책, I, Q. 29, Art. 3 참조.

7 같은 책, II-II, Q. 57, Art. 1 참조.

8 같은 책, II-II, Q. 61-Q. 63 참조.

9 같은 책, II-II, Q. 62, Art. 1 참조.

10 같은 책, II-II, Q. 63, Art. 1 참조.

11 Thomas Aquinas, *Lectura super Mattaeum*, 5, 2.

12 『유고(1870~73년)』, 310쪽.

13 같은 책, 315쪽 이하.

14 Platon, *Gorgias*, 483d~484a.

15 바젤 대학에서 니체가 10년간 행한 강의의 주제들도 상당 부분 플라톤에게 할 애되어 있다. Curt-Paul Janz, "Friedrich Nietzsches akademische Lehrtätigkeit in Basel 1869~79", in: *Nietzsche Studien*, Bd. 3, 1974, 192~203쪽 참조.

16 Karl-Otto Apel, *Funkkolleg Praktische Philosophie/Ethik*, Studienbegleitbrief 2, Weinheim/Basel, 1980, 20쪽.

17 『인간적인 너무나 인간적인 I』, 101쪽.

18 같은 책, 96~98쪽 참조.

19 같은 책, 97쪽.

20 Thukidides, *Geschichte des peloponnesischen Krieges*, § 87, Georg Peter Landmann 의 독일어판을 사용했음.

21 『인간적인 너무나 인간적인 I』, 102쪽.

22 같은 책, 102쪽.

23 같은 책, 103쪽.

24 같은 책, 101쪽.

25 『인간적인 너무나 인간적인 II』, 239~41쪽 참조.

26 같은 책, 239쪽.

27 같은 책, 240쪽 이하.

28 같은 책, 241쪽.

29 Alasdair MacIntyre, *Der Verlust der Tugend. Zur moralischen Krise der Gegenwart*, Frankfurt am Main, 1995, 180~81쪽 참조.

30 『유고(1878년 봄~1879년 11월)』, 41(42), 459쪽.

31 『인간적인 너무나 인간적인 II』, 249쪽 이하 참조.

32 같은 책, 245쪽.

33 『인간적인 너무나 인간적인 I』, 81쪽 참조.

34 같은 책, 447쪽 참조.

35 같은 책, 110쪽.

36 『인간적인 너무나 인간적인 II』, 248쪽 참조.

37 『유고(1884년 가을~1885년 가을)』, 506쪽 이하.

38 『반시대적 고찰』, 334쪽.

39 『인간적인 너무나 인간적인 I』, 18쪽.

40 『반시대적 고찰』, 334쪽.

41 『인간적인 너무나 인간적인 I』, 447쪽.

42 KSA 11, 26(149), 188쪽.

43 1875년에 니체는 오이겐 뒤링(Eugen Düring)의 책 『삶의 가치』(*Der Werth des Lebens*)를 읽고 초록을 만들어 정리한 적이 있다. 그 책에 대한 마지막 고찰에서 니체는 뒤링의 테제를 비판적으로 수용해 정의와 연결시키고 있다. 『유고(1875년 초~1876년 봄)』, 320쪽 참조.

44 『차라투스트라는 이렇게 말했다』, 113쪽.

45 『도덕의 계보』, 417쪽 이하.

46 같은 책, 418쪽.

47 같은 책, 419쪽.

48 『유고(1884년 가을~1885년 가을)』, 536쪽.

49 Otfried Höffe, *Gerechtigkeit. Eine philosophische Einführung*, 3. Aufl., München, 2007, 118쪽.

50 KSA 9, 7(27), 323쪽.

51 KSA 11, 26(359), 244쪽 이하.

52 『도덕의 계보』, 416쪽.

53 『선악의 저편』, 137쪽.

54 『유고(1887년 가을~1888년 3월)』, 224쪽 참조.

제3장 인식 너머 전체 현상으로서의 생명 이해

1 『유고(1870~73년)』, 303쪽.

2 같은 곳.

3 같은 책, 304쪽.

4 Georg Picht, *Nietzsche*, Stuttgart, 1988, XVII쪽.

5 『비극의 탄생』, 12쪽.

6 같은 책, 11쪽.

7 『유고(1888년 초~1889년 1월 초)』, 364쪽.

8 『비극의 탄생』, 11쪽.

9 같은 책, 118쪽.

10 KSA 8, 6(3), 97쪽.

11 Henning Ottman, *Philosophie und Politik bei Nietzsche*, 2, Auflage, Berlin/New York, 1999, 38~42 참조.

12 Lou Andreas-Salomé, *Friedrich Nietzsche in seinem Werken*, Frankfurt am Main und Leipzig, 2000, 360쪽.

13 『아침놀』, 407쪽.

14 『즐거운 학문』, 187쪽 참조.

15 Volker Gerhardt, *Friedrich Nietzsche*, 2. Aufl., München, 1995, 73쪽.

16 『비극의 탄생』, 66쪽.

17 같은 책, 34쪽.

18 같은 책, 66쪽.

19 『유고(1888년 초~1889년 1월 초)』, 207쪽 이하.

20 Martin Heidegger, *Nietzsche*, Bd. 2, Püllingen, 1964, 266쪽

21 『비극의 탄생』, 134쪽.

22 같은 책, 137쪽.

23 같은 곳.

24 같은 책, 138쪽.

25 『유고(1869년 가을~1872년 가을)』, 90쪽 참조.

26 『인간적인 너무나 인간적인 I』, 54쪽.

27 같은 곳.

28 『비극의 탄생』, 16쪽.

29 같은 책, 18쪽.

30 『도덕의 계보』, 483쪽.

31 『유고(1884년 가을~1885년 가을)』, 241쪽 참조.

32 『인간적인 너무나 인간적인 I』, 55쪽.

33 『비극의 탄생』, 18쪽.

34 『유고(1884년 가을~1885년 가을)』, 290쪽 이하.

35 『인간적인 너무나 인간적인 I』, 71쪽.

36 같은 책, 105~106쪽; 『아침놀』, 24~27쪽 참조.

37 『인간적인 너무나 인간적인 I』, 11쪽.

38 『선악의 저편』, 273쪽.

39 Volker Gerhardt, *Selbstbestimmung. Das Prinzip der Individualität*, Stuttgart, 1999,
    205쪽.

40 『유고(1870~73년)』, 335~36쪽.

41 같은 책, 332쪽.

42 같은 책. 330쪽.

43 『반시대적 고찰』, 383쪽.

44 『비극의 탄생』, 39쪽.

45 『즐거운 학문』, 188쪽 이하 참조.

46 『비극의 탄생』, 41쪽 이하 참조.

47 『아침놀』, 407쪽.

48 『유고(1884년 가을~1885년 가을)』, 371쪽.

49 Picht(1988), XXVIII쪽.

제4장 진리 개념의 양가성

1 『반시대적 고찰』, 333~35쪽 참조.

2 『유고(1880년 초~1881년 봄)』, 7(165), 458쪽 이하 참조.

3 『아침놀』, 337쪽.

4 『유고(1880년 초~1881년 봄)』, 7(242), 480쪽 참조.

5 『유고(1884년 가을~1885년 가을)』, 245쪽.

6 『선악의 저편』, 219쪽 참조.

7 『유고(1881년 봄~1882년 여름)』, 666쪽.

8 같은 책, 665쪽.

9 같은 곳.

10 『즐거운 학문』, 350쪽.

11 『아침놀』, 337쪽.

12 『유고(1880년 초~1881년 봄)』, 241쪽.

13 『선악의 저편』, 9쪽.

14 『즐거운 학문』, 158쪽.

15 같은 곳.

16 Jaspers(1947), 114쪽 참조.

17 『유고(1884년 초~가을)』, 25(185), 81쪽 참조.

18 『반시대적 고찰』, 335쪽.

19 『유고(1887년 가을~1888년 3월)』, 24쪽 이하 참조.

20 같은 책, 59쪽.

21 『즐거운 학문』, 196쪽.

22 『유고(1884년 초~가을)』, 192쪽.

23 『유고(1887년 가을~1888년 3월)』, 59쪽 이하 참조.

24 『차라투스트라는 이렇게 말했다』, 192쪽 이하 참조.

25 『유고(1887년 가을~1888년 3월)』, 329쪽 참조.

26 같은 곳.

27 『인간적인 너무나 인간적인 II』, 229쪽.

28 같은 책, 228쪽.

29 『즐거운 학문』, 188쪽 이하 참조.

30 Thomas Aquinas, *De Verit*, 1. 1.

31 Josef Pieper, "Heideggers Wahrheitsbegriff", in: Ders. *Schriften zum Philosophiebegriff*, Werke in acht Bänden, Bd. 3, hrsg. von Berthold, W., Hamburg, 1995, 189쪽 참조.

32 『인간적인 너무나 인간적인 II』, 229쪽.

33 『선악의 저편』, 9쪽.

34 『즐거운 학문』, 200쪽. 필자에 의한 고딕체 강조.

35 Franz Vonessen, *Krisis der praktischen Vernunft, Ethik nach dem "Tod Gottes"*, Heidenheim, 1988, 178~90쪽; Ottmann(1999), 216~19쪽 참조.

36 『선악의 저편』, 10쪽.

37 같은 곳.

38 Gerhardt(1995), 114쪽 이하 참조.

39 Jaspers(1947), 213~34쪽 참조.

40 『유고(1870~73년)』, 303쪽.

41 같은 곳.

42 『아침놀』, 60쪽.

43 『유고(1880년 초~1881년 봄)』, 7(171), 460쪽 참조.

44 Mazzino Montinari, *Nietzsche lesen*, Berlin/New York, 1982, 75쪽.

45 Mazzino Montinari, *Kommentar zu Morgenröte*, KSA 14, 1988, 221쪽.

46 『유고(1870~73년)』, 303쪽.

47 같은 책, 304쪽.

48 Jaspers(1947), 221~25쪽 참조.

49 같은 책, 223쪽.

50 같은 곳.

51 Reinhart Maurer, "Thesen über Nietzsche als Theologen und Fundamentalkritiker", in: *Nietzsche Studien*, Bd. 23, 1994, 108쪽 참조.

제5장 주권적 개인을 기르는 참된 교육

1 KSA 8, 5(20), 45쪽.
2 Christian Niemeyer, "Nietzsche und die deutsche (Reform-)Pädagogik", in: Niemeyer/Drerup/Oelker/v. Porell (Hrsg.), *Nietzsche in der Pädagogik? Beiträge zur Rezeption und Interpretation*, Weinheim, 1998, 19~21쪽 참조.
3 Karl Löwith, K., *Nietzsches Philosophie der ewigen Wiederkehr des Gleichen* in: Ders. *Sämtlichen Schriften*, Bd. 6, Stuttgart, 1987, 104쪽 참조.
4 『유고(1876년~1877/78년 겨울)』, 61쪽.
5 『유고(1880년 초~1881년 봄)』, 318쪽.
6 같은 곳.
7 『유고(1870~73년)』, 266쪽; Platon, *Phaidros*, 249d 이하 참조.
8 빌헬름 폰 홈볼트, 양대종 옮김, 『인간 교육론 외』, 책세상, 2012, 137쪽 이하 참조.
9 Edgar Weiß, "Nietzsche und seine pädagogikhistorische Problematik. Theoretische und rezeptionsgeschichtliche Bemerkungen zu einer provokanten Bildungsreflexion", in: Niemeyer, C. (Hrsg.), *Nietzsche in der Pädagogik? Beiträge zur Rezeption und Interpretation*, Weinheim, 1998, 264~74쪽 참조.
10 Georg Simmel, *Schopenhauer und Nietzsche. Tendenzen im deutschen Leben und Denken seit 1870*, Hamburg, 2000, 37쪽 참조.
11 같은 책, 45쪽 참조.
12 Arthur Schopenhauer, "Ueber Erziehung", in: *Parerga und Paralipomena II*, Zürich, 1988, 536쪽 참조.
13 같은 곳.
14 같은 곳.
15 같은 책, 537쪽.
16 같은 책, 538쪽.
17 같은 책, 539쪽 참조.
18 같은 책, 541쪽 참조.
19 Schopenhauer, A., "Ueber die Universitätsphilosophie", in: *Parerga und Paralipomena I*, Zürich, 1988, 141쪽 참조.
20 같은 책, 148쪽.
21 같은 책, 142쪽.
22 같은 책, 143쪽.
23 같은 책, 149쪽 참조.
24 같은 책, 161쪽 참조.
25 같은 책, 158쪽 참조.

26 같은 책, 179쪽.

27 같은 책, 199쪽 참조.

28 같은 책, 159쪽.

29 같은 책, 179쪽.

30 같은 곳 참조.

31 같은 곳.

32 같은 책, 182쪽 참조.

33 같은 책, 166쪽 참조.

34 같은 곳.

35 같은 곳.

36 같은 책, 199쪽 참조.

37 정낙림, 「니체의 민주주의 비판」, 『철학연구』 제101집, 대한철학회 논문집, 2007, 275쪽 참조.

38 "그것(기독교)은 민주주의적 사고방식의 준비이다." 『유고(1885년 가을~1887년 가을)』, 190쪽; "기독교와 민주주의가 이제까지 인류를 가장 많이 망쳐놓았다." 『유고(1880년 초~1881년 봄)』, 97쪽; "오늘날 유럽에서의 도덕은 무리동물의 도덕이다." 『선악의 저편』, 161쪽; "민주주의는 자연화된 그리스도교이다." 『유고(1887년 가을~1888년 3월)』, 195쪽 등의 언명 참조.

39 Dieter-Jürgen Löwisch, "Der freie Geist-Nietzsches Umwertung der Bildung für die Suche nach einer zuitgemäßen Bildungsvorstellung", in: Niemeyer, C. (Hrsg.), *Nietzsche in der Pädagogik? Beiträge zur Rezeption und Interpretation*, Weinheim, 1998, 338쪽.

40 같은 곳.

41 Theodor Adorno, *Theorie der Halbbildung. Gesammelte Schriften*, Bd. 8, Frankfurt am Main, 1972, 93~121쪽 참조.

42 『선악의 저편』, 239쪽.

43 같은 곳.

44 같은 책, 240쪽.

45 『선악의 저편』, 163쪽.

46 『비극의 탄생』, 16쪽.

47 『유고(1884년 초~가을)』, 324쪽.

48 『유고(1887년 가을~1888년 3월)』, 376쪽.

49 정낙림(2007), 275~80쪽 참조.

50 『반시대적 고찰』, 183쪽.

51 같은 책, 260쪽.

52 『선악의 저편』, 285쪽.

53 『차라투스트라는 이렇게 말했다』, 169쪽.

54 『유고(1876~77/78년 겨울)』, 43쪽.

55 『우상의 황혼』, 136쪽 이하. 19세기 독일의 민주주의적 경향과 교육현실을 비판하며 이상과 영웅, 신화, 삶의 근저에 놓인 힘, 마음의 교육, 교육에서의 예술의 중요성 등을 주장했던 사람은 니체뿐이 아니다. 니체가 포착하고 비판을 함으로써 이를 해결하려 했던 교육의 문제와 인간의 왜소화가 시대의 문제이자 인간에게 보편적인 문제였다는 반증일 수 있을 것이다. 니체보다 17세 연상의 문화철학자 라가르드(Lagarde)와 17세 연하의 문헌학자이자 문화비평가인 랑벤(Langbehn)이 교육과 문화에 대한 입장에서 니체와 갖는 유사성과 차이점에 대해서는 Edgar Weiß(1998), 264~71쪽; Paul de Lagarde, *Deutsche Schriften*, München, 1878; Julius Langbehn, *Rembrandt als Erzieher. Von einem Deutschen*, Leipzig, 1922 참조. 국가 사회주의적 교육관을 목적으로 한 편파적인 니체 수용의 대표적인 책으로는 Alfred Bäumler, *Männerbund und Wissenschaft*, Berlin, 1934 참조.

56 『우상의 황혼』. 137쪽 참조.

57 『유고(1887년 가을~1888년 3월)』, 109쪽 참조.

58 『유고(1870~73년)』, 327~28쪽 참조.

59 『반시대적 고찰』, 458~62쪽 참조.

60 같은 책, 459쪽.

61 같은 책, 463쪽 참조.

62 같은 책, 462쪽.

63 『선악의 저편』, 73쪽.

64 『유고(1870~73년)』, 194~99쪽 참조.

65 『유고(1869년 가을~1872년 가을)』, 383쪽.

66 『유고(1870~73년)』, 170쪽 참조. 니체는 독일제국에서 실시된 학술과 전문학교의 분화를 이러한 대안의 실현 시도로 이해한다. KSA 7, 9(64), 298쪽 참조.

67 『유고(1870~73년)』, 230쪽.

68 같은 곳.

69 『선악의 저편』, 271쪽.

70 『유고(1872년 여름~1874년 말)』, 417쪽.

71 같은 곳.

72 『반시대적 고찰』, 445쪽.

73 『유고(1875년 초~1876년 봄)』, 152쪽 이하.

74 『유고(1870~73년)』, 230쪽.

75 『유고(1887년 가을~1888년 3월)』, 109쪽.

76 『유고(1870~73년)』, 230쪽, 251쪽.

77 『인간적인 너무나 인간적인 I』, 353쪽.

78 정낙림(2007), 287쪽 이하 참조.

79 『선악의 저편』, 272쪽.

80 같은 책, 271쪽.

81 오트만(Ottmann)은 니체의 이러한 교육론을 그리스적 옛 가치의 새로운 정립으로 본다. Henning Ottmann(1999), 49쪽 이하 참조.

82 『선악의 저편』, 271쪽.

83 같은 책, 275쪽 참조.

84 『유고(1882년 7월~1883/84년 겨울)』, 466쪽.

85 『차라투스트라는 이렇게 말했다』, 115쪽.

86 Rudolf Steiner, *Die Rätsel der Philosophie in ihrer Geschichte als Umriß dargestellt*. 2. Bd., Dornach, 1974, 189쪽 참조.

87 『인간적인 너무나 인간적인 I』, 282쪽 이하.

88 『반시대적 고찰』, 436쪽 참조.

89 같은 책, 439쪽.

90 같은 책, 441쪽.

91 같은 곳.

92 같은 책, 443쪽.

93 같은 책, 445쪽 참조.

94 같은 책, 446쪽.

95 같은 책, 447쪽.

96 같은 곳. 같은 맥락에서 니체는 당시 교육문화의 타락현상을 서술하면서 "사랑과 선의"를 언급하고 있다. "학문은 절도 없이 맹목적인 자유방임 속에 수행되어, 확고하게 믿어왔던 모든 것을 분해하고 해체한다. 교양 계급과 국가는 대단히 천박한 화폐경제에 마음을 빼앗겼다. 세상이 이렇게 세속적인 적이 없었고, 사랑과 선의가 빈약했던 적은 없었다. 학자계층은 이 모든 세속화의 혼란 가운데서 등대도 피난처도 될 수 없다. 그들 자신이 매일매일 더 불안해하고, 생각도 사랑도 점점 잃어간다." 같은 책, 424~25쪽.

97 같은 책, 447쪽.

98 같은 책, 449쪽 참조.

99 니체는 세상의 거의 모든 것을 결정하는 가장 거칠고 악한 힘들로 "영리를 추구하는 사람들의 이기주의와 군사적 폭력 지배자들"을 들고 있다. 같은 책, 427쪽 참조.

100 같은 책, 449~52쪽 참조.

101 『유고(1884년 가을~1885년 가을)』, 318쪽.

102 『선악의 저편』, 190쪽 참조.

103 『인간적인 너무나 인간적인 I』, 262쪽.

104 『유고(1870~73년)』, 249쪽.

105 『반시대적 고찰』, 380쪽 참조.

106 『유고(1870~73년)』, 206쪽.

107 『반시대적 고찰』, 395쪽.

108 같은 책 396쪽.

109 정낙림(2007), 288쪽 참조.

110 『유고(1870~73년)』, 393쪽.

111 『유고(1888년 초~1889년 1월 초)』, 553쪽; 문화전쟁으로 표현되는 위대한 정치에 대한 암시와 미래 지구의 주인의 훈육을 말하는 다른 유고로는 『유고(1885년 가을~1886년 가을)』, 2(57), 108쪽 참조.

112 『선악의 저편』, 62쪽.

113 『반시대적 고찰』, 395쪽.

114 『유고(1888년 초~1889년 1월 초)』, 554쪽 참조.

115 『반시대적 고찰』, 315쪽.

116 같은 곳.

117 『비극의 탄생』, 18쪽.

118 『선악의 저편』, 163쪽.

119 『유고(1884년 초~가을)』, 385쪽 참조.

120 『유고(1872년 여름~1874년 말)』, 418쪽 참조.

121 『유고(1884년 초~가을)』, 385쪽 참조.

122 같은 곳.

123 『선악의 저편』, 163쪽.

124 같은 곳.

제6장 정동(靜動)으로 살펴본 생리학적 인간학

1 『유고(1885년 가을~1887년 가을)』, 47쪽.

2 정신현상의 애매함과 "정신"이라는 단어의 임의성, 그리고 정신의 특성인 의식이 갖는 세 가지 특징인 내면성, 질적 특성, 주관성에 대해서는 John R. Searle, *Geist, Sprache und Gesellschaft. Philosophie in der wirklichen Gesellschaft*, Aus dem Englischen von Harvey P. Gavagai, Frankfurt am Main, 2004, 53~59쪽 참조.

3 『유고(1882년 7월~1883/84년 겨울)』, 884쪽.

4 Volker Gerhardt,, "Das Princip des Gleichgewichts", in: Ders. *Pathos und Distanz. Studien zur Philosophie Friedrich Nietzsches*, Stuttgart, 1988, 109~11쪽; Ders.(1995), 184쪽 이하; Wolfgang Müller-Lauter, "Der Organismus als innerer Kampf. Der Einfluß von Wilhelm Roux auf Friedrich Nietzsche", in: *Nietzsche Studien*, Bd.

7, Berlin, New York, 1978, 189~223쪽; Elisabeth Förster-Nietzsche, *Das Leben Friedrich Nietzsches*, Bd. II/2, Leipzig, 1904, 512쪽 이하; Alwin Mittasch, *Friedrich Nietzsche als Naturphilosoph*, Stuttgart, 1952 참조.

5 『인간적인 너무나 인간적인 I』, 23쪽.

6 같은 책, 24쪽.

7 Peter Heller, "'Chemie der Begriffe und Empfinungen'. Studie zum 1. Aphorismus von 'Menschliches, Allzumenschliches I'", in *Nietzsche Studien*, Bd. 1, Berlin, New York, 1972, 216쪽 참조.

8 『차라투스트라는 이렇게 말했다』, 288쪽 참조.

9 『인간적인 너무나 인간적인 I』, 63쪽.

10 같은 책, 23쪽.

11 같은 곳.

12 『유고(1887년 가을~1888년 3월)』, 334쪽

13 같은 곳.

14 『유고(1885년 가을~1887년 가을)』, 30쪽.

15 같은 곳.

16 양 진영의 주장과 효용, 대립점에 대해서는 Searle(2004), 59~71쪽 참조.

17 『유고(1888년 초~1889년 1월 초)』, 69쪽.

18 『유고(1887년 가을~1888년 3월)』, 330쪽.

19 『선악의 저편』, 37쪽.

20 『인간적인 너무나 인간적인 I』, 98쪽.

21 같은 책, 148~50쪽;『인간적인 너무나 인간적인 II』, 44쪽 참조.

22 이러한 니체 철학의 일관성에 주목해 게르하르트는 살아 있는 생기로서의 실제 세계를 파악하려는 목적으로 니체 철학의 전개에서 하나의 새로운 카테고리가 생성되고 있음을 지적하고 있다. Volker Gergardt(1988), 91쪽 참조.

23 『유고(1887년 가을~1888년 3월)』, 329쪽 참조.

24 『인간적인 너무나 인간적인 II』, 229쪽.

25 『즐거운 학문』, 333쪽 참조. 70년대 후반과 80년대 중반에 이 핵심 표제어가 갖는 외연의 변화에 대해서는 Walter Kaufmann, *Nietzsche. Philosoph-Psychologe-Antichrist*, Darmstadt, 1988, 208쪽 이하 참조.

26 Gerhardt(1995), 180쪽 참조.

27 『차라투스트라는 이렇게 말했다』, 192쪽 참조. 인간의 활동에서 멈추지 않고 생명 일반을 움직이는 보편적인 근본 동인을 찾으려는 니체의 시도는 분명 형이상학적인 것이다. 힘에의 의지라는 개념으로 니체가 추구한 것이 형이상학적 시도이자 이미 그 개념이 연원을 두고 있는 곳이 전통 형이상학이라는 주장은 생명 전체를 설명하고자 하는 니체의 시도로 뒷받침된다. 하이데거가 니체의 힘

개념이 연원하고 있는 형이상학적 전통으로 지적한 것은 아리스토텔레스가 자신의 『형이상학』 제9권에서 존재의 가장 높은 규정으로 제시하는 디나미스 (dynamis), 에네르게이아(energeia), 엔텔레케이아(entelecheia) 등 세 개념이다. 이것들은 모두 니체의 힘 개념에 통합된 계기들로 광범위한 힘의 활동능력, 힘의 실제적 행사, 자신으로의 귀속되는 힘의 속성을 지칭한다. Martin Heidegger, *Nietzsche*, Bd I, Püllingen, 1964, 76~77쪽 참조.

28 『유고(1888년 초~1889년 1월 초)』 14(174), 192~93쪽 참조. 대립이 힘에의 의지에 대한 일차적인 조건이라는 점에 대해서는 Wolfgang Müller-Lauter, *Über Werden und Wille zur Macht*, Berlin/New York, 1999, 24쪽 참조.

29 『유고(1888년 초~1889년 1월 초)』, 67쪽 참조.

30 『선악의 저편』, 44쪽.

31 『유고(1884년 가을~1885년 가을)』, 375쪽; 『유고(1888년 초~1889년 1월 초)』, 206쪽 이하 참조.

32 『유고(1884년 가을~1885년 가을)』, 375쪽. 니체의 "힘에의 의지"가 힘의 내적 세계에 대한 탐구를 통해 단순한 물리적 힘을 보완하는 개념이자 "세계의 구조에 대한 새로운 답변"이라는 사실에 대해서는 백승영, 『니체, 디오니소스적 긍정의 철학』, 책세상, 2005, 327~32쪽 참조.

33 『유고(1888년 초~1889년 1월 초)』, 69쪽.

34 Günter Haberkamp, *Triebgeschehen und Wille zur Macht. Nietzsche-zwischen Philosophie und Psycologie*, Würzburg, 2000, 64쪽 참조; 충동의 삶이 행하는 논리가 실제세계 전체의 구조임을 강조한 글로는 Patik Wolting, "Befehlen und Gehorchen", in: *Nietzsche Studien*, Bd. 39, 39~54쪽 참조.

35 『유고(1888년 초~1889년 1월 초)』, 120쪽 참조. 세계원칙인 힘에의 의지가 힘 발현의 유일한 형식을 지칭하는지, 또는 투쟁하는 다양한 힘들의 복수성을 강조하는 개념인지에 대한 세부 논쟁에 대해서는 Gerhardt(1995), 184쪽; Jaspers(1947), 116쪽; Haberkamp(2000), 71~72쪽 참조.

36 『유고(1888년 초~1889년 1월 초)』, 119쪽 참조.

37 Immanuel Kant, *Die Methaphysik der Sitten*, A50~51.

38 Andrea Christian Bertino, "Neuerscheinungen zu Sprache, Leib und Natur bei Nietzsche", in: *Nietzsche Studien*, Bd 37, 350쪽 이하 참조.

39 『차라투스트라는 이렇게 말했다』, 51쪽. 옮긴이는 독일어 단어 라이프(Leib)를 "신체"라 번역했으나 "영혼이 깃든 신체"(beseelter Körper)라는 독일어의 원뜻을 살리기에는 "몸"이라는 단어가 더 적합하기에 필자는 "몸"이라고 번역했음을 밝힌다.

40 『유고(1888년 초~1889년 1월 초)』, 191쪽 참조.

41 『유고(1885년 가을~1887년 가을)』, 28쪽.

42 『유고(1884년 초~가을)』, 376~77쪽.

43 『유고(1884년 가을~1885년 가을)』, 242~43쪽. 동일한 세포가 동시에 활동적(activ)이고 반응적(reactiv)이며 호혜적으로 기능한다는 사실에 대해서는 Konrad Lorenz, *Vergleichende Verfahrensforschung, Grundlagen der Ethologie*, Wien, 1978, 166쪽 참조.

44 『유고(1880년 초~1881년 봄)』, 6(137), 231쪽.

45 『유고(1884년 가을~1885년 가을)』, 36(22), 371쪽.

46 『유고(1885년 가을~1887년 가을)』, 28쪽 참조.

47 『유고(1885년 가을~1887년 가을)』, 383쪽.

48 『유고(1884년 가을~1885년 가을)』, 370쪽; 『유고(1888년 초~1889년 1월 초)』, 66~69쪽, 207쪽 참조.

49 『유고(1881년 봄~1882년 여름)』, 11(200), 522쪽.

50 『유고(1885년 가을~1887년 가을)』, 130쪽.

51 『선악의 저편』, 39쪽.

52 『유고(1884년 초~가을)』, 373쪽.

53 『유고(1885년 가을~1887년 가을)』, 110쪽; 『유고(1884년 초~가을)』, 26(277), 293쪽; 『선악의 저편』, 27쪽; 『유고(1888년 초~1889년 1월 초)』, 120쪽 참조.

54 Haberkamp(2000), 57쪽 참조.

55 『유고(1885년 가을~1887년 가을)』, 1(118), 38쪽 참조.

56 『아침놀』, 136쪽.

57 같은 곳.

58 같은 책, 137쪽 이하 참조.

59 같은 곳.

60 『도덕의 계보』, 395쪽.

61 『유고(1885년 가을~1887년 가을)』, 1(20), 16쪽 참조.

62 『유고(1884년 초~가을)』, 27(26), 376쪽 참조.

63 『유고(1882년 7월~1883/84년 겨울)』, 879쪽.

64 『차라투스트라는 이렇게 말했다』, 51쪽.

65 『유고(1884년 초~가을)』, 27(28), 377쪽 참조.

66 『유고(1885년 가을~1887년 가을)』, 30쪽 참조.

67 『아침놀』, 146쪽 참조.

68 『유고(1882년 7월~1883/84년 겨울)』, 880쪽

69 같은 책, 890쪽.

70 『아침놀』, 138쪽 이하 참조.

71 『유고(1885년 가을~1887년 가을)』, 310쪽.

72 『유고(1884년 초~가을)』, 376쪽. 케르거(Kerger)는 따라서 의지, 목적을 "환기

자극"이라 명명하고 있다. Henry Kerger, "Wille als Reiz. Nietzsches Beitrag zur Verhaltensforschung der Gegenwart", in *Nietzsche Studien*, Bd. 22, Berlin, New York, 1993, 334~35쪽 참조.

73 『유고(1881년 봄~1882년 여름)』, 536~37쪽.

74 『즐거운 학문』, 81쪽 참조.

75 『아침놀』, 337쪽 참조.

76 『즐거운 학문』, 185쪽 이하 참조.

77 『유고(1884년 가을~1885년 가을)』, 245쪽 참조.

78 같은 곳.

79 『유고(1884년 초~가을)』, 385쪽 참조.

80 같은 책, 386쪽.

81 『유고(1880년 초~1881년 봄)』, 6(235), 340쪽 참조.

82 같은 책, 6(127), 301쪽 참조.

83 『유고(1885년 가을~1887년 가을)』, 370~71쪽 참조.

84 『유고(1880년 초~1881년 봄)』, 302쪽.

85 『도덕의 계보』, 491~95쪽; 『아침놀』, 219~22쪽; 『즐거운 학문』, 120쪽 이하; 『유고(1880년 초~1881년 봄)』, 279쪽 참조. 니체가 심층심리학에 끼친 영향과 차이에 대한 연구들로는 Gerhard Wehr, *Friedrich Nietzsche als Tiefenpsychologe*, Oberwil Zug, 1987; Johann Figl (Hrsg.), *Von Nietzsche zu Freud, Übereinstimmungen und Differenzen von Denkmotiven*, Wien, 1996; Carl Friedrich Graumann, *Grundlagen einer Phänomenologie und Psychologie der Perspektivität*, Berlin, 1960; Wolfgang Baßler, "Seelisches Geschehen als 'Kampf der Affekte'. Gestaltentwicklung und Geschichte als Grundbegriffe der Psychologie Friedrich Nietzsches", in: Gerd Jüttemann (Hrsg.), *Wegbereiter der historischen Psychologie*, München 1988, 63~69쪽; 강영계, 『니체와 정신분석』, 서광사, 2003; 김정현, 「니체의 심층심리학」, 『철학』 제49집, 한국철학회, 1996, 151~80쪽; 허경, 「프로이트와 니체, 욕망의 "억압"과 "긍정"」, 『철학연구』 제41집, 고려대학교 철학연구소, 199~231쪽 참조.

86 이 책 제5장 6절 참조.

87 『유고(1880년 초~1881년 봄)』, 357쪽.

88 『아침놀』, 407쪽.

89 『유고(1888년 초~1889년 1월 초)』, 175쪽 이하 참조.

90 『유고(1884년 초~가을)』, 25(360), 138쪽 참조.

91 『인간적인 너무나 인간적인 I』, 400쪽.

92 『도덕의 계보』, 401쪽.

93 『즐거운 학문』, 26쪽 참조.

94 『유고(1880년 초~1881년 봄)』, 6(7), 259쪽 참조.

95 『유고(1885년 가을~1887년 가을)』, 46쪽.

96 『우상의 황혼』, 108쪽.

97 『반시대적 고찰』, 388쪽.

98 같은 책, 438쪽 이하 참조.

99 『우상의 황혼』, 105쪽.

100 같은 곳.

101 같은 책, 106쪽.

102 『즐거운 학문』, 81쪽 참조.

103 같은 곳; 『유고(1887년 가을~1888년 3월)』, 334~35쪽 참조.

104 『즐거운 학문』, 81쪽.

105 『안티크리스트』, 229쪽.

106 같은 곳.

107 『즐거운 학문』, 81쪽 참조.

108 『유고(1887년 가을~1888년 3월)』, 11(74), 331쪽 참조.

109 『즐거운 학문』, 81쪽.

110 『유고(1885년 가을~1887년 가을)』, 2(95), 134쪽 참조.

111 Renate Reschke, "Die Angst vor dem Chaos. Friedrich Nietzsches Plebiszit gegen die Masse", in *Nietsche Studien*, Bd. 18, Berlin/New York 1989, 290쪽 참조.

112 『반시대적 고찰』, 426쪽.

113 같은 곳.

114 같은 책, 427쪽.

115 같은 곳.

116 같은 곳.

제7장 허무주의의 심연을 건너는 가치 창조의 길

1 20세기 후반에 행해진 허무주의에 대한 지적 대응인 포스트모더니즘이 허무주의의 정서, 즉 삶의 무의미성과 무가치성을 일반화해 "가치창조의 문화적 힘을 쇠약하게 만드는 새로운 독"으로 작용했을 뿐, 허무주의의 내적인 논리를 분석해 그것을 극복하는 일에는 태만했기에, 여전히 니체의 허무주의에 대한 진단이 유의미한 현대적 도전이라는 주장에 대해서는 이진우, 「21세기와 허무주의의 도전 - 니체 사유의 전복성에 대한 포스트모더니즘의 대응」, 『범한철학』 제21집, 범한철학회, 2000, 77~101쪽 참조.

2 Friedrich Maximilian Klinger, *Betrachtungen und Gedanken über verschiedene Gegenstände der Welt und der Literatur, Zweiter Teil*, Nr. 418, Sämtliche Werke Bd. 12, Stuttgart und Tübingen, 1842, 32쪽 참조.

3 Lucius Annaeus Seneca, *Epistulae morales ad Lucilium*, 58. 15 참조.

4 Duns Scotus, *Lecttura I*, d. 36, q. un., n. 39. *Opera. Omnia*, Civitas Vaticana, XVII, 475쪽 참조; Ders., *Ordinatio* I, d. 43, q. un., n. 16~18, a. a. O. VI, 359~61쪽 참조.

5 Alexander Gottlieb Baumgarten, *Metaphysica* § 7, 3. Auflage, Halle, Magdeburg, 1750, 54쪽 참조.

6 무(無) 개념을 규정하는 또 다른 시도는 칸트를 통해 행해졌다. 그는 대상이 없는 공허한 개념으로서의 무(ens rationis)와 개념의 빈 대상으로서의 무(nihil privativum), 대상이 없는 공허한 직관형식으로서의 무(ens imaginarium), 그리고 개념도 없고 대상도 없어 무라는 개념 자체가 소멸되는 완전 무(nihil negativum)를 구별하고 있다. Immanuel Kant, *Kritik der reinen Vernunft*, B 348.

7 『유고(1882년 7월~1883/84년 겨울)』, 55쪽.

8 『도덕의 계보』, 540쪽.

9 Eckhardt Heftrich, "Moral – das komplexe Gebilde", in: *Nietzsches tragische Größe*, Frankfurt am Main, 2000, 85쪽 참조.

10 Karl Löwith, *Von Hegel zu Nietzsche. Der revolutionäre Bruch im Denken des neunzehnten Jahrhunderts*, Hamburg, 1995, 208쪽.

11 『차라투스트라는 이렇게 말했다』, 446~51쪽 참조.

12 현대성이 감당해야 하는 가치의 혼돈에 대한 니체의 염려에 대해서는 Ottmann(1999), 216~19쪽; Vonessen(1988), 178~90쪽 참조.

13 『즐거운 학문』, 200쪽.

14 Albert Camus, *Der Mensch in der Revolte*, Hamburg, 1969, 57쪽.

15 Picht(1988), 327쪽.

16 『유고(1882년 7월~1883/84년 겨울)』, 806쪽.

17 『유고(1887년 가을~1888년 3월)』, 518쪽.

18 Martin Heidegger, "Was ist Metaphysik", in: *Wegmarken*, Frankfurt am Main, 1976, 111~12쪽 참조.

19 『즐거운 학문』, 319쪽.

20 『안티크리스트』, 234~35쪽 참조.

21 같은 곳.

22 같은 책, 219쪽.

23 『유고(1888년 초~1889년 1월 초)』, 17(8), 403쪽.

24 같은 책, 123쪽 참조.

25 『안티크리스트』, 219쪽 참조.

26 같은 책, 220쪽.

27 같은 책, 220쪽 이하.

28 Juana Inés De la Cruz, *Obras completas.*, hrsg. von J. V. Rodriguez, Madrid, 1980,

152쪽 이하 참조.

29 『도덕의 계보』, 541쪽.

30 『유고(1885년 가을~1887년 가을)』, 264쪽 참조.

31 『유고(1887년 가을~1888년 3월)』, 342쪽.

32 『유고(1885년 가을~1887년 가을)』, 265쪽.

33 같은 책, 155쪽.

34 『선악의 저편』, 19쪽.

35 Jaspers(1947), 114쪽 참조.

36 김주휘, 「니체와 야누스적 근대」, 『니체연구』 제20집, 한국니체학회, 2011, 105~106쪽 참조.

37 같은 글, 101쪽 참조.

38 Ottmann(1999), 217쪽.

39 『즐거운 학문』, 320쪽.

40 같은 곳.

41 『인간적인 너무나 인간적인 I』, 13쪽.

42 김주휘(2011), 101쪽 참조.

43 『즐거운 학문』, 199쪽.

44 『유고(1887년 가을~1888년 3월)』, 354쪽.

45 『즐거운 학문』, 384쪽 참조.

46 같은 책, 346쪽 참조.

47 김주휘(2011), 112쪽 참조.

48 『즐거운 학문』, 29쪽.

49 김주휘(2011), 112쪽 참조.

50 『유고(1885년 가을~1887년 가을)』, 304쪽 참조.

51 『유고(1887년 가을~1888년 3월)』, 353쪽.

52 같은 책, 22쪽 참조.

53 「시편」, 82장 6절; 「요한복음」, 10장 34절 참조.

54 『인간적인 너무나 인간적인 I』, 13쪽.

55 같은 곳.

56 『유고(1880년 초~1881년 봄)』, 393쪽.

57 『즐거운 학문』, 345쪽.

58 같은 책, 359쪽.

59 같은 책, 360쪽.

60 『아침놀』, 422쪽 참조.

61 Jakob Böhme, *Mysterium pansophicum I, Sämtliche Schriften*, 1730, Bd. 4, Faksimilie der Ausgabe hrsg. von Will-Erich Peuckert, Stuttgart, Bad Cannstatt,

1956, (5) 8, 97쪽 참조.

62 『도덕의 계보』, 397~98쪽.

63 『유고(1880년 초~1881년 봄)』, 6(416), 396쪽 참조.

64 『도덕의 계보』, 398~99쪽 참조.

65 같은 책, 397쪽.

66 같은 책, 399쪽.

67 『유고(1885년 가을~1887년 가을)』, 379쪽 이하.

68 같은 책, 381쪽.

69 양대종, 「윤리적 덕들의 위계질서에 대한 고찰 - 아퀴나스의 덕론에 나타난 마음 의 구조를 중심으로」, 『철학연구』 제124집, 대한철학회, 2012, 210~11쪽 참조.

70 『유고(1880년 초~1881년 봄)』, 356쪽.

71 같은 곳 참조.

72 같은 책, 357쪽.

73 『즐거운 학문』, 121쪽.

74 같은 곳.

75 『유고(1885년 가을~1887년 가을)』, 141쪽.

76 같은 곳.

77 『즐거운 학문』, 122쪽

78 Maurer(1994), 11쪽.

79 『유고(1887년 가을~1888년 3월)』, 518쪽.

제8장 철학적 자기 치유로서의 가치전도

1 『아침놀』, 267쪽.

2 Wilhelm Capelle (Hrsg.), *Die Vorsokratiker*, Stuttgart, 1968, 161쪽 참조.

3 Platon, *Politeia*, 509d~511e 참조.

4 프랜시스 베이컨, 진석용 옮김, 『신기관』, 한길사, 2014, 51쪽 참조.

5 Friedrich Engels, *Ludwig Feuerbach und der Ausgang der klassischen Philosophie*, Stuttgart, 1888, 69~72쪽 참조.

6 "'정신이 얼마나 많은 진리를 견뎌내고, 얼마나 많은 진리를 감행하는가?'—이 것이 내게는 실제적인 가치 척도가 되었다." 『유고(1888년 초~1889년 1월 초)』, 354쪽.

7 『아침놀』, 36쪽.

8 같은 책, 354~55쪽.

9 같은 책, 390~91쪽.

10 『차라투스트라는 이렇게 말했다』, 66~70쪽 참조.

11 『즐거운 학문』, 308~309쪽 참조.

12 마우러(R. Maurer)는 허무주의의 극복을 꾀하고 신의 죽음으로 발생한 의미의 진공을 메꿔 삶에 내재적인 의미를 찾으려는 니체 철학의 극단적인 실험과 이 실험에서 드러나는 현대적 자기실현의 자유가 결국은 목적론적인 자아 발견의 실험과 극단적인 자기창조/자기파멸의 실험 사이를 방황할 수밖에 없다는 점을 현대과학의 전 지구적 실험들을 예로 들어 설명하고 있다. 이 두 옵션 중 니체가 결국 선택한 극단적인 자기창조로서의 실험은 자유정신이 과거에 있었던 것들과 새로 얻어진 것들을 부단히 새로운 실험의 재료로 사용할 수밖에 없기에 정착지가 없는 "불확실한 미지로의 전진"(progressus in indefinitum)으로 드러난다. 이러한 극단적인 실험에서 인간은 어쩌면 찾을 수 있을지 모르는 새로운 정체성을 목적으로 스스로의 정체성을 담보로 걸어야 한다. 그래서 마우러는 말년의 니체가 실성한 이유 역시 이러한 정체성을 건 자기극복의 실험 결과에서 찾고 있고, 니체의 인생을 주체가 무에 이르게 된 실제적 허무주의(realer Nihilismus)의 완결로 보고 있다. Reinhart Maurer, "Nietzsche und das Experimentelle", in: *Zur Aktualität Nietzsches*, Band I, hrsg. von Mihailo Djuric u. Josef Simon, Würzburg, 1984, 18~21쪽 참조.

13 G. W. F. Hegel, *Entzyklopädie der philosophischen Wissenschaften im Grundrisse*, Frankfurt am Main, 1986, 198~200 참조; 과거로부터의 극단적 해방이라는 형식으로 나타나는 현대성의 실험이 특정한 정체성을 형성하지 못하고 헤겔적 의미의 부정적 영원으로 남고 말 것이라는 진단으로는 Reinhart Maurer, "Der Begriff Unendlicher Progreß", in *Hegel-Jahrbuch* 1971, Meisenheim, 1972, 189~96쪽 참조.

14 Jaspers(1947), 383~84 참조.

15 『차라투스트라는 이렇게 말했다』, 129쪽.

16 『인간적인 너무나 인간적인 II』, 18쪽.

17 니체 철학에서 현대성을 극복하는 치유의 메시지를 읽는 국내의 해석들이 누적되고 있다는 것도 이러한 주장을 뒷받침한다. 강용수, 「자기치유의 길 - 니체의 언어철학을 중심으로」, 『한국철학상담치료학회 학술대회자료집』 제10집, 2010, 59~68쪽; 김정현, 「니체의 건강철학 - 병과 건강, 치료의 개념을 중심으로」, 『니체연구』 제7집, 한국니체학회, 2005, 131~66쪽; 김정현, 「니체에 있어서의 '사고의 폭력'과 우울증, 고통의 치료술」, 『인문학연구』 제41집, 조선대학교 인문학연구소, 2011, 33~65쪽; 이경희, 「철학치료사: 차라투스트라」, 『철학논총』 제55집, 2009, 235~60쪽 등 참조.

18 『인간적인 너무나 인간적인 II』, 18쪽.

19 같은 책, 234쪽.

20 『도덕의 계보』, 474쪽.

21 『즐거운 학문』, 28쪽.

22 『도덕의 계보』, 474~75쪽 참조.

23 『즐거운 학문』, 279쪽 참조.

24 Andreas-Salomé(2000), 43쪽.

25 『이 사람을 보라』, 333쪽.

26 같은 책, 331쪽.

27 『아침놀』, 36쪽; 『도덕의 계보』, 475쪽 참조.

28 『아침놀』, 36쪽.

29 『도덕의 계보』, 344쪽 이하.

30 같은 책, 346쪽.

31 같은 곳.

32 『반시대적 고찰』, 294쪽.

33 같은 책, 315쪽 참조.

34 『인간적인 너무나 인간적인 I』, 17~18쪽 참조.

35 니체가 예로 들고 있는 것은 에피쿠로스학파의 쾌적한 감정과 스토아학파의 추상적 의식이다. 『유고(1875년 초~1876년 봄)』, 271쪽 참조.

36 『니체 대 바그너』, 529쪽.

37 『인간적인 너무나 인간적인 II』, 204쪽과 256쪽.

38 『니체 대 바그너』, 530쪽.

39 같은 곳.

40 같은 곳.

41 『니체 대 바그너』, 531쪽.

42 『유고(1888년 초~1889년 1월 초)』, 554쪽.

43 같은 책, 553쪽.

44 『우상의 황혼』, 203 참조.

45 이러한 의심은 어쩌면 니체의 활력에 대한 우리의 신뢰와 우리 자신의 건강함의 징후일 수 있다. "이의, 탈선, 즐거운 불신, 조롱하는 것을 좋아하는 것은 건강의 징조이다: 무조건적인 것은 모두 병리학에 속한다." 『선악의 저편』, 127쪽.

46 『인간적인 너무나 인간적인 II』, 256쪽 참조.

47 『즐거운 학문』, 25쪽.

48 『반시대적 고찰』, 305쪽 참조.

49 KSB 6, 112쪽.

50 KSB 6, 115쪽.

51 Curt-Paul Janz, *Friedrich Nietzsche. Biographie in drei Bänder*, Bd 2, 1994, 75~81쪽 참조.

52 『이 사람을 보라』, 419쪽.

53 같은 책, 393~94쪽.

54 Jörg Salaquarda, "Die Grundconception des Zarathustra", in: *Also sprach Zarathustra*, hrsg. von Volker Gerhardt, Berlin, 2000, 77쪽 참조.

55 같은 글, 75~76쪽.

56 요한 볼프강 괴테, 전영애·최민숙 옮김, 『시와 진실』, 민음사, 2009, 746쪽.

57 같은 책, 747쪽 참조.

58 전경진, 「니체의 관점주의에 대한 로티의 해석」, 『니체연구』 제17집, 한국니체학회, 2010, 124쪽 참조. 괴테는 인간의 욕구와 자기인식과 변화가 우연성과 마주하고 있다는 사실을 다음과 같이 적고 있다. "우리들은 한편으로는 전통을 고집하고 있지만 그렇다고 사물의 운동이나 변화를 멈추게 할 수는 없다. 어떤 경우에는 유익한 혁신도 두려워하고, 또 어떤 경우에는 새로운 것이라면 그것이 무익하고 해롭기까지 한 것이라도 흥미와 기쁨을 갖는 것이다." 괴테(2009), 773쪽.

59 『유고(1881년 봄~1882년 여름)』, 487쪽.

60 『즐거운 학문』, 315쪽.

61 『유고(1888년 초~1889년 1월 초)』, 354쪽 이하 참조.

62 『유고(1887년 가을~1888년 3월)』, 519쪽.

63 Ottman(1999), 164~72 참조.

64 『인간적인 너무나 인간적인 I』, 27쪽.

65 『도덕의 계보』, 540쪽.

66 『인간적인 너무나 인간적인 II』, 201쪽 참조.

67 『인간적인 너무나 인간적인 I』, 204쪽.

68 "나와 가장 철저하게 대립하는, 생각할 수 없을 정도로 상스러운 본능을 찾아보게 되면, 언제나 나는 내 어머니와 여동생을 발견한다—이런 천민들과 내가 친족이라고 믿는 것은 나의 신성함에 대한 하나의 불경이리라. 내 어머니와 여동생이 나를 대했던 것에 관한 내 경험은 지금 이 순간까지도 말할 수 없을 만큼의 공포를 내게 불러일으킨다. (…) 내게는 독벌레에 저항할 힘이 없기에…… 그들과 나와의 생리적인 근접이 그런 예정된 부조화를 가능하게 했다……. 하지만 고백하거니와 나의 진정한 심연적 사유인 '영원회귀'에 대한 가장 철저한 반박은 언제나 어머니와 여동생이다"(필자 강조). 『이 사람을 보라』, 336쪽.

69 『안티크리스트』, 274 참조.

70 같은 책, 275쪽.

71 『아침놀』, 376쪽.

72 『이 사람을 보라』, 334쪽.

73 같은 곳.

74 『바그너의 경우』, 30쪽.

75 『반시대적 고찰』, 293쪽.

76 『이 사람을 보라』, 335쪽.

77 『인간적인 너무나 인간적인 II』, 122쪽.

78 『선악의 저편』, 93쪽.

79 『이 사람을 보라』, 373~74쪽.

80 『유고(1870~73년)』, 354쪽.

81 『이 사람을 보라』, 422쪽.

82 『선악의 저편』, 126쪽.

제9장 여성적 모티브로 여는 존재의 개방성

1 『인간적인 너무나 인간적인 I』, 323쪽

2 『반시대적 고찰』, 131쪽 참조.

3 『선악의 저편』, 9쪽 참조.

4 『유고(1876년~1877/78년 겨울)』, 90쪽 참조.

5 진리와 여성을 동일시하는 니체의 사고는 성적인 사랑이 제대로 이해되고 실행될 경우 사랑하는 자를 더 높은 단계로 이끄는 인식의 길이라는 플라톤적 사고의 연장으로 해석될 수도 있다. Platon, *Symposion*, 206b~212c 참조.

6 『즐거운 학문』, 31쪽.

7 같은 곳 참조.

8 『인간적인 너무나 인간적인 I』, 343쪽 참조.

9 같은 책, 341쪽.

10 『차라투스트라는 이렇게 말했다』, 111쪽.

11 『선악의 저편』, 228쪽.

12 Hedwig Dohm, *Die Antifeministen. Ein Buch der Verteidigung*, Berlin, 1902, 20쪽 이하 참조.

13 『인간적인 너무나 인간적인 I』, 338쪽.

14 같은 책, 345~46쪽 참조.

15 같은 책, 346쪽 참조.

16 같은 책, 327쪽 참조.

17 같은 책, 341쪽 참조.

18 『도덕의 계보』, 465쪽 참조.

19 『인간적인 너무나 인간적인 I』, 342쪽 참조.

20 같은 책, 343쪽.

21 같은 책, 347쪽.

22 『선악의 저편』, 124쪽.

23 같은 책, 224쪽.

24 Brigitta Klaas Meilier, "Frauen: Nur gut fürs Basislager oder auch für den

philosophischen Höhenweg?" in: Renate Reschke (Hrsg.), *Frauen: Ein Nietzschethema?-Nietzsche: Ein Frauenthema?*, Nietzsche Forschung, Bd. 19, Berlin, 2012, 37쪽 참조.

25 『선악의 저편』, 227쪽.

26 『즐거운 학문』, 335쪽.

27 같은 곳.

28 같은 곳.

29 같은 곳.

30 『이 사람을 보라』, 385쪽.

31 같은 곳 참조.

32 같은 책, 306쪽 참조.

33 『차라투스트라는 이렇게 말했다』, 109쪽.

34 『도덕의 계보』, 376쪽.

35 『차라투스트라는 이렇게 말했다』, 109쪽 참조.

36 Joachim Köhler, *Zarathustras Geheimnis. Friedrich Nietzsche und seine verschlüsselte Botschaft. Eine Biographie*, Hamburg, 1992, 305~24쪽 참조; Klaus Goch, "Sternenfeindschaft. Elisabeth Nietzsche contra Lou von Salomé", in: Reschke(2012), 158쪽 이하 참조.

37 같은 글, 157쪽 참조.

38 KSB 5, 147쪽.

39 같은 책, 250쪽 참조.

40 Janz(1994), 120~21쪽 참조.

41 KSB 6, 185~86쪽.

42 같은 책, 180쪽.

43 Lou Andreas-Salomé, *Lebensrückblick*, hrsg. von Ernst-Friedrich Pfeiffer, Frankfurt am Main, 1974, 80쪽.

44 같은 책, 76쪽.

45 KSB 6, 194쪽, 200쪽, 202쪽 참조.

46 Giorgio Colli und Mazzino Montinari (Hrsg.), *Friedrich Nietzsche. Chronik zu Nietzsches Leben*, KSA 15, München, 1988, 121쪽 참조.

47 KSB 6, 195쪽.

48 같은 책, 197쪽.

49 이것이 살로메가 레의 청혼을 거절한 구실이었다. Janz(1994), 124쪽.

50 KSB 6, 196쪽 참조.

51 같은 책, 211쪽.

52 같은 책, 217쪽.

53 Janz(1994), 147~48쪽 참조.

54 Ernst-Friedrich Pfeiffer (Hrsg.), *Friedrich Nietzsche, Paul Rée, Lou v. Salomé. Die Dokumente ihrer Begegnung*, Frankfurt am Main, 1970, 185쪽.

55 Goch(2012), 161쪽 참조.

56 Lou Andreas-Salomé, *In der Schule bei Freud. Tagebuch eines Jahres 1912/1913*, hrsg. von Ernst-Friedrich Pfeiffer, Zürich, 1958, 155쪽 이하.

57 Colli und Montinari(1988), 125쪽 참조.

58 Andreas-Salomé(1974), 236쪽 참조; Hein Frederik Peters, *Lou Andreas-Salomé. Femme Fatale und Dichtermuse*, München, 1995, 106쪽 참조.

59 Janz(1994), 161~72쪽 참조.

60 Babette Babich, "Philosophische Figuren, Frauen und Liebe", in: Reschke(2012), 133쪽 참조.

61 파울 레 혹은 익명의 사람을 염두에 두고 쓴 편지 초고, KSB 6, 286쪽.

62 같은 책. 301쪽.

63 같은 책, 402쪽.

64 Safranski(2000), 265쪽 참조.

65 Christiane Wieder, *Die Psychoanalistikerin Lou Andreas-Salomé. Ihr Werk im Spannungsfeld zwischen Sigmund Freud und Rainer Maria Rilke*, Göttingen, 2011, 22쪽 참조.

66 KSB 6, 424쪽 참조.

67 『차라투스트라는 이렇게 말했다』, 108쪽.

68 『선악의 저편』, 218쪽.

69 같은 책, 219쪽.

70 같은 책, 217쪽.

71 같은 책, 220쪽.

72 같은 곳.

73 『선악의 저편』, 221쪽.

74 같은 책, 111쪽.

75 같은 책, 221쪽 참조.

76 같은 책, 110쪽; 이 문장은 살로메를 위해 작성된 1882년의 노트에서 처음 보인다. 『유고(1882년 7월 – 1883/84년 겨울)』, 109쪽.

77 『선악의 저편』, 227쪽 참조.

78 Platon, *Politeia*, 329b~c 참조.

79 『도덕의 계보』, 489쪽.

80 『이 사람을 보라』, 386쪽.

81 『우상의 황혼』, 202쪽.

82 Annemarie Pieper, "Nietzsche und die Geschlechterfrage", in: Reschke(2012), 61쪽 참조.

83 같은 글, 62쪽 참조.

84 Jan Crosthwaite, "Gender and bioethics", in: Helga Kuhse and Peter Singer(ed.), *A companion to bioethics*, Oxford, 2001, 32~33쪽 참조. 페미니즘의 여러 조류와 여기에 대한 니체의 영향 및 니체 사유에 나타나는 여성성의 철학사적 의의를 밝힌 글로는 김정현, 「니체와 페미니즘 - 데리다와 코프만의 진리 담론을 중심으로」, 『철학』 제67집, 한국철학회, 2001, 79~102쪽 참조.

85 『인간적인 너무나 인간적인 I』, 341쪽.

86 Anneliese Plaga, "Frauenbilder. Friedrich Nietzsche und Edvard Munch", in: Reschke(2012), 209쪽 참조.

87 『도덕의 계보』, 530쪽 참조.

88 Renate Reschke, "Nietzsches Bild der Amazonen. Von Schiffen, starken Frauen und Wagnerinnen", in: Reschke(2012), 92~103쪽 참조.

89 KSB 7, 49쪽 참조.

90 『선악의 저편』, 222쪽 참조.

91 같은 책, 222~32쪽 참조.

92 『인간적인 너무나 인간적인 I』, 340쪽.

93 Pieper(2012), 63쪽 참조.

94 『인간적인 너무나 인간적인 I』, 331쪽.

95 『선악의 저편』, 222쪽.

96 『즐거운 학문』, 362쪽.

97 같은 책, 363~64쪽.

98 같은 책, 363쪽.

99 『선악의 저편』, 127쪽.

100 같은 책, 111쪽 참조.

101 같은 책, 121쪽, 131쪽 참조.

102 같은 책, 122쪽.

103 『즐거운 학문』, 134쪽.

104 『인간적인 너무나 인간적인 I』, 332쪽 참조.

105 같은 곳 참조.

106 같은 책, 332~33쪽.

107 『즐거운 학문』, 130~31쪽 참조.

108 『비극의 탄생』, 32쪽에서 재인용.

109 『즐거운 학문』, 131쪽 참조.

110 『인간적인 너무나 인간적인 I』, 330쪽 참조.

111 『선악의 저편』, 223쪽 참조.

112 같은 책, 223쪽.

113 같은 책, 125쪽.

114 같은 책, 124쪽.

115 같은 책, 224쪽 참조.

116 김정현(2001), 86~88쪽 참조.

117 Jacques Derrida, "Sporn. Die Stile Nietzsches", in: Werner Hamacher (Hrsg.), *Nietzsche aus Frankreich*, Frankfurt am Mine/Berlin, 1986, 129~68쪽 참조.

118 『선악의 저편』, 114쪽.

119 같은 곳.

120 『즐거운 학문』, 345쪽.

121 같은 책, 346쪽.

122 같은 책, 313쪽.

123 같은 곳 참조.

124 『선악의 저편』, 231쪽.

125 Barbara Smitmans-Vajda, *Melancholie, Eros, Muße. Das Frauenbild in Nietzsches Philosophie*, Würzburg, 1999, 103쪽 참조.

126 『차라투스트라는 이렇게 말했다』, 109쪽 참조.

127 Michael Skowron, "'Schwanger geht die Menschheit'(Nachgelassene Fragmente 1882/83). Friedrich Nietzsches Philosophie des Leibes und der Zukunft", in: Renate Reschke(2012), 224쪽 참조.

128 Schopenhauer, *Parerga und Paralipomena II*, 1988, 530쪽 참조.

129 Skowron(2012), 228쪽 참조.

130 『유고(1888년 초-1889년 1월 초)』, 190쪽.

131 『유고(1870년-1873년)』, 303쪽.

132 감추며 드러내고 드러내며 감추는 생명의 부단함과 끈질김을 표현한 유사한 단상도 있다. "성 충동의 환상은, 찢어지면서 다시 항상 저절로 짜이는 그물망이다." 『유고(1876년-1877/78년 겨울)』, 81쪽.

133 『우상의 황혼』, 202쪽.

134 동일한 것의 영원회귀에 나타난 니체의 시간관과 현존재의 무책임성에 대한 연구로는 Joan Stambaugh, *Untersuchungen zum Problem der Zeit bei Nietzsche*, Den Haag, 1959, 147~74쪽 참조.

135 『유고(1882년 7월~1883/84년 겨울)』, 282쪽.

136 Skowron(2012), 232쪽 참조.

137 Andreas-Salomé(2000), 70쪽.

138 『선악의 저편』, 250쪽.

139 Andreas-Salomé(2000), 70쪽.

140 『선악의 저편』, 174쪽 참조.

141 『즐거운 학문』, 138쪽 참조.

142 『이 사람을 보라』, 420쪽 참조.

143 『인간적인 너무나 인간적인 II』, 128쪽.

제10장 사랑을 통해서 본 현대성의 위기와 극복 가능성

1 『이 사람을 보라』, 384쪽.

2 『차라투스트라는 이렇게 말했다』, 64쪽.

3 같은 책, 65쪽 참조. 『차라투스트라는 이렇게 말했다』에 대해서 최초의 해설서를 쓴 바이헬트(Weichelt)는 사랑의 광기 속에 들어 있는 이성에 대해 말하는 「읽기와 쓰기에 대하여」에서 처음으로 니체에 의해 삶(das Leben)이 가치 자체로 표상되고 있다는 점을 지적하고 있다. Hans Weichelt, *Zarathustra-Kommentar*, Leipzig, 1922, 22쪽 참조.

4 『아침놀』, 169쪽 이하.

5 플라톤, 김영범 옮김, 『향연』, 서해문집, 2008, 106~10쪽 참조.

6 『도덕의 계보』, 376쪽 이하.

7 『아침놀』, 207쪽.

8 『도덕의 계보』, 376쪽.

9 『인간적인 너무나 인간적인 I』, 426쪽.

10 『아침놀』, 200쪽 참조.

11 같은 책, 337쪽 참조.

12 『차라투스트라는 이렇게 말했다』에 나오는 채찍 언명과 『즐거운 학문』 339절의 분석을 중심으로 니체가 여성혐오주의자가 아니라 여성의 이중성에 대한 새로운 평가로 전통 형이상학에 결여되어 있던 생명과 세계의 영원성에 대한 긍정을 강조하고 있다는 사실을 분석한 글로는 임건태, 「사랑, 진리, 그리고 삶 – 니체의 여성 은유에 대한 해석」, 『니체연구』 제28집, 한국니체학회, 2015, 93~124쪽 참조. 반면에 니체의 여성관과 사랑에 대한 논의를 여성적 가치의 확립과 여성적 사랑의 실천을 위한 전략과 권면으로 읽는 독해법으로는 이선, 「니체의 여성적 사랑 I」, 『니체연구』 제29집, 한국니체학회, 2016, 189~228쪽 참조.

13 Dieter Just, *Nietzsche kontra Nietzsche: zur Psycho-Logie seines Philosophierens*, Würzburg, 1998, 156쪽 이하 참조.

14 『선악의 저편』, 67쪽 참조.

15 『즐거운 학문』, 85쪽 참조.

16 같은 책, 85쪽 이하.

17 같은 책, 86쪽 참조.

18 『아침놀』, 167쪽 이하.

19 『즐거운 학문』, 86쪽.

20 『인간적인 너무나 인간적인 II』, 44쪽 참조.

21 『유고(1880년 초~1881년 봄)』, 409쪽.

22 『즐거운 학문』, 87쪽.

23 같은 곳 참조.

24 『인간적인 너무나 인간적인 II』, 166쪽.

25 『선악의 저편』, 115쪽 참조.

26 『아침놀』, 326쪽.

27 『선악의 저편』, 119쪽 참조.

28 『인간적인 너무나 인간적인 I』, 332쪽 참조.

29 같은 책, 333쪽.

30 『선악의 저편』, 123쪽.

31 같은 책, 121쪽.

32 같은 책, 131쪽.

33 전경린, 「나보다 더 많이 나를 찾아온 사랑」, 『사랑은 미친 짓이다』, 섬앤섬, 2007, 83쪽.

34 『선악의 저편』, 127쪽.

35 『인간적인 너무나 인간적인 I』, 86쪽.

36 같은 책, 334쪽 참조.

37 『선악의 저편』, 129쪽 참조.

38 『아침놀』, 177쪽.

39 『도덕의 계보』, 497~506쪽 참조.

40 Gerd-Günter Grau, *Christlicher Glaube und intellektuelle Redlichkeit. Eine religionsphilosophische Studie über Nietzsche*, Frankfurt am Main, 1958 참조.

41 Karen Joisten, *Die Überwindung der Anthropozentrizität durch Friedrich Nietzsche*, Würzburg, 1994, 158쪽 이하 참조.

42 Reiner Wiehl, "Ressentiment und Reflexion. Versuchung oder Wahrheit eines Theorems von Nietzsche", in: *Nietzsche-Studien*, Bd. 2, Berlin, New York, 1972, 73쪽 참조.

43 『인간적인 너무나 인간적인 II』, 65쪽 참조.

44 같은 곳.

45 같은 곳.

46 같은 책, 66쪽 참조.

47 『안티 크리스트』, 241쪽 참조.

48 같은 책, 241~42쪽.

49 『유고(1887년 가을~1888년 3월)』, 173쪽 참조.

50 같은 곳.

51 같은 곳 참조.

52 『이 사람을 보라』, 386쪽.

53 『선악의 저편』, 130쪽.

54 『아침놀』, 86~87쪽 참조.

55 같은 책, 87쪽.

56 같은 곳.

57 Reinhard Gasser, *Nietzsche und Freud*, Berlin/New York, 1997, 425쪽 참조.

58 『우상의 황혼』, 105~106쪽 참조.

59 『차라투스트라는 이렇게 말했다』, 66쪽 참조.

60 『유고(1870~73년)』, 74쪽.

61 『비극의 탄생』, 18쪽.

62 『인간적인 너무나 인간적인 I』, 424쪽

63 『차라투스트라는 이렇게 말했다』, 118쪽.

64 Ulrich Beck, Elisabeth Beck-Gernsheim, *Fernliebe. Lebensformen im globalen Zeitalter*, Frankfurt am Main, 2011; Alexandra Berger, *Liebe aus dem Koffer. Lust und Frust in der Wochenendbeziehung*, Frankfurt am Main, 2003 참조.

65 Z, KSA 4, 79쪽.

66 Ferdinand von Schirach, Alexander Kluge, *Die Herzlichkeit der Vernunft*, München, 2017, 12쪽 참조.

67 KSA 7, 79쪽.

68 『즐거운 학문』, 87쪽.

69 『차라투스트라는 이렇게 말했다』, 93쪽.

70 윌리엄 셰익스피어, 최종철 옮김, 『햄릿』, 민음사, 2017, 111쪽; 김영민, 『사랑, 그 환상의 물매』, 마음산책, 2004, 205쪽 참조.

71 『차라투스트라는 이렇게 말했다』, 102쪽.

72 Platon, *Politeia*, 472d.

73 플라톤, 『향연』, 69쪽 참조.

74 "한 사람에 대한 사랑은 야만성이다: 그것은 다른 사람을 모두 희생하며 행해지기 때문이다. 신에 대한 사랑도 마찬가지다." 『선악의 저편』, 108쪽.

75 『차라투스트라는 이렇게 말했다』, 115쪽 참조.

76 『인간적인 너무나 인간적인 II』, 57쪽.

77 같은 책, 57~58쪽 참조.

78 "죽음 속에 이르기까지 삶을 긍정하는 것"인 바타유의 에로티시즘은 스스로의 무력함을 감수하고라도 절대적 타자에게 손을 내미는 행위이며, 이 자발적인 자

아포기가 역설적으로 타자를 통해 생명에 대한 긍정으로 인도되는 공간이 사랑의 공간이다. "늘 미래인 것" "자꾸 숨는 어떤 것"과의 놀이라고 표현되는 레비나스의 '애무' 개념 역시 현재적 논리로는 질서지을 수 없는 어떤 것이 현재를 넘어가는 추동력이 되어야 함을 강조하는 개념이다. 타자성 또는 신비와의 관계인 사랑을 레비나스는 "모든 게 거기 있는(tout est la) 세상 속에서 결코 거기 있지 않은 것과의 관계"라고 설명한다. 즉 레비나스의 사랑 개념은 위버멘쉬로 드러나는 가장 먼 곳에 대한 동경과 미래적 지평의 영향을 강하게 받고 있는 개념이다. George Bataille, *Die Erotik*, München, 1994, 13쪽; 한병철, 김태환 옮김, 『에로스의 종말』, 문학과지성사, 2015, 55~60쪽 참조; 엠마누엘 레비나스, 양명수 옮김, 『윤리와 무한』, 다산글방, 2000, 86~88쪽 참조. 무질서와 위반, 과잉 등을 에로티시즘의 속성으로 보는 바타유가 니체의 디오니소스적 체험의 후계자임을 다루는 글로는 강용수, 「니체와 바타이유에 대한 철학적 비교연구 - 증여와 주권을 중심으로」, 『해석학연구』 26권, 한국해석학회, 2010, 27~30쪽 참조.

79 Markus Tiedemann, *Liebe, Freundschaft und Sexualität: Fragen und Antworten der Philosophie*, Hildesheim, 2014, 184쪽 참조.

80 『우상의 황혼』, 111쪽 참조.

81 같은 곳.

82 『유고(1881년 봄~1882년 여름)』, 499쪽.

83 같은 책, 500쪽.

84 『차라투스트라는 이렇게 말했다』, 235쪽 참조.

85 어니스트 헤밍웨이, 이종인 옮김, 『노인과 바다』, 열린책들, 2016, 28~29쪽 참조.

86 셰익스피어(2017), 104쪽.

87 『선악의 저편』, 110쪽.

88 『유고(1881년 봄~1882년 여름)』, 477쪽 참조.

89 같은 곳 참조.

90 Sigmund Freud, "Jenseits des Lustprinzips", in: *Psychologie des Unbewussten*, Frankfurt am Main, 2000, 262쪽 이하 참조; Ders., "Das Ich und das Es", in: *Psychologie des Unbewussten*, 307쪽 이하 참조.

91 Gasser(1997), 460쪽 참조.

92 『즐거운 학문』, 185쪽 참조.

93 『인간적인 너무나 인간적인 I』, 423쪽 참조.

94 『도덕의 계보』, 376쪽.

95 같은 곳.

제11장 도덕적 인류에서 현명한 인류로

1 Hans Jonas, *Das Prinzip Verantwortung, Versuch einer Ethik für die technologische*

Zivilisation, Frankfurt am Main, 1979.

2 니체의 가치전도 프로그램이 거리의 파토스에 근거를 둔 주권적 개인들 간의 인정과 대결이 가능해지는 미래를 조성하는 것을 문화전쟁인 위대한 정치 책임으로 내세우고, 이를 위해 평등을 핵심가치로 삼는 민주주의를 극복의 대상으로 삼는 한, 그는 미래의 찬탈자에 불과하다는 레비나스의 견해도 같은 맥락에서 이해할 수 있다. Silvio Pfeuffer, *Die Entgrenzung der Verantwortung. Nietzsche–Dostohewski–Levinas*, Berlin, 2008, 261쪽 참조.

3 Heinz Heimsoeth, *Metaphysische Voraussetzungen und Antriebe in Antzsches Immoralismus*, Wiesbaden, 1955; Richard Wisser, "Nietzsches Lehre von der völligen Unverantwortlichkeit und Unschuld Jedermanns", in: *Nietzsche Studien*, Bd. 1, Berlin/New York, 1972, 147~72쪽; Ottmann(1999), 181~215쪽 참조.

4 H. Lenk, M. Maring, "Verantwortung", in: Joachim Ritter, *Hostorisches Wörterbuch der Philosophie*, Bd. 11, Basel, 2001, 566쪽 참조.

5 Jürgen Habermas, "Probleme der Willensfreiheit", in: Tobias Müller (Hrsg.), *Ich denke also bin ich?: das Selbst zwischen Neurobiologie, Philosophie und Religion*, Göttingen, 2011, 130쪽 참조; Ders., "Das Sprachspiel verantwortlicher Urheberschaft. Probleme der Willensfreiheit", in: Peter Janich (Hrsg.), *Naturalismus und Menschenbild. Deutsches Jahrbuch für Philosophie*, Bd. 1, Hamburg, 2008, 16쪽 참조.

6 Michael Pauen, Gerhadt Roth, *Freiheit, Schuld und Verantwortung. Grundzüge einer naturalistischen Theorie der Willensfreiheit*, Frankfurt, 2008, 26~28쪽 참조.

7 Ulrich Pothast, *Freiheit und Verantwortung: Eine Debatte, die nicht sterben will–und auch nicht sterben kann*, Frankfurt, 2011, 66쪽 이하 참조.

8 Julian Nida-Rümelin, *Verantwortung*, Stuttgart, 2011, 17쪽 참조.

9 Helmut Fahrenbach, "Ein programmatischer Aufriss der Problemlage und systematischen Ansatzmöglichkeiten praktischer Philosophie", in: Manfred Riedel (Hrsg.), *Rehabilitierung der praktischen Philosophie*, Bd. 1, Freiburg, 1972, 44쪽 참조.

10 Karl-Otto Apel, *Transformation der Philosophie: Das Apriori der Kommunikationsgemeinschaft*. Bd. 2, Frankfurt, 1973, 360쪽 참조.

11 H. Lenk, M. Maring(2001), 567쪽 참조.

12 Ottmann(1999), 204~206쪽 참조.

13 Arthur Schopenhauer, *Über die Freiheit des menschlichen Willens*, Zürich, 1977, 102쪽 이하 참조.

14 『인간적인 너무나 인간적인 I』, 69쪽.

15 같은 곳.

16 같은 책, 70쪽.

17 『반시대적 고찰』, 315쪽.

18 『인간적인 너무나 인간적인 I』, 67쪽.

19 같은 책, 70쪽.

20 같은 책, 71쪽.

21 같은 곳 참조.

22 유발 하라리, 조현욱 옮김, 『사피엔스』, 김영사, 2016, 164~65쪽 참조.

23 『인간적인 너무나 인간적인 I』, 118쪽. 칸트 역시 우리가 한 인간의 사고 성향과 그에게 영향을 끼치는 환경에 대한 모든 사실을 알 수 있다면 한 인간의 미래 행동을 월식이나 일식처럼 확실하고 철저히 계산할 수 있을 것이라고 주장해 물리적 세계에서 주체의 자발성에 대한 증거를 찾을 수 없다고 밝힌 바 있다. Immanuel Kant, *Kritik der praktischen Vernunft*, A 178. 칸트에게도 도덕적 감정은 의지의 법칙이 행사하는 주관적 효과라는 니체적 통찰이 있었던 것이다. Immanuel Kant, *Grundlegung zur Metaphysik der Sitten*, BA 122 이하 참조.

24 『인간적인 너무나 인간적인 I』, 120쪽 참조.

25 『아침놀』, 132쪽.

26 같은 책, 133쪽.

27 『우상의 황혼』, 122쪽.

28 같은 책, 123쪽.

29 같은 책, 122쪽 참조.

30 Ottman(1999), 203쪽 참조. Ernst Sandvoss, *Hitler und Nietzsche*, Göttingen, 1969, 68쪽 참조.

31 Ernst Sandvoss, "Nietzsches Verantwortung", in: *Studium Generale*, 18. Jg, 1965, 151쪽 이하 참조.

32 Jaspers(1947), 221~25쪽; Gerhardt(1995), 109~19쪽 참조.

33 Geert Keil, *Willensfreiheit*, Berlin, 2012, 135쪽 이하 참조.

34 Wolfgang Müller-Lauter, *Über Freiheit und Chaos: Nietzsche-Interpretationen II*, Berlin/New York, 1999, 26쪽 참조.

35 Pfeuffer(2008), 62쪽 참조.

36 Wisser(1972), 156쪽 참조.

37 같은 글, 153쪽 참조.

38 Ottman(1999), 210쪽 이하 참조.

39 Werner Stegmaier, *Philosophie der Flugtuanz. Dilthey und Nietzsche*, Göttingen, 1992, 288쪽 참조; Pfeuffer(2008), 101쪽 이하 참조.

40 BAW 2, 54~59쪽, 62쪽 참조.

41 『인간적인 너무나 인간적인 II』, 270쪽.

42 『우상의 황혼』, 111쪽.

43 Ottman(1999), 211쪽 참조.

44 같은 책, 212~13쪽 참조.

45 『도덕의 계보』, 398쪽 참조.

46 같은 책, 395쪽.

47 같은 책, 338~참조.

48 같은 책, 399쪽.

49 『유고(1869년 가을~1872년 가을)』, 539쪽 참조.

50 『유고(1872년 여름~1874년 말)』, 326쪽.

51 같은 곳 참조.

52 『우상의 황혼』, 106쪽.

53 『유고(1887년 가을~1888년 3월)』, 422쪽.

54 『인간적인 너무나 인간적인 I』, 156쪽.

55 같은 곳.

56 『유고(1882년 7월~1883/84년 겨울)』, 181쪽.

57 『선악의 저편』, 297쪽.

58 『도덕의 계보』, 398쪽.

59 『유고(1880년 초~1881년 봄)』, 177쪽 이하 참조.

60 같은 책, 406쪽.

61 『유고(1884년 초~가을)』, 211쪽.

62 『유고(1885년 가을~1887년 가을)』, 186쪽 이하 참조.

63 『유고(1887년 가을~1883년 3월)』, 28쪽 참조.

64 같은 곳.

65 같은 책, 29쪽.

66 같은 책, 481쪽.

67 『유고(1881년 봄~1882년 여름)』, 687쪽.

68 『유고(1882년 7월~1883/84년 겨울)』, 268쪽.

69 『선악의 저편』, 99쪽.

70 『유고(1884년 가을~1885년 가을)』, 438쪽.

71 『도덕의 계보』, 397쪽.

72 『유고(1882년 7월~1883/84년 겨울)』, 270쪽.

73 『도덕의 계보』, 344쪽.

74 『인간적인 너무나 인간적인 I』, 71쪽.

75 같은 책, 73쪽.

참고문헌

Friedrich Nietsche, *Frühe Schriften*, hrsg. von Mette, Hans-Joachim/
    Schlechta, Karl/Koch, Carl, München, 1994(=BAW).
————, *Sämtliche Werke*. Kritische Studienausgabe in 15 Einzelbänden, hrsg.
    von Colli, Giorgio u. Montinari, Mazzino, München u. Berlin/New
    York (1. Aufl., 1967~77), dtv/de Gruyter, 1998(=KSA).
————, *Sämtliche Briefe*. Kritische Studienausgabe in 8 Bänden, Berlin/New
    York, 1986(=KSB).

강영계, 『니체와 정신분석』, 서광사, 2003.
강용수, 「자기치유의 길 – 니체의 언어철학을 중심으로」, 『한국철학상담치
    료학회 학술대회자료집』 제10집, 2010.
————, 「니체와 바타이유에 대한 철학적 비교연구 – 증여와 주권을 중심으
    로」, 『해석학연구』 26권, 한국해석학회, 2010.
김영민, 『사랑, 그 환상의 물매』, 마음산책, 2004.
김정현, 「니체의 심층심리학」, 『철학』 제49집, 한국철학회, 1996.
————, 「니체와 페미니즘 – 데리다와 코프만의 진리 담론을 중심으로」,
    『철학』 제67집, 한국철학회, 2001.
————, 「니체의 건강철학 – 병과 건강, 치료의 개념을 중심으로」, 『니체연
    구』 제7집, 한국니체학회, 2005.
————, 「니체에 있어서의 ‘사고의 폭력’과 우울증, 고통의 치료술」, 『인문
    학연구』 제41집, 조선대학교 인문학연구소, 2011.
김주휘, 「니체와 야누스적 근대」, 『니체연구』 제20집, 한국니체학회, 2011.
로버트 L. 애링턴, 김성호 옮김, 『서양윤리학사』, 2003.
백승영, 『니체, 디오니소스적 긍정의 철학』, 책세상, 2005.
빌헬름 폰 훔볼트, 양대종 옮김, 『인간 교육론 외』, 책세상, 2012.
어니스트 헤밍웨이, 이종인 옮김, 『노인과 바다』, 열린책들, 2016.

엠마누엘 레비나스, 양명수 옮김, 『윤리와 무한』, 다산글방, 2000.

요한 볼프강 괴테, 전영애·최민숙 옮김, 『시와 진실』, 민음사, 2009.

윌리엄 셰익스피어, 최종철 옮김, 『햄릿』, 민음사, 2017.

유발 하라리, 조현욱 옮김, 『사피엔스』, 김영사, 2016.

이경희, 「철학치료사: 차라투스트라」, 『철학논총』 제55집, 2009.

이 선, 「니체의 여성적 사랑 I」, 『니체연구』 제29집, 한국니체학회, 2016.

이진우, 「21세기와 허무주의의 도전 – 니체 사유의 전복성에 대한 포스트 모더니즘의 대응」, 『범한철학』 제21집, 범한철학회, 2000.

임건태, 「사랑, 진리, 그리고 삶 – 니체의 여성 은유에 대한 해석」, 『니체연구』 제28집, 한국니체학회, 2015.

전경린, 「나보다 더 많이 나를 찾아온 사랑」, 『사랑은 미친 짓이다』, 섬앤섬, 2007.

전경진, 「니체의 관점주의에 대한 로티의 해석」, 『니체연구』 제17집, 한국니체학회, 2010.

정낙림, 「니체의 민주주의 비판」, 『철학연구』 제101집, 대한철학회 논문집, 2007.

프랜시스 베이컨, 진석용 옮김, 『신기관』, 한길사, 2014.

한병철, 김태환 옮김, 『에로스의 종말』, 문학과지성사, 2015.

허 경, 「프로이트와 니체, 욕망의 "억압"과 "긍정"」, 『철학연구』 제41집, 고려대학교 철학연구소.

Alasdair MacIntyre, *Der Verlust der Tugend. Zur moralischen Krise der Gegenwart*, Frankfurt am Main, 1995.

Albert Camus, *Der Mensch in der Revolte*, Rowohlt, Hamburg, 1969.

Alexander Gottlieb Baumgarten, *Metaphysica*, 3. Auflage, Halle, Magdeburg, 1750.

Alexandra Berger, *Liebe aus dem Koffer. Lust und Frust in der Wochenendbeziehung*, Frankfurt am Main, 2003.

Alfred Bäumler, *Männerbund und Wissenschaft*, Berlin, 1934.

Alwin Mittasch, *Friedrich Nietzsche als Naturphilosoph*, Stuttgart, 1952.

Andrea Christian Bertino, "Neuerscheinungen zu Sprache, Leib und Natur bei Nietzsche", in: *Nietzsche Studien*, Bd. 37, 2008.

Anke Bennholdt-Thomsen, *Nietzsches Also sprach Zarathustra als literarisches Phänomen. Eine Revision*, Frankfurt/M, 1974.

Anneliese Plaga, "Frauenbilder. Friedrich Nietzsche und Edvard Munch", in: Reschke, Renate (Hrsg.), *Frauen: Ein Nietzschethema?-Nietzsche: Ein Frauenthema?*, Nietzsche Forschung, Bd. 19, Berlin, 2012.

Annemarie Pieper, "Nietzsche und die Geschlechterfrage", in: Reschke, Renate (Hrsg.), *Frauen: Ein Nietzschethema?-Nietzsche: Ein Frauenthema?*, Nietzsche Forschung, Bd. 19, Berlin, 2012.

Arthur Schopenhauer, *Über die Freiheit des menschlichen Willens*, Zürcher Ausgabe, Zürich, 1977.

———, "Ueber die Universitätsphilosophie", in: *Parerga und Paralipomena I*, Zürich, 1988.

———, "Ueber Erziehung", in: *Parerga und Paralipomena II*, Zürich, 1988.

Babette Babich, "Philosophische Figuren, Frauen und Liebe", in: Reschke, Renate (Hrsg.), *Frauen: Ein Nietzschethema?-Nietzsche: Ein Frauenthema?*, Nietzsche Forschung, Bd. 19, Berlin, 2012.

Barbara Smitmans-Vajda, *Melancholie, Eros, Muße. Das Frauenbild in Nietzsches Philosophie*, Würzburg, 1999.

Brigitta Klaas Meilier, "Frauen: Nur gut fürs Basislager oder auch für den philosophischen Höhenweg?" in: Reschke, Renate (Hrsg.), *Frauen: Ein Nietzschethema?-Nietzsche: Ein Frauenthema?*, Nietzsche Forschung, Bd. 19, Berlin, 2012.

Carl Friedrich Graumann, *Grundlagen einer Phänomenologie und Psychologie der Perspektivität*, Berlin, 1960.

Christian Niemeyer, "Nietzsche und die deutsche (Reform-) Pädagogik", in: Ders. (Hrsg.), *Nietzsche in der Pädagogik? Beiträge zur Rezeption und Interpretation*, Weinheim, 1998.

Christiane Wieder, *Die Psychoanalistikerin Lou Andreas-Salomé. Ihr Werk im Spannungsfeld zwischen Sigmund Freud und Rainer Maria Rilke*, Göttingen, 2011.

Curt-Paul Janz, "Friedrich Nietzsches akademische Lehrtätigkeit in Basel 1869~79", in: *Nietzsche Studien*, Bd. 3, 1974.

————, *Friedrich Nietzsche. Biographie in drei Bänder*, Bd. 2, Frankfurt am Main, 1994.

Dieter Just, *Nietzsche kontra Nietzsche: zur Psycho-Logie seines Philosophierens*, Würzburg, 1998.

Dieter-Jürgen Löwisch, "Der freie Geist-Nietzsches Umwertung der Bildung für die Suche nach einer zuitgemäßen Bildungsvorstellung", in: Niemeyer, C. (Hrsg.), *Nietzsche in der Pädagogik? Beiträge zur Rezeption und Interpretation*, Weinheim, 1998.

Duns Scotus, *Lecttura, Opera. Omnia*, Civitas Vaticana, XVII.

————, *Ordinatio, Opera. Omnia*, Civitas Vaticana. VI.

Eckhardt Heftrich, "Moral-das komplexe Gebilde", in: *Nietzsches tragische Größe*, Vittorio Klostermann, Frankfurt am Main, 2000.

Edgar Weiß, "Nietzsche und seine pädagogikhistorische Problematik. Theoretische und rezeptionsgeschichtliche Bemerkungen zu einer provokanten Bildungsreflexion", in: Niemeyer, C. (Hrsg.), *Nietzsche in der Pädagogik? Beiträge zur Rezeption und Interpretation*, Weinheim, 1998

Elisabeth Förster-Nietzsche, *Das Leben Friedrich Nietzsches*, Bd. II/2, Leipzig, 1904.

Ernst Bertram, *Nietzsche, Versuch einer Mythologie*, 1918.

Ernst Sandvoss, "Nietzsches Verantwortung", in: *Studium Generale*, 18. Jg, 1965.

————, *Hitler und Nietzsche*, Göttingen, 1969.

Ernst-Friedrich Pfeiffer (Hrsg.), *Friedrich Nietzsche, Paul Rée, Lou v. Salomé. Die Dokumente ihrer Begegnung*, Frankfurt am Main, 1970.

Ferdinand von Schirach, Alexander Kluge, *Die Herzlichkeit der Vernunft*, München, 2017.

Franz Vonessen, *Krisis der praktischen Vernunft, Ethik nach dem "Tod Gottes"*, Heidenheim, 1988.

Friedrich Engels, *Ludwig Feuerbach und der Ausgang der klassischen Philosophie*, Stuttgart, 1888.

Friedrich Maximilian Klinger, *Betrachtungen und Gedanken über verschiedene*

Gegenstände der Welt und der Literatur, Zweiter Teil, Sämtliche Werke
  Bd. 12, Stuttgart und Tübingen, 1842.

G. W. F. Hegel, *Entzyklopädie der philosophischen Wissenschaften im
  Grundrisse,* Frankfurt am Main, 1986.

Geert Keil, *Willensfreiheit,* Berlin, 2012.

Georg Picht, *Nietzsche, Stuttgart,* 1988.

Georg Simmel, *Schopenhauer und Nietzsche. Tendenzen im deutschen Leben
  und Denken seit 1870,* Hamburg, 2000.

George Bataille, *Die Erotik,* München, 1994.

Gerd-Günter Grau, *Christlicher Glaube und intellektuelle Redlichkeit. Eine
  religionsphilosophische Studie über Nietzsche,* Frankfurt am Main,
  1958.

Gerhard Wehr, *Friedrich Nietzsche als Tiefenpsychologe,* Oberwil Zug, 1987.

Giorgio Colli und Mazzino Montinari (Hrsg.), *Friedrich Nietzsche. Chronik
  zu Nietzsches Leben,* KSA 15, München, 1988.

Günter Haberkamp, *Triebgeschehen und Wille zur Macht. Nietzsche-zwischen
  Philosophie und Psycologie,* Würzburg, 2000.

H. Lenk, M. Maring, "Verantwortung", in: Joachim Ritter, *Hostorisches
  Wörterbuch der Philosophie,* Bd. 11, Basel, 2001.

Hans Jonas, *Das Prinzip Verantwortung, Versuch einer Ethik für die
  technologische Zivilisation,* Frankfurt am Main, 1979.

Hans Weichelt, *Zarathustra-Kommentar,* zweite, neubearbeitete Auflage,
  Leipzig, 1922.

Hedwig Dohm, *Die Antifeministen. Ein Buch der Verteidigung,* Berlin, 1902.

Hein Frederik Peters, *Lou Andreas-Salomé. Femme Fatale und Dichtermuse,*
  München, 1995.

Heinz Heimsoeth, *Metaphysische Voraussetzungen und Antriebe in Nietzsches
  Immoralismus,* Wiesbaden, 1955.

Helmut Fahrenbach, "Ein programmatischer Aufriss der Problemlage und
  systematischen Ansatzmöglichkeiten praktischer Philosophie", in:
  Manfred Riedel (Hrsg.), *Rehabilitierung der praktischen Philosophie,*
  Bd. 1, Freiburg, 1972.

Hennig Ottman, *Philosophie und Politik bei Nietzsche*, 2., verbesserte und
    erweiterte Auflage, *Monigraphien und Texte zur Nietzsche-Forschung*,
    Bd. 17, Berlin/New York 1999.

Henry Kerger, "Wille als Reiz. Nietzsches Beitrag zur Verhaltensforschung
    der Gegenwart", in: *Nietzsche Studien*, Bd. 22, Berlin/New York,
    1993.

Immanuel Kant, *Kritik der reinen Vernunft.*

————, *Die Methaphysik der Sitten.*

————, *Kritik der praktischen Vernunft.*

————, *Grundlegung zur Metaphysik der Sitten.*

Jacques Derrida, "Sporn. Die Stile Nietzsches", in: Hamacher, Werner
    (Hrsg.), *Nietzsche aus Frankreich*, Frankfurt am Main/Berlin, 1986.

Jakob Böhme, *Mysterium pansophicum I, Sämtliche Schriften*, 1730, Bd. 4,
    Faksimilie der Ausgabe hrsg. von Will-Erich Peuckert, Stuttgart,
    Bad Cannstatt. 1956.

Jan Crosthwaite, "Gender and bioethics", in: Kuhse, Helga and Singer,
    Peter(ed.), *A companion to bioethics*, Oxford, 2001.

Joachim Köhler, *Zarathustras Geheimnis. Friedrich Nietzsche und seine
    verschlüsselte Botschaft. Eine Biographie*, Hamburg, 1992.

Joachim Ritter (Hrsg.), *Historisches Woerterbuch der Philosophie*, Bd. 3, Basel/
    Stuttgart, 1974.

Joan Stambaugh, *Untersuchungen zum Problem der Zeit bei Nietzsche*, Den
    Haag, 1959.

Johann Figl (Hrsg.), *Von Nietzsche zu Freud, Übereinstimmungen und
    Differenzen von Denkmotiven*, Wien, 1996.

John R. Searle, *Geist, Sprache und Gesellschaft. Philosophie in der wirklichen
    Gesellschaft*, Aus dem Englischen von Harvey P. Gavagai, Frankfurt
    am Main, 2004.

Jörg Salaquarda, "Die Grundconception des Zarathustra", in: *Also sprach
    Zarathustra*, hrsg. von Volker Gerhardt, Berlin, 2000.

Josef Pieper, *Das Viergespann*, 6. Aufl., München, 1991.

————, "Heideggers Wahrheitsbegriff", in: Ders. *Schriften zum*

Philosophiebegriff, Werke in acht Bänden, Bd. 3, hrsg. von Berthold, W., Hamburg, 1995.

Juana Inés De la Cruz, *Obras completas.*, hrsg. von J. V. Rodriguez, Madrid, 1980.

Julian Nida-Rümelin, *Verantwortung*, Stuttgart, 2011.

Julius Langbehn, *Rembrandt als Erzieher. Von einem Deutschen*, Leipzig, 1922.

Jürgen Habermas, "Das Sprachspiel verantwortlicher Urheberschaft. Probleme der Willensfreiheit", in: Peter Janich (Hrsg.), *Naturalismus und Menschenbild. Deutsches Jahrbuch für Philosophie*, Bd. 1, Hamburg, 2008.

――, "Probleme der Willensfreiheit", in: Tobias Müller (Hrsg.), *Ich denke also bin ich?: das Selbst zwischen Neurobiologie, Philosophie und Religion*, Göttingen, 2011.

Karen Joisten, *Die Überwindung der Anthropozentrizität durch Friedrich Nietzsche*, Würzburg, 1994.

Karl Jaspers, *Nietzsche. Einführung in das Verständnis seines Philosophierens*, zweite Aufl., Berlin, 1947.

Karl Löwith, "Nietzsches Philosophie der ewigen Wiederkehr des Gleichen", in: Ders. *Sämtlichen Schriften*, Bd. 6, Stuttgart, 1987.

――, *Von Hegel zu Nietzsche. Der revolutionäre Bruch im Denken des neunzehnten Jahrhunderts*, Felix Meiner, Hamburg, 1995.

Karl-Otto Apel, *Transformation der Philosophie: Das Apriori der Kommunikationsgemeinschaft*. Bd. 2, Frankfurt, 1973.

――, *Funkkolleg Praktische Philosophie/Ethik*, Studienbegleitbrief 2, Weinheim/Basel, 1980.

Klaus Goch, "Sternenfeindschaft. Elisabeth Nietzsche contra Lou von Salomé", in: Reschke, Renate (Hrsg.), *Frauen: Ein Nietzschethema?-Nietzsche: Ein Frauenthema?*, Nietzsche Forschung, Bd. 19, Berlin, 2012.

Konrad Lorenz, *Vergleichende Verfahrensforschung, Grundlagen der Ethologie*, Wien, 1978.

Lou Andreas-Salomé, *In der Schule bei Freud. Tagebuch eines Jahres*

1912/1913, hrsg. von Ernst-Friedrich Pfeiffer, Zürich, 1958.

————, *Lebensrückblick*, hrsg. von Ernst-Friedrich Pfeiffer, Frankfurt am Main, 1974.

————, *Friedrich Nietzsche in seinen Werken*, Frankfurt am Main und Leipzig, 2000.

Lucius Annaeus Seneca, *Ad Lucilium epistulae morales*.

Markus Tiedemann, *Liebe, Freundschaft und Sexualität: Fragen und Antworten der Philosophie*, Hildesheim, 2014.

Martin Heidegger, *Nietzsche*, Bd. 1, Püllingen, 1964(a).

————, *Nietzsche*, Bd. 2, Püllingen, 1964(b).

————, "Was ist Metaphysik", in: *Wegmarken*, Frankfurt am Main, 1976.

Michael Pauen, Gerhadt Roth, *Freiheit, Schuld und Verantwortung. Grundzüge einer naturalistischen Theorie der Willensfreiheit*, Frankfurt, 2008.

Michael Skowron, "'Schwanger geht die Menschheit'(Nachgelassene Fragmente 1882/83). Friedrich Nietzsches Philosophie des Leibes und der Zukunft", in: Reschke, Renate (Hrsg.), *Frauen: Ein Nietzschethema?-Nietzsche: Ein Frauenthema?*, Nietzsche Forschung, Bd. 19, Berlin, 2012.

Montinari Montinari, *Nietzsche lesen*, Berlin/New York, 1982.

————, *Kommentar zu Morgenröte*, KSA 14, München, 1988.

Otfried Höffe, *Gerechtigkeit. Eine philosophische Einführung*, 3. Aufl., München, 2007.

Patik Wolting, "Befehlen und Gehorchen", in: *Nietzsche Studien*, Bd. 39, Berlin/New York, 2010.

Paul de Lagarde, *Deutsche Schriften*, München, 1878.

Peter Heller, "'Chemie der Begriffe und Empfinungen'. Studie zum 1. Aphorismus von 'Menschliches, Allzumenschliches I'", in *Nietzsche Studien*, Bd. 1, Berlin/New York, 1972.

Platon, *Symposion*.

————, *Phaidros*.

————, *Gorgias*.

————, *Politeia*.

Reiner Wiehl, "Ressentiment und Reflexion. Versuchung oder Wahrheit eines Theorems von Nietzsche", in: *Nietzsche-Studien*, Bd. 2, Berlin/New York, 1972.

Reinhard Gasser, *Nietzsche und Freud*, Berlin/New York, 1997.

Reinhart Maurer, "Der Begriff Unendlicher Progreß", in *Hegel-Jahrbuch 1971*, Meisenheim, 1972.

———, "Der andere Nietzsche: Gerechtigkeit kontra moralische Utopie", in: *Aletheia*, Heft 5, Berlin, 1994.

———, "Thesen über Nietzsche als Theologen und Fundamentalkritiker", in: *Nietzsche Studien*, Bd. 23, 1994.

Renate Reschke, "Die Angst vor dem Chaos. Friedrich Nietzsches Plebiszit gegen die Masse", in *Nietsche Studien*, Bd. 18, Berlin/New York, 1989.

———, "Nietzsches Bild der Amazonen. Von Schiffen, starken Frauen und Wagnerinnen", in: Reschke, Renate (Hrsg.), *Frauen: Ein Nietzschethema?-Nietzsche: Ein Frauenthema?*, Nietzsche Forschung, Bd. 19, Berlin, 2012.

Richard Wisser, "Nietzsches Lehre von der völligen Unverantwortlichkeit und Unschuld Jedermanns", in: *Nietzsche Studien*, Bd. 1, Berlin/New York, 1972.

Robert Spaemann (Hrsg.), *Ethiklesebuch. Von Platon bis Heute*, München/Zürich, 1991.

Rüdiger Safranski, *Nietzsche. Biographie seines Denkens*, München u. Wien, 2000.

Rudolf Steiner, *Die Rätsel der Philosophie in ihrer Geschichte als Umriß dargestellt*. 2. Bd., Dornach, 1974.

Sigmund Freud, "Jenseits des Lustprinzips", in: *Psychologie des Unbewussten*, Frankfurt am Main, 2000.

———, "Das Ich und das Es", in: *Psychologie des Unbewussten*, Frankfurt am Main, 2000.

Silvio Pfeuffer, *Die Entgrenzung der Verantwortung. Nietzsche–Dostohewski–Levinas*, Berlin, 2008.

Theodor Adorno, "Theorie der Halbbildung", in: Ders. *Gesammelte Schriften*, Bd. 8, Frankfurt am Main, 1972.

Thomas Aquinas, *Summa Theologiae*.

————, *De Verit*.

————, *Lectura super Mattaeum*.

Thukidides, *Geschichte des peloponnesischen Krieges*.

Ulrich Beck, Elisabeth Beck-Gernsheim, *Fernliebe. Lebensformen im globalen Zeitalter*, Frankfurt am Main, 2011.

Ulrich Pothast, *Freiheit und Verantwortung: Eine Debatte, die nicht sterben will—und auch nicht sterben kann*, Frankfurt, 2011.

Volker Gerhardt, *Pathos und Distanz. Studien zur Philosophie Friedrich Nietzsches*, Stuttgart, 1988.

————, *Friedrich Nietzsche*, 2. Aufl., München, 1995.

————, *Selbstbestimmung. Das Prinzip der Individualität*, Stuttgart, 1999.

Walter Kaufmann, *Nietzsche. Philosoph-Psychologe-Antichrist*, Darmstadt, 1988.

Werner Stegmaier, *Philosophie der Flugtuanz. Dilthey und Nietzsche*, Göttingen, 1992.

Wilhelm Capelle (Hrsg.), *Die Vorsokratiker*, Stuttgart, 1968.

Wolfgang Baßler, "Seelisches Geschehen als 'Kampf der Affekte'. Gestaltentwicklung und geschichte als Grundbegriffe der Psychologie Friedrich Nietzsches", in: Jüttemann, Gerd (Hrsg.), *Wegbereiter der historischen Psychologie*, München. 1988.

Wolfgang Müller-Lauter, *Nietzsche. Seine Philosophie der Gegensätze und die Gegensätze seiner Philosophie*, Berlin, 1971.

————, "Der Organismus als innerer Kampf. Der Einfluß von Wilhelm Roux auf Friedrich Nietzsche", in: *Nietzsche Studien*, Bd. 7, Berlin, 1978.

————, *Über Freiheit und Chaos: Nietzsche-Interpretationen II*, Berlin/New York, 1999.

————, *Über Werden und Wille zur Macht*, Berlin/New York, 1999.

찾아보기

이른비 씨 뿌리는 시기에 내리는 비를 말하며, 마른 땅을 적시는 비처럼
인간의 정신과 마음을 풍요롭게 하는 책을 만듭니다.

니체
현대성의 위기와 미래철학의 과제

1판 1쇄 발행일 2021년 12월 27일

지은이 양대종

펴낸이 박희진 **펴낸곳** 이른비
등록 제2020-000136호
주소 10517 경기도 고양시 덕양구 행신로 143번길 26, 1층
전화 031) 979-2996 **이메일** ireunbibooks@naver.com

ISBN 979-11-970148-6-4 93160

책값은 뒤표지에 있습니다.
파본은 구입하신 서점에서 바꾸어드립니다.
무단 전재와 복제를 금합니다.